"十二五"普通高等教育
本科国家级规划教材

面向 21 世纪课程教材

王思斌 主编

社会工作概论 （第四版）

INTRODUCTION TO SOCIAL WORK

(FOURTH EDITION)

中国教育出版传媒集团

高等教育出版社·北京

内容提要

基于社会工作理论研究和实践的新成果,《社会工作概论》(第四版)全面介绍了社会工作的基本概念、哲学基础和专业伦理以及社会工作理论,阐述了社会工作与社会福利制度的关系;系统地介绍了个案工作、小组工作、社区工作和社会行政等社会工作专业方法;结合中国实际和我国社会工作的新进展,对社会工作的基本领域——儿童社会工作、青少年社会工作、老年社会工作、妇女社会工作、残疾人社会工作,以及家庭社会工作、医务社会工作、工业社会工作、农村社会工作、反贫困、社区矫正和民政领域社会工作的理论与实践做了系统阐述;对社会工作教育及专业化、社会工作专业实习和社会工作研究方法做了适当介绍。该书的明显特点是注重国内外社会工作理论和实践模式的介绍,同时对我国社会工作的本土实践做了介绍和分析。

《社会工作概论》(第四版)可以作为高等学校社会工作专业、社会学专业和其他专业的教科书,可以作为社会工作和社会学专业的参考教材,对社会组织成员、社区工作者以及其他实际工作者了解社会工作也是适宜的。

图书在版编目(CIP)数据

社会工作概论 / 王思斌主编. — 4 版. — 北京:
高等教育出版社,2023.10(2024.5重印)
 ISBN 978-7-04-060863-2

Ⅰ.①社… Ⅱ.①王… Ⅲ.①社会工作—概论 Ⅳ.
① C916

中国国家版本馆 CIP 数据核字(2023)第 138279 号

SHEHUI GONGZUO GAILUN

策划编辑 张婧涵	责任编辑 张婧涵	封面设计 李小璐	版式设计 杨 树
责任绘图 邓 超	责任校对 吕红颖	责任印制 高 峰	

出版发行	高等教育出版社	网 址	http://www.hep.edu.cn
社 址	北京市西城区德外大街 4 号		http://www.hep.com.cn
邮政编码	100120	网上订购	http://www.hepmall.com.cn
印 刷	北京顶佳世纪印刷有限公司		http://www.hepmall.com
开 本	787mm×960mm 1/16		http://www.hepmall.cn
印 张	31.5	版 次	1999 年 6 月第 1 版
字 数	560 千字		2023 年 10 月第 4 版
购书热线	010-58581118	印 次	2024 年 5 月第 3 次印刷
咨询电话	400-810-0598	定 价	69.00 元

本书（第三版）获评首届国家优秀教材奖（高等教育类）二等奖

序 1

任何社会都存在社会问题，都有困难人群，但是不同时代、不同国家解决困难人群问题的方法不同。在传统社会，人们的困难大多依靠亲属群体的帮助予以解决。在现代社会，社会工作成为专业化的解困纾难的手段。作为一种社会制度，它发挥着解决社会成员的困难、维持社会秩序的功能。

专业社会工作是西方社会的产物。19世纪末20世纪初，社会工作在美英等国发端。20世纪20年代，中国的大学也开始开展社会工作（社会服务）教育，培养为有困难的社会下层直接服务的人才。1952年，我国的社会学被取消，社会工作教育也随之停止。在30余年的计划经济时期，国家靠政府机构及各种单位解决社会成员的困难。依靠行政力量由政府（单位）直接出面解决群众的困难，既充分展现了政府职能的有效性，也使政府背上了沉重的包袱。经济体制改革逐渐抛弃了政府包办一切和企业（单位）办社会的思路。随着部分社会服务职能逐渐被移交给社会，专业社会工作的发展也就显示出其必要性。80年代中期，国家教委决定在高校开办社会工作专业，社会工作专业在我国的发展进入了一个新时期。

我国社会工作专业教育的恢复发展恰逢社会转型、社会发生剧烈变化的时期。在这种背景下，既要正确对待一百年来国际社会工作的发展成果，又要认真总结我国社会工作的本土经验；既要总结过去的经验，又要着眼未来，这是每一个对发展我国的社会工作负有责任的人必须面对的问题。中国社会工作教育协会组织编写的《社会工作概论》以科学的态度认真对待上述问题，并对之做了较好的处理。这本书客观地介绍了国际社会工作已取得的成果，也对我国实际的社会工作经验做了认真的梳理；既介绍了我国社会工作的模式和方法，也力图对之进行理论性概括。我认为，本书是我国社会工作研究中一项具有较高学术水平的成果。

我国社会工作专业教育尚处于恢复发展初期。我国的社会转型和社会现代化预示着社会工作专业将有一个广阔的发展前景。作为一个老社会工作者，我祝愿我国的社会工作获得迅速而健康的发展，服务于人民并促进社会进步。同时，我也期望有更多高水平的社会工作教材和著作出版。

中国社会工作教育协会名誉会长

雷洁琼

1999 年 4 月

序 2

改革开放以来，随着社会学的恢复重建，社会工作也走上了学科建设的路程。80 年代中期，我国普通高校始设社会工作与管理专业，之后社会工作专业教育在各类院校迅速发展。然而，由于我国内地中断社会工作专业教育 30 余年，师资和教材都十分缺乏，在发展社会工作面临困难的情况下，中国香港社会工作教育界的同仁伸出了热情之手。1988 年，由香港社会工作界人士组成的亚太区社会工作教育协会中国小组与北京大学社会学系合作在北京召开了亚太区社会工作教育研讨会。之后他们又邀请内地社会工作专业教师赴香港访问和进修，直接推进了内地社会工作教育的发展。1994 年，中国社会工作教育协会成立。同年，中国社会工作教育协会与亚太区社会工作教育协会合作召开"华人社区社会工作教育的发展"国际研讨会，促进了海内外学者的交流。

随着内地社会工作教育的较快发展，编写符合内地需要的社会工作专业教材的任务就变得十分迫切。中国社会工作教育协会成立之后，由协会牵头进行社会工作专业教材建设已成为必然。1996 年夏天，国际社会工作教育协会在香港召开学术研讨会。会议期间，以周永新教授为组长的亚太区社会工作教育协会中国工作小组与参加此次国际会议的中国社会工作教育协会负责人座谈。香港中国小组表示愿意在香港申请资金以支持内地学者编写社会工作教材，并希望由内地高等学校教师编写《社会工作概论》。此后，中国社会工作教育协会会长、秘书长会议决定由王思斌教授主持该书编写工作，并吸收资深社会工作教育者参加，同时决定成立社会工作专业教材编写指导委员会，编写社会工作系列教材。该《社会工作概论》由王思斌教授提出编写思路和大纲，经集体讨论确定各章、节内容。

按照集体讨论的意见编写的《社会工作概论》至少应满足下述两点要求：第一，反映国际社会工作发展的成果；第二，充分反映我国社会工作的经验。这就对该书提出了较高要求。两年多来，作者们阅读了大量社会工作专业文献，对中国社会工作的经验进行了梳理，并结合自己的教学和研究经验，撰就此书。在此，我代表中国社会工作教育协会对香港同仁的支持及该书作者的工作表示感谢。

随着我国体制改革的深入，我国社会工作专业的发展也面临着新的机遇和挑战。社会转型会带来众多社会问题，需要社会工作去解决，但是长期以来形成的靠行政方式解决问题的思路也对社会工作如何参与社会问题的解决提出了难题。在这种情况下，社会工作者应该找准自己的位置，看清中国社会工作发展的方向，进行开创性工作。但是，无论如何，建立社会主义市场经济体制，形成"小政府大社会"的社会格局必将为社会工作在我国的发展开辟新的前景。当前，社会工作专业教育必须为即将到来的社会工作的迅速发展准备合格人才。这也要求我们编写出更多更好的社会工作专业教材，不断提高社会工作专业教育水平。在《社会工作概论》出版之际，我谨表示热烈祝贺，并期待着更多更好的社会工作教材和著作问世。

中国社会工作教育协会会长

袁　方

1999 年 4 月

第四版前言

时间过得真快，社会变化太快，知识生产也快。从第三版出版至今，一转眼，又过去 8 年了。过去 8 年，这本《社会工作概论》得到了大量读者的青睐，读者从这本覆盖面较宽的教材里可以学到社会工作的基本理论和方法，也可以看到社会工作视角下的中国社会。本教材既重视概括总结国际通行的社会工作理论和实践经验，又重视介绍梳理我国国情和本土的社会工作实践。具有国际视野、脚踏中国大地、解决现实问题，是这本教材的显著特点。感谢读者和学者们的厚爱，使本教材（第三版）获评首届国家优秀教材奖（高等教育类）二等奖，也是社会工作类教材的唯一获奖教材。

过去这 8 年，我国仍然在发生深刻变化。我国经济发展进入新常态，这也影响到社会的各个层面。市场化、城市化在加快，人口在大规模流动，我国在总体上实现新的发展和社会进步的同时，也面临着既老又新的众多社会问题。经济社会协调发展，满足人民群众美好生活需要，切实改善民生福祉，加强创新社会治理，成为这几年的主要话语和行动。几年来，我国最为显著的经济社会发展成就之一，是在总体上消除了绝对贫困，全面建成小康社会。现在我国已经进入新发展阶段，要贯彻新发展理念，构建新发展格局。站在全面建设社会主义现代化国家的新起点上，在"十四五"期间，我们须坚持目标导向和问题导向相结合，促进经济社会高质量发展，使民生福祉达到新水平，社会治理特别是基层治理水平明显提高。在这一发展进程中，社会工作也要承担起自己的责任。

近些年来，党和政府重视社会工作事业的发展。社会工作界不负重托，在参与脱贫攻坚、提升民生福祉、参与社会治理等方面作出了自己的贡献。2020 年新冠病毒肆虐，习近平指出："要发挥社会工作的专业优势，支持广大社工、义工和志愿者开展心理疏导、情绪支持、保障支持等服务。"[1] 党的十九届五中全会指出要"畅通和规范市场主体、新社会阶层、社会工作者和志愿者等参与社会治理的途径"[2]。国务院总理所作的多次《政府工作报告》也指出要大力发展社会工作。社会工作界应该有招必应、迎难而上，积极参与改善民生和创新社会治理，认真开展研究、总结经验，在实践中推动社会工作的高质量发展。党的二十大提出了全面建设社会主义现代化国家的宏伟目标，社会工作要负起应有的责任。

正是在这些背景下，编写组进行了本次修订。本次修订关注了国际社会工作发展的新成果，重视对我国社会工作发展和实践经验进行总结。除对一些数据资料进行与时俱进的更新外，在以下方面做了较多工作：一是增写了"人类行为与社会环境"一章，这是从一般社会工作入门教材的整体性考虑的；二是对社会工作参与社会治理特别是基层社会治理给予了新的关注；三是关注乡村全面振兴以及与之密切相关、正在兴起和快速发展的乡镇（街道）社会工作服务站建设；四是关注人口结构变化、老龄化、城市化等带来的民生需求及其满足。

本次修订任务承担情况如下：王思斌（北京大学）负责第一、二、六、十、二十五章，夏学銮（北京大学）负责第三章，谢立中（北京大学）负责第四章，熊跃根（北京大学）负责第五章，马凤芝（北京大学）负责第七、二十四章，王婴（北京社会管理职业学院）负责第八、二十二章，唐钧（中国社会科学院）负责第九章，陆士桢（中国青年政治学院）负责第十一、十二章，江娅（中国青年政治学院）负责第十三章，朱东武（中华女子学院）负责第十四章，矫杨（中华女子学院）负责第十五章，李洪涛（中华女子学院）负责第十六章，刘继同（北京大学）负责第十七章，钱宁（云南大学）负责第十八章，史铁尔、蒋国庆（长沙民政职业技术学院）负责第十九章，李越美（北京大学）负责第二十章，史柏年（中国青年政治学院）负责第二十一章，孙立亚（中国青年政治学院）负责第二十三章。主编王思斌通读了全部书稿，并对某些部分做了修改。

---

[1] 习近平：《在统筹推进新冠肺炎疫情防控和经济社会发展工作部署会议上的讲话》，人民出版社 2020 年版，第 27 页。

[2] 中共中央党史和文献研究院编：《十九大以来重要文献选编（中）》，中央文献出版社 2021 年版，第 811—812 页。

　　这一次修订增加了二维码资源，以便于读者的延伸学习。由于本书涉及参考资料广博，所以未能对所引资料之出处逐一列出，敬请谅解。感谢高等教育出版社为本次修订做的大量支持性工作。欢迎读者对本书提出意见。

主　编

2023 年 6 月 10 日

第三版前言

本书第二版是 2006 年出版的，自出版以来受到了广大读者的欢迎，其发行量就是最好的证明。读者不但有高校社会工作专业学生，也有非社会工作专业学生，还有一些政府官员和其他读者。这也反映了社会工作得到了越来越多的关注，反映了社会工作在我国的不断发展。2012 年，本书入选第一批"十二五"普通高等教育本科国家级规划教材，这既是对本教材的认可，也对它提出了新的要求。第二版出版至今已经八年多了，在这一段时间里，我国社会发生了巨大变化，社会工作也获得了前所未有的快速发展。为了更好地推动社会工作专业发展，反映国内外社会工作发展的新成果，我们决定修订本教材。

本教材第二版出版以来，我国有一些重要事件或过程推动着社会工作的发展。

一是我国经济社会的快速深刻转型。2006 年党的十六届六中全会作出了《中共中央关于构建社会主义和谐社会若干重大问题的决定》（以下简称《决定》），指出"我国已进入改革发展的关键时期，经济体制深刻变革，社会结构深刻变动，利益格局深刻调整，思想观念深刻变化。这种空前的社会变革，给我国发展进步带来巨大活力，也必然带来这样那样的矛盾和问题"。在这一重要文件中，中共中央决定"建设宏大的社会工作人才队伍"，促进和谐社会建设。这是世界社会工作发展史上的重大事件，极大地推动了我国社会工作的发展。

二是各方对党的十六届六中全会《决定》的落实。中央党政部门在建立健全以培养、评价、使用、激励为主要内容的政策措施和制度保障方面作出了积极努力。2006 年 7 月，国家人事部、民政部联合发布了《社会工作者职业水平评价暂行规定》和《助理社会工作师、社会工作师职业水平考试实施办法》，并于 2008 年启动了相关考试。到 2013 年年底，全国有社会工作专业人才 36 万多人，其中通过上述考试的持证社会工作专业人才达 12.31 万人。2011 年，中组部等 18 部

委出台了《关于加强社会工作专业人才队伍建设的意见》，2012 年，中组部等
19 部委又制定了《社会工作专业人才队伍建设中长期规划（2011 年—2020 年）》，
进一步保障了十六届六中全会《决定》的落实。我国的社会工作人才队伍建设快
速发展，这支队伍也在为人民服务、建设和谐社会和创新社会管理与服务方面发
挥了积极作用。

　　三是社会工作教育的发展。中国的社会工作发展是教育先行的，社会工作教育
界对我国社会工作的发展发挥了十分重要的作用。开办社会工作专业院校数量的不
断增加和教学水平的不断提高为社会输送了一批又一批专业人才，在社会工作及相
关领域正在发挥越来越重要的作用。至 2014 年 5 月，我国招收社会工作专业的本科
院校达 298 所。另外，2008 年 12 月，国务院学位委员会决定在我国发展社会工作专
业硕士学位（Master of Social Work, 缩写为 MSW）教育，到 2014 年 6 月，获得该办
学权的有 104 所高等学校和教学研究机构，我国的社会工作人才培养提升到了一个
新的水平。这不但进一步满足了我国培养社会工作高水平专业人才的需求，也对我
国社会工作教育的发展提出了新的要求。

　　四是民办社会工作机构的发展。近几年来，我国政府大力推动社会管理体制创
新和公共服务体制创新，制定了政府向社会组织和社会工作机构购买服务的政策。
在贯彻实施这一政策的过程中，一大批民间服务机构发展起来，其中包括高校教师
领办的社会工作服务机构。高校社会工作教师领办服务机构产生了多重效应，其中
包括向社会提供专业服务、加强课堂教学与服务实践的联系、促进社会管理创新、
加强学校与社会之间的联系、促进社会工作本土化等，当然这里也存在着一些张力。
这些都促进着我国社会工作的发展。尤其不能忘怀的是，2008 年四川汶川 5·12 地
震灾难对社会工作的迫切需求和社会工作界作出的积极回应，作为一种历史和记忆，
它总是鞭策着中国社会工作界的前行和发展。

　　五是党的十八届三中全会作出的"推进国家治理体系和治理能力现代化"的战
略决策。十八届三中全会指出要"推进社会事业改革创新"和"创新社会治理体制"，
鼓励和支持社会各方面参与社会治理，激发社会组织活力，正确处理政府和社会关系，
加快实施政社分开，将适合由社会组织提供的公共服务和解决的事项交由社会组织
承担，并重点培育和优先发展行业协会商会类、科技类、公益慈善类、城乡社区服

务类社会组织，这就为社会工作机构的发展提供了良好条件。有关政府部门积极制定政策，一方面促进社会工作在更多领域的发展，另一方面努力解决社会工作专业人才的就业岗位和待遇问题。社会工作通过服务参与和谐社会建设和创新社会治理体制的前景广阔。

总的来说，几年来，我国社会工作的发展获得了很好的机遇，我国的社会转型和全面深化改革也对社会工作教育和实践提出了新的更高的要求。在这种背景下，提高社会工作教育和培训水平是义不容辞的。另外，近些年来，国际社会工作理论和实践也获得了新的发展，我国社会工作的发展必须借鉴这些有益成果，发展自己，同时尽可能地为国际社会工作的发展作贡献。这本教材的修订可以说承载着多方面的重要责任。

这次修订在以下几个方面做了工作：一是增加了两章——工业社会工作和农村社会工作。近些年来，我国的社会工作开辟了一些新领域，并取得了一些经验，加上一些领域亟须社会工作介入，所以增加新的章节是必要的。但是由于篇幅有限，所以这次只增加两章。二是在原来章节中增加了新内容，以反映近些年来我国社会工作政策、实践和研究的新成果。三是对原书中的一些表述做了完善。本书在基本不增加总篇幅的前提下，解决上述问题，有一定难度，我们尽量努力。

本次修订除主编邀请了几位新作者外，基本上由原作者承担。修订和撰写任务的承担情况是：王思斌（北京大学）负责第一、二、九、二十四章，夏学銮（北京大学）负责第三章，谢立中（北京大学）负责第四章，熊跃根（北京大学）负责第五章，马凤芝（北京大学）负责第六、二十三章，王婴（民政干部管理学院）负责第七、二十一章，唐钧（中国社会科学院）负责第八章，陆士桢（中国青年政治学院）负责第十、十一章，江娅（中国青年政治学院）负责第十二章，朱东武（中华女子学院）负责第十三章，矫杨（中华女子学院）负责第十四章，李洪涛（中华女子学院）负责第十五章，刘继同（北京大学）负责第十六章，钱宁（云南大学）负责第十七章，史铁尔、蒋国庆（长沙民政职业技术学院）负责第十八章，李越美（北京大学）负责第十九章，史柏年（中国青年政治学院）负责第二十章，孙立亚（中国青年政治学院）负责第二十二章。主编王思斌通读了全部书稿，并对某些部分做了修改。

　　社会工作者总是忙碌的。参加本次修订的编者的教学和科研工作都很繁忙,感谢他们对本项工作的大力支持和对主编催促任务的理解,感谢高等教育出版社为推动本书修订和出版所做的工作。欢迎读者对本书提出意见。

主　编

2014 年 5 月 4 日

第二版前言

　　本书第一版于 1999 年出版，第一版的编写获得了香港凯瑟克基金会（Keswick Foundation，Hong Kong）资助，该书出版后成为国内社会工作方面最重要的教材之一。几年来，它得到社会工作专业师生和其他相关方面的关注，在普及社会工作知识、规范社会工作专业方面发挥了重要作用。它曾获得"2002 年全国普通高等学校优秀教材二等奖"，表明了同行专家和读者对它的认可和关爱。在此，我代表中国社会工作教育协会向香港凯瑟克基金会表示衷心的感谢。

　　自本书第一版面世至今，我国社会和社会工作领域发生了重要变化。从社会工作的角度看主要有以下几个方面：第一，社会转型加速，社会问题更加复杂。这几年来，我国加快了市场化进程，加入世界贸易组织和更深地融入全球化进程，既使我国获得了更好的发展机会，也带来了更加复杂的社会问题。这些需要我们认真对待。第二，我国社会发展模式发生变化。二十多年来，我国基本上遵循了传统发展模式，即主要追求经济增长，而对经济与社会协调发展关注不足。这种发展模式促进了我国经济的快速发展，但也积累了不可忽视的社会成本。正是基于对这一发展模式的反思及对经济持续、稳定、快速发展和社会进步的追求，党和政府提出了"以人为本"的科学发展观，接着又提出建设和谐社会的战略目标。这些都把弱势群体问题提上重要议事日程，而这与社会工作的价值是比较接近的，因而也进一步增强了社会工作者的使命感。第三，社会工作获得了快速发展。从 20 世纪 80 年代中后期社会工作专业教育起步到 20 世纪末，我国社会工作的发展是比较缓慢的。近几年来，我国的社会工作获得了较快发展，表现在如下一些方面：开办社会工作专业的高等学校大量增加，该专业的学生规模扩大，办学层次有所提高；社会工作的学科建设有较快发展，教育部不但颁行了《社会工作专业主干课程教学基本要求》，而且"社会工作概论"也被列为社会学专业的十门必修课之一；社会工作研究有一定发展，关于社会工作的理论和实践研究取得了可喜成果；社会工作专业知识在一定范围内得到普及，随着城市社区建设、和谐社会建设的普遍展开，社会工作专业知识已经和正在成为某些实际工作者培训的重要组成部分，社会对专业社会工作的知晓度在提高，一些政府部门和群众团体的实际社会工作实践也取得了新的成绩；随着社会工作的发展，劳动和社会保障部公布了《社会工作者国家职业标准》，它将对我国社会工作的发展起到积极的推动作用。

以上表明，我国社会工作的发展面临着前所未有的发展机遇，社会工作研究也要适应社会变迁的需要，面对新问题、总结新经验。正是基于这一认识，编写组安排了这次修订。这次修订的主要任务是：进一步完善社会工作的知识体系，增加对相关理论的介绍，对发展着的我国社会工作的实践经验进行总结。这次修订增加了"社会福利制度"和"医务社会工作"两章，多数章节根据理论和实践的新发展做了较大修改。我们相信这次修订能像第一版那样系统地反映社会工作的知识体系和最新成果，反映和总结我国社会工作的重要经验，进一步促进我国社会工作理论和实践的发展。

此次修订基本上由原作者承担，另由主编邀请两位学者撰写新增章节。修订和撰写任务的承担情况是：王思斌（北京大学）负责第一、二、九、二十二章，夏学銮（北京大学）负责第三章，谢立中（北京大学）负责第四章，熊跃根（北京大学）负责第五章，马凤芝（北京大学）负责第六、二十一章，王婴（民政干部管理学院）负责第七、十九章，黄新鲁（民政干部管理学院）、唐钧（中国社会科学院）负责第八章，陆士桢（中国青年政治学院）负责第十、十一章，江娅（中国青年政治学院）负责第十二章，朱东武（中华女子学院）负责第十三章，李洪涛（中华女子学院）负责第十四章，刘继同（北京大学）负责第十五章，马洪路（首都医科大学）负责第十六章，史柏年（中国青年政治学院）负责第十七章，李越美（北京大学）负责第十八章，孙立亚（中国青年政治学院）负责第二十章。主编王思斌通读了全部书稿，并对某些部分做了修改。

参加本次修订和编写任务者的教学和科研工作都很忙，感谢他们对本项工作的大力支持和理解。感谢高等教育出版社为推动本书修订和出版所做的工作。

主　编

2005 年 12 月

前言

社会工作作为一种专业助人活动，在西方社会存在已逾一百年时间。而在我国，社会工作专业的发展却相当迟晚。20 世纪 20—40 年代，我国的一些大学开设过社会服务、社会事业等课程。但是 50 年代，社会工作教学在大学中被取消了。1986 年，国家教委决定在北京大学等高等院校开设社会工作与管理专业。从此，我国的社会工作教育走上了学科化、专业化的发展道路。

中国社会工作专业教育在发展初期面临着来自三个方面的张力：它如何对待在世界上特别是西方国家存在已有百年的社会工作的经验；它如何看待中国 1949 年之后计划经济时期解决社会问题的传统；它如何判定我国社会转型的方向、进程及其对社会工作的需求。换言之，中国社会工作的国际化抑或本土化、建立适合中国社会发展需要的社会工作理论与模式一直成为社会工作者苦苦思索的问题。产生上述问题毫不奇怪。在我国决定重建社会工作专业的时候，各方面对社会工作的性质和内容的理解并不一致。同时，在改革开放的形势下，全国各地社会工作者对中国社会工作的发展表示出极大的积极性；而外部的社会工作理论和实务经验的输入对中国社会工作专业教育也产生着不可估量的影响。然而我们又必须面对现实，必须注意到 1949 年以来而且至今仍在起作用的中国解决社会问题的独特方式。显而易见，封闭主义已不符合我国社会变迁的要求，但是民族虚无主义也绝不符合现实理性。近十年来，汲取国外优秀成果，同时继承我国优良传统，面向未来，就成为社会工作专业的创业者们的共同信念和追求。

中国社会工作教育协会的成立为社会工作学科的建设和发展创造了有利条件。围绕中国社会工作课程体系建设和社会工作教育的发展方向等重大问题，中国社会工作教育协会做了大量学术性、组织性工作，也得到了国际社会同仁和中国香港特别行政区社会工作界的大力支持。1994 年，中国社会工作教育协会与亚太区社会工作教育协会联合举办了"华人社区社会工作教育的发展"国际研讨会，会后出版了论文集《发展·探索·本土化》，而编撰本书则是中国社会工作教育协会的另一项促进学科建设的工作。

由于要处理好上述提到的几种关系，所以编写有较高学术水平的社会工作教材并不是一件容易的事。本书首先由王思斌拟定了写作提纲，经多次集体讨论后确定下来，之后组成编写小组。编写者皆由在高等院校从事社会工作教学的教师充任。具体分工是：王思斌负责第一、二、八、二十章，夏学銮负责第三章，谢立中负责第四章，马凤芝负责第五、十九章，王婴负责第六、十七章，黄新鲁负责第七章，陆士桢负责第九、十章，江娅负责第十一章，朱东武负责第十二章，李洪涛负责第十三章，史柏年负责第十四章，马洪路、王思斌负责第十五章，李越美负责第十六章，孙立亚负责第十八章。主编王思斌通读了全稿，并对某些部分做了修改。

由于中国的专业社会工作发展时日尚短，加之作者们在社会工作研究方面的总结尚未达到令人满意的程度，因此本书必定存在着一些问题，如所用概念的统一与对中国社会工作服务模式的理论总结等。我们编写这本书权当引玉之砖，衷心希望读者们对此提出批评、意见。我们相信，通过广泛的学术讨论和批评，通过丰富的社会工作实践，一定能编写出适于中国现实需要的社会工作教科书。我们期待着中国社会工作的发展和不断成熟。

主编谨识

1999 年 3 月

目录

第一章

社会工作的内涵与实践领域

社会工作是现代社会福利制度的有机组成部分，它既是一个专门的服务领域，也是一个学科和专业。社会工作有自己的体系和结构。本章主要介绍社会工作的产生和发展，它的内涵、结构和服务领域，以及它与其他社会科学的关系。

第一节　社会工作的产生与发展

一、西方社会工作产生的社会历史背景

（一）资产阶级革命及人道主义的张扬

现代意义上的社会工作是一种以科学的方法助人的专业活动，它首先发端于西方社会。社会工作尊重人、关心人并致力于人的发展的价值理念与西方的文化传统及社会思想有关。西方文化有崇尚个人价值的传统。以文艺复兴为先导的资产阶级思想解放运动主张恢复古代世俗的思想文化，主张以人为中心。法国资产阶级革命进一步张扬了人道主义，把天赋人权、自由、平等、博爱写到自己的旗帜上。17—18世纪，资产阶级思想家强调天赋人权，认为所有的人在人格上都是平等的，都有追求幸福和自我发展的权利。资产阶级人道主义作为西方社会的一种意识形态，与宗教伦理一起为后来兴起的现代慈善活动和社会工作奠定了思想基础。

（二）资产阶级工业革命及其引发的社会问题

18世纪60年代，英国首先发生了工业革命。19世纪，西欧主要国家法国、德国等也相继完成了产业革命。工业化、市场化、城市化促进了重大的社会转型，即从农业社会向工业社会的转型，从传统社会向现代社会的转型。工业革命

一方面促进了这些国家的经济发展；另一方面也给这些国家的社会结构带来了巨大冲击。正如马克思、恩格斯所指出的，资产阶级在它的不到一百年的阶级统治中所创造的生产力，比过去一切世代创造的全部生产力还要多，还要大。同时，资本主义也剧烈地改变着城乡结构、阶级结构，制造着严重的社会对立，把人与人之间的关系变为赤裸裸的利害关系，把人的尊严变成了交换价值，贫穷、饥饿、失业等社会问题充斥着社会。这种现象不符合人们对理想社会的追求。许多思想家、政治家和社会人士致力于解决这些问题，以使社会摆脱病态，使人们免于痛苦。社会工作就是众多尝试中的一种。

二、西方社会工作的产生

（一）解决社会问题的思路

试图解决资本主义带来的弊端有改良和革命两种思路。改良主义者认为，解决资本主义带来的社会问题可以采用补救和改良的方法，可以通过修改社会政策来调整各阶级、阶层之间的利益关系，通过社会救济、慈善互助等措施可以改善社会底层的贫困状态。总之，改良主义要在资本主义制度范围内，通过部分地完善社会制度，向困难群体提供帮助来缓解社会冲突、解决社会问题。马克思主义从生产关系一定要适合生产力发展的社会发展规律出发，认为资本主义在其制度内不可能真正解决社会问题，要彻底解决这些问题，必须对之进行革命的改造，推翻人剥削人的制度，建立一种公平的、没有阶级压迫的、每一个人都能自由发展的社会。在社会发展史上，上述两种思路都进行过实践。

（二）社会工作的产生

在西方发达国家，社会工作是在多种社会思潮的影响下，在长期助人活动的基础上发展起来的。宗教对于西方社会工作的促进作用是明显的，但论及现代社会工作的产生，17世纪以来的社会救助制度产生的影响更为重要。针对农村破产、失业和贫困，1601年英国伊丽莎白女王颁布《济贫法》，继而建立了社会救济制度，形成一套救济工作方法，这对现代社会工作的形成产生了重要影响。同时，宗教团体和社会慈善人士也陆续开展对贫困群体的服务。19世纪末至20世纪初，英国出现了许多民间的社会服务组织，以弥补政府济贫活动之不足。美国的国内战争产生许多社会问题，也出现了一些给薪的社会服务工作者。学界一般把两项活动作为专业社会工作的开端：1898年美国纽约慈善学院对给薪的"友善访问员"进行6周专业培训；1893年荷兰阿姆斯特丹社会工作学院成立，开设两年制的社会工作教育。到 19 世纪末 20 世纪初，一个有系统的服务体系逐步形成，其服务人员经过培训和实践具有一定的专业方法和技巧，追求更好的服务效果。这种职业化、专业化的服务被称为社会工作（social work），从事这种服务活动的人被称为社会工作者（social worker）。

三、社会工作的发展

一百多年来，社会工作在全世界得到了快速发展，并逐渐获得多方认可。

（一）社会工作专业方法的发展

社会工作首先是在为贫弱群体服务的基础上发展起来的。最初，助人者主要靠慈善意识和个人经验从事服务。后来，人们越来越追求科学的、更加有效的助人方法。1917 年，美国社会工作学者玛丽·E. 里士满（Mary E. Richmond）出版《社会诊断》一书，试图使社会工作方法成为一套独立的知识。此后她又出版了《什么是社会个案工作》，之后个案工作作为一种专业方法被社会工作者普遍接受。自 20 世纪 20 年代开始，小组工作被纳入社会工作训练课程，并于 40 年代成为社会工作的专业方法。另外，社区工作作为一种专业工作方法也逐步发展起来，社区工作者形成了自己的专业团体，并运用自己的专门知识去解决社区中的问题，到 60 年代，社区工作已被正式承认为社会工作专业的一个基本方法。到 70 年代，社会行政作为一种间接的社会工作方法也被广泛接受。社会工作专业方法的发展是社会工作知识和经验不断积累和发展的反映，也是其工作领域不断扩大和解决问题的方法不断发展的过程，这标志着社会工作专业的发展和相对成熟。个案工作、小组工作、社区工作三种基本方法被分别确立之后，社会工作界曾经出现三者分立的局面，然而这不利于复杂问题的解决。20 世纪 70—80 年代，社会工作者和研究人员进一步探索综合运用几种社会工作方法的可能性，出现了综合（综融）社会工作（general social work）。在社会工作实践中也出现了以问题为本、灵活运用多种方法的努力。

（二）社会工作模式的变化

最初，社会工作是为解决贫困群体的问题而存在的，这时它扮演的主要是救助者的角色，其任务是诊断和治疗受助者的问题，对贫困人士给予物质的或社会关系方面的帮助，以使其走出困境。这是发现问题—救助或治疗—问题缓解的工作模式。支持这种工作模式的人认为，遇见问题的受助者是不幸者，社会工作的责任是帮助其解决具体困难。这在处理个人、群体、社区问题时都有明显体现。

随着社会问题的不断涌现和复杂化，以及人们权利意识的觉醒和对导致问题的环境原因的认识不断深化，社会工作者逐渐走出单纯的救助治疗思路，不但注重帮助贫弱群体解决具体困难，而且要在解决问题的过程中促进其能力的发展、促进不合理环境的改变，这就是发现问题—救助或协助—问题解决和能力发展的工作模式。在这一模式下，社会工作者不是施舍者，而是帮助或协助受助者改变不利处境的外部力量；社会工作者不但要帮助受助者解决具体问题，还要增强其应对困境的能力；社会工作者并不把受助者看作不幸者，而是要发现造成其生活困窘的内外部原因，并予以改变，其中包括改变贫弱群体外部生存环境的增权，也包括促进其能力发展的增能。还有，社会工作不但关注现有问题的解决，而且注重从预防的角度开展工作。这些都显示了社会工作更加人性化，更加科学和深刻的发展方向。

（三）社会工作在世界范围内的发展

随着现代化在全球的扩张，社会工作在世界范围内也得到快速发展。第二次世界大战之后，经济和社会发展成为新独立国家面对的主要问题，在促进地区发展、解决贫困问题的进程中，社会工作扮演着越来越重要的角色。20世纪中后期以来，现代化进程加快，各种社会问题层出不穷，社会工作作为一种回应机制也在世界范围内得到新的发展。发展中国家和地区的社会工作在借鉴西方发达国家经验的基础上也创造着自己的经验，特别是形成了发展性社会工作。当今世界上有两个国际性社会工作专业组织：国际社会工作者协会（International Federation of Social Workers，缩写为IFSW）和国际社会工作学校联会（International Association of Schools of Social Work，缩写为IASSW），它们都有众多会员，在国际范围内开展社会服务，他们的工作同时反映着专业化和本土化两个方面的要求。

四、中国社会工作的发展

（一）中国历史上缺乏专业社会工作

传统中国是一个典型的农业国家，其经济基础是自给自足的小农经济，社会结构特征是以生活和生产相重合的家庭为基础，以家族、亲友、邻居为生活共同体而形成的家族集团式结构。在文化价值方面，我国传统上崇尚儒家思想，同时在现实中又深受道家、佛教等思想影响，最终形成以儒家思想为主，儒、释、道相杂糅的生活文化。在上述条件下，在传统社会里，我国人民囿于狭小和封闭的生活空间及亲友圈子，很少向他人求助。社会上虽有守望相助的理念和"大同思想"，封建统治者也有一些济贫、敬老、慈幼之举，并实施局部、临时的社会福利，但是终未形成现代的、专业意义上的社会工作。

（二）20世纪上半叶社会工作在中国的发展

19世纪末以来，中国社会发生了巨大变化。由于西方帝国主义列强的经济、军事和文化侵略以及中国人自觉向西方寻求民族自救的道路，西方文化和社会理念以各种方式进入中国。20世纪初，一些传教士开始在中国的大学讲授社会学、社会工作。1925年，燕京大学建立"社会学与社会服务学系"，系统地开设社会工作课程，培养多层次的社会工作专业人才，并从事专业服务活动。需要特别指出的是，从20世纪20年代开始，一些在西方受过正规教育的中国知识分子出于救国救民的动机，在我国开展了乡村建设运动，其中以晏阳初倡导并极力推行的华北平民教育运动最为典型。这是当时我国知识界施行的、具有一定专业性质的社会工作实践活动。另外，在一些有国际背景的大医院中，在对战后孤儿和贫民救济活动中，社会工作也有所发展。

（三）1949年以后中国的社会工作

1949年中华人民共和国成立之后，我国选择和建立了社会主义制度。为了加速发展工业化和加强对社会的组织动员能力，国家实行了计划经济体制。政府不但成为全部社会资源的占有者，也成为解决各种社会问题的责任人。在这种体制下，政府通过其代理人——各种单位向人们提供生存资源和力所能及的帮助，从而形成依靠政府行政框架解决社会问题的模式，这就排除了专业社会工作存在的必要性。如果说在计划经济体制下，行政干部实际上承担了社会服务、社会工作职能的话，那么这种社会服务可称为行政性社会工作。

（四）改革开放以来中国社会工作的发展

1978年，我国实行改革开放，解决历史上积累的特别是"文化大革命"形成的各种问题，其中包括各种民生问题。1979年，国家决定恢复社会学学科建设，社会工作课程作为应用社会学也在一些大学逐渐恢复起来。1987年12月，国家教委正式发文，决定在少数大学试办社会工作与管理专业。接着，北京大学等高等学校开始招收社会工作与管理专业的本科生。这样，社会工作专业教育在中国开始恢复重建。与此同时，民政部门对干部进行在职培训，讲授社会工作内容。1991年，民政部推动建立了"中国社会工作者协会"，并加入国际社会工作者协会，促进了中国社会工作的发展。1994年，中国社会工作教育协会成立，社会工作专业教育得到发展，并形成中国社会工作"教育先行"的发展模式。

1999年国务院转发《面向21世纪教育振兴行动计划》后，高等院校社会工作专业招生大幅度、持续、快速增加。进入21世纪的新时期新阶段，中国经济社会发展问题日益突出，实行科学发展、加强社会建设、促进社会和谐的任务十分迫切。2006年党的十六届六中全会通过的《中共中央关于构建社会主义和谐社会若干重大问题的决定》，作出了发展社会工作的重大战略部署。《决定》指出，造就一支结构合理、素质优良的社会工作人才队伍，是构建社会主义和谐社会的迫切需要。要建立健全以培养、评价、使用、激励为主要内容的政策措施和制度保障，确定职业规范和从业标准，加强专业培训，提高社会工作人员职业素质和专业水平。要制定人才培养规划，加快高等院校社会工作人才培养体系建设，抓紧培养大批社会工作急需的各类专门人才。要充实公共服务和社会管理部门，配备社会工作专门人员，完善社会工作岗位设置，通过多种渠道吸纳社会工作人才，提高专业化社会服务水平。在中央政策引导和相关部门的推动下，中国社会工作人才队伍建设得到较快发展。随着2012年《民政部、财政部关于政府购买社会工作服务的指导意见》的制定和落实，中国专业社会工作呈现出蓬勃发展的局面。国务院总理在2018年《政府工作报告》中指出要促进专业社会工作发展；党的十九届五中全会提出要畅通和规范社会工作者等参与社会治理的途径；国务院总理在2021年《政府工作报告》中指出要大力发展社会工作；等等。这都为中国社会工作的进一步发展奠定了坚实的政策和制度基础。

中共中央关于构建社会主义和谐社会若干重大问题的决定

第二节　社会工作的内涵与构成

一、社会工作的内涵

（一）社会工作的基本内涵

社会工作产生于西方国家工业化、城市化和从传统社会向现代社会的转变过程中，它是专业化的社会服务。本书所说的社会工作是由英文 social work 翻译过来的。在一些国家，这类服务活动又称社会服务（social service）或社会福利服务（social welfare service）。这里的"社会的"（social）一词有比较复杂的含义，它可以指非经济（非牟利）的，可以指非生物个体的，也可以指人与人之间的关系。这样，社会工作或社会服务、社会福利服务指的就不是纯物质性的帮助，而是包含了人文关怀的人性化服务。它以人为本，以帮助受助者走出困境为目的，同时又是非牟利的和专业化的服务。

一百多年来，社会工作的内容和形式都发生了一些变化，比如当今社会工作对价值观的强调、对助人方法的注重、对助人过程的理解都是社会工作发展之初所不能比拟的。但是社会工作的基本内涵却是不变的。它是秉持助人的价值观，运用科学方法，帮助有困难的人走出困境的专业活动。社会工作是以利他主义价值观为指导的专业助人活动。

（二）社会工作的定义

社会工作是复杂的社会活动，对之给出一个简洁的定义实为不易。20 世纪 90 年代，国际社会工作者协会曾征求各国（地区）对社会工作的定义，但是各方的表述并不完全一致。这并不是说社会工作还不成熟，而是由于不同国家和地区社会工作实践的差异和复杂性。联合国 1960 年出版的《国家社会服务方案的发展》指出，社会工作是协助个人及其社会环境，以使其更好地相互适应的活动。弗瑞德·兰德（Fried Lander）认为，社会工作是以科学的知识和技能协助个人以达到社会与个人的满足与自主的专业服务过程。芬克（Fink）认为社会工作是一种艺术和科学，它通过提供助人的服务来增强个人和团体的人际关系和社会生活的功能。从上面的论述中，我们可以看到对社会工作者、科学知识和方法、改善受助者的不利处境、个人与社会环境更好地相互适应、人的发展等内容的强调。

社会工作的国际定义

　　为了便于理解，我们尝试给出一个一般性定义：社会工作是秉持利他主义价值观，以科学知识为基础，运用科学的专业方法，帮助有需要的困难群体，解决其生活困境问题，协助个人及其社会环境更好地相互适应的职业活动。这一定义指出，社会工作本质上是一种职业化的助人活动，其特征是向有需要的人特别是贫弱群体提供科学有效的服务。社会工作以受助人的需要为中心，并以科学的助人技巧为手段，以达到助人的有效性。社会工作要做的是改变，包括改变受助者的不适行为和不利境遇，改善当事人与环境的关系，促进人与环境的良性适应，以及促进人的发展。这里我们对"需要"这一概念稍做解释。在社会福利理论中，需要不同于需求，需要是与人的基本权利和生存的基本条件相关的。当某些条件匮乏以致当事人不能维持其基本生活时就产生了需要。"需要"实际上指个体或群体的某些基本生存条件的匮乏。"需求"一般指人的欲求，未必基于基本权利和基本生存。

　　在这里有必要提一下我国官方对社会工作的理解。为了落实党的十六届六中全会发展社会工作的战略部署，有关部门对社会工作给出了一个列举式的概括：社会工作是社会建设的重要组成部分，它是一种体现社会主义核心价值理念，遵循专业伦理规范，坚持"助人自助"宗旨，在社会服务、社会管理领域，综合运用专业知识、技能和方法，帮助有需要的个人、家庭、群体、组织和社区，整合社会资源，协调社会关系，预防和解决社会问题，恢复和发展社会功能，促进社会和谐的职业活动。这一说法基于中国当下国情，从基本要素、工作方法及功能的角度对社会工作进行描述，比较具体地说明了我国社会工作的内涵。

社会工作概念的内涵

（三）几个相关概念

社会工作作为帮助人们解决困难、增强其生活能力、促进人们福利的服务活动，与其他增强人们社会福利的活动密切相关，这里有如下几个既与之联系又相互区别的概念。

1. 社会保障

社会保障是国家和社会依法保障社会成员的基本生活的社会制度。其目的是保障社会成员不因基本生活受损而招致危险，并进一步维护社会的稳定。社会保障是通过政府立法而确定的，基本上属于政府行为。它与社会工作的区别是：社会保障是一套制度性规定，主要关注的是收入保障；而社会工作则是依据制度性规定而实施的具体劳务性的服务。比如，英国的社会保障制度包括失业保险、社会救助和个人服务三部分，其中的个人服务就是指社会工作。

2. 社会福利

社会福利有广义和狭义的理解。广义的社会福利是指面对广大社会成员的并改善其物质和文化生活的一切措施，其目的是实现社会成员生活的良好状态。狭义的社会福利基本上指向困难群体提供的带有福利性的社会支持，包括物质支持和服务支持。近些年来，以狭义的社会福利为参照，我国政府提出发展适度普惠社会福利，其中既包括物质性福利，也包括社会福利服务。

3. 社会服务

社会服务是以劳务为主要形式向有需要、有困难的社会成员，特别是困难群体和弱势群体提供的改善其处境的活动。它是将社会保障、社会福利传递至服务对象的过程。社会服务与盈利性商业服务有本质区别，它是福利性质的服务。社会服务有不同的类型或形式，社会工作是专业的社会服务。

二、社会工作的构成要件

（一）对作为社会行动的社会工作过程的解析

按照韦伯（Max Weber）的理论，我们可以把社会工作看作社会行动，即它是社会工作者有意识、有目的地帮助他人的活动。在这一活动中，社会工作者作为行动者，依自己的助人价值观去设计和实施助人活动，并积极吸引受助者参与这一过程，相互配合与协调，从而达到使受助者摆脱困境的目的。在这一过程中，社会工作者是行动的主体，他设计并引导助人过程的进行。但是由于社会工作者要考虑到受助者的需要和接受服务的能力来开展服务，所以不能把受助人视为纯粹被动的、只是接受服务的客体。实际上，受助者也是行动的主体，他将自己的意识、目的、对社会工作者行动的理解带入接受帮助的过程，并直接影响这一过程的开展。因此，社会工作是社会工作者与受助者的互动过程，在这一过程中，双方互为行动主体和客体。这样，社会工作过程可以用如下结构来表示（图 1-1）：

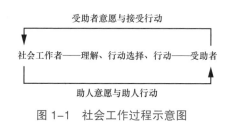

图 1-1   社会工作过程示意图

在这个结构模式中，一般来说，社会工作者启动这一互动过程，而受助者的反应使这一过程真正运转起来，这是一个不断充实新内容的循环过程，也是一个不断建构的过程，而相互理解与合理的行动是社会工作有效运行的深层结构。

（二）社会工作的要素

1. 社会工作者

社会工作者是服务和帮助的提供者，是社会工作过程的首要构成部分，没有社会工作者，社会工作活动就无从谈起。从现代社会工作的角度来看，社会工作者不但持有利他主义的价值，而且应该受过一定的科学训练，掌握科学有效的工作方法。社会工作者可以指某一社会工作者个人，也可以指某一具体的社会工作机构。他们是社会问题的评估者、专业服务的提供者、服务过程的引领者和改变受助者行为的协助者。他们是社会工作的主体。

2. 受助者

受助者（client）也称服务对象、工作对象或者案主。受助者是遇到困难，自己不能解决并愿意接受社会工作者帮助的人。他们能够表达自己的意愿，并采取行动与社会工作者互动，他们也是社会工作的主体。受助者是服务的接受者，没有受助者，社会工作就失去了必要性。另外，受助者生活状态是否改善是社会工作是否见成效的衡量标准。

3. 社会工作价值观

社会工作价值观（values）是社会工作者所持有的助人观念。它包括对助人活动的看法、对自己与受助者关系的看法等。社会工作的价值观是利他主义，尊重受助者的权利和选择。它认为社会工作是一种真正的服务过程，而不是社会工作者在行使手中的权力。社会工作的价值观是社会工作的灵魂，这使它与其他助人活动区别开来。

4. 专业关系

专业关系（professional relationships）是指社会工作者基于专业服务的需要同受助者建立的关系。按照社会学的角色理论，它是社会工作者与受助者两个角色之间的规范化的互动模式。在社会工作者向受助者提供服务的过程中，二者发生着频繁的互动，也会形成多种关系，其中既包括按规范行事的专业关系，也包括因深入交往而产生的、带有某种情感的人际关系。为了保障专业服务的展开和深入发展，达到预期的助人目标，社会工作者要恪守专业关系。当然，在不同文化背景下，专业关系也可能会有各自的特点。

5. 助人活动

助人活动（helping）是社会工作的关键，它是助人愿望的传导手段，同时也是助人和受助的实现过程。在助人活动中，社会工作者传输的是精心考虑过的、科学的、能够满足受助者需要的信息和服务，而受助者输出的则是需要和对来自社会工作者的帮助行为的理解和反应。助人活动是社会工作者与受助者角色、享用文化、情境、传输手段等多种因素结合而成的行动体系。在某些场合，助人活动表现为干预行动（intervention action），即社会工作者对某些不合理或负面现象的干预，通过干预使这些现象得以向期望的方向转变。

三、社会工作的不同形态

（一）专业社会工作的形成是一个过程

综观各国社会工作发展史，我们可以发现它们大都经历了一个从非专业到专业的发展过程。比如英国和美国，它们的社会工作基础是慈善活动，后来经过专业培训、服务经验的总结梳理，才形成专业社会工作。这也就是说，在专业社会工作形成之前存在着前专业状态。

前专业的社会工作可能有两种表现形式。一种是西方发达国家社会工作的初级形态，或以慈善为主要特征的服务活动。慈善活动经过专业形塑和不断实践，达到社会工作的现代形态——理性化、组织化、职业化和专业化。另一种是非西方不发达国家社会服务的本土实践。这些国家虽然没有专业社会工作，但是有本土的解决自己社会问题的有效方法。这些本土方法不是随心所欲的，而是有组织、有规范、有标准和过程明确的。在走向专业社会工作的进程中，这些社会服务的本土实践属于前专业状态。

（二）中国社会工作的类型

当前，中国的社会工作有两种：一种是社会福利部门所从事的社会工作，即行政性社会工作；另一种是专业社会工作。

1. 行政性社会工作

在计划经济时期，政府运用行政系统和群众工作方法解决了一些民生方面的问题。如民政部门的社会救济、社会福利，工会、妇联对职工、妇女合法权益的保护，劳动部门对离、退休职工的生活、医疗保障，共青团系统对问题青少年的关护等都属于社会工作的范畴。这些工作的特点是：工作人员来自政府或工会、共青团、妇联；他们利用正式的组织架构，按照政策及本部门的工作方法开展工作；他们的工作以服务工作为主，同时也有管理工作。这些服务实际上是行政性、非专业或半专业的社会工作，可以称为行政性社会工作。

2. 专业社会工作

20 世纪 90 年代以来，随着社会工作专业教育和培训的发展，一些教育、咨询服务和发展机构开始尝试提供专业社会工作服务。在东中部地区的一些大城市，随着政府购买社会工作服务的展开和民间基金会对社会工作的支持，一些社会工作专业人士开始兴办社会工作服务机构，其工作人员主要是社会工作专业毕业生或受过一定社会工作专业训练的其他人士。他们秉持社会工作价值观，运用社会工作专业方法，为有需要的人士特别是困难群体提供专业化的社会服务，收到了解决民生问题、促进社会和谐的良好效果，并越来越得到政府和社会的关注与支持。

第三节　社会工作的实践领域

一、社会工作实践领域的含义

（一）社会工作实践与实践领域

社会工作实践（practice）也称社会工作实务，它指的是社会工作者或社会工作机构介入服务对象有问题的社会生活，并促使其改变的专业活动。社会工作实践有丰富的内涵。第一，社会工作不是坐而论道，而是要行动。社会工作者在一定理论的指导下，灵活运用多种知识和技巧，促使那些不令人满意的现象发生改变的活动就是社会工作实践。第二，社会工作实践是有目的的干预行动。社会工作服务和干预行动是有目的的和理性的，这常常表现为对解决方案、干预活动的科学设计，以及相对程序化的服务过程。第三，社会工作实践是社会工作者的能动活动。马克思指出，全部社会生活在本质上是实践的，这也适用于对社会工作实践的理解。社会生活的复杂性和变动性，要求社会工作者不断地根据情境的变化来选择自己的干预方法和策略，这就是社会工作的能动实践。第四，社会工作实践是一个行动系统。社会工作者要与服务对象一起工作，并考虑到复杂的环境因素来解决问题。

社会工作实践领域也称社会工作范围，是指社会工作在社会生活中实施并起作用的范围。社会工作的实施首先取决于工作任务的存在，即社会中的某些人的正常生活出现了问题，然后才是社会工作者有意识、有目的地介入或干预。可以说，社会工作实践领域是由社会问题的出现和社会工作者对它的认识及有意识的干预确定的。社会工作实践领域是社会工作介入的、人们希望改变的社会生活及其空间。

（二）社会工作实践领域与社会问题的关系

社会工作实践与一定范围内社会问题的出现直接相关。对于社会问题的理解有两种：社会学认为社会问题是社会上大多数人遇到某种问题，这些问题影响着他们的正常生活，因而需要改变的社会状况。它强调了该问题较大的影响范围和对人们正常生活较深程度的不利影响。社会工作则认为，社会问题是指那些非纯生理性的问题，即与社会因素有关的问题。它或者由社会因素引起，或者需要运用社会性手段来解决。同时，社会工作对社会问题的看法比较具体，把个人的、家庭的、群体的、社区的不令人满意的现象都看作需要解决的问题，把某些人的吸毒、精神抑郁、孤独等状况也视为社会问题。应该说明的是，社会工作并非要干预所有社会问题，特别是经济衰退、贪污腐败、大气污染等这些重大问题，而是主要（或者能）干预人们的基本生活、社会行为、社会关系、个人与社会环境关系调整方面的问题。那些社会工作可以介入并解决的问题成为社会工作实践的领域。

二、社会工作实践的基本领域及其扩大

（一）社会工作实践的基本领域

从社会工作的产生过程和社会工作解决问题的特点来看，社会工作实践可以分为基本领域和拓展领域。社会工作实践的基本领域即社会工作发挥作用的传统领域，或在社会分工中社会工作最易于发挥自己的特长，服务于有需要的人群和社会的领域。拓展领域则是指随着新的社会问题出现或固有社会问题的严重

化，社会工作新介入的领域。

社会工作发展史表明，弱势群体、困难群体遇到的基本生活方面的困难，是社会工作需要优先干预和解决的。这主要包括：失去家庭关爱和社会支持的儿童问题；缺乏经济能力和家庭支持的老人问题；被歧视、生活困苦的女性问题；失业导致的家庭生活困难而产生的问题；多种原因导致的家庭成员之间的冲突及家庭解组方面的问题；以及社会变迁及环境恶劣导致的社区贫困问题等。这些之所以成为社会工作实践的基本领域或首要干预对象，是因为没有外界力量干预，这些当事人就难以走出困境，就会造成基本的人道主义缺失。不论从社会工作的价值观，还是从当事人的困境以及社会正义和秩序的价值来看，弱势群体、困难群体遇到的基本生活方面的困难都是社会工作实践的基本领域。当然，由于不同国家和地区的社情不同、所遇到的社会问题不同，社会工作实践的基本领域在不同国家、地区和社区可能会有差异。

（二）社会工作实践领域的扩大

在现代社会中，社会工作实践的领域在不断扩大，这与下述因素有关：

第一，社会问题不断增加。现代社会的基本特征是工业化、市场化、城市化和社会流动。这些重要的特征在给社会带来活力的同时，也可能会造成社会问题，并给弱势群体带来难以抵御的伤害。社会问题的大量出现，使得社会工作实践领域不断扩大。

第二，社会问题日益复杂。在现代社会，许多问题已经难以分割地联系在一起。对某一问题的解决需要多种方法和措施协同努力，其中，以助人见长的社会工作常常需要参与其中。特别是有些涉及社会关系调整和行为改变与适应方面的问题，更需要社会工作发挥作用。

第三，人们对生活质量更加关注。20世纪50年代末以来，许多国家开始实行传统发展战略，即把经济增长作为衡量国家或地区发展的唯一目标，然而富裕并不等于幸福。经济增长带来的问题促使人们思考发展经济的目的，于是人们开始推崇"以人为中心"的发展战略，并越来越关注生活质量的提高和社会的可持续发展。在这种价值体系下，所有伤害人、漠视人的尊严和平等、压抑人的发展的现象都将被社会工作者所反对，并成为社会工作的对象。

第四，社会工作能力明显增强。经过一百多年的发展，社会工作解决社会问题、促进人类进步和社会发展的能力也不断增强，它在解决社会问题和促进社会进步中的作用越来越得到认可，这也反过来促进了社会工作对社会问题的干预。

我国在和谐社会建设中引入社会工作，也是社会工作影响力明显增强的反映。

三、社会工作实践的重要领域

社会工作的实践领域是广泛的，以下仅就其重要领域作一简单介绍。

儿童青少年服务。儿童青少年服务指的是对未成年人的保护和福利服务，最基本的服务包括对失依、流浪儿童的救助，对受虐儿童的援助，对儿童的受教育权及人身安全的保护，对童工的救助，对沾染不良行为的少年儿童的帮助等。另外，社会工作也把儿童发展纳入自己的工作范围。

老人服务。老人服务是社会工作的传统领域。在这方面，老人家庭服务、医疗保健服务、社会适应服务及老人救助都是基本的社会工作内容。另外，老人发展及社会参与也是老人社会工作的重要内容。

妇女服务。妇女社会工作提供的服务包括对所有女性的保护，反对对女性的伤害和歧视，保护女工、保护女童，实行男女平等，促进女性能力发展，促进女性社会参与。

残疾人康复服务。康复服务是针对残障人士而开展的福利服务。康复服务通过物理治疗和精神康复，提高残障人士的机能，并创造环境条件，帮助他们参与社会生活、融入社会。在对残障人士的康复服务方面，有机构内康复、社区康复和职业康复等几种重要的服务方式。另外，帮助有劳动能力的残障人士就业，对残障人士实施法律援助已成为残障人士社会工作的重要组成部分。

精神健康服务。在现代社会，精神压力过大直接威胁着人们的生活和工作。社会工作者可以通过心理辅导帮助服务对象舒缓精神压力，对有较严重精神疾患的人进行精神健康方面的服务和治疗。社会工作者采用专业方法对有需要的人进行心理辅导服务，这在发达国家和地区已相当普遍。

农民工服务。农民离开家乡进入城市务工是与工业化、城市化相伴而生的现象，在中国具有特殊的意义。农民进入陌生的城市务工会遇到众多问题，社会工作者在这方面开展的服务有：农民工适应城市生活教育；帮助建立劳动关系；进行劳动安全教育；维护农民工合法权益；农民工家庭服务；农民工子女就学和成长服务等。

家庭服务。家庭服务也叫家庭社会工作，是对由于社会原因或家庭成员方面的原因而陷入困境的家庭进行的支持性服务，它以整个家庭为服务对象。当家庭因夫妻不和、成员关系紧张、失业、疾病、迁移以及单亲等原因而出现较严重的问题时，社会工作者进行介入并帮助家庭解决困难和问题，促进家庭和谐。在现代社会中，家庭服务是社会工作的重要领域。

学校社会工作。学校社会工作是以帮助学生正常学习和健康成长为目的的服务。学校社会工作主要有三种方式：治疗型学校社会工作是针对"问题学生"失常的心理和行为而开展的工作；变迁型学校社会工作是为了让学生适应社会的剧烈变迁而开展的工作，包括生活辅导、学业辅导和就业辅导等；社区—学校型学校社会工作则是把社会工作延伸到学校外的社区，包括联系学生家长，实现家—校沟通，对离校学生提供追踪服务，开展社区教育以促进学生成长等。

医务社会工作。医务社会工作是在医疗、卫生、保健领域实施的社会工作。传统的医务社会工作着重在医疗机构内对病人提供服务，现在，社会工作服务已扩大至保健和疾病预防领域。医务社会工作首先是针对患者进行的服务，包括医疗救助、协助治疗、改善医患关系等。另外，在公共卫生政策方面，社会工作也发挥着重要的作用。

就业服务。社会工作可以在就业培训、职业辅导等方面提供服务，促进就业。它既包括对求职人员的劳动技能培训，也包括对其求职技能进行培训，以及与劳动就业管理部门、用人机构建立联系，促成双方互相了解和相互接纳，实现就业。就业之后，社会工作也可以在福利保障、劳动保险、职业康复以及人力资源发展等方面继续对职工给予支持。就业之后的社会工作也称企业（职场）社会工作。

社会救助服务。社会救助服务是政府或社会服务机构对物质生活面临危机的社会成员提供的物质方面的支持和其他帮助。社会救助制度是现代国家最基本的社会福利制度，社会工作者在实施这一福利制度的过程中扮演着重要角色。

矫治服务。矫治也称矫正，矫正社会工作是专业社会工作者运用专业理论和方法，对罪犯或有犯罪倾向的违法人员提供思想教育、心理辅导、行为纠正，消除其犯罪心理结构，修正其行为模式，使其适应正常社会生活的服务。矫治社会工作在改造罪犯，特别是挽救少年犯罪者方面发挥着独特的作用，其主要方式有司法前的调查服务、对在监服刑人员的辅导、对缓刑和假释人员的观护以及对刑满释放人员提供的服务等。

乡村社区发展。社会工作者可以进入农村地区，同当地政府、居民和其他方面的专家（如经济学家、社会学家、发展学家等）一道从事发展经济、教育、卫生等方面的工作。乡村社区发展包括一系列综合性的、长期的发展活动。社会工作者在促进和帮助农村居民选择新发展项目，进行社区规划，发展社区教育与社区卫生事业，建立科学的生活方式等方面发挥着重要作用。

除了上述领域，民族社会工作、退役军人社会工作、救灾社会工作等也是重要的社会工作领域和内容。

第四节　社会工作与其他社会科学的关系

一、社会工作的学科性质

（一）社会工作是一门应用性社会科学学科

社会工作十分重视实务和操作，人们普遍认为社会工作是一套助人方法和技巧，是一个专业。实际上，社会工作也是一门应用性社会科学学科。它虽然尚不具备一整套独立的、逻辑严密的知识体系和理论，却有自己独特的实务理论。此外，它借用相关社会科学知识并进行有效的组合，从而形成了对某些现象的独特解释。因此，从其理论建构、服务实践的科学性等角度看，社会工作应该算作一门科学，属于应用社会科学，如同医学之于自然科学。

（二）社会工作与众多社会科学学科有密切关系

由于社会工作要处理与人相关的社会性问题，因此它与众多社会科学学科发生了密切联系，这些学科包括社会学、经济学、政治学、法学、伦理学、社会心理学、教育学、管理学以及环境科学等。社会工作同这些学科关系的特点是根据社会工作的任务和特点，运用相关社会科学的理论分析问题的成因，寻求解决问题的基本思路，然后运用社会工作方法去解决问题。在解决具体问题的过程中，相关学科的知识发挥着重要作用。社会工作者常常综合运用多种社会科学知识去推进社会服务。在社会工作实践中，哲学特别是社会哲学、人生哲学、福利哲学、政治哲学对社会工作者正确地认识社会工作的任务，有效地推进社会工作，实现最佳效果具有重要作用。

二、社会工作与社会学、社会心理学的关系

（一）社会工作与社会学的特殊关系

社会工作发展史表明，它与社会学有着特殊的密切关系。19世纪末20世纪初的美国，当大量社会问题涌现导致社会工作诞生的时候，正值社会学的繁盛时期。由于当时西方主要的社会问题——失业、贫穷、社会冷漠、战争创伤等基本上是由于剧烈的社会变迁（如城市化和战争等）引起的，所以社会工作者在分析问题时自然而然地采取了社会学的方法。他们从社会结构和社会制度中寻找问题

的症结，从制度和政策等角度寻求解决问题的方法。这样社会学就成了社会工作者进行社会服务的最基本的知识基础。历史经验表明，当社会工作面对的问题不能简单地用个人的、心理的因素解释时，社会学解释就显示出其特殊的作用。或者说，社会工作的开展常常是建立在社会学的研究和分析之上的。一个明显的事实或许能说明社会学与社会工作的特殊关系：在许多国家，社会工作最初是蕴含在社会学学科之中的。

　　社会学与社会工作之间具有普遍联系，在以下方面显得尤为重要：与儿童成长、老年人赡养及家庭关系调适相关的家庭问题；与社区服务、社区关怀、社区建设相关的社区问题；与贫困、利益分配不公相关的阶层问题及社会制度问题；与失业、社会保障相联系的劳动就业问题；与社会可持续发展相关的人与环境的关系、社会规划、和谐社会建设问题等。

（二）社会工作与社会心理学的关系

　　社会心理学是研究社会心理现象的发生条件及规律的科学，它对以个体为对象的社会工作的贡献是直接的和基本的。当受助者的问题主要是个人性的，并与他的意识和认识密切相关时，社会工作者就会运用社会心理学的知识去分析和帮助他解决问题。20世纪20年代，弗洛伊德的精神分析学说十分盛行，在社会工作领域也得到广泛运用。个案工作在这个时期的快速发展与该学说大行其道直接相关。30年代以后，符号互动理论得到很大发展，它关于人格形成、人们在互动过程中的心理历程及行为反应的理论被社会工作吸收，并发展出了心理暨社会学派的个案工作。50年代的行为修正学派的个案工作也与社会心理学的发展有密切关系。由于社会工作的任务与受助者的心理状态和态度有关，社会工作过程是社会工作者同受助者的细致、复杂的互动，所以社会心理学必然成为社会工作的重要理论支柱。

　　社会心理学在总体上对社会工作具有重要价值，其中尤以如下方面最为突出：人的社会化理论、人类成长理论、人际关系理论、群体动力学、符号互动理论、认知理论、异常心理理论等。

三、社会工作与其他社会科学的关系

（一）社会工作与政治学和管理学的关系

1.社会工作与政治学

政治学是研究权力关系的科学，它不但研究国家政治体制，也研究行政和权力运作过程。社会工作与政治学有密切关系。在一些社会工作学者看来，社会工作是一种道德实践，社会工作要维护社会弱者的权利，实现社会公正。社会弱者所遇到的困难在很大程度上是由社会制度造成的，要彻底解决他们的问题，根本途径是完善社会制度。社会工作者为解决这些问题所进行的努力，在一定程度上也是在为社会弱者争取合法地位和权利。另外，社会行政与社会政策的执行过程也具有政治的意义。社会行政既是政治活动，也是间接的社会工作方法。社会政策则反映着不同利益群体的诉求，也是不同利益群体博弈的结果。

2. 社会工作与管理学

管理学对社会工作的贡献集中反映于社会工作行政之中。社会工作行政运用计划、组织、指挥、协调、控制这一整套行政管理方法对社会工作机构进行管理以有效地提供社会服务，这是管理学对社会工作的贡献的集中体现。现代社会工作也开始将管理学知识运用于其他社会工作领域，如进行个案管理，进一步提高了综合服务的科学性和效率。另外，新管理主义也对社会工作产生了复杂影响。

（二）社会工作与经济学的关系

经济学与社会工作的关系集中体现于福利经济学对社会工作的影响上。福利经济学主张社会物质财富的公平分配，即通过收入再分配而使社会弱者受益，并认为这不但有利于维持社会弱者的生活，也有利于社会稳定。因此，将社会物质财富更多地用于贫困群体是社会财富效用的最大化。由此可见，福利经济学所倡导的是对贫困群体给予更多的物质支持，这正是社会工作所需要的。除此之外，劳动就业、人力资源开发、社会救济等社会工作服务也与经济学有直接关系。社会工作强调要有效地利用资源，这也可以看出经济学对社会工作的重要性。

（三）社会工作与伦理学的关系

伦理学是研究人类行为之对错、善恶的科学。西方社会工作以资产阶级人道主义为旗帜，强调博爱、平等，强调对社会弱者的同情，就是伦理思想在社会工作理念层面的反映。除此之外，社会工作过程本身也反映出浓厚的伦理色彩。社会工作者在助人过程中特别注意遵守专业伦理，如社会工作者不应利用助人机会牟取个人利益，不应企图控制受助者，不应危害和牺牲受助者的利益，以及应为受助者保密等。社会工作者以利他主义为指导思想，强调无私奉献，全心全意为受助者服务，尊重受助者，保护受助者，帮助受助者。这些无不体现了社会工作者高度重视伦理道德的专业特征。

【思考题】   1. 试述西方社会工作产生的背景。

2. 试述中国改革开放以来社会工作的发展。

3. 试述社会工作的含义。

4. 试述社会工作的构成要素，并分析其过程结构。

5. 试述社会工作的实践领域。

【主要参考文献】   袁华音、王青山主编：《社会工作概论》，黄河出版社
1990 年版。

卢谋华：《中国社会工作》，中国社会出版社 1991 年版。

王思斌：《中国社会工作的经验与发展》，《中国社会
科学》1995 年第 2 期。

《中共中央关于构建社会主义和谐社会若干重大问题
的决定》，人民出版社 2006 年版。

彭秀良：《守望与开新：近代中国的社会工作》，河北
教育出版社 2010 年版。

王思斌、阮曾媛琪、史柏年主编：《中国社会工作教
育的发展》，北京大学出版社 2014 年版。

第二章

社会工作的功能

....

社会工作在现代社会的运行中发挥着重要功能，在服务贫弱群体、促进社会和谐方面发挥着不可替代的作用。本章主要介绍社会工作者的角色，阐述社会工作的主要功能及其实现，并对我国社会工作的特点作一简要分析。

第一节　社会工作者及其角色

一、社会工作者及其特征

（一）什么是社会工作者

社会工作的要件之一是社会工作者。什么是社会工作者？《中国社会工作百科全书》对其的界定是"从事社会工作的专业人员"。它用从事社会工作和专业两个特征来指认社会工作者，是一个简要的定义。在专业社会工作比较成熟的国家和地区，社会工作者的身份比较容易确定。这些人在社会福利机构或设施中专门从事社会服务，一般受过社会工作专业培训并获得社会工作的学士或硕士学位，被社会工作专业组织所认可。这些国家和地区有社会工作认证制度，所以社会工作者作为一种社会身份是比较明确的。在我国，起初社会工作者还不是被广泛了解的概念。1991 年中国社会工作者协会成立后，社会工作者这一概念开始在民政等部门使用，用来指那些实际从事社会工作的人。2004 年，劳动和社会保障部公布了《社会工作者国家职业标准》，从 2006 年开始，人事部、民政部开始组织全国性的"社会工作者职业水平考试"，特别是党的十六届六中全会作出发展社会工作的战略部署后，社会工作专业人才大量增加，社会工作服务机构不断建立，政府和全社会对社会工作的知晓度逐渐增加，社会工作者逐渐成为一个社会性概念。根据我国的具体情况并借鉴国际经验，我们可以作出如下界定：社会工作者是秉持社会工作价值观，运用社会工作专业方法从事职业性社会服务的人员。

（二）社会工作者的一般特征

根据以上界定，社会工作者具有如下基本特征：第一，认同并遵循社会工作的价值准则，具有全心全意为受助者服务的理念，不以助人过程牟取私利。第二，以从事社会福利服务为职业。第三，掌握一定的社会工作专业方法。这些专业方法可能是由国际通则所确定的，也可能是根据本地经验发展而来的。第四，获得专业认可。社会工作者经过专业教育和培训，或经过专门考试、注册制度而得到权威机构的承认。第五，综合运用社会工作知识、理论和方法，有效地提供社会服务。以上这些有利于我们将社会工作者同慈善人士、行政人员、志愿者等区别开来。

二、社会工作者的角色

（一）社会角色的含义

社会角色是一个社会学的概念，指与人们在社会关系体系中所处位置相适应的一整套行为规范。它指出了处于社会某一位置的人应该如何去做，反映了处于该位置的社会成员的责任、权利和义务。社会角色所反映的社会对处于某一社会位置上的社会成员的要求是普遍性的，即它一视同仁地要求某一类社会成员按照角色规范行动。当然，任何对角色的规范要求都不可能制定得十分细致，况且社会在变化，人们面对的具体环境也在变化，所以，社会角色的规定也是处于变化之中的。这就使得处于某一位置的社会成员在遵循基本角色规范的基础上，也有自我创造和表现角色的可能性，即他可以创造性地扮演社会角色。角色理论还指出，现实社会中的社会成员处于多重社会关系之中，一个人可能会担当多重角色，社会学称这种现象为复式角色，这有可能导致角色紧张和角色冲突。

（二）社会工作者担当的角色

社会工作是由社会工作者与受助者合作而进行的复杂的互动过程。在这一过程中，社会工作者要运用多种专业技巧帮助受助者正确对待困难、努力克服困难，同时又要去争取资源，切实帮助受助者走出困境。在处理复杂问题时，社会工作者要同多方打交道，担当多重角色。社会工作者的服务有直接服务和间接服务之分。直接服务是社会工作者直接向服务对象提供的改变其困境、对其予以支持的活动；间接服务是创造有利条件对直接服务给予支持的活动。社会工作者既提供直接服务，也进行间接服务，即承担着多重角色。实际上，在复杂的社会工作过程中，社会工作者要综合地提供多种服务。社会工作学者巴克（Barker）将社会工作者的角色表示如下（图2-1）：

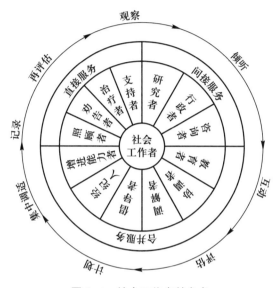

图2-1　社会工作者的角色

　　上图使我们看到了社会工作者角色的多样性和复杂性，说明了社会工作是复杂的社会活动和过程。下面我们对社会工作者的主要角色重新归类，略做说明：

　　1. 服务提供者。社会工作者首先是向受助者提供服务的人，这里的服务既包括提供物质帮助和劳务服务，也包括提供社会关系服务和心理咨询。服务提供者是社会工作者的首要角色。

　　2. 支持者。面对求助者，社会工作者不但要提供直接服务或帮助，还要鼓励受助者在可能的情况下自强自立，克服困难，即"助人自助"。社会工作者应该成为受助人积极反应的支持者、鼓励者，并应尽量创造条件让受助人获得发展。

　　3. 行为倡导者。在一定情况下，社会工作者应该成为受助者采取某种行为的倡导者，即当受助者必须采取新的行动才能有助于自己走出困境时，社会工作者应该向其倡导某种合理行为，并指导他们获得成功。应该指出，这里的倡导不是不顾受助者接受程度的强行推动。

　　4. 管理者。在社会工作过程中，社会工作者应该对该过程进行有效控制，同时，他必须对与助人相关的诸多资源、信息进行协调、安排和管理，以实现该过程的高效率，避免出现意外问题。管理者的角色不但对社会行政工作十分重要，对个案工作、小组工作和社区工作也同样重要。

5. 资源链接者。在许多情况下，社会工作者为了有效助人，常常需要联络政府部门、企事业单位、其他福利服务机构和社会人士，向他们争取受助者所需要的资源，并将它们传递到受助者手中。为服务的顺利开展争取和链接资源是社会工作者的重要责任。

6. 协调者。社会工作需要处理受助者与相关人群及环境的关系，要缓解、消除他们之间的紧张关系，这时社会工作者就要扮演协调者的角色。在动员多方资源解决受助者问题的过程中，也需要对各方的支持活动进行协调。

7. 政策影响者。由于某些大面积的社会问题并非由个人生理、心理因素所引发，而是由社会政策和制度因素造成的，所以对造成问题的政策或制度进行改变就是必要的。社会工作者应该将问题的真实情况及自己的科学分析传达给政策制定者，倡导和推动政策的改变，以减缓现实的社会问题，并避免类似社会问题的发生。

8. 其他角色。社会工作者还承担对受助者的不良行为进行治疗，协助受助者做某些决策，进行社会工作研究以提升服务质量等多种职责。

第二节　社会工作的主要功能

一、功能的含义与类型

（一）功能的含义

功能是一个用来表示一个系统中不同部分之间相互依存性的概念，其基本含义是某一事物所发挥的作用。英国功能主义人类学家拉德克利夫－布朗（Raddiffe-Brown）和马林诺夫斯基（Malinowski）将这一概念引入对人类生活的分析，认为社会是一个由具有相互联系的部分组成的整体。不同部分满足不同的社会需要，从而为维系这个社会整体的运行发挥了功能。功能概念被结构功能主义所发挥。结构功能主义创始人帕森斯（Parsons）认为，任何社会系统都是内部既有所分工又相互依赖的整体，系统的每一部分都对整个系统的存在和有效运行发挥积极作用即功能，从而达到系统的平衡与稳定。这样，功能指的就是某种结构所发挥的作用，它既表现为过程，也表现为结果。需要说明的是，在使用功能概念时，必须明确是谁的功能和在哪方面发挥的功能。

（二）功能的类型

功能是一个复杂的概念和理论范畴，可以做如下基本区分：

1. 正功能与反功能。在帕森斯那里，功能只被赋予积极的含义，即部分对于整体的作用是正面的、支持性的、整合性的，这里的功能就是指正功能。当这一假设遭到批评之后，社会学家默顿（Merton）提出了反功能（或负功能）的概念。反功能是指部分对其他部分和整体的作用并非具有建设性，而是相反。例如，提高退休年龄可能有正功能，也可能有反功能。对正功能和反功能的区分与人们看待问题的价值观有关，有时也与要研究问题的参照系统有关。

2. 显功能与潜功能。默顿认为，某一行动的功能有直接表现的一面，也可能有潜在的一面。那些明显的、被参与者所预期和认识到的后果是显功能；与此相反，那些未被预期、未被认识到的后果是潜功能。随着情况的变化，这种潜功能可能明显化。默顿认为，对潜功能的认识与人们的认识能力有关。

3. 终极功能与中间功能。终极功能是一个系统在一定时空中最终要达到的运行状态或发挥的作用。相对地，中间功能是某一部分或整体在达到最终状态的过程中，在较小的时空中发挥的作用。显然，终极功能是由许多中间功能的积累、相互作用来实现的。在社会工作中，理解终极功能、中间功能及其相互关系是重要的。

二、社会工作的助人功能

（一）助人是社会工作的基本功能

社会工作是助人的职业，帮助有需要的人是社会工作者的天职。叶楚生指出，社会工作的功能是：保障个人生活，促进社会安全；维护个人人权，促进社会进步；提高个人活力，增进社会财富与安定社会经济；发扬人类互助精神，实现社会公道，促进世界大同。我们看到，所有社会工作实践都把帮助有需要、有困难的社会成员当作首要任务，因而，助人是社会工作的基本功能。当然，助人也是一个相当大的范畴。

（二）救难

危难是一个人因身体受损、经济破产等原因而危及自身生存的状态。如战争负伤、意外伤害、经济破产、精神崩溃等都会使当事人陷入危险境地，需要他人救援。在中外历史上，社会工作者救人于危难之中的活动十分普遍。从救护战场伤员到救援难民，从救助灾民到挽救吸毒者，社会工作的作用十分显著。

（三）解困

当受助者遇到困难但尚未达到危及生存的程度时，社会工作者对其提供帮助，我们可称之为解困。每个社会成员都会遇到诸多困难，包括物质方面的、精神方面的和社会关系方面的困难。当这些困难不能靠自己、家人、亲戚朋友、邻居、工作单位解决时，社会工作就要承担起帮助解困的责任。

（四）发展

社会工作尊重人，认为人是有潜能的，并把充分挖掘个人潜能、实现个人幸福和社会进步作为工作目标。社会工作促进人的发展主要是指促进受助者能力的发展，通过能力发展促进其功能恢复或增强其功能，并实现生活目标。能力发展不但是对遇有困难者而言的，对预防问题的出现也有重要意义。它不但帮助个人和社会群体，对于社区建设也有积极意义。

三、社会工作对维护社会秩序的意义

（一）社会秩序的含义

社会秩序是社会科学家讨论的核心问题，也是政府、社会公众十分关心的问题。社会学家孔德（Comte）认为，社会秩序和社会进步是社会学研究的两大主题。他认为，社会秩序是社会存在诸条件之间的持久的和谐。按照这一说法，社会秩序至少包括两层含义：社会结构的稳定性和社会运行的有序性。社会结构的稳定性指社会各组成部分之间关系的相对稳定，是对这种关系格局的静态描述；社会运行的有序性指各部分在变动过程中关系的协调状态。实际上，社会稳定是一种社会秩序，各部分之间动态协调也是一种社会秩序。维护某种社会结构是维持社会秩序；妥善地改进不甚合理的社会结构或制度，使之更有利于社会的协调发展，是对社会秩序的构建。社会秩序可以分为强制秩序和同意秩序。强制秩序是靠强力压制而实现的秩序，同意秩序则是建立在社会成员对社会规范认同基础上而形成的秩序。

（二）社会工作维护社会秩序的方式

1.通过解决社会问题维护社会秩序

社会问题是由于人与环境关系失调而危及人们正常生活的现象。严重的社会问题若得不到解决，必然会影响社会秩序。社会工作通过帮助人们解决问题，不但可以使当事人过上正常生活，而且可以从深层次消除社会不安定因素，从而达到维持社会秩序的效果。

2.通过预防问题维护社会秩序

社会问题的出现必然造成对社会秩序的冲击，社会工作者从预防问题的角度开展工作，不但可以使社会成员免遭痛苦，而且也避免了社会问题对社会秩序的冲击，从而使社会处于持续稳定状态。社会工作所从事的预防性、发展性工作对维护社会秩序的贡献是明显的。

3.通过实施和修订社会政策维护社会秩序

社会政策是以促进社会公共利益特别是弱势群体的福利为目标的政策，它对社会秩序的维护有重要影响。合理的社会政策的实施能够增强社会成员的满意感、消除社会问题的负面影响，保持社会稳定。在社会政策不符合社会现实需要的情况下，社会工作者通过建议修改原有政策来追求社会公平正义，这在客观上会达到真正维护社会秩序的效果。这时社会工作者会扮演原政策批判者的角色，但从总体效果看，社会工作者的行为是积极的和建设性的。

四、社会工作对助人与维护社会秩序关系的理解

（一）助人与维护社会秩序的一致性与相悖性

上面我们把助人，特别是帮助社会贫弱群体同维护社会秩序视为社会工作的两项相互联系的功能，实际上二者关系比较复杂。帮助有困难者走出困境会产生有利于社会秩序的效果，良好的社会秩序也有助于对贫弱群体的救助，即二者是一致的。但在某些情况下，二者之间可能互相冲突。一方面，在社会政策不尽合理的情况下，简单强调秩序的重要性可能会贻误对贫弱群体的救助，进而酿成更大的社会问题。另一方面，只强调助人的至上性可能会冲击社会秩序，因为有时现有制度并不一定能向贫弱群体提供他们所期望的帮助。这样就会发生强调社会秩序的社会本位观同强调助人的个人本位观之间的冲突。

（二）社会工作对助人与维护社会秩序关系的处理

在一般情况下，社会工作者是在制度范围内开展工作的，即他们将充分利用社会制度提供的空间为受助者服务，在这种情况下上述冲突可以避免。但是在社会制度并不能合理地向有困难的人，特别是向社会贫弱群体提供合理援助的情况下，社会工作者向原有政策提出挑战也是有可能的。为了维护社会公正，社会工作者可能会要求修订政策。当然，他们必须在法律范围内开展工作。于是，社会工作者将进行如下价值选择：帮助有需要特别是贫弱群体是第一目标，在不得

不改变原有政策从而触动原有社会秩序时，社会工作者也不应回避。但他们对原有政策或秩序的触动应以更好地解决社会问题、实现社会公正为目的，其效果也应有利于建立更加协调的社会秩序。

第三节   社会工作功能的实现

一、实施社会工作的一般过程

（一）社会工作是利用各种资源达到助人目标的过程

社会工作是运用科学方法的助人活动，它是一种经过设计的目标导向活动。社会工作的目标是助人，其手段是一套专业的助人方法。作为一个完整的活动，社会工作包括对受助者问题的辨认和对其求助的接受，获取助人所必需的资源并将其传递给受助者。在这一过程中，寻找、动员、组织协调各种资源和有效传递资源就成为社会工作的核心任务。对于社会工作来说，助人所需要的资源是多种多样的，包括受助者所需要的物质、良好的生活环境和社会关系、合理的政策及社会支持等。为了获取和传递这些资源，社会工作者要建立自己的支持系统和服务传递系统，这是社会工作的工具性资源。

（二）社会工作的过程模式

社会工作的过程模式是指社会工作者直接提供服务的实务模式。一般说来，实施社会工作经过以下几个环节：接触问题—调查和确认问题—分析和诊断问题—提供服务—评估服务—终结服务。

接触问题是通过多种途径初步了解可能的（或潜在的）服务对象（包括个人、家庭、社区等）所面临的困难及问题。了解问题的基本途径有两种：潜在服务对象的求助和社会工作者的主动发现。在社会工作已经制度化的国家和地区，求助式较为普遍，而在中国发现式占有重要地位。因为在中国社会中，人们的求助常常表现为消极的求助模式。

调查和确认问题是对潜在服务对象问题的进一步了解，包括了解其社会背景、所遇问题的性质和严重程度及其需要和期望等。在此基础上，社会工作者可以确定对方是否可以成为服务对象，应该把对方所遇到的哪些困难作为双方合作解决的问题。

分析和诊断问题是对问题进行深入分析，找出问题的症结，分析解决问题的可能性。这里包括将服务对象的需要与可运用的资源相比较，并就要解决的问题达成共识，从而把服务置于坚实可靠的基础上。

提供服务也称对问题的干预，即在制订服务计划的基础上，有效组织和配置资源，实施服务，对服务过程进行管理，实现对服务对象的有效支持，使其摆脱困境，满足其需要。这是社会工作的核心，需要双方合作来完成。

评估服务是对服务活动进行评价，包括过程评估和结果评估，主要是检测服务的进程和效果，检测结果与服务计划的一致程度。一般地，应该吸收服务对象参加评估。

终结服务也称结案，当一项服务按计划达到预期目标之后，这一服务就要结束。

社会工作是一项计划性、技术性很强的工作，也是一种复杂的社会互动。在这一过程中，社会工作者与服务对象的社会文化背景、个人知识和价值观念、所拥有的资源状态、工作环境、社会工作者的工作方法和技巧、双方心理等都有可能对服务效果产生影响。

二、实施社会工作的组织模式

（一）社会工作组织模式的含义

社会工作的组织模式是指在一个社会中，如何组织和运用社会资源实施社会工作，提供服务。与社会工作的过程模式看重具体实施过程不同，组织模式从制度层面着眼，它是指一个社会中提供福利服务的基本方式。社会工作的组织模式包括福利服务提供者的组织模式、受助者的求助模式、资源获取模式和服务提供模式。

福利服务提供者的组织模式即服务提供者采取何种组织方式去回应社会的需求，服务的提供是由政府组织还是由社会来组织。受助者的求助模式即有困难者怎样向福利服务提供者表达需要并获得帮助的方式，是主动求助还是被动，抑或他们并不表达自己的需要。资源获取模式即福利服务提供者如何获得提供服务所必需的资源，他们从哪里获得这些资源和如何获得这些资源，资源来自政府还是来自社会。服务提供模式是指服务提供者如何将资源传递给服务对象，是通过政府组织系统还是专业服务体系，抑或民间自然系统。显而易见，上述四个变量的组合可以产生出多种社会工作的组织模式。然而，由于上述四个变量之间有一定的相关性，所以，它们可能组合成几种主要的模式。

（二）发达市场经济体制下的社会工作组织模式

市场经济发达的社会的主要特征是非国有经济占主导地位，市场高度发达，政府和社会分离，民间机构比较发达，社会力量活跃。在市场经济发达的国家和地区，福利服务的提供有政府提供、民间机构提供和社区共同体提供三种方式，一般以民间机构提供为主，虽然政府并不完全放弃福利责任。在实行市场经济体制的"福利国家"，政府操办的福利服务机构在服务提供方面发挥着重要作用，但它们也面临改革，即向市场体制转化。

在这些国家和地区，与市场经济相配套的是人们明确的权利、义务意识和完整的社会政策体系。社会成员依据自己的社会权利向政府提出获得服务的要求，以契约方式希望得到福利机构的帮助。这些国家和地区的社会工作专业化、制度化程度高，有困难的人常常主动求助。

提供服务所需要的资源相当一部分来自政府拨款，但来自民间的支持也占有重要地位。来自民间的支持使服务机构获得了更大的自主从事服务活动的空间，同时它们也必须向社会负责。由于社会福利服务机构比较发达，服务提供更多地采用专业化模式，即由专业人员运用专业方法提供服务。

可以说，发达市场经济体制下社会工作的组织模式是专业化的。当然，由于社会体制、社会结构、社会福利制度及文化方面的差异，不同国家和地区的社会工作组织模式也会有一些差别。

（三）计划经济体制下的社会工作组织模式

在典型的计划经济体制国家，政府几乎控制了全部社会资源，专业社会福利机构很难发育，社会成员在比较严密的社会组织体系中生活，其所遇困难也大多在这种组织体系内解决。在这种体制下，政府依靠行政体系解决社会成员所遇到的问题，所需服务由相应部门提供，所需资源由政府拨付。有困难的人以一种隶属意识向工作组织和政府提出获取帮助的要求，政府和单位用行政的、非专业的方法解决这些问题。因此，在计划经济体制下，社会福利服务和社会工作的组织模式是行政化的。

在计划经济体制时期，我国的社会福利服务和社会工作采取了行政化的组织模式。这表现为：第一，国家将社会成员特别是城市居民的福利服务纳入国家经济与社会发展计划，并由国家拨付社会福利、社会保障、社会救济资金。第二，政府机关、企事业单位依赖国家的统一政策对有困难的成员提供帮助。第三，在提供福利服务和帮助的过程中，行政部门、企事业单位和人民团体通过行政程序，并借助于思想工作对有困难的成员进行帮扶。第四，这些福利服务及解困工作被当作政府、企事业单位的正式工作而列入工作计划。第五，执行服务和解困工作任务的是国家工作人员，他们有本行业的经验，特别是思想工作的经验，但往往缺乏社会工作专业训练。因此，我国在计划经济时期实行的是行政性的、非（半）专业化的社会工作模式。

由于我国城乡之间的巨大差异，国家在农村实行了不同于城市的社会服务制度，很长一段时间内，除了在遭受灾害时由政府组织实施救灾工作之外，农民所遇到的困难基本上由社区性生产集体和自然系统帮助解决，其制度性的服务相当薄弱。

（四）社会主义市场经济体制下的社会工作组织模式

社会主义市场经济体制是在社会主义制度下运用市场经济机制和规律处理经济和社会发展问题的制度安排。建立和完善社会主义市场经济体制是中国进一步深化经济体制改革的一项重要内容。社会主义市场经济体制坚持以公有制为主体、促进多种经济成分共同发展，实行现代企业制度；市场对资源配置起基础性作用，政府利用多种手段进行宏观调控，保证国民经济的健康运行；它实行以按劳分配为主体的收入分配制度，鼓励一部分人先富起来，走共同富裕的道路；同时建立多层次的社会保障制度，为城乡居民提供同国情相适应的社会保障，促进经济发展和社会稳定。

在社会主义市场经济体制下，社会工作组织模式表现出党政主导、社会参与、市场化运作的特点。在福利服务提供者的组织模式方面，由政府财政支持的社会福利机构承担对困弱群体进行兜底保障的责任，作为社会力量的社会工作服务机构为贫弱群体提供较广泛的专业社会服务。受助者的求助既通过国家公共服务体系实现，同时也通过社会工作机构的主动服务实现。社会福利资源在较大程度上来自政府，政府通过财政预算或相关政策动员社会福利资源，根据社会问题的轻重缓急，引入市场机制，向公办和民办社会服务机构分配资源。同时，近年来，民间的社会福利资源也逐渐得到拓展。在社会服务提供模式方面，政府的公共服务部门和公办社会福利机构多运用公共服务体系向政策对象提供社会服务，民办社会工作机构则在政府政策的指导下提供专业社会服务。

三、社会制度对实施社会工作的影响

整个社会是一个制度体系，在现代社会中，社会工作只是众多社会制度的

一种。这样，它的实施就要受到诸多社会制度的影响。

（一）经济制度对实施社会工作的影响

经济是社会福利服务和社会工作的支柱。一个社会的经济发展水平和财富分配制度与福利资源的筹集有着直接关系。一般来说，在强调自由竞争的经济体制下，政府会采取刺激经济增长和削减福利的政策。在政府对市场经济进行较多干预的情况下，政府会通过利益再分配来缩小贫富差距，缓解因分配不均而产生的社会问题。这样，不同的经济制度就会对社会服务和社会工作的发展产生不同的影响。

（二）政治制度对实施社会工作的影响

在权力比较向上集中的体制下，自上而下的社会福利服务既是解决民生困难的措施，也具有政治上促进基层认同的含义，而来自社会力量的专业服务相对弱一些。

（三）社会福利制度对社会工作的影响

社会工作是社会福利体系的组成部分。一般来说，专业社会工作的发展和功能发挥与社会福利制度的完备程度有关。一个国家实行补缺型的还是普惠型的社会福利制度，如何看待社会成员基本的、多样化的需要，如何看待政府与社会在社会服务提供方面的作用，都会影响其社会工作的发展和具体实施。

第四节　中国体制转变中的社会工作

一、中国体制改革的进程及其对发展社会工作的要求

（一）中国体制改革的进程

1978 年，中国开始体制改革。首先是由农村启动并逐渐推展到城市的经济体制改革，通过改变生产方式、经营方式以及产权制度，大大解放了社会生产力，并在一定程度上解决了长期困扰的农村贫困问题。在市场化、国际化等因素的推动下，中国经济获得持续快速发展。与此同时，城乡之间、东中西部之间的发展差距拉大，贫富差距持续扩大，各种社会问题不断出现。党的十六届六中全会认为，我国已进入改革发展的关键时期，经济体制深刻变革，社会结构深刻变

动，利益格局深刻调整，思想观念深刻变化。在这一判断之下，我国开始加强社会建设，并作出发展社会工作的战略部署。多年来，我国的社会建设得到加强，基本民生问题得到高度关注。但是，在市场化、城市化等因素和国际国内形势的共同影响下，我国经济社会发展的不确定性仍在增加，新的社会矛盾、社会问题亟待解决。

在这种背景下，党的十八届三中全会作出全面深化改革的决定，为实现完善和发展中国特色社会主义制度，推进国家治理体系和治理能力现代化的总目标，作出了深化经济体制、政治体制、文化体制、社会体制、生态文明制度和党的建设制度改革的总体部署。党的十九大指出，我国社会的主要矛盾已经转化为人民日益增长的美好生活需要和不平衡不充分的发展之间的矛盾，这就需要大力改善民生。在全面建成小康社会之后，我国进入全面建设社会主义现代化国家的新阶段。党的二十大系统阐述了中国式现代化的本质特征，指出了中国式现代化的重大原则，对全面建成社会主义现代化强国分两步走做了总体战略安排，强调要加快构建新发展格局，着力推动高质量发展，坚持在发展中保障和改善民生。在中国共产党的全面领导下，我国的经济社会发展和现代化建设已经站在新的起点和新的高度上。

（二）体制改革和社会进步对发展社会工作的要求

改革开放之初，我国遇到大量民生问题需要解决，20世纪80年代中后期以来我国社会工作专业教育的恢复重建和社会工作的发展，说明了社会主义市场经济体制对社会工作的需要。改革开放以来，我国政府首先关注的是经济发展问题，对社会建设、基本民生建设关注相对不足，这就直接导致了经济快速增长与社会矛盾多发并存的现象。当时，社会保障制度建设滞后、面向贫弱群体的社会服务不足，反映在社会工作方面，则是政府并未实质性地对发展社会工作作出制度安排。改革开放初期以经济建设为中心，经济持续快速增长，但同时，我国的社会建设相对滞后，社会矛盾有所增加，社会团结受到影响。出于维持社会稳定、为经济发展创造良好环境以及改善基本民生的考虑，政府把发展社会工作列入议事日程。实际上，作为市场经济体制的伴生物，社会工作在中国的发展是被动的，它服从于经济发展和社会稳定的基本要求。而社会福利制度和社会工作制度建设应该是社会进步的基本要求。

社会公正、人民幸福是现代社会进步的主要表征。在这方面，社会福利制度和社会工作制度的建立与完善是重要的指示器。进入21世纪，我国政府对贫弱群体的基本生活、人民福祉有较多关注。中共中央提出"以人为本"的科学发展观，指出要"加快推进以改善民生为重点的社会建设……努力使全体人民学有所教、劳有所得、病有所医、老有所养、住有所居"，社会工作制度也在建设之中，说明我们认同了社会发展的规律和逻辑。党的十九大提出我国社会主要矛盾已经转化为人民日益增长的美好生活需要和不平衡不充分的发展之间的矛盾，要坚持在发展中保障和改善民生，增进民生福祉，多谋民生之利、多解民生之忧，在幼有所育、学有所教、劳有所得、病有所医、老有所养、住有所居、弱有所扶上不断取得新进展。党的二十大正式提出中国式现代化的命题，指出中国式现代化是全体人民共同富裕的现代化，要坚持把实现人民对美好生活的向往作为现代化建设的出发点和落脚点，着力维护和促进社会公平正义，着力促进全体人民共同富裕，要增进民生福祉，提高人民生活品质。人民群众基本需要的满足被进一步关注。中央注意发挥社会工作在改善民生、巩固脱贫攻坚成果与乡村振兴相衔接、应对突发公共事件和创新社会治理方面的专业优势。社会工作界则积极主动，发挥专业作用，有效参与解决各类社会问题。可以说，社会工作的发展和制度建设回应着整体改革和社会进步的要求。

二、当前中国社会工作的发展模式

（一）社会工作发展的路径依赖

改革开放以来，中国的社会工作是在行政化社会工作的改革和专业社会工作的创建两种努力下发展的。两种社会工作在共生和互动中发展，形成了独特的社会工作发展模式。在这一过程中显现了原有体制的强有力的影响。道格拉斯·C.诺斯（Douglass C. North）在研究经济制度变迁时具体分析了路径依赖问题，他认为制度的变迁方向与制度的历史有直接关系。中国的改革采取的是渐进策略，传统的行政性社会工作作为原体系的一部分也遵循着这一变革逻辑。我们看到，在公共服务、社会服务领域占主导地位的行政性社会工作，在回应体制改革和社会进步所提出的问题的过程中，有选择地吸收着专业社会工作的先进经验。在这一过程中，提供社会服务的主体、资源获得及传递渠道没有发生实质性变化，行政性社会工作的发展有明显的路径依赖特征。

应该指出的是，我国社会工作的发展已经形成了如下基本原则：坚持中国共产党的领导；坚持社会主义核心价值观的引领；坚持以人民为中心；坚持职业化、专业化、本土化的发展路径。以这些原则为指导，我国的社会工作将会更加均衡地发展。

（二）社会工作的制度创新

制度创新是指导人们行为的一套行为规则所发生的更有效地满足人们需要的变动。按照制度理论，制度创新的动力来自两个方面：内生变量和外生变量。内生变量是原制度内部结构要素及结构关系的变化；外生变量是制度环境的变化。社会制度要满足内外两个方面的变化，必须作出新的调整，这就是制度创新。中国的行政性社会工作是与计划经济体制相适应的，现在要全面深化改革，发挥市场在资源配置中的决定性作用，政社分开，激发社会组织活力，更有效地提供公共服务和社会服务，就必然要求对行政性社会工作进行创新。实际上，通过学习专业社会工作经验，行政性社会工作也在发生改变。

中国社会工作制度创新的主力军是专业社会工作群体，包括社会工作教育工作者和受过社会工作专业教育的一线工作人员，一些认识到社会工作重要性的政府官员也是积极的推动力量。近年来，中国的社会工作专业人才队伍规模迅速扩大，政府购买社会服务的政策逐渐落实，一些地区的社会工作服务机构快速发展，适应市场经济体制改革和中国国情的社会工作运行机制正在建立，中国的社会工作制度建设正在探索中前进。2023 年 3 月，中共中央、国务院印发了《党和国家机构改革方案》，明确组建中央社会工作部。这是新时代党和国家的社会建设工作领域之重大改革和创新，必将开创新时代党和国家社会建设工作新局面。中央社会工作部的职责之一就是指导社会工作人才队伍建设，这势必会引领社会工作制度建设走向完善，有力地促进我国社会工作事业的发展。

（三）中国社会工作发展的基本特点与专业优势

1. 中国社会工作发展的基本特点

当前，中国正处于全面建设社会主义现代化国家的开局起步期，社会工作的发展呈现如下基本特点。

第一，不同模式并存。随着全面深化改革的纵深推进，社会服务机构快速发展，加之政府的积极推动，中国专业社会工作得到较快发展，社会服务的创新进一步得到政府和社会的认可和接受。同时，行政性社会工作在吸收专业社会工作经验的同时，在公共服务和社会服务领域仍然发挥着主导作用。两种服务模式并存并持续互动。

第二，政府与社会力量共同推动。国家治理体系和治理能力现代化建设将推动政府购买社会工作服务，促进政府着力发展社会组织，尤其是以社会工作机构为代表的服务型民间组织。另外，社会工作群体与政府的良好合作、社会工作机构的高质量服务也会促进社会工作的发展。在具体实践中，需要政府与社会力量的有效合作，有时可能还需要磨合。

第三，倚重社会工作本土实践。一方面，虽然专业社会工作较早产生于西方，但它不能脱离国情，从而在我国的发展中必然发生本土化过程。另一方面，中国的经济社会制度和文化传统仍将为改变着的行政性社会工作提供发展条件。在社会转型期，政府将倚重社会工作本土实践。

第四，专业社会工作嵌入型发展。不断提高的社会需要和社会工作专业教育的快速发展，为专业社会工作的发展提供了条件。随着新型社会治理体制的建立和社会福利体制的构建，社会工作专业制度也会逐渐建立起来。在社会工作本土实践占优势的情况下，专业社会工作将实现嵌入型发展。随着社会需求的不断提高和专业社会工作的本土化，专业社会工作将与行政性社会工作进一步协作，经过嵌合，中国的社会工作将走向二者的融合发展。

2. 中国社会工作的专业优势及发展

一个专业的发展取决于它在满足社会需求方面所具有的独特的功能。对于专业社会工作来说，它在中国的发展取决于其被认可的专业性和不可替代性，即它的专业优势。社会工作的专业优势是在实践中、在同其他公共服务和社会服务的比较中显现的。近年来，中国的专业社会工作在参与地震救灾、脱贫攻坚、新冠疫情防控、困弱群体服务和创新社会治理等过程中，初步显现了自己的专业优势，主要有以下方面。

（1）社会工作的职业价值优势

中国社会工作的职业价值优势表现为：专业情怀——社会工作者面对现实问题的快速反应和责任心；专业理性——社会工作者面对问题要进行科学评估、科学计划，而且具有反思性；专业责任——社会工作者对服务对象、政府、社会及专业具有高度责任感；乐观改进——社会工作者寻求服务对象与环境的改变，相信问题可以解决。

（2）社会工作的专业服务优势

与一般公共服务和社会服务相比，中国社会工作的专业服务优势主要表现为：价值指引——社会主义核心价值观和助人自助的价值观贯穿社会工作服务全过程；方法科学——社会工作者运用多种专业方法解决问题，根据实际需要加以综合与艺术地运用；协力改进——社会工作者与服务对象互为主体，在扎实的实践中寻求改变；协同合作——社会工作者善于与相关方面跨专业合作，互相尊重、形成合力，共同解决问题；效果导向——社会工作者重视服务效果和服务过程，以过程为基础解决问题，并促进人与社会的发展。

社会工作专业优势的彰显与要解决问题的性质、社会福利制度完善程度、福利文化环境和社会工作的自身成熟程度有关。随着社会工作自身的发展和社会对社会工作认知度的提高，社会工作的专业优势会进一步凸显，并在改善民生和创新社会治理中发挥更大的作用。

【思考题】

1. 试述社会工作的基本要素。
2. 试述社会工作者在社会服务中的角色。
3. 试述社会工作的助人和维护社会秩序的功能。
4. 试分析中国专业社会工作的发展前景。
5. 试分析转型期中国社会工作发展的特点。

【主要参考文献】

[美]罗伯特·金·默顿：《论理论社会学》，何凡兴、李卫红、王丽娟译，华夏出版社1990年版。

王思斌：《中国社会工作的经验与发展》，《中国社会科学》1995年第2期。

《中共中央关于全面深化改革若干重大问题的决定》，人民出版社2013年版。

《中共中央关于制定国民经济和社会发展第十四个五年规划和二○三五年远景目标的建议》，人民出版社2020年版。

王思斌：《我国社会工作从嵌入性发展到融合性发展之分析》，《北京工业大学学报（社会科学版）》2020年第3期。

第三章

社会工作的价值体系

社会工作是一种以价值为本的专业。作为社会工作的灵魂，价值的重要性不仅在于它界定了社会工作的目标和意义，而且在于它同时界定了社会工作的技巧、方法，机构的项目、目标和社会工作者的行为、态度。在社会工作教材中，"价值"贯穿于全书的知识体系。本章主要阐释价值在社会工作中的地位与作用，介绍西方社会工作的价值体系，并探究中国社会工作价值体系的建构。

第一节　价值在社会工作中的地位与作用

一、价值和社会工作的历史演化

价值是经济学的核心概念。在亚当·斯密（Adam Smith）那里，价值这个词有两种不同的含义，即使用价值和交换价值。在社会工作中，价值概念属于哲学范畴，它是以人为本位的哲学理念，包含着对人与社会相互关系的规定。它是对社会中的是非、善恶、真伪和美丑的一种判断或评价。

（一）前社会工作实践中的价值观

前社会工作指的是正式社会工作产生之前有组织的、相对制度化的助人活动。这种助人活动与宗教有着密切联系。

在犹太教中，犹太哲学家梅蒙尼兹（Maimonides）总结了八个层次的博爱行为，它们分别是：1. 勉强并后悔的施舍。这是手的而不是心的礼物。2. 高兴的施舍，但是施舍的数量与痛苦者的痛苦不相称。3. 高兴并相称的施舍，但是伴有贫困者的乞求。4. 高兴、相称，甚至是没有乞求的施舍，但是把它放在穷人的手里，引起他们的痛苦和羞耻感。5. 痛苦者接受捐赠品，并让他们知道谁是捐赠者，但是不让他们认识。6. 痛苦者接受捐赠品，但是不知道谁是捐赠者。7. 捐赠者和被救济的人彼此互不知晓。8. 预先提供捐赠，使一个身处逆境的人能过上一种充实的生活，使他不至于沦落到被人救济的地位。

基督教扩大了前社会工作实践，在以下领域里从事慈善工作：照顾寡妇、孤儿、病人、穷人、残疾人、囚犯、俘虏、奴隶、难民；埋葬死亡的穷人；提供就业服务；为需要者提供饭食。显而易见，前社会工作实践在一定程度上把救助看作一种施舍，是对受助者的怜悯，它承认和容许受助者的羞耻感及不平等的意识。

（二）早期社会工作中的价值观

有组织的、正式的社会工作开始于工业化和都市化的社会进程中，包括慈善组织会社、睦邻运动及其设施发展。慈善组织会社在 1869 年始创于英国，并于 1877 年在美国建立。有意思的是，虽然慈善组织会社经常是由牧师来指导的，但是其工作却是世俗的，并把工作建立在科学和专业化的基础之上，而不是把宗教作为解决社会问题的方法。睦邻运动一开始就是非常世俗的，其兴趣更多地在社会变迁而不是宗教目标；最著名的睦邻设施是巴奈特（C.S.A. Barnett）于 1884 年在伦敦建立的汤恩比馆（Toynbee Hall）和亚当斯（Jane Addams）于 1889 年在芝加哥建立的霍尔馆（Hull House）。早期正式社会工作在价值观念上抛弃了救助过程中的尊卑意识，它承认人们之间应互相帮助、是平等的。

（三）专业社会工作的价值观

作为一门专业，社会工作专业化开始于 20 世纪 20 年代，其带头者是美国。1919 年，美国社会工作学院协会成立，这个专业组织的成立把社会工作的专业化问题提上议事日程。进入 20 年代，社会工作教育标准化和规范化运动在美国迅速发展，大大推进了社会工作教育的专业化进程。同时，在实践领域，社会工作也开始了类似的标准化和专业化进程。

社会工作的专业化是社会工作世俗化的组成部分，它又是与社会工作的世俗化同步发展的。在这两个过程中，社会工作中的宗教价值逐渐让位于以科学和知识为基础的专业价值，人本身无条件地被放到社会工作专业的中心位置来考虑。帮助人不再是出于一种宗教上的义务，而是一种人道主义义务。社会工作完全被放到人与人的关系的天平上来检验。

二、价值和社会工作的总体界定

价值对社会工作的界定不是部分界定，而是总体界定。它不仅决定社会工作的性质、目标和意义，而且决定社会工作的方法和技巧，社会工作者和案主的关系，社会工作的实践领域和伦理原则，以及机构和社会工作者的关系，等等。

（一）价值和社会工作的意义

高登斯坦（H. Goldstein）是这样来说明价值和社会工作的关系的：价值被认为是社会工作定义的基础，它们同时被看作是它的唯一基础或不可缺少的基础之一。它们还被认为是社会工作技术的源泉，是对某些人进入某种职业的动机和社会工作者与案主关系互动的特征、关系的解释。总之，在社会工作的结构中，价值被置于重要的战略地位。

列维（Levy）认为，"社会工作是一个以价值为本的专业。它不仅是做事情的一种方式，而且是关于做什么事情是有价值的和它应该如何去做的准则。对于人们，它充盈着理想主义的抱负和关于人们应该如何被对待的理想主义的理念……对普通凡人不能期待的实践和关照却都可以期待于他们（社会工作者）"（Levy，1976：238）。

（二）价值和社会工作者

高登斯坦把社会工作者描述成"价值注满的人"。林德曼（Linderman）从社会工作者和公民之间关系的角度来说明价值和重要性，他认为，在社会工作者和公民之间所发生的关系构成一个道德方程式。这就是说，社会工作者对于与之发生互动关系的公民负有道德上的责任。作为社会工作者，构成其生命意义和道德责任的价值又是什么呢？社会工作者波奈尔（R. Pernall）对此有如下回答：我们重视生命，重视人性，重视对人的尊敬，重视来自自尊的接受者和施予者的真正的尊严，重视带来富足生活的礼物——但是它们必须能够被分享，如果这些并不是我们所持有的价值，那么就将死亡。

作为一个理想的社会工作者，价值是其生命意义的全部。在精神上，他是被价值所武装和充满的；在行为上，他是为价值所指导和驱动的。"武装"和"指导"意味着价值的意识层次。这就是说，在一个理想的社会工作者的意识和潜意识层次，都充满了社会工作的价值观念。但是，一个实际的社会工作者同时具有其个人的价值目标，因为人们进入社会工作领域的动机是不尽相同的。胡尔米（Holme）和马兹尔（Maizels）指出，作为一种职业，它代表着人们的有关方面的一种努力，以便发现他们更容易体验自己是人类的方式，发现某种自我实现的形式。

奥登（Auden）对社会工作者的自高自大作出如下批评：社会工作者们在这个地球上是为了帮助其他人；其他人在这个地球上到底是为了什么，社会工作者并不知道。这种批评表明，社会工作的理想、价值、目标在特定的社会工作者那里有可能被异化。这是我们在思考价值和社会工作者之间关系时必须要重视解决的一个问题。

（三）价值和知识

随着社会工作的世俗化，社会工作者思考社会工作的方式发生了有意义的变化。其中之一是重点出现了转移，即更加注重在知识—价值领域，而不是从功能、活动或方法领域来考虑社会工作。把价值从知识中区分开来讨论的是普姆弗莉（Muriel W. Pumphrey）。她认为，价值的意义是驱使某种情感。掌握它们的个人往往要做出个人牺牲并通过努力工作来维护它们，而群体将围绕着价值动员起来，根据它们，群体进行奖赏或惩罚。根据她的看法，价值具有情感的性质。价值既不是理性的，也不是以知识为基础的。

只有把以价值为基础的社会工作和以知识为基础的社会工作统一起来，社会工作才会有生命力。对于社会工作来说，知识是价值的基础，价值是知识的指导。

（四）价值和技术

狄姆斯（Noel Timms）认为，价值不仅一直被看作是代表社会工作者对庄严的偏爱，而且也是社会工作技术所由产生的源泉。英国社会工作者协会在讲到社会工作任务时也指出"技术产生于价值"。伯恩斯坦（S. Bernstein）在对群体工作的讨论中，明确指出了群体工作的方法和技术与价值的关系。他提出，除非价值被界定、被评估和被实施，否则就是在盲目做事。价值给予技术以见识、眼光和辨别力。没有实施方法的价值将是不幸的价值。价值和技术是互动的，案主和工作者可以相互学习，价值就是这个动态互动过程的组成部分。

三、价值和反价值

社会工作的价值取向既有积极的意义，又有消极的意义。有价值存在，就必然有反价值存在。真理再往前迈一步就会变成谬误，这个道理在知识领域里成立，在价值领域里也成立。在社会工作中，这个问题虽然偶有人提起，但是在很大程度上被忽略了。我们之所以使用"反价值"这个词，目的是为了唤起人们对由价值所投下的阴影的注意。反价值的问题，既存在于社会工作者与服务对象的关系之中，又存在于社会工作者与机构的关系之中，还存在于社会工作者的相互关系之中。英国院舍照顾中的丑闻，美国"向贫穷开战"运动中社会福利资金不公平的流动和分配，在社会福利院中工作人员对神志不清的病人的侵犯，等等，都是社会工作反价值的实践表现。从理论形态而言，社会工作的反价值包括操纵和家长作风。

（一）操纵

操纵是同社会工作的自由和自我决定价值相反的。长期以来，操纵环境一直是社会工作的一个目标。但是对案主的操纵显然是被禁止的。不管是在利益上操纵其他人，还是代表服务对象的行为，都是违反社会工作价值规范的。布雷格（Brager）和施培特（Specht）提出判断是否操纵的四个标准：谁受益；活动的目的；问题的实质；行动的性质。操纵行为包括为了取得某种效果而精心安排的事实，不提供信息，夸大、歪曲事实真相或者撒谎。避免操纵，不仅关系到社会工作专业的纯洁性，而且关系到社会服务机构的正义性和道德责任。

华里（A.Ware）提出了关于操纵的四个条件：1. 如果 A 不干预 B 的生活方式，B 的选择或他对这种选择的坚持力量将会完全不一样；2. A 限制 B，可以使 B 做出特定的有利于自己的选择的可能性增加；3. B 没有感觉到或不理解 A 的影响；4. A 是 B 的道德代理人，他对 B 的结构性取舍结果负有道德性的责任。在这个意义上，社会工作者和案主之间的咨询关系是被排除在"操纵"之外的。操纵在道德上是不被接受的，虽然它在政治上受到一部分人的维护。

（二）家长作风

家长作风是与法律实践相关联的，但是社会工作干预亦提供了这样的机会。在社会工作历史上的特定时期，家长作风是受到倡导的。当时的人们认为，对于某些案主，社会工作者应该对他们扮演积极的家长角色或行为。后来，由于社会期待家长角色应由社会机构来扮演，因此，个别社会工作者的这种家长式的行为就受到了挑战。家长作风涉及对另一个人自由的某种干预限制。狄沃金（Dworkin）认为，"说到家长作风，我基本上把它理解为是对一个人行动自由的干预，并且有人对之辩护，说这种干预对被干预者的福祉、美德、幸福、需求、利益或价值是绝对有好处的"（Dworkin，1979）。韦利（A. Weale）提出评价家长作风的三个标准：1. 对一个人自由选择生活计划的干预不应该严厉；2. 干预包含着对那个计划中某些成分的偏爱与支持；3. 计划中明显存在着由于案主没能力决定其自己的目标因而必然会导致某种失败的理由。不管怎样，即使在缺乏预见性、不成熟等条件下，家长作风也不应该在社会工作中存在。

第二节　西方社会工作的价值体系

西方文化的价值观念在社会工作中得到了充分的体现和发展，在某种意义上可以说，西方社会工作的价值体系代表着西方社会主流文化的价值观。

一、西方社会工作价值的基础

西方社会工作的价值植根于西方文化之中。信仰科学、民主、自由、平等、博爱等是西方文化中的核心价值观念。这些核心价值观念产生于新教改革运动、文艺复兴运动和社会改革运动。新教伦理、人道主义和社会福利观念成为西方社会工作价值的深厚基础。

（一）新教伦理

新教伦理的核心概念是在上帝面前人人平等。信徒可以不必经过教会组织建立起与上帝的关系，他们可以直接与上帝对话，直接接受上帝的指示。新教的这一信仰破除了宗教的等级制度，在神学领域里树立起个人的权威。这无疑会在世俗领域中产生同样的思想解放作用，促进自由、民主、自立观念产生。韦伯论证了这种新教伦理是和资本主义精神一脉相通的，他把新教伦理当作资本主义社会变迁的发动机。

根据基斯－鲁卡斯（A. Keith-Lucas）的研究，新教伦理包含以下基本假设：1. 人要为他们自己的成功或失败负责；2. 人性基本上是罪恶的，但是它可以通过一种意志行动来克服；3. 人的主要目的是通过艰苦工作实现物质繁荣；4. 社会的主要目的是维持使物质繁荣成为可能的法律和秩序；5. 不成功或越轨的人不应受到帮助，但应该做出有限度的努力，以便恢复或激发这些失意者努力工作；6. 对变迁的主要激励是在经济或物质方面进行奖赏和惩罚。基斯－鲁卡斯在这里所阐述的自我负责、意志胜恶、艰苦工作、法律和秩序、助人自助、奖赏和惩罚等新教的价值观念，其中许多至今仍然是社会工作价值的组成部分。

（二）人道主义

人道主义起源于欧洲 14 世纪的文艺复兴运动，它的最初形态是"人文主义"。这场以复兴古希腊、罗马文化，反对中世纪的宗教文化为目标的"人文主义"运动很快就发展成为一种人道主义运动。其实质就是反对神学，提倡人学；反对神权，提倡人权；反对神性，提倡人性；反对愚昧，提倡理性；反对迷信，提倡科学；反对神道，提倡人道。"人文主义"运动直接触发了 16 世纪的宗教改革，人道主义和新教伦理为资本主义的发展奠定了思想基础，促进了科学和社会的进步，它以抽象的形式提出了"人""人权""人性""人道"等概念。这些不仅是反对封建宗教文化的锐利武器，而且构成了人类优秀文化的组成部分，是人类进一步推动文化发展和思想进步所必需的营养材料。

人道主义是以人为中心或为本位的哲学价值理念，概括起来有如下组成部分：第一，哲学上的人本主义，它是以人为本位的，而不是以神或别的什么为本位；第二，经济上的自由主义，人道主义是自由经济发展的思想基础；第三，政治上的民主主义，是民主政治发展的理论基础；第四，伦理上的人道主义，承认人与生俱来的一切权利，包括在政治、经济、社会、文化等方面的全部权利。

在基斯 - 鲁卡斯那里，人道主义是和实证主义、乌托邦结合在一起的，它们共同构成所谓"人道主义—实证主义—乌托邦"（Humanist–Positivist–Utopian）信仰体系，简称 HPU 观点，它包括以下基本假设：1. 社会的主要目的是实现人的物质和情感需要；2. 如果人的需要被满足，按照 HPU 体系所使用的词汇，人就会获得善良、成熟、正义或生产的状态，通过它们，人和其社会的大部分问题都将被解决；3. 一般说来，阻碍人获得这种状态的是个人无法控制的外部环境，如归咎于个人教育的缺乏、他的经济地位、他的童年关系或所处的社会环境；4. 这些外部环境可以被那些拥有科学和技术知识的人运用"科学方法"所操纵；5. 人和社会最终会达到完美的境界。在基斯 - 鲁卡斯看来，HPU 是美国人的第二大信仰体系，这种关于个人和社会相互关系的论述亦构成了社会工作价值观念的基础。

（三）社会福利观念

社会福利观念是社会工作价值的灵魂。社会福利的描述定义分为两个范畴：第一，作为在市场体系之外的经济让渡的社会福利，它以免费的方式向需要者提供食物和服务；第二，作为满足人的基本需要服务的社会福利。人的基本需要不仅是身体上的和物质上的，而且包括个人和社会功能的增强。因此社会福利服务从直接的关照扩大到社会化、娱乐、法律咨询等诸方面，在人的现实生活领域提供全方位的服务。

作为一门专业的社会工作的发展和作为一种制度的社会福利的成长是密不可分的。两者都可以被看作是解决工业社会社会问题的组织化的努力。社会工作专业从社会福利制度需要代理人来实施日益增长的福利项目这一事实中发展起来。但是，今天的社会工作专业已经远远超出社会福利制度代理人的角色，它既负责对个人、家庭和群体发送服务，又要顾及提供这种服务的制度结构，即它还肩负着创造、维持和改革它在其中运作的制度环境的任务。因此，社会工作的价值观念比社会福利制度的价值观念还要丰富。这就是作为社会工作者的超脱、公正等价值观念产生的基础。

二、西方社会工作传统的价值体系

在西方社会工作发展中，关于价值体系的著作汗牛充栋，但影响最大的有三个范畴：第一是由社会工作实务的操作定义所代表的价值范畴体系；第二是由比斯台克（F. Biestek）所发展的价值范畴体系；第三是由泰彻（M. Teicher）所发展的价值范畴体系。虽然它们所代表的价值取向是基本相同的，但是其表述方式却有很大的差别，存在着"是"和"应该"、"权利"和"需要"之分野，也有一些实质内容上的差异。

（一）操作定义的价值体系

美国社会工作实务的操作定义包括六条价值叙述：1. 个人是社会首先要关心的对象；2. 社会中的个人之间存在着相互依存关系；3. 个人之间具有相互的社会责任；4. 尽管对每个人来说，他们都具有共同的人类需要，但是每一个人从本质上来说是唯一的，与他人是不同的；5. 民主社会的一个基本属性是通过积极地参与社会，实现每一个人的全部潜能和他的社会责任；6. 社会有责任提供各种方式，克服或阻止在个人和环境之间存在的自我实现的障碍。操作定义所体现的价值观念与新教伦理中的价值观念的根本不同之处，就在于它完成了从个人责任向社会责任的过渡。这种价值理念是现代社会福利制度得以建立的哲学基础。

（二）比斯台克的价值体系

比斯台克在其《个案工作关系》（*The Casework Relationship*）一书中提出了他的社会工作的价值体系。他认为，社会工作的价值体系包括：1. 人的尊严和价值是至高无上的；2. 人在生理、智力、情感、社会、审美和精神方面具有天赋的潜能和权利；3. 人具有实现其潜能的天生的驱动力和义务；4. 人具有选择的能力，并且由于其有自我实现的义务，他具有自我决定的权利；5. 每一个人都是一个个体，并且他有被考虑的权利和需要；6. 为了其潜能的实现，人有要求合适的手段的权利；7. 每一个人需要在其社会提供的权利和社会保证的机会方面和谐发展，以满足他在身体上、心理上、经济上、美学上和精神上的基本需要；8. 人的社会活动在其自我实现的斗争中是重要的；9. 社会有义务促进个人的自我实现；10. 社会通过其个体成员的贡献有权利变富。

（三）泰彻的价值体系

泰彻认为：1. 每一个人都有作为个人的尊严和价值；2. 每一个人都应该受到尊敬和得到周到的对待；3. 每一个人都应该参与影响他的决策；4. 每一个人都应该自由发展他自己的能力和天赋；5. 每一个人都应该公平地分享对物品和服务的控制；6. 对于理性行为所必需的信息，每一个人都应该具有完全和自由获得的权利。

（四）三种价值体系的比较

操作定义的价值体系与泰彻的价值体系是比较接近的。但是，仔细比较起来，操作定义和泰彻的价值体系还有一定差异。首先，前者更多的是从社会的立场出发的，例如，"个人是社会首先要关心的对象""社会中的个人之间存在着相互依存关系"，等等。而后者则主要是站在个人立场上的，例如，"每一个人都有作为个人的尊严和价值""每一个人都应该受到尊敬和得到周到的对待"，等等。其次，前者采用更加肯定的语气说话，多用"是""有"和"存在"等字眼；而后者则多采用虚拟语气说话，这也许是其基本立场的不同所致。最后，前者更加一般化，更加接近知识范畴，而后者则比较具体化，更加接近价值范畴。

比斯台克的价值体系居于二者中间，它兼有上述两个体系的特征。它从个人的立场直接论述人的尊严和价值，认为它们是"至高无上"的，但所使用的语言则完全是肯定的；它比其他两个体系对人的价值的叙述更加详细和具体。它认为人在生理、智力、情感、社会、审美和精神方面都具有天赋的潜能和权利；其表达形式更符合社会工作的价值理念，在现代社会工作中依然发挥重要的作用，如"自我决定""个别化"等在这里已经被直接提了出来。另外，它的知识和理论基础比其他两个体系更加广阔和深厚。可以认为，比斯台克的价值体系更能代表西方社会工作的价值体系，比其他两个体系更能发挥持久性的影响。

三、西方社会工作价值体系的矛盾与争论

在西方社会工作价值体系中存在着矛盾和激烈的争论，概括起来包括：社会意识形态和社会工作价值观的矛盾和争论，社会工作不同学派之间的矛盾和争论，社会工作者、机构和社会三者的矛盾和争论以及社会工作价值从理论向实践转化过程中的矛盾和争论，等等。

（一）社会意识形态和社会工作价值观的对立

西方社会工作的发展长期受到资本主义意识形态的钳制和束缚。正像社会学曾经被当作社会主义而受到西方社会的限制一样，以实施社会福利为目的的社会工作更容易被扣上"社会主义"的帽子而受到西方社会的排斥。如产生于宗教背景的"慈善组织会社"一开始就被当作"社会主义"而严加防范。这尖锐地反映了社会工作的价值观和作为意识形态的社会价值观的矛盾对立。在后来的发展过程中，西方社会虽然容忍了"慈善组织会社"运动的发展，但是，资本主义社会占统治地位的意识形态对社会工作价值观的发展和变化是密切关注的。它把一切与社会主义思想和马克思主义有关的社会工作都标定为"激进的社会工作"，这就是一个明证。

（二）不同学派之间的价值观争论

在社会工作内部，不同学派之间在价值观的内容、重点和取向上亦存在着争论，作为代表的是功能学派和治疗学派的矛盾和对立。这两个学派的对立发端于美国，对英国和加拿大等国家也有不同程度的影响。功能学派起源于宾夕法尼亚大学的社会工作学院，其代表人物是两位女性：维吉尼亚·罗宾逊（Virginia Robinson）和杰西·泰弗特（Jessie Taft）。罗宾逊的《社会工作中不断变化的心理》和泰弗特的《社会个案工作中功能与过程的关系》这两个重要文献为功能学派奠定了基础。功能学派的与众不同之处就在于它认为，个案工作的技巧并不是精神病学的附属物，而是基于帮助（而不是治疗）这一特殊过程概念之上的一项完全独立的技术。这一思想在泰弗特的文章中有着清楚的体现：有一个领域并且只有一个领域，在这里局外人和局内人，工作者和服务对象，机构和社会需要能够有效地结合起来。只有一个领域提供给社会工作者把它发展成专业的可能性——这就是帮助过程本身。

治疗学派起源于哥伦比亚大学的社会工作学院,它主要以精神分析的理论化,扩展的人格类型,心理—社会和心理—性欲发展阶段,具有特色的防御机制和个人成熟水平等为方法论基础。哥伦比亚大学的劳瑞(F. Lowry)概括出治疗的三种类型:操纵,目标在于环境的丰富或修正;环境治疗,集中改变环境以便影响个人关系;强化治疗,目标在于态度和关系的修正。治疗学派把其服务看成是可以精确度量的,功能学派则反对这种对"治疗"一词的使用。功能学派不愿意把治疗范畴化,并采用广义的"治疗"概念,认为当工作者和服务对象达成一种互惠的契约关系时,这就是一种"治疗"了。

(三)社会工作者、机构和社会三者在价值观上的矛盾

一般而言,社会工作者的价值体系是由社会价值决定的,并受到机构价值的影响。但是在实践过程中,这三者并不总是处于和谐一致的状态,有时候它们会出现尖锐的对立和斗争。西方社会的社会价值是受资本主义的经济和政治制度影响的。资本主义的意识形态和政治运作方式,并不能保证社会都认同社会工作者所信奉的价值体系。英国保守党和法国保守党在20世纪90年代中期大选中的失利,其中一个原因就是其政府执行了削减社会福利的右的政策,宣传的是社会工作的反价值。在当代,社会工作已经远远超出福利制度代理人的角色,它对社会福利政策的运作和走向,以及社会福利变迁的社会环境产生着积极的影响,还肩负着监督与变革的责任。

机构是政府社会福利项目的实施者,它需要雇佣专业的社会工作者作为社会福利项目的执行者和代理人。机构的价值应该反映社会的价值,在社会价值处于良好运作的情况下,有时候机构并不能忠实执行社会的价值。20世纪60年代美国发起的"向贫穷开战"运动,大批福利资金都流向了不该流向的地区和机构,结果引起60年代末的城市骚乱,就是机构违反社会工作价值的典型事例。当这种情况发生的时候,社会工作者要么坚持原则,其结果多半是只能离开;要么违心地跟着干,牺牲社会工作的神圣价值。

(四)价值从理论向实践转化过程中的矛盾

专业的价值在执行过程中并不总是一致的。在把抽象的叙述转变成针对具体情境的运用时,价值的操作化上可能出现问题。比如,大家都同意自我决定这个抽象的原则,但是当把这个原则运用于一个开着汽车乱跑的15岁的孩子身上时就困难了。在西方社会工作中有两个至关重要的道德问题,构成了所有社会工

作价值的基础：自由和福祉。但是有时候把这二者统一起来是困难的。在有些情况下，自由会威胁到福祉，反之亦然。

西方社会工作价值体系规定了个案工作者不应该做什么和应该做什么的细目。不应该做的事情有以下八项：1.说服；2.直接改变案主的态度和行为或操纵他们；3.做为了案主或针对案主的事情；4.控制和指导案主；5.忠告，提供没有恳求的计划；6.为个案承担责任；7.预先决定结论；8.批准或不批准案主的行为。

个案工作者应该做的事情有六项：1.在心理上要主动理解案主，在帮助案主自由行动方面外表上要被动；2.引进能够激活案主的资源；3.创造案主可以成长的关系环境；4.对案主的问题给予透视分析；5.提供不带压力的建议；6.帮助案主以他们自己的速度活动。

这些个案工作的价值原则在针对具体人、具体事和具体环境的运作时往往会出现分歧。在"应该"和"不应该"之间并不存在一个明确划定的分界线，一切还是要以时间、地点、条件和对象为转移。

第三节　中国社会工作价值体系的建构

中国社会工作价值体系的建构涉及我们要建设一个什么样的价值体系和怎样来建设的问题。怎样建设虽然是一个方法论问题，但是，它对所要建设的架构主体有着重要的影响，是不能忽略不谈的。从某种意义上说，有什么样的方法论，就有什么样的建构结果。

一、建构中国社会工作价值体系的方法论

中国社会工作价值体系的建构需要原材料，这些原材料有三种来源：1.西方发达国家社会工作的价值体系；2.中国古代社会工作实践的价值理念；3.当代中国占主导地位的文化价值观念。不同的材质需要不同的加工方法。对于第一个来源的材质，我们需要借鉴与创新，对于第二和第三种来源的材质，相应地，我们需要批判与继承、综合与发展。

（一）借鉴与创新

社会工作虽然受占主导地位的文化价值观的影响和制约，但是，作为一种专业的本质属性，社会工作的价值体系具有相对独立性。这就是说，在社会工作

的价值体系中存在着不受任何文化价值观影响的共享的部分。这部分是社会工作的核心价值，是超出国界和意识形态的。承认社会工作中某些核心价值的普遍性，是借鉴和吸收发达国家社会工作价值体系的前提。马克思认为，资产阶级对人类文明的发展产生了革命性的影响。资本主义在其工业化和都市化的过程中所创造的社会工作和社会福利制度，就是资产阶级对人类所作出的伟大贡献。社会工作和社会福利制度是人类优秀文化的组成部分。我们应该吸收和借鉴，用以发展我们的社会工作价值体系。吸收和借鉴并不是照抄照搬，而是要根据中国的国情进行改造、创新，赋予它们以新的形式和内容。

（二）批判与继承

中国古代社会工作实践的价值理念是建立中国社会工作价值体系的丰富源泉。绵延五千年的文化精髓构成中华民族流动不息的血液。以儒家文化为代表的中华传统文化包含着许多社会工作价值观念的真谛。从孟子的"老吾老，以及人之老；幼吾幼，以及人之幼"（《孟子·梁惠王上》）到范仲淹的"先天下之忧而忧，后天下之乐而乐"（《岳阳楼记》），无不蕴藏着"爱人"和"助人"的思想。"爱人"和"助人"是跨文化的核心价值观念，体现了社会工作价值的普遍性。但是，对于中国传统文化中好的东西，我们也不能简单地拿来就用，要批判其封建性的形式，继承其爱人助人的内容。

（三）综合与发展

要对当代占主导地位的文化价值观念进行综合和发展，首先必须知道当代中国占主导地位的文化价值观念是什么。我们认为，有三大构件组成了中国当代占主导地位的文化价值观念：1. 马克思主义；2. 以毛泽东思想、邓小平理论、"三个代表"重要思想、科学发展观、习近平新时代中国特色社会主义思想为代表的马克思主义中国化理论成果及其他关于民生和社会进步的理论；3. 中华优秀传统文化。这三部分文化都包含着与社会工作的价值观念相一致的内容。我们要把它们的共性提炼出来，进行综合，使之成为统一的社会工作价值体系的组成部分。我国的社会主义核心价值观也是社会工作价值体系的核心内容。

党的二十大报告指出，中华优秀传统文化源远流长、博大精深，是中华文明的智慧结晶，其中蕴含的天下为公、民为邦本、为政以德、革故鼎新、任人唯贤、天人合一、自强不息、厚德载物、讲信修睦、亲仁善邻等，是中国人民在长期生产生活中积累的宇宙观、天下观、社会观、道德观的重要体现。我们必须坚定历史自信、文化自信，坚持古为今用、推陈出新，把马克思主义思想精髓同中华优秀传统文化精华贯通起来、同人民群众日用而不觉的共同价值观念融通起来。这些对新时代我国社会工作的价值体系建设具有重要意义。

二、中国社会工作价值体系的内容与构建

一些社会工作学者对中国社会工作价值体系的构建问题做了许多有意义的工作。1988 年在北京大学召开的"亚太地区社会工作教育研讨会"上，有两篇论文是与社会工作价值直接有关的。一篇是夏学銮的《论社会工作价值教育的问题》，另一篇是陈福堃的《社会工作价值应包括的内容》。在前一篇论文中，作者把社会工作价值体系分为四个层次，即社会价值、目标价值、手段价值和职业道德，形成一个金字塔体系。后一篇文章把社会工作价值分为下列四组：1. 社会性的人性最终状态：自由、平等、民主、公义、和平、进步。2. 个人性的人性最终状态：爱、安全、舒适、个人成就、社会赞誉、自我实现。3. 与道德有关的行为模式：同情、正义、勇气、谦让、尊敬、诚实。4. 与个人能力有关的行为模式：慎重、真诚、忠诚、能干、纪律、同情心。"

根据我们对发达国家社会工作价值体系的借鉴和创新，对中国古代社会工作实践价值理念的批判和继承，以及对当代中国占主导地位的价值观念的综合和发展，我们认为，中国社会工作价值体系应包括四个层次的内容，即社会价值、专业价值、专业伦理和专业守则。

（一）社会价值

社会价值是整个社会所崇尚的基本价值，它们是由占主导地位的文化价值观念所决定的，是社会工作价值体系的基础层次。

社会所崇尚的基本价值并不是固定不变的，它们是随着时代和社会的进步而不断变化的，是和国际社会占主导地位的社会价值观平行发展的。根据北京大学的一项调查研究，学生的价值体系包括平等、信誉、独立、礼貌、孝顺、抱负、勤奋和竞争。在一定程度上，它们反映了当前中国社会占主导地位的文化价值观。在当前语境下，还应加上正义、诚信和友善，这十个方面可以成为中国社会工作价值体系的组成部分。

（二）专业价值

根据社会工作专业价值的国际的普遍性原则，结合中国社会和文化的实际情况，我们认为，社会工作的专业价值应包括敬业、接纳、自决、个别化和尊重人。

1. 敬业。敬业是社会工作者对社会工作专业和实践的根本态度，是社会工作专业价值的基础。敬业也是一种人生态度。社会工作专业的敬业，不仅涉及该专业的性质、信誉和科学精神，而且涉及社会工作者对工作、案主、机构和社会的关系原则。有了敬业精神，社会工作的其他专业价值就会由此衍生出来。

2. 接纳。在关于接纳的讨论中，有人提出它与非判断的态度等同。其实，接纳远不止于此。它不仅拒绝判断，而且积极地追求理解。作为一个积极的动词，接纳意味着接受、相信和尊重。但是这并不意味着我们总是要同意其他人的价值或我们要放弃自己的价值去支持另外某一个人的价值。对于社会工作者来说，接纳在实践上有时是困难的。英国一项研究指出，接纳也许是付诸实践的最困难的社会工作原则之一，并且它是引起最痛苦的道德困扰的一个原则。当服务对象的行为违反一般道德，或当他的价值与社会工作者的价值相左时，接纳方面的问题便会产生。拒绝接待，或在接待中用明确的道德判断或价值判断来标定服务对象，都是违反接纳原则的。

3. 自决。自决即自我决定。在社会工作中，自决更多的是针对社会工作者而言的。由于其地位关系，社会工作者很容易替服务对象做决定，犯越俎代庖的错误。自决就是提醒社会工作者要尊重服务对象自我选择和自我决定的权利。但是，狄姆斯指出，自由的权利，自决的权利是最难理解的人类价值之一。它包含着如此之多的变项，以至于描述和定义是不稳定的和几乎永远不能满足的。看起来，它是一个永远变化着的概念，它受文化中的无数同时发生的事件的影响。也有学者，如波尔曼（Perlman）认为，自决是一种幻觉。鉴于在自决理解上的严重分歧，案主的自决必须有两个前提：第一，案主绝对清醒，有自决的意志和能力；第二，自决的方向和后果对案主绝对无害。在这两个前提下，尊重案主的自决权，就是尊重案主的自由人权。若不具备上述两个前提条件，社会工作者则要为案主负起一定的责任，即在表面上违背了自决原则。

4. 个别化。个别化是一种分别逐一对待的理念和方法。它体现了传统的社会工作价值，把每一个人看作唯一的、不同的实体，应该受到不同的对待，体现了对个人的尊重。个别化处理体现在方方面面。首先，社会工作者要了解每一个案主的特点，主要是心理特点。确定"这一个人"与"那一个人"的不同点，然后有针对性地进行思想工作。其次，在生活（包括饮食起居）、活动和学习方面也要有相应的措施。最后，在起居上要尊重每一个人的隐私权，尽可能地满足每一个人保留其隐私的需要。

5. 尊重人。在社会工作文献中，"尊重人"有时被当作社会的高级价值，有时被当作社会工作的专业价值。作为社会的高级价值，它认为在世界上没有什么东西能比人更宝贵和值得崇尚的了，每一个人都是值得尊重的。作为社会工作的专业价值，它并不是孤独的，对许多专业和对大部分文化与社会而言，它是共通的。社会工作的三种价值，即个别化、自决和接纳都是和尊重人有关的，事实上，它们是从尊重人这个基本价值推导出来的。

（三）专业伦理

专业伦理是指社会工作者的职业道德操守。它们是由社会价值和专业价值决定的，同时又是这两种价值的具体表现。一般认为，社会工作的专业伦理包括六个层面的内容。

1. 社会工作者的行为举止

（1）适当性。社会工作者应该维持作为一个专业工作者在能力和身份上的高标准。（2）能力和专业发展。社会工作者应该努力争取和保持在专业实践和专业表现中的精通地位。（3）服务。社会工作者应该把服务看作社会工作专业的首要义务。（4）诚实。社会工作者应该按照专业诚实的最高标准行动。（5）学习和研究。从事学习和研究的社会工作者应该由学者质询的惯例来指导。

2. 社会工作者对当事人的伦理责任

（1）服务对象利益的首要性。社会工作者的首要责任是对服务对象负责。（2）服务对象的权利。社会工作者应该作出一切努力来最大限度地培育服务对象的自我决定权利。（3）秘密和隐私。社会工作者应该尊重当事人的隐私，并且在专业服务过程中保守所获得的一切秘密。（4）费用。当设定费用的时候，社会工作者应该保证其所履行的服务与当事人的支付能力相比是公平的、合理的、考虑周到的和相称的。

3. 社会工作者对同事的伦理责任

（1）尊重、公平、礼貌和充分信任。社会工作者应该以尊重、公平、礼貌和充分信任的方式来对待同事。（2）协助同事帮助服务对象。社会工作者有责任用全部的专业知识来协助同事帮助服务对象。

4. 社会工作者对雇主的伦理责任

社会工作者应该遵守对雇主所作出的承诺，要维护其合法利益与声誉。

5. 社会工作者对社会工作专业的伦理责任

（1）保持专业。社会工作者应该坚持和推进这个专业的价值、伦理、知识和使命。（2）社区服务。社会工作者应该帮助这个专业在使一般大众接受社区服务方面更加方便和可行。（3）发展知识。社会工作者应该承担起在专业实践中鉴定、使用和发展知识的责任。

6. 社会工作者对社会的伦理责任

社会工作者应该促进社会的普遍福利的增长。

（四）社会工作中的伦理难题及专业守则

1. 社会工作中的伦理难题及处理原则

由于社会工作所遇问题的复杂性，社会工作者在具体工作中会遇到一些伦理难题，即其在伦理选择时会遇到困难，主要包括：（1）保密问题。社会工作者既要保守服务对象的秘密，又要避免保密可能带来的服务对象的不良行为升级的状况。（2）自决原则。社会工作者坚持不为服务对象做决策以保护其自决权，但有时服务对象的自我决定可能是对其有害的。（3）个人利益和社会责任的关系。社会工作者也有个人利益，但他要履行自己的职责即社会责任，在二者同时出现并发生冲突时，他可能会左右为难。除以上几点，社会工作者还可能遇到其他一些难题。

社会工作者面对伦理难题，应该恪守一些原则。主要包括：（1）保护生命和最小伤害原则。不论是服务对象还是与他有关系者，保护他们的生命安全是第一位的。当伤害不可避免地发生时，社会工作者应进行干预，以使伤害最小化。（2）非严重伤害下的保密原则。社会工作者有责任在法律要求和服务对象意愿一致的情况下对其行为予以保密，但如披露资料能防止对服务对象及他人造成严重伤害，则保密原则可以被打破。（3）改善生活与差别平等原则。在不伤害多数人利益的情况下，社会工作者应该平等地为人们提供服务，改善其生活质量。在福利资源不足时，应优先向最需要者提供帮助。

2. 社会工作专业守则

社会工作专业守则是社会工作者应遵守的一套规则。它主要包括以下内容：尊重服务对象合法权益，竭诚提供服务；保守服务对象秘密，改善其生活境遇；实施公平服务，增进公众福祉；重视同事合作，信守机构政策；充实知识能力，促进专业发展；约束不当行为，遵守国家法律；提供政策建议，维护社会公正；等等。

三、中国社会工作价值教育问题

社会工作教育包括知识教育、价值教育和技术教育三大组成部分，但其核心是价值教育。重视社会工作价值教育，是由社会工作专业本身的性质所决定的。作为一门助人自助的专业，只有专业知识和技术而没有正确的价值取向、良好的人格和道德操守的社会工作者是不受欢迎的。

造成社会工作价值教育被忽视的原因是多方面的。从理论上和实践上不能正确处理社会工作价值教育和技术教育的关系是一个重要原因。对此，我们提出了八个方面的具体原因：（1）课程设计者对价值教育的重要性缺乏足够的认识，自觉或不自觉地忽视了它的地位；（2）课程设计者对价值教育和技术教育的关系认识不正确，以至于把后者摆在了前者之上；（3）课程设计者把价值教育视作"软"任务，把技术教育视为"硬"任务，所以把价值教育置于可有可无的地位；（4）课程设计者鉴于有如此众多的技术课程需要开设，有意无意地把全部注意力都放在技术课程上；（5）课程设计者对社会工作价值本身缺乏清楚的概念，因此无从提出社会工作价值教学问题；（6）课程设计者对社会工作价值和社会价值之间的关系缺乏正确的认识，企图用后者代替前者；（7）课程设计者力图逃避价值体系中客观存在的种种矛盾，而采取一种最省力气的办法；（8）课程设计者对韦伯的价值自由作了错误的理解。（夏学銮，1991：88）

党的十六届六中全会特别是十八大以来，中国社会工作教育加强了专业价值教育，在教学、实习和实践中强调专业价值观的指导，在学校教育课程体系中增加了社会工作伦理与价值观方面的课程，取得了一定成效。中国的社会工作教育应更加重视价值教育，把社会工作专业建立在坚实的价值教育的基础之上，真正实现社会工作的价值和意义。

【思考题】

1. 试述价值观对社会工作的意义。
2. 试述西方社会工作的价值体系。
3. 社会工作价值体系内部可能存在哪些矛盾？应该怎样看待这些矛盾？
4. 你认为中国的社会工作价值体系应包括哪些内容？

【主要参考文献】   陈福堃：《社会工作价值应包括的内容》，亚洲及太平洋地区社会工作教育协会、中国北京大学社会学系：《现状 挑战 前景——亚太地区社会工作教育研讨会论文集》，北京大学出版社 1991 年版。

夏学銮：《论社会工作价值教育的问题》，亚洲及太平洋地区社会工作教育协会、中国北京大学社会学系：《现状 挑战 前景——亚太地区社会工作教育研讨会论文集》，北京大学出版社 1991 年版。

Charles S. Levy, (*Social Work Ethics*). New York: Human Science Press, 1976.

Dworkin G, Paternalism. in Peter Laslett and James Fishkin (eds.), Philosophy, Politics and Society, Fifth Series. New Haven: Yale University Press,1979.

Philip R. Popple and Leslie Leighninger, *Social Work, Social Welfare and American Society*. Boston: Allyn & Bacon, 1990.

第四章

社会工作理论

现代社会工作是一项高度专业化的活动，它的基本特征之一就是其大部分的实践过程和工作技巧都建立在一定的、系统的理论知识基础之上，而非仅仅依赖于社会工作者个人的经验与悟性。学习和了解社会工作理论，是现代社会工作者必须接受的专业训练项目之一。本章将从地位、发展历史，理论流派范式归类等方面，对社会工作理论做简要介绍。

第一节　理论在社会工作中的地位

一、社会工作需要理论

理论是由一系列逻辑上相互联系的概念和判断组成的知识体系，它在一个一般性水平较高的层次上来描述和解释某类现象的存在与变化，是对经验知识的抽象概括。社会工作理论就是对社会工作者在社会工作过程中所运用的各种理论知识的总称。

虽然作为一种具体的、所处理的对象与问题千变万化各不相同的实践活动，社会工作的成效与其承担者的个人经验之间也存在着密切的相关性，然而，这并不意味着社会工作实践就不需要理论的指导。实际上，个人经验与理论知识在社会工作过程中并不是相互排斥，而是相互补充、相互加强的。个人经验是社会工作者从个人工作经历中总结出的。它的优点是包含、保留了许多具体的、生动的、丰富的有关案例的特殊信息。其缺点一是由于个人的经历毕竟有限，经验这类信息在数量与种类上也就有限；二是经验记忆多是一种表象知识，缺乏深入的探究和说明，因此往往只能使人知其然而不知其所以然。理论知识则是对许许多多个人经验的理性总结。它的优点是揭示了许多个人经验中所包含的共性、普遍性、恒常性内容，并且对之加以深入系统的探究和合乎逻辑的说明，使人能把握住对象的本质与内在趋势。它的缺点则是由于其具有概括性特征而丧失了丰富的、生动的、具体的有关对象个性特点的信息。可见，个人经验与理论知识各有自己的优缺点，同时互为补充。对于社会工作者来说，个人经验与理论知识都是有用的知识，缺乏其中的任何一个方面都会使其不能胜任这项工作。

二、理论在社会工作过程中的功能

在社会工作过程中，理论至少具有以下几种功能：

1. 解释人的行为与社会过程，确定社会工作者将要协助解决的问题的性质与原因

社会工作的基本职能就是帮助人们（个人、家庭、社区和群体）解决他们在生存与发展过程中所遇到的各种问题。确定社会工作者将要帮助人们去解决的问题到底属于何种性质，它产生的原因是什么，等等，是社会工作过程的首要环节。在这方面，理论具有重要的指导作用。社会工作的许多理论（如心理分析理论、标签理论、系统理论等）都可以帮助我们了解人的行为与社会过程，了解各种行为问题和社会问题的性质与原因，从而使社会工作者对将要面临的问题有一个清楚的认识。

2. 根据其对行为与社会问题的性质与成因所做的解释，设定社会工作过程的工作目标

大多数社会工作理论都会以它们对人的行为、社会过程以及社会问题的看法为基础，明确地或含蓄地告诉我们社会工作过程的工作目标应该是什么。例如，心理分析学会告诉我们人的行为问题是由于人格结构失衡所致，社会工作过程的基本目标就是要帮助服务对象重新恢复人格结构上的平衡；行为主义会告诉我们有问题的行为源于个体对当前环境作出了不恰当的反应，社会工作过程的基本目标就是要帮助服务对象学习和掌握恰当的反应模式；等等。

3. 提出一套达到上述目标的实务工作方法、技巧及模式

这也是社会工作理论在社会工作过程中最重要的功能之一。一个"好用"的社会工作理论，会为如何解决社会工作者与服务对象所面临的各类问题提供一套行之有效的程序、方法与技巧和模式。如心理分析学的疏导法，行为主义的系统减敏法等。有一些社会工作理论，其内容主要就是为社会工作者提供一套实务工作程序、方法与技巧和模式，如危机干预模式理论和任务中心模式理论等。这些程序、方法与技巧和模式虽然不能为社会工作者提供一种处处灵验的"万应处

方"，却可以为他们提供许多宝贵的引导和启示。

可见，理论在社会工作过程中具有重要的作用。毫无疑问，在社会工作过程中，个人经验也具有上述各方面的作用。然而个人经验虽然具有生动、具体等优点，但它主要是一种覆盖有限时空范围的表象知识，不能和理论一样，在上述几个方面为社会工作提供一般性的、理性的指导。

在社会工作领域，有许多取向、观点不同的理论，如上面提及的心理分析学、行为主义、系统理论等。它们对大体相同的对象与问题作出了不同甚至截然相反的解释和说明，也提出了不同乃至相反的工作目标和工作模式。选择不同的理论，就可能意味着对同一类对象和问题作出不同的界定，设立不同的工作目标，采用不同的工作方式，因而也意味着会产生不同的工作效果。因此，对于社会工作者来说，对各种社会工作理论进行研究、选择和验证，具有十分重要的意义。一个优秀的社会工作者，应该能将理论与实务有机地结合在一起，用恰当的理论来指导实务，通过实务来选择、检验和修正理论，在理论与实务的相互结合、相互推动中提高自己的工作能力。

第二节　西方社会工作理论的发展和逻辑结构

一、西方社会工作理论的发展

迄今为止，社会工作在西方国家已有一百多年的发展历史，然而西方社会工作理论的发展历史却相对较短。在西方国家，社会工作经历了一个从没有理论指导到自觉采用理论指导、从指导理论的单一化到指导理论的多元化、从主要借用心理学的理论到尝试借用心理学、社会学、哲学等多学科的理论的发展演变历程。参照大卫·豪（David Howe）《社会工作理论导论》的梳理，我们可以把这个发展过程大体划为七个阶段。

第一个阶段是"调查"阶段。这是社会工作的最初阶段。在这一阶段，社会工作者主要关注的是他们所从事的实际工作，而很少对这些工作的本质、过程与方式方法等进行理论的思考。他们主要是实干家而不是思想家。对于大多数人来说，社会工作主要是一种"助人的艺术"（art of helping）。社会工作者对理论及理论的用途完全缺乏明确的认识。从理论发展史的角度来说，社会工作者在这一阶段主要起到"调查者"的作用。他们通过自己的实际活动搜集和积累了大量的事实材料，为以后社会工作理论的形成与发展提供了必要的资料基础。

第二个阶段是"精神分析学派"阶段。在这一阶段，一部分社会工作者开始意识到单以经验来指导自己的实践是不妥当的，社会工作不应只是一门"艺术"，而应是一门科学。他们开始采用一定的科学理论来指导自己的工作实践。然而这一时期唯一被社会工作者采用的理论是精神分析学派理论。大卫·豪称，20世纪20至30年代，社会工作可以说经历了一个"精神病学的洪水期"。社会工作几乎等同于精神分析工作。由于仅有一种理论指导着实践，社会工作的理论空间显得既单调又静寂。

第三个阶段是"精神分析学派"与"功能主义学派"并立的阶段。20世纪30至50年代，在奥托·兰克（Otto Rank）的影响下，一些美国的社会工作者如杰西·泰弗特和维吉尼亚·罗宾逊等逐渐形成了一种与精神分析学派不同的社会工作观。这种被称为"功能主义学派"的新的社会工作观，在人的本质、社会工作的过程与方法等问题上与精神分析学派都有着巨大的分歧。对精神分析学派来说，个体的行为被视为过去事件尤其是儿童时代人生经历的结果。只有洞察了一个人心理世界所经历的早年过程，才有可能将他从当前行为模式的羁绊中解救出来。社会工作的任务就是探寻和治疗服务对象的心理疾患。社会工作过程的中心是社会工作者，他对问题进行诊断，对治疗方法做指示，对治疗过程作出计划安排。与此相反，功能主义者则认为个体的行为主要是他当前（"此时和此处"）所处情境的结果。当前所处情境既包括环境，也包括社会工作机构的功能。个体行为不是被过去事件所决定的。得到一定的机会，在一种结构性和社会性的关系中，个体能够改变他自己。因此，社会工作的任务不是对（to）服务对象加以治疗，而是要与（with）服务对象一道，建立一种有助于服务对象潜能发展的积极的、开放的相互关系，使服务对象的能力与行为发生变化。社会工作过程的中心也不再是社会工作者，而是服务对象本人。在20世纪50年代，这两个学派不断发生冲突，每一派都坚持自己的观点并依据自己的观点向服务对象提供相应的服务。

第四个阶段是"收获"阶段。20世纪60年代，可应用于社会工作的理论在数量上获得了巨大的增长。社会工作者竞相从弗洛伊德心理学、认知心理学、社会学等学科借用指导性理论。社会工作的职业知识空间被迅速而非系统地充实起来。这是一个充满生机的时期。社会工作者对理论观念的竞逐被视为社会工作健康发展的一个标志。

第五个阶段是"盘点"阶段。由于社会工作理论在数量上迅速增加，到20世纪60年代末，许多社会工作者感到有必要对这些理论做一次清点、整理和评估，以便对社会工作的"家底"有一个确切的把握。这一阶段的成果是产生了许多不同的理论清单。

　　第六个阶段是"理论统一"阶段。尽管社会工作理论的迅速发展充实了社会工作的理论空间，但也使社会工作者们在理论选择方面感到无所适从。一种普遍的心态由此产生，即希望把这些理论统一起来，将它们置于"同一个屋顶之下"。在 20 世纪 70 年代，许多人都相信所有的社会工作理论及实践都享有共同的目标和关怀，一些体现了社会工作本质的共同的概念原理与技巧能够从现有的各种理论与实践中被抽取出来。人们竞相发展一种能把各种社会工作方法整合在一起的"一元化"的理论框架。其中最时髦的是"系统理论"。这种理论试图用"社会功能"这个概念来把各种理论与方法统一起来。然而，随着一批激进理论和人文主义理论的出现，它很快便受到了人们的攻击和批评。不仅如此，"统一"社会工作理论的愿望也开始受到人们的质疑。一些人认为，系统理论之类的社会工作"统一理论"是超前的、不充分的和虚幻的。另一些人甚至认为，由于不同的理论在观察世界的方式上水火不相容，因此社会工作理论的统一是不可能的，各种理论将在相互竞争中并存下去。这种多元化的社会工作理论观便将我们引导到社会工作理论发展的第七个阶段，即我们目前所处的阶段。

　　第七个阶段是"理论归类"阶段。在这一阶段，多元理论并存被当作一个既定的事实，社会工作者们不再去追求构造统一的理论框架，而是通过对纷呈繁杂的各种理论进行整理、归类的方式来使理论空间有序化，其结果是产生了许多不同的理论分类模式。迄今为止，这些理论分类模型仍然是西方社会工作者们把握社会工作理论世界的基本工具。

二、西方社会工作理论的逻辑结构

　　从规范的意义上说，一个完整的社会工作理论至少应该包括两大部分内容。这两大部分内容，按照大卫·豪的用语，可以分别被称为"为社会工作的理论"（theory for social work）部分和"社会工作的理论"（theory of social work）部分。所谓"为社会工作的理论"，即理论中对人与社会的本质、人的行为与社会运行的规则和机制进行解释的那部分内容；所谓"社会工作的理论"，则是理论中用来对社会工作实践本身的性质、目的、过程和方法进行说明的那部分内容。这两部分内容之间，既存在着明显的区别，又存在着不可分割的联系。

　　它们之间的主要区别可以概括如下：第一，它们的内容不同。"为社会工作的理论"主要是对人与社会的本质、人的行为与社会运行的规则和机制进行说明；"社会工作的理论"则是对社会工作实践本身的性质、目的、过程和方法等进行说明。第二，它们的功能不同。就它们对人与社会发展的作用而言，"为社会工作的理论"侧重于讨论如何解释人与社会的关系，而"社会工作的理论"则侧重于讨论如何改变人与社会。就它们对社会工作本身的作用而言，"为社会工作的理论"主要是为社会工作实践提供了一套抽象的背景式假设，而"社会工作的理论"则主要是为社会工作实践提供一套具体的行动指南。第三，它们的地位不同。"为社会工作的理论"在整个理论构架中处于"前提"的地位，"社会工作的理论"在整个理论构架中则处于"结论"的地位。第四，它们与社会工作联系的紧密程度不同。"为社会工作的理论"是社会工作可以使用但并非仅有社会工作才能使用的理论，这一部分理论的内容也可以为许多其他学科或专业领域所用，它是社会工作与其他某些学科或专业领域共有的理论基础。"社会工作的理论"则是只有社会工作才需要加以使用而且只有社会工作才能够加以使用的理论，它是社会工作专业独有的理论领域。

"为社会工作的理论"与"社会工作的理论"二者之间的联系则表现在：第一，它们之间是相互依存的。任何一种对社会工作实践本身的性质、目的、过程与方法的具体说明，都必须以某种对人与社会的本质、对人的行为与社会运行的机制的相应理解作为自己的理论基础或逻辑前提。一种"社会工作的理论"，只有置于一定的"为社会工作的理论"基础之上，才有可能获得较充分的理解。反过来，任何一种关于人与社会的本质、关于人的行为与社会运行规则和机制的理论，都必须与一定的对社会工作实践本身的性质、目的、过程和方法的说明相联结，才有可能进入社会工作领域，成为真正的"为社会工作的理论"。第二，它们之间在逻辑上是相互蕴含的。正如大卫·豪所说，一种"为社会工作的理论"总是蕴含着一种"社会工作的理论"，"换句话说，对一种'为社会工作的理论'所做的选择同时也就是对一种准备实际采用的社会工作所做的选择。进一步说，正如不同的理论导致不同的实践一样，不同的理论也包含着社会工作本身的各种概念。只要经过一定的加工，'为社会工作的理论'就能够被转变为'社会工作的理论'"（Howe，1992）。反之，任何一种对社会工作实践本身的性质、目的、过程与方法的具体说明在逻辑上也总是蕴含着一定的对人与社会的本质、人的行为与社会运行规则和机制的理解。当然，这种对人与社会的本质、人的行为与社会运行规则和机制的理解也许未被人们用概念、命题的形式明确地揭示、表达出来（在现实生活中，也确有一些社会工作理论，如危机介入理论、任务中心理论等，在现有形态上只呈现为一套对社会工作实践本身的性质、目的、过程与方法的具体说明，而未包含一套相应的对人与社会的本质、人的行为与社会运行规则和机制的明确解释），但它们的存在是确凿无疑的。只要经过一定的努力，它们就能够被揭示出来。

将每种社会工作理论从内容上区分为"为社会工作的理论"与"社会工作的理论"两个部分，是社会工作理论结构的主要模型之一。除此之外，皮拉利思（Pilalis）等人提出过另外一种结构模型。这是一种三分法模型。它将各种社会工作理论从内容上划分为三个既相互区别又相互联系的组成部分。可以将这种模型示意性地用表 4-1 表示：

表 4-1 社会工作理论三分法模型示意表

理论抽象程度	结构部分	内容	实例
高 ↕ 低	宏观理论：	对人与社会的本质、人的行为与社会运行机制进行综合性的说明	弗洛伊德主义、马克思主义、结构功能主义等
	中观理论： a）解释性理论 b）介入模式理论	对人的行为与社会过程某一方面进行专门解释	标签理论、儿童发展理论等
		对社会工作实践本身的性质、目的、过程等进行一般说明	危机介入理论、任务中心理论等
	实践理论：	社会工作的具体技巧、操作方法	自由联想法、批判式提问法等

这个模型根据理论抽象程度将各种社会工作理论从内容上划分为宏观理论、中观理论和实践理论三部分或三个层次。由于它把中观理论又进一步区分为解释性理论和介入模式理论两个层次，因此它实际上应被视为一个四层次的结构模型。仔细分析这个模型内部各层次的内容以及相互之间的关系，并将其与大卫·豪的两分法模型相比较，我们可以发现，这个模型实际上是对大卫·豪两分法模型的一个深化。在大卫·豪模型中被称为"为社会工作的理论"的那部分内容，在这个模型中被进一步细分为宏观理论和中观解释性理论两部分；在大卫·豪模型中被称为"社会工作的理论"的那部分内容，在这个模型中则被进一步细分为中观介入模式理论和实践理论两部分。经过这种细化，我们可以更加深入地理解社会工作理论的逻辑结构。

作为大卫·豪两分法模型的进一步深化，这个模型内部四个组成部分之间的关系与大卫·豪模型中两个组成部分之间的关系基本上是相似的。简单地说，一方面，宏观理论、中观解释性理论、中观介入模式理论、实践理论四者之间在内容、功能、地位等方面与社会工作联系的紧密程度不同；另一方面，四者按照理论抽象程度的次序在逻辑上也是相互依存、相互蕴含的。四个部分之间既相互区别又相互联系，构成一个严密的逻辑整体。

需要补充说明的是，无论是大卫·豪的两分法模型还是后面的三（四）分法模型，都只是对社会工作理论内部逻辑结构的一种"理想型"描述。在现实生活中，现有的各种社会工作理论在内容或逻辑结构的完善程度上有很大差别，有些离我们所认为的"标准"结构可能相距甚远，但这并不妨碍我们用上面介绍的这样一些理想结构模型去分析、理解、整理它们，甚至按这些理想结构模型的要求去构造、发展它们。

第三节　西方社会工作理论流派与归类

一、西方社会工作理论流派

西方社会工作在其发展过程中，借用和形成了一些不同层次的理论。参照大卫·豪和马尔科姆·佩恩（Malcolm Payne）等人的著作，我们可以将西方社会工作理论大致概括为以下几类：

（一）心理分析学理论

这是以弗洛伊德及其追随者的著作、学说为基础形成和发展起来的一种社会工作理论，也是迄今为止历史最悠久、影响最广泛的一种社会工作理论。它认为人的行为是由本能所驱使、由人格结构中的"自我"与"超我"所控制的。不良行为的产生源于由各种本能集合而成的"本我"同"自我""超我"之间关系的失衡（"本我"受到过度压抑或"自我""超我"发育不全等）。社会工作的主要任务就是对服务对象的变态人格进行治疗，帮助服务对象恢复"本我""自我"与"超我"之间的平衡，并应用心理分析的基本理论方法来完成这一任务。

（二）认知理论

这是以认知心理学为基础形成和发展起来的一种社会工作理论。与心理分析学理论不同，它认为人的行为主要受制于理性思考，而不是潜意识中的本能。

不良行为主要产生于认知上的错误或理性思维能力的缺乏。社会工作的主要任务就是要帮助服务对象获得对世界的正确认知或完善其理性思考的能力，从而使服务对象的行为能得到正确的、理性的指引。

（三）行为主义理论

这是以实验行为心理学为基础而形成和发展起来的一种社会工作理论。与心理分析理论和认知理论相似，它也认为社会工作的主要任务就是要对服务对象的不适当行为进行治疗或矫正，但它不是应用心理分析理论或认知理论，而是应用行为心理学的理论（如条件反射、条件运算、学习理论等）与方法（如实验等）来完成这一任务。它认为心理分析理论及认知理论将关注的焦点放在难以观察、验证的内心世界上是一种不智之举，我们真正能观察到因而也能关心的只是个体的外显行为而已。它认为行为是个体对当前环境所作的反应，不适当的行为是个体对当前环境所作的不恰当的反应，社会工作就是要帮助服务对象学习和掌握适当的反应模式。

（四）社会系统理论

这是以一般系统论及其社会学版本——结构功能主义等为基础形成和发展起来的一种社会工作理论。它把人与生活环境看作由功能上相互依赖的各种元素所组成的系统整体，协调或均衡是该系统运行与维持的基本条件，也即个体生存与发展所必需的基本条件。当这个条件得不到满足，即系统内部的各个子系统或各个元素之间不能有效配合、相互协调时，系统均衡就会受到破坏，个体的生存与发展就会出现问题。社会工作的基本任务就是要帮助恢复各个子系统或元素之间的均衡关系，使它们能够重新有效配合、相互协调。20 世纪 70 年代以来，社会系统理论对社会工作产生了巨大的影响。

（五）标签理论

这是以社会学家莱默特（Edwin M. Lement）和贝克（Howard Becker）的理论为基础而形成的一种社会工作理论。这种理论认为许多人之所以成为"有问题的人"，是与周围环境中的社会成员对他及其行为的定义过程或标定过程密切相关的。因此，社会工作的一个重要任务就是要通过一种重新定义或标定的过程来使那些原来被认为是有问题的人恢复成为"正常人"。

（六）沟通理论

这是以社会心理学、人类学和社会语言学中有关人际沟通的一些理论为基础而形成的一种社会工作理论。这种理论强调人际沟通在人际关系中的重要性。它认为许多的行为问题都出在人际沟通方面，如不能恰当地接受、选择与评估信息，不能很好地给予或接受信息反馈等。社会工作的一个基本任务就是帮助人们消除这些沟通过程中的障碍，使人们的相互沟通得以顺利完成。

（七）人本主义理论

这是以马斯洛的人本主义心理学、胡塞尔与舒茨的现象学以及布鲁默的符号互动论等为基础而形成的一种社会工作理论。它认为每个人都生活在"意义世界"当中，而每个人的"意义世界"都是通过自己对这个世界的理解或解释建立起来的。当人们的理解或解释过程发生困难（如现在与过去的理解不一致，自己与他人的理解不一致）时，问题便出现了。社会工作者的任务就是要去努力理解这些人（服务对象）的"意义世界"及其内在矛盾，帮助他们顺利重构自己的"意义世界"。

（八）激进的人本主义理论

这是以早期马克思与现代批判理论家（如葛兰西、马尔库塞、哈贝马斯等）的某些理论为基础而形成的一种社会工作理论。作为一种人本主义，它也认为人们生活的世界是一个"意义世界"。然而作为激进的人本主义，它又指出这个世界充满了不公正的事实。与一般人本主义不同，它认为人们在"意义世界"里经历的许多人格的、心理的问题都只有依据现代资本主义社会的反人道特征才能被理解。社会工作者的任务就是要与服务对象一道，通过改造现存的社会秩序，来解决人们在"意义世界"所遇到的许多问题。激进的人本主义虽然要求改变社会现实，但其最终关注点却仍然是服务对象"意义世界"的变化。

（九）马克思主义理论

这是以马克思主义的基本理论为指导而形成的一套社会工作理论。与激进的人本主义理论相似，它主张从社会存在、经济基础、阶级压迫中寻找社会问题产生的根源，主张社会工作的任务就是与服务对象一道，通过以阶级斗争或其他集体行动改变现有的社会现实来解决这些社会问题。与激进的人本主义理论不同的是，马克思主义更多地关注社会结构本身的改变，而较少关注服务对象心理、意识状态上的变化。

（十）"增权"或"倡导"理论

这是从马克思主义变通而来的一种社会工作理论。马克思主义希望通过大规模的社会变革来解决现存的各种社会问题，然而现实中许多可行的社会工作实践却是与个体、家庭、群体或小型社区有关的。为了能给这些小规模的社会工作实践以理论上的指导，将这些小规模的社会工作实践与社会变革的大目标协调起来，一些倾向于马克思主义的社会工作者提出了"增权"或"倡导"理论。这种理论主张在宏观的社会变革未发生之前，社会工作者应协助服务对象为了他们的利益向现存的社会结构争取权利，促使现存的社会结构作出一些有利于服务对象的制度或政策安排。

（十一）女权主义理论

这是一种与激进的人本主义理论或马克思主义理论有密切联系的社会工作理论，主要植根于 20 世纪 60—70 年代以来的妇女运动。它重点关注女性所受到的压抑，认为女性所遭遇的许多生活问题都是性别压制的结果，社会工作的目标就是探索并消除社会中由于性别主义所造成的女性痛苦，促使她们有更多的自由，有更大的能力去追求个人的成长与发展。

（十二）叙事治疗理论

这是一种从后现代主义思潮中引申出来的社会工作理论。受后现代主义思潮的影响，这一理论认为服务对象所遭遇的各种心理或行为问题都是由人们（服务对象、与服务对象有关联的人、社会工作者等）以特定叙事（通常是那些在现实生活中占据主流地位的叙事）建构起来的，而不是一种内在于服务对象的人格或生活情境中的"固化实在"；在一种叙事中被确认为是"问题"的行为或现象，在另一种叙事中则可能被确认为不是"问题"。因此，社会工作者的主要任务就是要帮助服务对象去突破现有主流叙事的束缚，通过建构一种新生活叙事来重新理解或建构自己的生活，从而消除原有"问题"对自己所造成的困惑。

以上这些理论对当前西方社会工作领域都具有广泛的影响。此外，还有一些其他的理论，如危机介入理论、任务中心理论等。这些理论属于比较具体的实务工作模式理论，限于篇幅，兹不赘述。

二、西方社会工作理论的整理归类

从以上的概述中我们可以看到，现代西方社会工作理论在种类上是十分丰富和复杂多样的。由此产生的一个问题便是：能不能对它们做进一步的整理归类，从而使我们能更好地把握住它们之间的关系？对于这个问题，不少西方学者也在进行探索。

在对社会工作理论进行整理归类的过程中，许多学者都发现范式（paradigm）是一个很有用的概念。范式是科学哲学家库恩（Thomas Samuel Kuhn）提出来的一个概念，它意指一群科学家共同享有的一组世界观、价值观方面的背景假设及相应的方法和技术类型。范式为共同享有它的那些科学家们的研究工作提供了一个共同的指南，把他们的活动联结成一个相对统一的整体。研究社会工作理论的一些西方学者们认为，依照一定的标准，对现有的西方社会工作理论进行分析、比较，便可以把它们归纳、概括为几个有限的范式。而通过把众多的社会工作理论归结为几个有限的范式，我们对社会工作理论的整体内容与结构、对各个社会工作理论之间的区别与联系就有了更深刻的理解。在用范式概念整理西方社会工作理论的讨论中，李康特（Recomte）、伦纳德（Leonard）、大卫·豪等人的工作具有比较大的影响。

1975年，李康特在他的一部著作中提出可以根据理论构造中所隐含的哲学性背景假设和专业性背景假设来分析、比较社会工作理论。理论构造中的哲学性背景假设包括五个方面：（1）理论构造的抽象水平；（2）理论构造中的现实观与价值定位；（3）理论构造的概念化程度；（4）理论家在理论建构中的视点；（5）理论构造的模式。专业性背景假设则包括两个方面：（1）理论与实践的关系；（2）理论与研究的关系。根据理论构造中蕴含的这两组假设在内容上的不同，李康特将社会工作理论区分为规范取向和经验取向两种基本类型。在极端的情况下，这两种取向在上述两组背景假设的各个方面都是截然相反的。

伦纳德则提出了另一种范式分类模型。在1975年的一篇文章中，他首先依据各种社会工作理论在世界观与方法论上的差别，将它们划分为自然科学与人文科学两大范式。然后又依据这两大范式内部的差别将它们各自再区分为两个亚类。由此得出一个四范式的分类模型，详见表4-2（大卫·豪，1992）：

表 4-2　伦纳德的四范式分类模型

自然科学范式	
观点 A: 社会科学应追求自然科学的地位，客观性和测量的重要性；社会知识是由感觉资料决定的。	观点 B: 自然科学与社会科学在客观性和方法上的一般相似性；强调自然科学的不精确性；或然性在两类科学中的重要性。
人文科学范式	
观点 C: 主观理解对社会科学的决定性意义：问题是价值相关的，回答却能够是价值无涉的。	观点 D: 社会科学是被社会决定的；意识形态的影响处于中心地位；研究理论的社会经济背景的重要性。

　　伦纳德的模型启发了其他一些社会工作理论家。惠丁顿（Whitington）和霍兰德（Holland）的《一个社会工作的理论框架》以及大卫·豪《社会工作理论导论》，均以伯内尔（Burrell）和摩根（Morgan）的社会学理论范式分类模型为基础，经过适当转换，提出了类似的四范式社会工作理论分类模型。如图 4-1所示（M. 佩恩，1991）：

图 4-1　惠丁顿、霍兰德和大卫·豪等人的社会工作理论分类模型

注：图中括号外为惠丁顿和霍兰德的用语，括号内为大卫·豪的用语。

　　在《社会工作理论导论》一书中，大卫·豪应用他的四范式模式，结合他提出的关于社会工作理论逻辑结构的两分法分析模型，对西方社会工作理论做了较详细的描述和分析。他认为这四种社会工作理论范式之间，无论是在人与社会的本质、人的行为与社会运行机制的问题上，还是在社会工作实践本身的性质、目的、过程与方法等问题上都存在着明显的区别。限于篇幅，我们不能详做介绍，仅以表4-3简介如下。

表4-3　大卫·豪对其四范式模式的解释

	功能主义者 （调停者）	解释者 （意义的探求者）	激进人文主义者 （觉悟的提高者）	激进结构主义者 （革命者）
包括的主要理论	弗洛伊德主义、行为主义、认知理论、结构功能主义或系统论等	标签理论 沟通理论 人文主义等	激进人文主义女权主义等	马克思主义增权或倡导理论等
对人与社会的看法	社会是由个体组成的，功能上相互依存、相互协调的客观有机体	社会是个主观的意义世界，是个人通过符号互动过程建构起来的	社会是个主观的意义世界，但却是一个充满了不平等和不公正的世界	社会是由个体组成的、内部存在着不平等、压迫、冲突与斗争的强制结合体
社会工作过程理论　1.问题定义	个体对社会来说是一个问题，他在应付社会方面存在着问题	个体的经验，他或他所处的情景存在着问题	社会对个体来说存在着问题	社会对经济上的非生产性是一个问题
2.问题评估	引起问题行为的原因	理解个体经验的个人意义	个人是政治性的	经济体系的不公平、不正义
3.目标	对个人问题进行治疗、纠正、维护、控制和监督	促进个体的自我理解，实现个人的潜力	给人们自由，提高人们的觉悟，使他们觉醒，对个人自己的经历加以控制	改变经济秩序，对财富和权力实行再分配
4.方法	改变行为、提供支持和维护性服务，控制和保护个体	个人劝告，帮助理解经验的意义	提高觉悟，恢复对个人自己的情景与经历的控制	批判经济体系，为弱者的权力与资源而斗争

　　以上介绍的这些学者都提出了一种多范式的分类模型以对社会工作理论进行整理分析。从现有的文献来看，这种多范式的分析方法似乎是一种较普遍的分析方法。但也有部分学者不同意这种多范式的看法。如 M. 佩恩在他的《现代社会工作理论》一书中就批评大卫·豪等人的四范式分类模型及一些类似的模型具

有牵强附会、削足适履之嫌，因为它们把各种理论都看成截然有别的，认为可以
将这些理论整整齐齐地置放于坐标轴的各点之上，而实际上不同的理论在内容与
观点上都是相互交叉而非绝对排斥的。佩恩主张社会工作理论只有一个范式，这
个范式的核心是心理动力学，各种其他的社会工作理论都可以根据它们同这个核
心的关系而被置于这个范式之中。佩恩的这种看法值得我们注意。

总之，从李康特到大卫·豪和佩恩等西方学者，对社会工作理论的整理归
纳工作做得越来越精细。他们所做的这些工作对社会工作理论的进一步发展具有
重要意义，对于我们更好地把握西方社会工作理论的现状也具有参考价值，值得
我们进一步研究。

第四节 总结和发展中国的社会工作理论

通过以上简略介绍，我们可以了解到现代西方社会工作者的理论意识是非
常强烈的，许多社会工作实践都有着明确、系统的指导理论；现代西方社会工作
的理论内容也是非常丰富的，存在着许多不同的取向与选择；社会工作与其他学
科之间的联系也十分密切，许多理论都来源于心理学、社会学等学科。

理论对于社会工作实践具有十分重要的指导作用，当代西方社会工作实践
从其理论的发展中受益匪浅。中国的社会工作者要想提高自己的专业化水平，
也必须加强自己的理论意识，自觉将实践与理论相结合，用理论来指导自己的
实践。而为了使实践能够与理论相结合，能够用理论来指导实践，学习、了解
和研究社会工作理论是一个必要的前提。这对中国的社会工作提出了两个既相
互联系又相互促进的任务。首先，我们要虚心学习、了解和研究西方国家已有
的各种社会工作理论。应该肯定，在社会工作的专业化水平方面，当代西方国
家的发展程度显然要高于中国。西方社会工作理论是对这种已高度专业化的实
践过程的概括和总结。从这些理论中，我们能够学习和了解到许多有益的东
西。尽管由于历史、文化、制度和发展水平等方面的差别，中国的社会工作与
西方的社会工作有很大的不同，但这并不妨碍我们学习、借鉴他们的理论和
经验，并不妨碍双方之间的交流和沟通，因为任何差别之中总是蕴含着共性。
"他山之石，可以攻玉"，从对西方社会工作理论的学习和研究中，我们将会得
到一些有益的启示。其次，我们要认真研究和总结我国社会工作的发展历史和
经验，在此基础上，参照西方学者的理论成果，概括和发展出中国自己的社会
工作理论。社会工作是一种既具有一定的普遍性、共同性，又具有较强的特殊

性、本土性的实践活动。迄今为止，由于种种原因，西方已有的社会工作理论主要是概括了西方国家社会工作的经验，对于许多非西方国家尤其是社会主义中国的社会工作实践，则未有充分反映。这意味着我们既要学习、了解和研究西方已有的社会工作理论，又不能简单地照搬，而是要在它们的启迪之下，认真研究、分析和总结我们自己的实践经验及其教训，以此为基础，概括和发展出既包含各国社会工作的一般特性，又能反映中国社会工作本土特色的社会工作理论，以此来作为中国社会工作实践的指导理论，同时为世界社会工作理论的发展作出我们自己的贡献。

中国学者在社会工作理论研究方面做了一些努力，主要集中在中国社会工作的发展模式、社会工作专业化和本土化方面，在适合于中国的社会工作理论建构方面有一些初步的成果。其中，王思斌提出中国存在着专业社会工作和行政性社会工作，总结了中国文化与社会结构下的求—助模型，指出专业社会工作在中国的发展具有"嵌入性"特征；专业社会工作与行政社会工作的互构，通过嵌合走向融合发展是中国社会工作的发展逻辑。在中国社会工作嵌入性发展方面，也有学者提出了新观点。一些学者研究了中国社会工作的专业关系与西方的异同，在中国社会工作的转型特征等方面也有一些理论研究成果。中国的社会工作实践在借鉴西方理论的过程中也发现了一些不适因素，这与中国文化、社会结构及社会问题的性质有关。一些学者已经认识到中国社会工作的特殊性，正在进行研究，假以时日，可望获得一些有益的成果。

【思考题】

　　1. 如何看待个人经验与理论知识在社会工作过程中的关系？

　　2. 试述理论在社会工作过程中的具体作用。

　　3. 试述大卫·豪的社会工作理论结构模型。

　　4. 试述皮拉利思等人的社会工作理论模型。

　　5. 简述大卫·豪等人划分的四种社会工作理论范式之间的区别。

　　6. 对当代中国社会工作者而言，了解和研究社会工作理论，包括哪两方面的具体任务？谈谈你自己在这两方面的看法与见解。

【主要参考文献】

何雪松:《社会工作理论》,上海人民出版社 2007 年版。

[英]马尔科姆·佩恩:《现代社会工作理论》,冯亚丽、叶鹏飞译,中国人民大学出版社 2008 年版。

王思斌:《社会工作本土化之路》,北京大学出版社 2010 年版。

[英] Barbra Teater:《社会工作理论与方法》,余潇等译,华东理工大学出版社 2013 年版。

童敏:《社会工作理论——历史环境下社会服务实践者的声音和智慧》,社科文献出版社 2019 年版。

David Howe, *An Introduction to Social Work Theory*, Hants: Ashgate Publishing Company,1992.

第五章

社会福利制度

....

　　社会福利制度是现代社会极为重要的一种社会制度，它是促进经济与社会发展的制度建构基础，也是现代国家实施社会治理的一个必要条件。完善社会福利制度并加快社会进步进程，是国家治理体系和治理能力现代化建设的重要内容。本章主要介绍和分析社会福利的概念，论述社会福利的构成和功能以及社会政策在社会福利制度中的作用，阐明社会福利制度与社会工作专业的内在联系，讲述当代社会福利制度建立与发展的历程。

第一节　社会福利的内涵、分类与功能

　　福利的观念与实践由来已久。在不同的文化与社会制度里，福利的表现形态和实践方式千差万别。从历史发展进程来看，作为一种社会制度，社会福利是在现代民族—国家建立之后逐渐建立的。19 世纪末以来，随着西方工业化进程的不断加快，社会福利的理念和实践也在不断发展。20 世纪中叶以来，福利国家成为西方工业化社会的一个普遍现象。在我国，以集体主义为基础的单位制福利仍然是转型时期国家与社会互动关系中的一项重要制度遗产。社会福利作为社会制度的一个重要组成部分，对一个国家的社会经济发展始终产生着至关重要的影响。

一、社会福利与社会福利制度的内涵

（一）福利的概念与哲学内涵

　　英国学者诺曼·巴利（Norman Barry）在《福利》一书中曾指出，深入探究福利的概念已经日益成为当代政治与社会哲学的一项重要内容，而这些讨论又无疑与不同的意识形态潮流紧密联系在一起（Barry，1990）。作为社会政策实践的

理念基础，有关福利的道德哲学常常会引起不同群体针对不同意识形态的争论。如支持福利国家的倡导者认为，福利国家的发展与扩展并不是一个自然的选择，它更多是一个基于好的理由和为广大公民利益考虑的行动策略。

作为一种利益或好的生活状态，"福利"不仅是个人追求的目标，也是群体（或社会）追求的目标。在不同的社会里，福利背后隐含着不同的文化含义与意识形态。长期以来，围绕福利议题的争论一直都是政治与道德哲学领域的重要话题之一。一方面，福利的获得不仅涉及人的权利，而且与人的需要紧密联系在一起；另一方面，人作为社会的人，必定生活在既有的社会制度里，受到政治、经济等制度安排的影响，个人的生活同国家（或政府）的角色与功能密不可分。

在不同的政治制度里，国家的角色及其干预社会的范围是不同的。由于个体之间存在差异，国家是否有必要采取特定的政策和措施来削弱或缩小这种社会不平等，也同国家的福利观念紧密联系在一起。长期以来，围绕国家（或政府）是否应该为所有公民承担基本的福利责任，学者以及政策制定者们存在不同看法。总体看来，就福利与国家（或政府）的关系而言，有两种国家观决定了社会福利在现代西方社会的发展。第一种国家观认为，国家的作用应当限于禁止人们干涉他人的自由，这是以霍布斯和洛克等为代表的古典自由主义者所推崇的基本观点。在他们看来，国家是一种必然的恶，它之所以存在，是由于个体之间存在利益冲突，而国家的作用就是使这种冲突减轻到最小的程度。第二种国家观认为，国家除强制执行法律义务以外，还有责任确保其社会成员的福利，尤其是要确保那些不能为自己提供保护的人的福利（而这正是日后福利国家得以建立和发展的思想基础）。这种国家观还认为，执政者必须利用国家权力来促进整个社会的福利事业，保护那些无力为自身提供基本生活保障的成员的基本权益，这被看作是一种基本的社会正义。

（二）社会福利的定义

作为现代社会发展的核心标志之一，社会福利是各国社会制度建构中不可或缺的重要组成部分。然而，在不同的社会制度与文化情境中，对社会福利的定义与社会福利的具体实施项目是不同的。从广义上来说，社会福利是指同改善公民生活素质、促进社会发展与提高社会总体文明水平相关的一切物质、活动和相关服务。而从狭义上讲，社会福利则是指国家（或政府）针对社会中有特殊需要的个人和群体提供的津贴、物质和社会服务。

在巴克主编的《社会工作词典》里，"社会福利"被定义为国家用来帮助人们以满足经济、社会、教育和健康需要所推行的项目、津贴和服务体系，从而维护社会的正常运行；另一界定是指一个社群或社会的集体福祉的状态。美国社会工作者协会 1977 年出版的《社会工作百科全书》将"社会福利"定义为所有由志愿机构和政府推行的，目的在于预防、减轻和致力于解决社会问题的，或是改善个人、团体和社群福祉的有组织的活动。

在中国，社会福利主要是指由政府部门（主要是民政部门）为社会中困难群体 提供的津贴、服务和相关支援活动，是一种基于需要但是专业化水平较低的社会服务。在计划经济时期形成的单位制福利也是社会福利的一部分，但属于排斥性的福利分配制度，因为只有单位内部的职工及其家属才有资格享受这些福利权益。

（三）社会福利制度的内涵

从社会学的角度来界定，社会制度是指那些标准化并被普遍接受的角色、规范以及为人的社会化行为提供基本参照的系统。社会福利作为一种社会制度，在社会中也具有自身的结构与内容并发挥着特定的功能。社会福利制度的存在是为了满足社会中个人、群体和社区的福祉，而一个国家（或地区）社会福利的内容与特征不仅受到社会价值观的影响，也受到政治、经济制度的制约。

社会福利制度的主要构成要素有资源（物质与金钱）、组织（机构）、人力（社会工作者和其他专业服务人员）、服务对象与外在的制度和环境系统。对一个完善的社会福利制度体系而言，社会工作专业是必不可少的。社会福利制度是为满足公民的社会需要、解决社会问题而设置的专门制度，它必须通过社会服务体系来实现上述目的。因此，若缺乏与之相应的社会服务传递体系，即社会服务的规划与传输，就无法实现服务与人的需要相互联结。社会工作专业则正好充当了社会服务传递体系的角色，发挥着满足社会需要和解决社会问题的功能，并对促进社会稳定和社会发展有着积极的意义。

社会福利制度存在于一个大的社会制度系统中，受到政治、经济、法律等制度的影响，社会福利机构、政策与服务模式等也毫无疑问地受上述制度的影响与制约。同时，社会福利制度本身的功能与效力也影响着家庭、市场以及政府等系统在社会福利资源与服务提供中的作用和能力。

二、社会福利的分类

在不同的社会制度与文化里，社会福利所呈现出的类型是存在差异的。根据福利的内涵与特征，或者根据福利提供者中的国家、市场、非营利组织、社区等结构关系，我们可以对社会福利进行多种分类。通常来说，对社会福利的分类包括二分法和三分法。

（一）社会福利的二分法

1. 补缺型社会福利与普惠型社会福利

在一个社会里，个体的需要主要通过家庭、市场和国家这三种渠道来满足。然而，在不同的社会里，满足个人需要的机制构成是不同的。威伦斯基（Harold L. Wilensky）和李宾士（Charles N. Lebeaux）在《工业社会与社会福利》一书中指出，社会福利包括两种：一种是补缺型的社会福利（或剩余性的社会福利），另一种就是普惠型的（或制度性的）社会福利。补缺型的社会福利是指当家庭和市场等常规机制瘫痪时，由国家介入，从而满足公民的社会需要，解决社会问题。这种福利带有明显的针对性和排他性，同时多数福利项目也需要通过家计调查的监督与评估手段来完成。普惠型的社会福利是指为所有公民提供的福利津贴或服务，这种福利不需要通过家计调查来完成，它有利于实现社会平等，并消除社会差异。上述社会福利的两种分类不仅表明了社会福利的结构，也揭示出政府在社会福利方面承担的责任与介入范围的大小。就补缺型社会福利而言，政府在福利方面扮演的角色是边缘性的；就普惠型社会福利来说，政府扮演了全面的角色。

2. 积极的（社会）福利与消极的（社会）福利

根据福利的目标（或功能）、影响与后果，社会福利还可以分为积极的福利与消极的福利。英国社会学家吉登斯（Anthony Giddens）认为，20世纪40年代贝弗里奇式的福利国家的主要目标是根除英国社会中的贪婪、疾病、无知与肮脏四大社会问题，其更多关注社会层面而较少关注个人的福祉与发展。此外，消极的福利还意味着福利的给予须附带侮辱化条件，接受者通常要付出一定的代价。积极的福利是指在满足经济利益的基础上促进个人的人格发展，比如心理辅导服务就是一种典型的积极福利，其目标并不是直接的经济利益，而是增进人力资本的一种投资。从各国当代社会福利改革的经验来看，一个明显特征就是将消极福利改变为积极福利，将福利与个人就业和价值等充分联系在一起，减少因接受福利带来的负面的心理影响，而努力促进福利接受者的社会融合。

3.公共福利与私人福利

根据福利提供者的区别，还可以将社会福利区分为公共福利与私人福利。在这里，公共福利主要是指由国家提供的、用于满足公民的社会需要的资源和相关社会服务。公共福利又可以被称为国家福利，在这里国家是生产并分配福利的主要行动者。私人福利主要是指由市场与家庭提供的用来解决公民个人需要、改进个人物质与精神状况的物质资源与相关的社会服务。在现代社会中，公共福利与私人福利的关系不仅是国家治理社会问题时的一个重要考虑方面，也是社会政策发展过程中的一个核心问题。如何处理二者之间的关系，平衡国家与私人部门在社会福利上的责任和义务，对促进社会经济发展，建立和谐的社会关系有着重要的意义。

（二）社会福利的三分法

就社会福利的分类而言，英国社会政策学者蒂特姆斯（Richard M. Titmuss）在这方面作出了重要贡献。在《福利的承诺》一书中，蒂特姆斯在阐述福利的"普惠主义"与"选择主义"双重原则的基础上，认为社会福利从概念上可分为：剩余性社会福利（主要是指社会服务）、财政福利（通过税收渠道安排的相关福利津贴和待遇）与职业福利（以就业为基础的福利津贴和服务）。在《社会政策导论》一书中，蒂特姆斯再次将社会福利归结为三种模式，分别是剩余性社会福利、工业成就—表现模式与制度再分配模式。在上述三种社会福利模式中，第二种模式体现了社会福利作为经济发展产物的意义，不仅总体社会福利同经济发展联系在一起，而且个人福利也同其在就业市场中的业绩表现紧密联系在一起。对政府来说，制定社会政策的一个重要前提是社会需要的满足应该以工业发展的业绩和生产力的表现为基础。第三种模式则是指以公民需要为原则，在市场外通过国家再分配的方式为所有公民提供的福利津贴和社会服务。

三、社会福利的功能

作为一种社会制度，社会福利不仅是国家作用的体现，而且是社会关系生产与再生产的结果。迄今为止，在任何一个社会中，社会问题都是难以避免的，而社会福利制度就是为试图解决社会问题和满足社会需要而建立起来的专门机制。从社会学的角度来看，社会福利具有两方面的功能，即潜功能和显功能。从潜功能的角度出发，社会福利是为了提升公民的社会地位、改善社会关系从而增强社会团结。而从显功能的角度来看，社会福利是为了解决贫困、失业和社会不平等等社会问题，并在此基础上改善公民的生活素质和促进社会经济发展。

　　具体来说，社会福利的功能主要有以下几方面：第一，社会福利通过资源分配与再分配来改善公民的收入分布，从而减轻公民之间的不平等，促进社会平等目标的实现。第二，社会福利作为一种社会控制与社会发展的手段，可以通过资金与社会服务，促进社会问题的解决、社会关系的改善，和人的社会功能的改善。第三，作为社会福利制度的一个重要组成部分，社会工作专业发挥着解决个人、家庭、社区以及社会问题的作用，为有需要的公民提供专业化的社会服务，有利于建立和谐的社会关系。第四，社会福利服务本身是一种有益的社会投资，有利于促进公民的人力资本的增加，同时对改善公民与政府的关系也有积极作用。第五，从长远的角度来看，社会福利不仅可以改善弱势人群的生活品质，提升社会总体的文明程度，而且其服务本身也可以通过相互帮助的过程增强人与人之间的和谐，从而促进社会中利他主义精神的发展。

第二节　社会工作与社会福利制度的关系

　　社会工作是现代工业社会发展的产物，也是人类文明与社会进步的成果之一。社会工作是社会福利体系的一个重要组成部分，是社会福利制度中的服务传递体系。通常来说，社会福利包括社会行政系统与社会服务体系。在社会服务体系中，社会工作专业是一个重要的实施社会助人的行动系统。对一个国家或地区来说，社会工作专业的发展水平在很大程度上说明了其社会福利制度完善或成熟的程度。

一、社会福利作为人—资源—行动的综合系统

　　社会福利是一个集资源、机构、人力、理念与环境为一体的综合系统，它是现代社会制度中不可或缺的一个建制。社会福利系统中的不同组成部分彼此紧密联系在一起，发挥着各自的功能。

　　第一，社会福利制度中最基本的是人的系统，包括一般的公民、社会福利工作者与社会福利对象。在这一系统中，人及其需要的满足是核心问题。为满足一般公民与社会中弱势群体的社会需要，需要社会行政人员和社会工作者来策划并传递社会服务。

　　第二，社会福利制度功能的正常运行还必须依赖必要的资源，这些资源包

括物质、服务、相关的理念及政策等。物质资源是社会福利发挥效力的前提，而理念与政策则是保证社会福利制度效率的重要基础。

第三，社会福利制度要解决社会问题和满足社会需要，必然要通过具体的社会服务来传递。社会工作和社会政策作为专业的行动，是解决个人、家庭和社区等问题与满足公民社会需要的重要保障。

社会福利制度是一个完整的和综合性的社会系统，它包括价值观、规范、资源、人力和组织框架，由变迁行动者系统（社会工作者和机构）、受助者系统（个人、团体、家庭和社区等需要帮助的单位）、目标系统（社会工作者试图改变的服务对象）与行动系统（社会工作者与服务对象为实现目标所共同作出的努力）构成。社会福利的结构与活动在一个社会中无所不在，如果不理解社会福利系统同社会其他各部分的关系，我们就无法理解社会福利制度本身。

二、社会政策是社会福利制度的实现手段

在一个特定的国家或地区，社会福利制度是有关福利的理念、机制、资源构成以及行动体系的总和，而社会政策是实现福利与人的社会需要满足的链接机制，也是具体的社会行动。英国社会政策鼻祖理查德·蒂特姆斯在其代表作《社会政策导论》中，对社会政策的功能作出了如下阐释："社会政策（既）可以被视为变迁的一种积极工具、是整个政治过程中不可预见和不能估算的一部分……（同时）社会政策（本身又）是一种关注经济和非经济目标的有益和分配性的社会变迁"（Titmuss，1974）。同经济学家把人看成"经济人"不同，蒂特姆斯认为人不但是经济性的人，而且是一种社会存在。蒂特姆斯认为，社会政策的理论核心应该关注"公平"与"权利"。按照英国社会学家 T. H. 马歇尔（Thomas Humphrey Marshall）的说法，社会政策是指政府所采取的一系列通过提供服务或资金直接影响公民福利的行动，其核心成分包括社会保险、公共援助、卫生福利服务和住房政策。

从内涵上来看，社会政策是一套用以指导决定并实现理性结果的原则或规定，它也是由特定组织指定并实施的一种行动议程，其目的是引发变迁。政策与政治密不可分，社会政策作为一种同政治高度相关的人类行动，包含了一系列步骤和环节，其目标是通过理性的方案和计划来产生效益或影响。在古典社会学家韦伯看来，政策本身意味着在官僚机构内人们对特定事物进行有计划的处理和领导。政策包含政策主体和客体、政策要素与过程。对政策制定者和实施者而言，最关键的是政策目标的实现和结果的可接受性。而在现实社会里，任何社会福利

制度都是通过一定的社会政策来实现的。

三、社会工作是社会福利服务的传递体系

作为社会福利制度中的一个组成部分，社会工作专业发挥着解决不同层面社会问题、改善人的社会功能和促进社会发展的重要作用。作为一门助人的社会科学和专门职业，社会工作在特定的伦理和价值观指导下，通过专业化组织和社会工作者，为社会中有需要的公民提供各种各样的社会服务，对协调人与环境关系，促进社会经济的发展具有积极的作用。

社会福利制度作为一个系统，通过不同类型的社会服务项目和计划，在一定的组织框架下满足公民尤其是困难人群的社会需要。在现代社会福利制度中，社会服务的组织、传递与评估等都需要通过专业的社会工作人员来完成，从而保证社会服务本身的效率与公平。社会工作是同社会福利系统联结最紧密的专业，它通过受过专业训练的社会工作者来推行各种各样的助人服务。作为一门专业和特定职业，社会工作可以有效地实现人与资源之间的联结，在需要和服务之间架起桥梁，从而促成政府和各种专业组织对社会问题的有效干预。

作为社会福利体系的一项重要内容，社会服务基本上包括两类：直接的社会服务与间接的社会服务。直接的社会服务是指专业工作者直接面向受助对象并为他们解决相关问题、满足其社会需要的服务内容和机制；间接的社会服务是指专业工作人员的专业服务活动不直接面对受助对象，从事的工作主要是对社会福利服务的行政管理、社会政策的研究和社会服务及机构的评估等。

社会工作作为社会福利服务的传递体系，其作用与意义主要体现在以下几方面：第一，社会福利资源分配和政策实施需要通过一定的组织过程来实现，而在这一过程中，社会工作扮演着核心的角色。在确定与甄别社会福利救助和服务对象后，它能对贫困、失业、疾病和社会不公正等社会问题作出及时的回应。第二，社会工作服务的基本对象包括儿童、青少年、妇女、老年人、残疾人等弱势群体，社会工作的实施可以使服务更有效地惠及服务对象。第三，社会福利制度要实现既定的社会目标，必须通过社会行动来完成，社会工作是这一行动的内容。第四，社会是不断变迁与发展的，社会福利制度必须对上述过程作出反应，而社会工作的介入是应对社会变迁与促进社会发展的重要动力。作为一种解决社会问题的方式与资源传输体系，社会工作也要从变化的环境与需要中不断发展其专业方法与服务模式，在组织与专业介入两个方面改善社会福利服务的水平，因此，社会工作专业的发展（专业化进程）与社会福利制度的变迁进步是密切相关

的，而社会工作者专业能力的提升有利于社会福利制度的完善。

四、社会福利模式对社会工作专业化服务发展的影响

社会工作是在特定的社会福利模式下运作的一门助人专业，它深受社会福利制度理念、政策和组织框架等因素的影响和制约。社会福利模式是指一个国家和地区社会福利的理念、政策与实践所表现出来的总体特性，在社会服务领域具体表现为政府、非政府组织、社区等行动者如何实施社会政策，完成既定的社会目标。社会福利模式受到多种因素的影响，包括政治经济制度的制约、文化与价值观的影响等。从世界各国社会福利发展状况来看，经济社会发展水平越高的国家与地区，其社会福利制度也就越发达，社会服务专业化水平也越高。社会福利理念、经济发展程度、意识形态与社会工作专业化水平，基本上决定了一个国家或地区社会服务的专业化水准。

根据各国社会福利发展状况，按照福利分配的基本原则与理念，当今社会福利模式基本上可以分为三种，即普惠主义（universalism）福利模式、补缺型或剩余主义（residualism）福利模式和混合型（mixed）福利模式。在国家收入再分配水平、福利津贴种类与水平以及社会服务专业化水准和内容等方面，以上三种模式都呈现出不同的特征，表现出其与经济发展、政治制度和社会变迁等相对应的特点。

在普惠主义福利模式下，福利分配按照涵盖所有公民的普惠主义原则，其目的主要是消除差别，实现社会平等，从而促进社会正义和社会整合。通常来说，在普惠主义福利模式下，公众与政党对政府的社会福利政策认受性比较高。在这种模式下，社会服务惠及所有公民，社会福利服务涵盖所有社会生活领域。比如在瑞典，政府基本上为所有公民提供了全面的福利津贴与社会服务，国家为公民尤其是有需要的困难人群提供了完备的社会保护。在这种模式下，社会工作专业服务并不发达，政府在社会服务中承担着重要责任，社会政策的实施为处在社会风险中的公民提供基本的社会救助与社会保障，减少个人因风险和偶然事件造成的贫困与被排斥等情形发生的可能，从而有利于社会平等与正义的实现。

在补缺型或剩余主义福利模式下，国家只为公民承担最低限度的社会福利和相关社会服务，市场、非政府组织和就业者个人等则承担了主要的社会福利责任。补缺型或剩余主义福利模式在意识形态上深受自由主义与个人主义思潮的影响，同时也受到传统的工作伦理与宗教思想的制约。公民与政府之间基本实现了一种以就业为基础的福利和以基本的社会救助体系为内容的社会契约关系。在这

种福利制度下，政府鼓励公民积极就业。同时，为了实现基本的社会公平，政府为社会中的弱势群体提供了需要家计调查的社会救助和相关社会服务。在实行补缺型或剩余主义福利模式的发达国家，社会工作专业服务比较发达，专业服务在为弱势群体服务的过程中发挥着重要的作用。

混合型福利模式是上述两种模式的综合，它的社会政策路线是"中间道路"。混合型福利模式既强调政府对公民的社会保障责任，又主张非政府部门、私营企业、社区和家庭在社会福利（服务）体系中发挥积极作用，在福利服务领域实行公共部门与私营部门的合作伙伴关系。在福利津贴和社会服务方面，混合型福利模式既坚持剩余主义的福利取向，为最弱势群体提供必要的社会保护，同时也在一些领域（比如教育）推行普惠主义的社会服务，以确保公民的社会平等。这种混合型福利模式强调的是政府和市场在实施社会政策中的双重作用，首先是为保证社会公平，其次是为保证经济本身的效率，它试图在经济发展与社会治理两者之间保持适当的平衡。

第三节　当代社会福利制度的建立与发展

社会福利的发展代表着文明与社会进步的水平。一个国家或地区建立并发展适合的社会福利制度，有利于促进社会公正与平等目标的实现。

一、资本主义福利国家的建立与发展

（一）福利国家的内涵与意义

作为 20 世纪人类社会发展过程中的一个重要的政治与经济现象，福利国家（welfare state）经历了 60 多年的发展进程，已成为资本主义国家社会经济发展的一个重要缩影，也是各国推行与完善社会政策的一面可供参考的镜子。福利国家是为修复或消除市场经济的缺陷而作出的一种制度安排，因此，福利国家与市场经济制度紧密联系在一起。福利国家是资本主义政治经济发展的历史产物，是民主政治与市场经济综合作用的结果，它不仅隐含深刻的政治企图，也包含对经济活动的调整意涵。福利国家的主要目标不仅是对因遭受个人生命阶段的偶然变故和市场剥夺导致的贫困与不足进行补偿，同时是对社会关系的一种重组。因此，福利国家既有均等化的效果，也可能促使新的社会分层形成。有学者指出，根据国家社会开支的水平、福利津贴和服务项目的范围与水准以及就业与福利权的内在关系等，当今发达资本主义福利国家基本上可以分为以英国、美国等为代

表的自由主义福利国家、以德国等为代表的欧洲大陆法团主义福利国家和以北欧国家为代表的民主社会主义福利国家。

福利国家自 20 世纪 40 年代在欧洲建立以来，经历了兴起、繁荣、危机与调整等多个历史时期，在当今时代步入了一个新的阶段。福利国家尽管存在诸多缺陷与不足，但是由于其不可替代的功能与效用，它在西方资本主义社会里仍然发挥重要的作用，与资本主义政治、经济制度紧密地契合在一起，一方面成为改革的对象，另一方面又成为改革的障碍。

（二）工业化进程与福利国家的发展

经济学家罗斯托（Walt Whitman Rostow）在 20 世纪 60 年代指出，西方国家社会福利的存在是工业化发展的产物，其功能是解决资本主义体系中的缺陷和不足。威伦斯基和李宾士在《工业社会与社会福利》一书中验证了西方发达国家的工业化发展与社会福利扩张之间存在的内在关联，他们得出结论：社会福利的两种模式，即剩余福利模式与制度化福利模式，在工业化社会里是普遍存在的。同时，西方发达国家的社会福利本身是为应对因工业化等发展造成的社会问题而设定的制度。上述两位学者的研究在概念上澄清了福利发展的一般模式，从经验资料上论证了西方发达国家社会政策的制度安排。但是，很多发展中国家的工业化发展与社会福利发展模式之间的关联同西方发达国家相比存在明显的差异。

社会福利不仅是一种经济制度安排，还是一种政治制度安排。当今对福利国家的现代发展过程研究所作出的另一个重要结论就是，在资本主义制度里，社会福利的扩张既是公民权的体现，也是民主内容的发展。社会学家 T. H. 马歇尔在《公民权与社会阶级》中指出，社会福利在 20 世纪的迅速发展，是公民权利体系中社会权的明显扩展。

1. 早期工业化进程对社会福利发展的影响

工业革命在欧洲尤其是在英国的迅速发展，促成了两个对立阶级的出现，即以追逐利润为唯一目的的资本家（资产阶级）和靠出卖劳动力过活的产业工人（无产阶级）。工业革命的发展不仅改变了西方经济发展的模式与进程，而且使社会结构与制度发生了重大变化。资产阶级与无产阶级之间的矛盾关系不仅成为欧洲 19 世纪末和 20 世纪上半叶社会运动的主要潮流，也深刻影响了欧洲乃至整个西方社会政策的发展轨迹。在技术引导的大机器生产体制下，细致的分工在工厂内得以实施，而工人（包括成年工人和童工）成为被任意剥削和欺凌的社会弱者。恩格斯在《英国工人阶级状况》中深刻地指出，产业革命只是促使这种情况达到顶点，把工人完全变成了简单的机器，把他们最后剩下的一点独立活动的自由都剥夺了，可是，它却以此迫使他们思考，迫使他们争取人应有的地位。

按照英国历史学家汤普逊（Edward Palmer Thompson）的说法，18世纪最后30年是英国工人阶级及其阶级意识开始形成的历史时期。工人阶级作为一种具有某种普遍性和共同政治理念的群体，他们对自身的处境有着相同的感受，对资本家的剥夺和压迫有明显的不满乃至抵抗意识。在这一时期，社会危机和贫困现象进一步恶化，骚乱和社会不稳定现象经常出现。为遏止这种社会危机的蔓延，也为消除在法国大革命背景下士绅阶层对社会动荡的心理恐惧，1795年，英国颁布了《斯宾汉姆兰法》，对贫民救济实施了新的规定：以各地面包价格来确定工人的最低工资，工人在通过劳动获得最低工资的前提下，可以为其家庭成员申请救助。这一改革所产生的影响是双重的：一方面，产业工人贫困恶化的处境得到了稍微的缓和；另一方面，社会中穷人的数量却在不断扩大。

工业革命的重要影响之一就是它在实现技术进步和生产力水平迅速提高的同时，也带来了普遍的贫困和明显的阶级差异。英、美等国工业化发展的重大后果除了技术进步和劳动分工的专业化，还有几乎所有阶层对贫困问题及其相关影响的客观认识，以及工人阶级及其阶级意识在社会中的客观存在。在意识形态领域，资本主义生产制度与以功利主义、个人主义为核心要素的社会达尔文主义思想牢固地结合在一起，发展出了以追求物质利益和维护个人自由至上为特点的资本主义精神现象。到19世纪，资本主义市场经济的理念被进一步固化，共同的善（the Common Good）就是社会中每一个人的自我利益的集合，这些认识和经验使个人主义成为当时社会品德的基础。与此同时，自助和幸福最大化原则也成为新工业时代两个并行的原则，它使社会的认识保持了高度的一致性。

2. 工业化进程中社会福利发展模式的发展

西方社会的工业化进程，不仅促进了资本主义经济与政治制度的建立与发展，也隐伏了社会矛盾与冲突。从经济的角度来看，工业化的发展促成了市场经济制度的建立。从政治的角度来说，一方面，工业化的发展造就了资本家与工人两个社会阶级，他们成为左右社会变化的主要政治力量；另一方面，工业化的发展也在很大程度上推动了现代民主政治制度的发展，促进了政府管理社会生活的方式的变迁，从而也在很大程度上推动了现代社会福利模式的发展。

对于工业化进程中的社会福利扩张，不同领域的学者提出了不同的理论解释：公民权理论侧重政治在社会福利发展中的作用；而趋同论则更强调工业化在形成现代社会福利过程中的作用，它认为是技术而非意识形态或文化等因素决定了发达工业社会中的社会结构。学者们都或多或少地将技术的发展视为现代社会中一种决定性的因素，认为它会导致一系列社会后果，而为了应对和解决这些社会问题，社会福利的出现与发展也是注定的。然而工业化在多大程度上影响并制约社会福利的发展、如何解释不同工业化国家或地区采取的不同社会福利模式等问题，还有待于研究者进行深入的探索。自 20 世纪 40 年代中期起，随着第二次世界大战的结束，英国等西欧国家率先在西方资本主义世界建立了以实现充分就业和消除贫困等社会问题为目标、覆盖"从摇篮到坟墓"的社会保障制度，从而在推动经济发展的前提下，实现国家的复兴。从本质上看，西方资本主义福利国家建立在民主政治制度与市场经济的基础上，是政治与经济制度双重作用的结果。从第二次世界大战结束到 1973 年石油危机出现，西方福利国家经历了一段经济高速发展、公民生活水平迅速提高和社会保持稳定的"黄金岁月"。在福利国家内部，社会福利服务模式的发展得益于国家的大规模介入与社会工作专业化的迅速发展。在将近 30 年的平稳发展过程中，尽管不同国家之间仍存在差距，但总体来看，西方福利国家实现了经济与公民权的双重发展。

（三）福利国家的危机与改革

自 20 世纪 70 年代西方石油危机后，福利国家相继陷入经济危机。同时，由于人口年龄结构的老化，养老保障的需求加大，各国社会开支规模不断上升，对经济发展本身产生了明显的压力。1979 年英国撒切尔首相上台执政以及 1981 年里根当选美国总统后同时推行削减社会开支、"向社会福利开刀"的自由主义经济政策。此后，西方福利国家迅速进入萎缩与改革时期。

20 世纪 80 年代后，英国改革其国有化经济体系，以私有化方式改变了社会福利服务的体制与供给方式。在社会福利服务领域，政府试图增强志愿部门、社区和家庭的作用来强化"混合福利"的建构，从而提高社会福利服务的效率和效果。同时，为减少社会开支并防止穷人滥用福利，政府强化了家计调查制度的实施，控制了社会救助的条件与时限，其后果是贫困者的生活处境进一步恶化，贫富差距加大，社会排斥现象不断涌现。在美国，强调政府不干预主义和极力主张公民自由的保守主义政治哲学使社会福利的发展面临历史的低谷，政府通过减税、强调工作价值与传统的伦理价值等来重新塑造福利的新哲学。而在社会保障制度层面，政府将穷人的贫困与依赖心理作为一种政策实践的理论基础，其负面后果是政府的社会开支并未减少，实际用于救助贫困者的资源却在下降，同时控制与管理穷人的成本不断上升。20世纪80年代至90年代初，英、美等资本主义国家社会工作专业发展也面临一系列严峻的挑战。

20世纪末期前后国际政治经济环境和社会价值观的变化，给社会工作的知识基础、伦理与实践方法等各个方面带来了重大的挑战。这促使社会工作者一方面思考社会工作的社会责任，另一方面思考社会工作作为一个学科的未来前途。为应对人口老龄化、外来移民、经济衰退与养老金改革难题等挑战，福利国家纷纷在社会政策领域提出了一系列改革举措，具体包括以下几方面：第一，提高退休年龄；第二，增加退休金缴费年限和限制退休选择；第三，改变工资与价格指数挂钩的做法；第四，调整福利津贴（如退休金随老人年龄变化而调整）的水平与获得期限；第五，实施家庭与就业平衡的政策。当代福利国家资源体系不再只依靠社会保险的技术运作，而是深受经济增长、社会变迁和政党政治的影响。在经济全球化进程中，福利国家的社会运动和制度改革颇为深远，形成了更为开放的政策路径和福利制度选项。

二、中国社会主义福利制度与社会政策的发展

（一）中国社会主义社会福利（保障）制度的形成与发展

中国的社会福利制度由于历史、政治经济制度和文化等原因而具有明显的独特性。总体来看，从中华人民共和国成立到改革开放，中国的社会福利体制基本上是一种低水平、专业化发育不足和覆盖面狭小的剩余主义社会福利，政府提供的社会福利和相关社会服务主要通过行政管理与社会动员的方式来完成，具有明显的政治色彩与即时性特点。在很长一段时间里，中国的福利体制或社会福利制度受到苏联意识形态和计划经济模式的影响，再加上经济发展水平、社会结构以及传统儒家文化的制约，改革开放前福利制度基本上是以就业为基础的单位制福利，辅以脆弱的集体保护和注重家庭照顾责任的补缺型福利，前者是一种在企事业单位内部的再分配体制，后者是一种基本的社会保护机制。20世纪80年代以后，随着经济体制改革和社会变迁的进程加快，中国的社会保障制度和社会福利模式也逐渐发生变化，即由单位制福利向社会化的或市场化的福利模式过渡。

20世纪90年代以来，在不断深化国有企业改革和改善经济发展效益的前提下，国家进一步加大对社会保障制度的改革，并加速建立符合市场经济要求的社会福利体制，民政体制和社会福利服务的改革被提上议事日程。受到政府推动社会福利体制改革和社会（市场）需要的双重影响，"社会福利多元化"成为20世纪90年代以来政府发展社会福利的主要政策导向。多元化不仅体

现在社会福利服务管理体制的变化上，也表现为福利单位所有制形式、资金来源、服务对象和服务内容等具有更大弹性。进入 21 世纪以来，中国政府提出经济与社会协调发展的科学发展观。在促进经济可持续发展和不断改善民生的政策方针的引导下，政府积极强调并努力推行"以人为本"的政府行政管理和社会公共服务体制，强调要关注人民生活，注重解决与居民生活相关的实际问题，在解决城市贫困、改善公共服务模式和促进就业发展等方面，制定了一系列积极的干预政策。

总体来看，中国自改革开放以来出现的社会变迁和社会问题是影响并推动社会保障与社会福利体制改革的主要动力之一，但是我们仍不可忽视政治环境与全球化趋势等因素对国家社会福利体制与社会政策发展轨迹的影响与制约。可以看到，20 世纪 90 年代以来社会福利多元化的发展不仅仅是受经济自由主义模式影响的结果，也是政府、市场和社区（非国家空间的扩张）对社会问题和社会需要的积极回应，这种多元福利主义的发展本质上表明了中国社会政策正朝向更为实际和务实的方向发展，其中社会组织的迅速发展表明了中国政府积极拓展社会福利服务领域的努力。党的十八大以来，中国特色社会主义进入新时代，国家政治与经济格局发生了大调整和大变革，经济与社会发展都面对着新机遇和新挑战。

（二）深化改革背景下中国的社会福利体制与社会政策的发展

当前中国处在全球化变动与急剧的社会转型过程中，2019 年年底出现的新冠疫情给国家治理与社会建设带来了巨大挑战。通过艰苦卓绝的不断努力，中国在 2020 年年末完成了脱贫攻坚，实现了全面建成小康社会的宏伟目标。在疫情反复的背景下，新出现的社会问题成为社会治理的新课题，对社会福利体制和社会政策的发展方向都产生了不可忽视的影响。中国在过去 40 多年里发生的社会转型，既是市场经济发展的结果，也是政府行政管理体制变革和社会发展的结果。同西方福利国家相比，中国正努力建构的城乡一体化的基本福利制度凸显出以下特征：第一，福利水平应与经济发展水平相适应，基于中国实际国情与人口—资源关系，中国目前还不具备实施高福利制度的政治、经济和社会基础。同时，在福利体制与社会政策的理念上，中国社会也更加注重保护家庭的照顾功能与推崇个人勤奋努力的传统，政府要通过加大对公共服务的持续投入，为不同阶层的社会流动创造条件。第二，同欧洲福利国家的普惠主义原则不同，中国基础型的社会福利在一定时期内仍要体现有差异的平等，在不同历史时期，城乡分别建立了各自的社会保障与社会福利服务制度，通过"先有后好"的渐进发展方式，逐步迈向未来城乡统一的社会福利制度，逐步实现中国式现代化的目标。第三，在福利承担方面，福利责任并不是完全的国家责任，而是要采取不同责任主体共担模式并体现其主观能动性，避免形成超级政府（造成国家主义的低效率）或回归到国家大包大揽的模式（重新回到计划经济的命令与管制的传统），要充分体现国家（或政府）、企业（或集体）、新型社会组织和个人的责任关系。在新的福利责任共担模式中，国家或政府主要在社会立法、社会政策制定和税收资源配置等方面承担主体责任，同时政府将促进基本公共服务均等化的资源配置，也将在公共福利服务领域通过项目模式起到引领示范作用；企业通过安排就业、社会保险参与和税收贡献维护社会福利的正义性与公共性；社会组织通过资源筹措、专业或志愿服务提供以及良好的基层互动关系，促进政府与民间的沟通与交流，减少公共权力与民众之间的沟通成本，增加民众对政府的信任；个人的责任主要是通过积极就业、缴纳社会保险与相关税费等来履行公民的责任与义务，同时通过参与社会公共服务领域的志愿活动，增加个人的良性社会资本并拓展自身生活与事业的发展空间。第四，中国通过建立基础型的城乡一体化社会福利制度，构建新型的社会责任—权利关系，促进新时期中国和谐社会关系的建立与发展，增加社会经济发展的正能量。

进入新世纪，中国的经济发展转型与社会变迁速度日益加快，主要体现在以下几方面：第一，国有企业产权改革的速度加快，其改革方式也日益多元化；第二，私营经济的主导性增强，对劳动力就业市场、用工和收入分配制度产生了深远的影响；第三，农村剩余劳动力有序流动，城镇化不断深入；第四，中国作为世界第二大经济体，在全球经济与政治发展中所产生的影响日益显现，中国作为一个负责任的发展中大国，既要承担国际责任，也要注重发展国内经济，不断改善民生，实现自身的中国式现代化目标。

社会福利或社会政策既是人类社会制度演化过程的产物，也是国家主动寻求变化的一种能动性体现。在中国社会政策发展的历程中，政府决策者充分考虑到了社会政策的制度情境构成要素，即政治氛围、经济形势、社会条件以及特殊事件。在此基础上，政府职能部门在充分吸收各方意见和反馈的前提下，根据社会问题的轻重缓急和政府财政能力，逐步设定政策议题与政策议程，然后有条不紊、自上而下地贯彻实施。总的来说，长期以来的社会主义建设经验表明，中国的社会政策发展在很多方面吸收了经济发展的经验，形成了"先稳后有，先有后好"的基本思路和实践经验。在社会政策领域，中国道路也同样应有自己的思路和不同的道路选择（熊跃根，2021）。为建构起经得起检验的、稳定的社会政策在决策与实施方面的制度与模式，毫无疑问，我们需要作出更持续和更多的努力。作为形塑社会价值观和国家形象的一种工具，社会政策将在促进中国未来经济发展、维护社会秩序与安全、改善人民生活品质以及铸牢中华民族共同体意识等方面发挥日益重要的作用。

党的十九大提出乡村振兴的重大战略。未来中国社会福利制度的城乡整合与社会政策的积极推进，对把中国建设成为社会主义现代化强国尤为关键，也是实现"两个一百年"奋斗目标和宏图伟业的重大制度建设与举措。对为实现中国梦而奋斗的亿万中国人而言，富强的国家、丰裕的生活与灿烂的文明都是他们期望中的图景，在这一进程中，国家实施积极的社会政策是一种必然选择。

【思考题】

1. 试述社会福利的内涵与功能。
2. 试述社会政策与社会福利制度的关系。
3. 试述西方工业化进程对社会福利模式变化的影响。
4. 试述新时期中国社会政策与福利制度的变革对社会工作专业发展的意义。

【主要参考文献】

黄黎若莲：《中国社会主义的社会福利——民政福利工作研究》，中国社会科学出版社 1995 年版。

王思斌等主编：《中国社会福利》，中华书局 1998 年版。

周弘：《福利的解析——来自欧美的启示》，上海远东出版社 1998 年版。

雷洁琼主编：《中国社会保障体系的建构》，山西人民出版社 1999 年版。

熊跃根：《论国家、市场与福利之间的关系：西方社会政策理念发展及其反思》，《社会学研究》1999 年第 5 期。

[英] 安东尼·吉登斯：《超越左与右：激进政治的未来》，李惠斌、杨雪冬译，社会科学文献出版社 2000 年版。

[英] 尼古拉斯·巴尔：《福利国家经济学》，郑秉文、穆怀中译，中国劳动社会保障出版社 2003 年版。

熊跃根:《大变革时代福利资本主义的发展与社会政策的中国道路》,《社会政策研究》2021 年第 1 期。

W. W. Rostow, *The Stages of Economic Growth: A Non-Communist Manifesto*, Cambridge: Cambridge University Press, 1960.

H. Wilensky and C. N. Lebeaux, *Industrial Society and Social Welfare*, New York: Free Press, 1965.

R. Titmuss, *Commitment to Welfare*, London: Allen & Unwin, 1968.

R. Titmuss, *Social Policy: An Introduction*, London: Allen & Unwin, 1974.

N. P. Barry, *Welfare*, Minneapolis: University of Minnesota Press, 1990.

R. L. Barker, *The Social Work Dictionary*, Washington, DC: NASW Press, 1995.

第六章

人类行为与社会环境

社会工作的服务对象是在正常生活中遇有困难的人，社会工作的目标是通过服务，帮助改变他们的行为，调适其与环境的关系，实现其社会生活的正常化和发展。本章主要介绍人类行为、社会环境的含义、特点等以及二者之间的关系。

第一节 人 类 行 为

一、人的属性

（一）人的生物属性和社会属性

社会工作的服务对象是现实社会中的人，开展社会工作必须对服务对象的现实生存状态做客观的分析，发现其中存在的、影响其正常生活的问题，并协助其加以解决。现实的人是什么，按照马克思关于人类活动与人类社会发展规律的理论，人有两种属性：生物属性和社会属性。人是同时具有这两种属性的社会存在物。

人的生物属性是说人类是自然界长期进化的结果。现实的人具有高级动物的特征，主要表现为人有生物性的机能和需求。现实的人由不同的生物系统组成，有生物上的性别之分，有生老病死等前后相继的生物发展阶段，其行为和发展变化受生物因素的影响。生物体是人生存和生活的物质基础，也是其感受顺利与困难、幸福与痛苦的基础。人的生物性在人生的不同阶段所表现出来的重要性有所不同。在人的幼儿、童年和少年期，人的生物性表现得更加突出，人的早期活动受到其生物性的重要影响。而无论在人生哪个阶段，人的活动都离不开自己是生物体这一基础。

人的社会属性是说人类与其他动物不同，具有高度的社会性。这种社会性表现为人必须在复杂的社会群体中，通过具有复杂的社会意义的共同活动来从事自己的生活。人是社会的人，必须在群体中生活，社会性是人的基本属性，是人区别于其他动物的基本特征。人不能只靠生物因素维持自己的生存，而必须依靠群体性和集体力量，在适应和改造外部环境中生存和发展。人只有在群体中、在社会关系中、在与他人的共同活动中才能正常生活、扮演多重角色、承担社会责任。马克思认为劳动使人有别于其他动物，而劳动是许多人的合作，这就是人的最基本的社会性。人有能动性，可以运用群体知识、智慧和能力影响外在环境。马克思关于人的观点虽然是针对人类整体而言的，但它对人类个体也是适用的。

整体而言，人的生物性与社会性是紧密地结合在一起的，社会工作看待具体的人和群体，应该看到这两个方面，虽然在人生的不同阶段和不同活动中，这两个方面所起的作用有所不同。对于具体的人来说，没有完全脱离社会性的生物性，也不可能存在没有生物基础的社会性。对于社会科学来说，它比较关注人的社会性，关注社会因素、社会关系对人的社会活动的影响，而对人的生物性关注不足。而那些关注人的具体生活和行为的研究，不但关注人的社会性，也同时关注人的生物性。社会学和社会心理学更强调人的社会性，注重人的社会化的过程和机制，注重生物性和社会因素在人生不同阶段所发挥的作用。社会工作则更具体地分析在特定事件中，人的社会因素和生物因素的影响以及它们的相互作用。

（二）人的社会功能

人的社会功能是指人在个人、群体和社会生活中所发挥的作用，即人的行动和表现对于自己的人生、群体生活和社会所产生的影响。人的社会功能有正功能和负功能之分。正功能是指人发挥的积极作用；负功能是指人的行动产生的消极影响。

作为群体和社会的成员，人既是群体和社会利益的分享者，也应该是集体利益的创造者。人既享受一定的权利，也应承担相应的义务，这些都通过人们的具体行动，通过具体地承担和扮演社会角色来实现。通过社会化过程，人成为社会角色的承担者和成功或不成功的角色扮演者。以自己的具体行动来呈现自己，并对群体生活和社会运行产生这样或那样的影响，这就是人的社会功能。个体作为群体和社会之一员，要发挥自己的作用：对于个人来说，就是能正常地过有意义的生活；对群体和社会来说，则是能发挥积极作用，促进群体和社会的发展。人发挥积极的社会功能是个体、群体和社会所期望的，它反映了人的成长、群体的发展和社会进步的要求。

但是，人并不是都能或每时每刻都能发挥积极的社会功能，即扮演好社会角色，过正常和有意义的生活，这是因为，人的行为或行动受其生理、心理和社会因素的影响，受环境的制约。当人由于先天因素或后天原因，身体的某些部位有缺陷而不能像机能完整的人那样活动时，当个人因心理障碍不能像社会所希望的那样参与社会生活时，当外在的物质和社会条件不能向他们提供便利的活动条件时，他的行动就可能产生负功能。这也就是说，要使人发挥积极的社会功能，应该使其具备一定的生理、心理和社会条件。当某些人因生理缺陷、心理障碍而不能像一般人那样参与社会生活时，就要对其进行生理、心理方面的弥补，就要为其参与社会生活创造适宜的物质和社会条件。社会工作的对象主要是其功能未能正常发挥或发挥了负功能的社会成员。社会工作就是要帮助这些社会成员增强能力，减少负功能，促进其正功能的发挥。

二、人类行为的特点与类型

（一）人类行为的含义与影响因素

1. 人类行为的含义

社会工作关注人的行为及其社会效果，并通过自己的专业服务促进人的行为的积极改变，使其过上正常生活，进而对群体和社会发展产生正面影响。这就需要研究人的行为。在社会工作领域，人类行为也称人的行为，英文是 human behavior。在中文语境中，人类行为并非指全人类的行为，而是指人区别于其他动物而普遍具有的行为。这种人类行为反映在作为一个类属的人的行为中，是人在特定条件下比较普遍的行为。同样，人的行为也不是指某些个体的特殊行为，而是指他作为人类一员的行为，这种行为反映了他作为人类一员的特征。在一般理解上，人的行为与人类行为相比，也有某种程度的特殊性含义。人类是一个集合概念，它由具体的人组成。对于人类行为可以作出这样的概括：人类行为是反映于作为人类组成部分的个体或群体的、表现了人类生活基本特征的行为。这一界定基于人是社会生物体的认识，并具有一定的指定性和开放性，其中包括了整体与个体的关系，一般与特殊的关系。

在这里还有必要区分"行为"与"行动"的概念。行动（action）或社会行动主要是社会学的概念，它指的是人们的注入了某种社会含义或社会意义的行为。当人们的行为或举止包含了行为者赋予的某种社会意义时，它就不是纯粹的生物举动，而是行动。社会学强调人的行为或举止的社会含义，较少使用"行为"的概念。在社会学中，"行为"一词常常指与人的生物性相关的举动，当然这里并不完全排除社会因素的影响。在社会工作中，由于要解决的是与人的生理、心理和社会关系相关的问题，所以较多使用"行为"的概念，但在具体分析问题时并不排除对人的行为的社会性理解。

2. 人类行为的影响因素

人类行为受其生物、心理和环境因素的影响，这些影响因素可以是独立的，也可以是互相结合的。人的一些行为主要受其生物因素、遗传因素影响，比如眨眼、吸吮、呼吸、瞌睡等，这是作为一个生物体所应具有的、维持其生存的基本行为。人的多数行为受生物、心理、社会和文化因素的综合影响，一些学者对此进行了研究。在生物因素方面，遗传因素、生物机体的成长和变化会对人的行为产生直接影响，幼儿、童年和少年期的人的行为都明显地反映了生物因素的影响。在心理因素方面，对环境的知觉和认知、感情行为、豁达或心理障碍对人的行为的影响是直接的。在社会因素方面，人际关系、角色扮演、群体和组织过程、权力和资源的分配、社会制度和社会结构等对人的行为的影响是深刻的。在文化因素方面，族群的文化传统、习俗、生活方式对人的行为有重要影响。可以说，上述关于人类行为影响因素的分析是比较全面的。

近些年来，在社会工作分析服务对象的问题及介入角度等方面，也产生了一些新见解，比较新颖的是"身心社灵"的观点，它可以用来分析影响人的行为的影响因素。所谓"身心社灵"的视角，是指要从人的身体、心理、社会关系和精神层面分析问题的成因并进行干预。这里的"身"主要指人的生物性身体，关注人的身体状况；"心"即人的心理和社会心理，主要包括当事人的情绪、认知与情感状况等；"社"指当事人的社会关系和社会交往状况；"灵"是指人的精神，包括人的精神信仰、思想观念。按照"身心社灵"理论，人不但有基于生物体的活动，也有复杂的心理活动，有复杂的社会生活，还有相对超脱的精神生活。这四个方面是联系在一起的，它们既合为一体，影响着人的行为，同时也为解决服务对象的问题提供了系统化的思路。"身心社灵"视角是一种全人视角，是对人的行为和所遇问题，以及干预方法的系统性理解。这种视角和分析方法已被应用于医学护理和社会工作之中。

（二）人类行为的特点与类型

1. 人类行为的特点

人类行为与其他动物行为不同。它有如下一些特点：

（1）生物—社会性。生物—社会性是指人的行为以生物性为基础，同时具有社会性，在很大程度上，社会性是其本质特征，但是也不能忽略其生物基础。

（2）外显性和内隐性。一般地，人的行为是表现出来的，可以被他人看见或发现，相对地也易于被人理解。人也有内隐行为，这主要指人的内在心理活动，要认识和理解它需要细致探究。

（3）趋利性。人的行为基于某种需要而产生，受其需要支配，因而是有目的的、理性的，也是有具体指向的。

（4）可理解性。作为人类群体的某种意义的表达方式，人的行为可以被相同文化的人所理解，这也为其得到相应的回应提供了前提。

（5）情境性。人的行为都是在一定情境下出现的。情境不同，人的行为表现不同，其意义也不同。因此，对人的行为的认识和理解需要置于具体情境下进行。

（6）可变化性。人的行为既有一定的模式，也可以发生变化。人是可以改变的，这主要是指其行为是可以改变的，人可以通过学习或尝试纠正错误而改变不合其需要的行为。人的行为的变化有多种方向，社会工作致力于其向促进人的发展和发挥正向社会功能的方向变化。

（7）多样性和复杂性。在生理、心理和社会因素的影响下，人会产生多种行为，具体的行为表现不同，其意义也会有差异。在许多情况下，人的行为具有复杂性，主要是其包含多种相互交织或嵌套的含义。

2. 人类行为的基本类型

人类行为伴随着人的整个生命过程，既是复杂的，也是多样的，要对其进行细致分类实属不易。从社会工作的角度，可以对其进行如下分类。

（1）正常的日常行为。这是在日常生活中适当地扮演社会角色的行为，它呈现着人的基本生活，描绘着人生。其中包括大量重复性的、人们普遍采取的行为，也包括某些有差异的行为，它们基本上是按照社会的角色期望进行的。

（2）异常行为或反常行为。这类行为是相对于正常行为或合期望的角色扮演行为而言的，一般指比较明显地违背角色规范的行为，是在一定场合下不应出现的和比较过分的行为。比如，侵犯他人、自虐、自闭、喜怒无常等，都属于异常行为。

（3）亲社会行为。亲社会行为是指与群体和社会比较亲和的行为，这种行为能促进群体团结、社会和谐与发展。亲社会行为包括对于群体和社会的奉献、志愿服务、帮助有困难者的活动、促使社会积极向上的行为，等等。人类的正常活动有不同程度的亲社会性，利他行为的亲社会性更明显。

（4）反社会行为。反社会行为是指故意危害社会和谐及以虐待、伤害他人为乐的行为。它与亲社会行为是相反的。反社会行为在行为动机上就具有反社会性，在效果上则是伤害他人与社会。反社会行为是应该被抑制、被矫正的行为。

（5）习得行为。习得行为是通过后天学习而产生的行为，它与遗传行为相对应。通过人的社会化，专门的教导、示范以及模仿等方式形成的行为属于习得行为。人的大量行为是习得性的，社会工作能改变人的行为，也是建立在人的行为具有习得性这一假设上的。

社会工作以改变人的不适宜行为、调适人与社会环境的关系为工具性目标。就前者而言，社会工作主要着眼于人的不适宜行为和给个人及群体的正常生活带来较严重不良后果的行为。社会工作者要运用专业理念和方法，认识服务对象的不适宜行为，分析其产生的原因，并进行恰当的干预。对于后者，社会工作者要研究和明了人的需要及其合理性，研究当事人的能力以及外部条件（社会环境）与满足其需要的关系。下面，我们将分别对这些问题予以阐述。

三、人的需要

（一）人的需要的含义

人的行为是由他的需要和外部环境决定的，人的需要是某种行为（或行动）发生的内在动力，个人能力和外部条件则决定着其需要的满足。

关于人的行为的研究常常使用需要和需求的概念，有时候会将二者混同。实际上，需要和需求是相似但有不同含义的概念。在不同学科和不同学术流派里，"需要"的概念有不同的含义。按照英国社会政策学者多亚尔（Len Doyal）和高夫（Ian Gough）的理论，需求是人的一种心理状态，是指人的欲求和"想要"（wants），当人想要得到某种东西的时候，即处于某种需求状态。需求来自人的不满足感，这种不满足感或想要可能是广泛的。比如，在经济领域，常常被提到的刺激需求，就是让人们对商品有更多的占有欲望，并形成购买商品的行动。在社会福利和社会政策领域，需要（need）是指当个人或群体因缺少某种东西而不能正常发挥其功能时的状态。或者可以这样说，人类需要的对象物对人和群体来说是必需的，是人类个体或群体要扮演其角色应该具有的。需要是基本欲求应该满足但未得到满足的状态。而需求的概念范畴比需要大，需求是希望得到满足的状态，是比较开放的。多亚尔和高夫从人的社会权利和基本生活条件的角度对人类需要进行阐述，这也是社会工作实践和研究中应该重点关注的视角。

社会工作实践中常常使用"需求评估"的说法。这里的需求是指服务对象的"想要"，但是并不一定等于需要。社会工作首先要满足的是人的需要或人的基本需要。

（二）人的需要理论

需要是人的行为的内在动因，是人实现自己目标的内驱力，因此，它也成为心理学、生物学、社会学、组织管理学乃至社会哲学的研究对象，围绕它形成了众多相关理论，以下稍做介绍。

1. 马克思主义的人类需要理论

马克思主义经典作家是从力图阐明人类社会发展规律的角度研究人的需要的。在马克思看来，人类的需要是其积极性的源泉，也是人类社会得以发展的根本动力。马克思指出，人如果不同时为了自己的某种需要和为了这种需要的器官而做事，他就什么也不能做，说明了需要对人的行动的积极作用。他在阐述人类的基本行动和人类发展的基本动力时指出，人类的第一个需要是劳动，是劳动将人与动物区别开来；接着是人们围绕劳动而发生的需要，即劳动关系；第三个是人的再生产即繁衍的需要。马克思认为，人的需要具有社会性，这些需要推动着人的行为，进而推动着社会的发展。恩格斯在阐述人类发展时把人的需要分为生存的需要、享受的需要和发展的需要。马克思主义的人类需要理论对于理解需要与发展的关系具有指导意义。

2. 马斯洛的需要层次理论

在一般心理学领域，最负盛名的当属美国社会心理学家马斯洛（Abraham H. Maslow）的需要层次理论。马斯洛是人本主义心理学家，他从人的心理和发展的角度研究人的需要，把它们分为高低不同的层级，并认为人的需要从较低层次向较高层次发展。他将人的需要从低到高依次分为：生理的需要；安全的需要；归属的需要；尊重的需要和自我实现的需要。

生理的需要是由人的生物机体而产生的需要，包括衣、食、住及性的需要等，这基本上是以人的生物体为基础的需要，是生物体维持自身生存的需要。安全的需要是指个人追求身体安全、免遭威胁的需要，包括避免身体受损伤和希望有安全的生活环境等，安全的需要被认为是生理的需要得到满足之后产生的需要。归属的需要是人们希望有归属感，希望得到友情和支持，这是人的社会性的重要体现。尊重的需要即人们希望自己能得到别人的尊重，尊重既包括自尊也包括被尊重，这是人的社会地位方面的需要。自我实现的需要是人们希望自己的潜力得以发挥，并实现自己的抱负，这是人衣食无忧、具有一定的社会地位之后的新的更高的需要。当然，不同人的自我实现的目标也有不同。马斯洛认为，一般说来，人的这些需要是按照由低到高的顺序出现的，即它们呈阶梯状上升。较低层次的需要具有优先性，即当较低层次需要没有得到满足时，即使有了满足高级需要的机会，后来还会变为以追求较低层次需要的满足为主。人在同一时间可能有多种需要，但其中会有一种占主导地位的需要，马斯洛称之为优势需要，它是人首先希望满足的需要。马斯洛的需要层次理论对于分析一般的人类需要变动过程有较强的指导意义。在社会工作领域，该理论对于分析服务对象的需要结构和提供服务也有参考价值。

3. 多亚尔和高夫的人的需要理论

在社会福利领域，多亚尔和高夫把人的需要分为基本需要和中间需要，认为人的基本需要主要是健康和自主。他们认为，人能健康地活着是人的行动和人与他人互动的前提，是参与社会生活的前提，活着的躯体是其思考和进行行为选择的基础。另外，正常的人需要自主，在最低层次上，自主相当于能动性。由于健康和自主是任何个人行为的前提条件，所以它们构成了人最基本的需要。这些需要必须在一定程度上得到满足，从而使行为者能有效地按他们的生活方式活动。身体健康既是生理上的，也是心理和精神上的。自主是按照自己的意愿和要达到的目标发起和采取行动的能力。影响自主的关键因素包括：一个人对自我、对在自己的文化中应该做什么的理解；作出抉择的心理能力；能够相应采取行动的客观机会。需要的满足需要满足物，它们是一些产品、服务、活动和关系。多亚尔和高夫把基于基本需要的那些"普遍性满足物的特点"称为中间需要（intermediate needs），主要包括营养食品和洁净的水，具有保护功能的住房，重要的初级社会关系，适当的教育，无害的自然环境和工作环境，适当的保健，等等。

4. 布赖德肖的需要分类

英国学者布赖德肖（Bradshaw）根据群体对需要的反映程度对需要进行分类，提出了规范型需要、感觉型需要、表达型需要和比较型需要。规范型需要（normative need）是人们没有达到政策或制度规定的福利标准而产生的需要。感觉型需要（felt need）是当问及某人是否需要某种服务时得到肯定回答而表现出的需要。表达型需要（expressed need）是个人或群体把感觉型需要诉诸行动，予以表达和展现时的需要，它比感觉型需要更强烈。比较型需要（comparative need）指在与其他群体比较时产生的需要。上述四种需要类型在社会福利服务中都是存在的，因此这种分类法是可以用于社会工作实践的。

四、人的行为的改变

社会工作认为，人是可以改变的。这也是社会工作者通过服务改变困弱群体不利处境的理论信条。社会工作要改变的人的行为主要包括反社会行为、不适应角色行为、不适应环境行为、反常行为等。社会工作者通过服务向这些行为施加影响，在服务对象的协同下实现对其行为的改变。上述人的行为的性质不同，社会工作的方法、改变这些行为的取向也不同。对于反社会行为，社会工作主要运用治疗方法，对其予以矫正；对于不适应角色行为，社会工作主要通过与服务对象一起分析，作出适当的引导，改变其认知、增强其能力来使其行为适应角色；对不适应环境行为，主要通过调整当事人与环境的相互关系并增强其适应能力来使其行为与环境相适应；对反常行为，则要做具体分析，对个人和群体有害的反常行为需要予以矫正；对那些无害的"反常行为"，可能要容忍或予以提醒。

改变人的行为主要有以下基本途径：通过帮助当事人学习，对当事人进行知识灌输、行为训练改变当事人的认知和需要，增强其能力；通过改变环境来改变人的行为的外部约束和支持条件；促进人的行为与环境的共变，促进人与环境关系的协调。要改变一个人的行为，最重要和有效的就是要改变他的认知和需要结构，通过内在动力与外部协力的合作来实现。

关于人的行为，生物学、心理学、社会学中的不同流派给出了多种解释，如行为主义理论、勒温（Kurt Lewin）的群体动力学等，因篇幅所限，在此不做介绍。

第二节　社　会　环　境

一、社会环境的含义与特点

（一）社会环境的含义

社会环境是针对人的行为和生活而言的，它指的是外在于人、并对其行为和生活产生直接或间接影响的社会性事物的集合。人类是生活于环境之中的，其生存环境包括自然环境和社会环境。自然环境对人类生活有重大影响，特别是在人类的生产和生活直接依赖自然资源时更是如此。工业革命以来，自然环境越来越受到人类行为的影响，人类对环境的过度"开发"带来了对环境的破坏，并反过来影响着人类自身。对于这些，社会工作者也有所涉及，比如近些年来出现的"绿色社会工作"。由于社会工作的主要工作对象是人，所以更关注人们生活于其中的社会环境。社会环境包括社会关系及规范、社会制度和政策、社会文化及群体社会心理，以及人造物理环境，等等。它们从不同侧面、不同方向、在不同程度上影响着人的行为和生活。

（二）社会环境的特点

人类生活于其中的社会环境有如下基本特点：1. 客观性。人是在社会环境中生活的，社会环境对人来说是一种客观存在。2. 外在性。环境是指对人发生影响的外部事物，它外在于人的身体和意识，即不可以随人的愿望而任意改变。3. 人为性。社会环境指的是人们生活于其中的社会关系、社会制度、生活方式等，它们都是人们为了某种生活而建构出来的，并对建构者和非建构的相关者产生影响。4. 不可脱离性。人总要生活于某种社会环境之中，虽然有时可以选择某种环境，但不能脱离所有环境，人总会受到社会环境的影响。5. 复杂性。人类生活的社会环境是复杂的，它们在时空上交织和嵌套，对人的影响也是多方面的。6. 影响性。环境对人有直接或间接的影响，环境可能是有利环境也可以是不利环境，它们对人的行为和生活的影响不同。环境影响的差异性与人自身的能力同环境作用的比较有关。7. 可变性。人类生活的社会环境是可以改变的，人类可以在一定程度上改变环境，这里反映的是人与社会环境的相互影响。

二、社会环境的构成

（一）社会环境的基本构成

人类生活的社会环境是复杂的，以下仅介绍人们生活的主要社会环境。

家庭。家庭是以婚姻关系和生育行为为基础而形成的生活组织。家庭是人们生活于其中的最初的、最长久的和最重要的组织，它对家庭成员产生着多方面的影响。家庭成员之间有密切联系，从而使家庭成为影响家庭成员生存和活动的最重要的社会环境。家庭的结构类型，家庭内部的权力关系，家庭氛围对其成员的影响是直接而深刻的。

朋辈群体。朋辈群体一般指和经常在一起游戏、玩耍的同伴形成的社会群体，该群体有成员们默认的规范，对成员的理念和行为产生潜移默化的影响，构成其成员活动的外部环境。

学校。学校是对儿童、青少年进行正规教育的社会组织。学校中存在师生关系、同学关系、教师间的同事关系，其中进行着复杂的教学活动。学校作为现代教育制度的载体，成为教师、学生的重要活动场所和社会环境。

工作单位。工作单位是针对从事较稳定职业的从业者而言的，指的是他们在其中从事劳动和工作的社会组织。工作单位是其成员工作、获得报酬的场所。工作单位中复杂的工作关系、工作程序和机制、工作氛围和文化，都对其成员有重要影响。工作单位是从业者赖以生存的重要社会环境。

社区。社区是聚居在一定地域内的、相互关联的人群形成的生活共同体，典型的社区具有成员关系紧密、生活方式相近和相互认同等特点。社区是社区成员进行日常生活和公共活动的空间，也是人们生活的环境。现代城市社区成员间关系出现了某种程度的疏离，这直接影响着人们的社区生活。

大众传播媒介。大众传播媒介是以社会公众为对象，对其进行信息传播的工具，包括广播、电视、报纸杂志、书籍和网络媒体等。现代的大众传播媒介越来越发达，内容也越来越庞杂，人们通过大众传播媒介既能获得所需要的知识，也可能受到某种骚扰。在现代社会，人们越来越离不开大众传播媒介，它已经成为人们生活的一部分和无法分离的外部环境。大众传播媒介对青少年的影响尤其明显。

社会制度。社会制度是人们在共同的社会生活中形成的，指导人们社会活动的，稳定的规范体系。它包括各种成型的制度规定、政策和约定俗成的生活方式等。社会制度既为人们的相关活动提供渠道和途径，也对其进行约束。在现代社会，各种制度十分复杂并相互交织，制度环境对人的影响是无时不在的。一个国家和社会的政治经济制度对人们行为和社会生活的影响尤其重大。

文化。文化是人类创造的物质的和精神的成果，包括人类创造的器物和其他物质产品、技术和知识、规范和习惯、信仰和价值，以及生活方式，等等。对于文化享用者来说，文化向人们提供着生活经验，给人们以指导，支持人们的正常生活，同时也约束着人们的行为。文化是多样化的，它存在于人们的全部社会生活之中，是人们不可分离的重要环境。

宏观社会系统。宏观社会系统指的是人们生活于其中的经济体系、政治体系、社会体系和思想体系的总和，它是人类所涉及并建构的各种关系的体系。宏观社会系统有其层次性，一个地区、一个国家都有自己的宏观社会系统，甚至全球也形成了特大的经济社会系统。在现代社会，宏观社会系统具有明显的开放性，各种各样的宏观社会系统也成为人们活动的外部环境，并对其产生着直接或间接、强烈或微弱的影响。社会学家贝克（Ulrich Beck）认为，全球社会存在着多种风险，并已成为风险社会，对人们有不确定性的影响。

（二）社会环境的系统结构

对于不同人及群体和他们的不同活动来说，社会环境是有层次或有结构的，即它们以与人们活动关系的密切和重要程度而有所区别。

1. 社会环境的结构层次

从与人的活动关系的空间范围看，社会环境可以分为微观环境、中观环境和宏观环境。微观环境是与人的活动直接相关的小环境，是比较紧密围绕人的生活而形成的小的生活环境，可以称为小生境。小生境也是生物学的概念，对于作为社会生物体的人来说，小生境包括他的家庭、朋友圈、微观而密切的工作环境，也包括他具体的居住环境，等等。小生境与人的生活和工作密不可分，对人的行为和生活的影响是具体的、深刻的。宏观环境则指在时空和社会联系上距离较远或影响间接的环境，它可能是一些大的事物，也可能是社会制度，对很多人的行为产生影响，我们常常称之为"大环境"。许多宏观环境对人的行为的影响是重要的，比如大的经济社会形势和氛围，宏观经济政策和公共政策等。中观环境处于微观环境与宏观环境之间，它具有很大伸缩性，常常依人们的具体活动和生活为转移。比如，一个社区、一所学校、整个工作单位、某个城市及其氛围、某地的行业行情、地区性政策，等等。它对人的行为和生活的影响也是比较具体的。

2. 布朗芬布伦纳的生态系统理论

布朗芬布伦纳（Urie Bronfenbrenner）是发展心理学家，主要研究儿童发展。他认为儿童是在与其所处的环境的相互作用中行动和发展的。根据对儿童发展影响的直接程度，他把人生活于其中并与之相互作用的环境（也就是行为系统）分为四个层次，从小到大依次是：微观系统、中间系统、外围系统和宏观系统。由于这些系统与儿童生活和发展的关系紧密程度不同、发挥的作用和机制不同，从而在影响儿童发展的总系统中处于不同的位置，因此他的理论被称为生态系统理论（图6-1）。

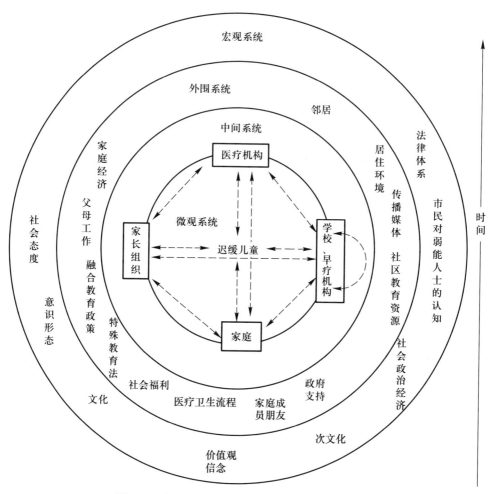

图 6-1   布朗芬布伦纳的发展心理学生态系统理论

资料来源：Urie Bronfenbrenner, *The ecology of human development: Experiences by nature and design,* Cambridge: Harvard University Press, 1979.

在布朗芬布伦纳的生态系统理论（行为系统模型）中，处在最里面即与儿童关系最密切、范围最小的是微观系统，包括家庭、学校等。儿童主要在这些环境中生活，它们是儿童生活依赖最深的环境。同时，这些领域也是儿童与他人互动的场域，儿童在其深入参与的这种微观环境系统中与他人互动，并发展成长。微观环境系统的性质和状况会直接影响儿童的发展方向。

往外是中间系统，指各微观系统之间的联系或相互关系，也是儿童成长和活动的更大空间和领域，如家庭与学校、医疗机构的连接。布朗芬布伦纳认为，如果微观系统之间有较强的积极联系，儿童就可能实现更好的发展；微观系统之间若是一种消极联系，就会对儿童的发展产生消极影响。

第三个环境层次是外围系统，是指儿童并未直接参与但却对他的发展产生影响的系统。例如，父母的工作环境就是儿童的外围系统。

最外面的环境系统是宏观系统，指存在于上述三个系统中的文化、亚文化和社会环境。宏观系统实际上是一个广阔的意识形态系统，直接或间接地影响儿童知识经验的获得。

布朗芬布伦纳生态系统理论将"环境"的范围进行了拓展。它不仅包括儿童周围的环境，还包括影响儿童发展的大的社会、文化环境，将环境看作一个不断变化发展的动态过程。他的模型还把时间作为研究个体成长中心理变化的参照体系，强调儿童的变化或者发展，将时间和环境相结合来考察儿童发展的动态过程，扩展了儿童发展研究的视野和空间。这对社会工作分析和处理相关问题也富有启发。

3. 制度环境

社会福利和社会工作关注制度环境，因为人是生活于各种制度之中的，制度对人的行为有直接的指引和约束作用。对于制度，不同学科有不同的理解和关注点，古典社会学家和政治学家认为社会制度是社会行为规范的体系，是一套指导和约束人们行为的规则，社会制度与人们的社会角色、拥有的权利和应尽的责任直接相关。社会学家和人类学家比较关注认知—文化层面的制度，认为制度是人们普遍认可的行为规则系统，包括习俗、传统和生活方式等，而人们对文化和意义的认可、共识和遵行是制度发挥作用的根本。经济学家则从管理的角度来看待制度，认为制度由正式的成文法规和非正式、不成文的行为准则组成，人们在经济活动中获得的经验对其后续活动有不可忽视的影响。

在社会福利和社会工作领域，国家关于社会保障、社会福利、保护贫弱群体合法权益的法规都是重要的制度，公共政策和社会政策体系、社会福利的意识形态都是重要的制度环境。社会保障制度包括与就业、失业相关的支持劳动者的制度规定等。我国现行的社会救助制度，是公民在依靠自身努力难以维持基本生活的情况下，依法从国家和社会获得物质帮助和服务的制度安排。狭义的社会福利制度主要指对失依儿童、老人和残障人士给予经济支持和服务的规定。上述这些政策和制度构成了对相应人士给予扶助和支持的合法依据和制度背景。另外，社会上广泛存在的、关于某类人群是否应该得到福利支持和应该得到怎样的支持的观念，即福利意识形态，也是重要的非正式制度环境。

在社会保障和社会福利实施领域，在社会工作实践中，政府或社会关于这些制度的体制机制、具体规定、实施方式和工作流程都可能成为具体开展某项工作的制度环境。

第三节　人类行为与社会环境的关系

一、人与社会环境的基本关系

（一）马克思关于人与环境辩证关系的论述

马克思在分析人类发展进程时注重环境的作用。他认为人是自然界发展的产物，人的生存和发展必须依赖和适应自然环境，但是人也在改造自然环境——这就是劳动，劳动是人的本质性、能动性的体现。在人类发展的不同阶段，人与环境的关系是不同的，人类早期更多的是依赖和适应环境，后来，人类改造环境的作用越来越明显。在个人与社会环境的关系方面，马克思认为，人是环境和教育的产物，但是，环境是由人来改变的，教育者本人一定是受教育的，人与环境相互作用。人在认识社会的基础上改造环境，环境的改变和人的活动的一致，被合理地理解为革命的实践。这反映了人类的能动性。马克思的人的能动实践的思想不但可以用来解释人类社会发展的动力和规律，也可以用来指导一般的人类行为研究。在社会学和社会工作领域，马克思的唯物实践论对实践社会学、社会工作的建构观点有直接影响。

（二）"人在环境中"的理论

在社会工作领域，人与环境的关系一直是贯彻始终的认识上、实践上的核心问题。因为在很大程度上，社会工作服务所要解决的是服务对象与其所处环境的关系问题。

美国社会工作先驱玛丽·里士满在 1917 年出版的《社会诊断》中曾提出"在情境中理解行为"，强调利用环境资源来促进服务对象的改变和提升，从而奠定了社会工作关于人与环境关系的基本理解。20 世纪 50 年代，社会工作的心理－社会学派提出了"人与环境"和"人在情境中"的概念，1987 年美国社会工作人员协会将"人在环境中"作为社会工作的基础知识和指导服务的理论。这样，"人在情境中"和"人在环境中"就成为社会工作分析问题和进行干预服务的主要支持理论之一。"人在情境中"与"人在环境中"阐述的都是人与所处环境的关系的理论，都强调在社会工作服务中要关注人与环境两个焦点，并关注二者之间的互动关系。但是仔细分析，这两个概念或理论视角还是有差异的。"人在情境中"（person-in-situation）更关注具体的情境和场景，关注人对其所处情境（包括他人及其行动和背景、语言、行为等符号）意义的理解，关注社会心理学层面。而"人在环境中"（person-in-environment）的视野更宽，它不但关注具体的人们之间的互动过程，还关注更大、更复杂的环境因素，甚至包括间接相关的因素。如果说"人在情境中"更具有心理学、社会心理学和微观社会学意味，比较适用于微观社会工作（个案工作、小组工作）的话，那么，"人在环境中"则走向社会心理学、社会学和其他社会科学，不但从微观和人际关系的角度分析和处理问题，而且关注社会结构、社会制度等相对宏观的因素，这一理论也适用于宏观社会工作。可以认为，环境概念所包含的意义大于情境概念。如今，"人在环境中"的理论被更普遍地加以使用。

不论"人在情境中"还是"人在环境中"，实际上都强调人与环境两个焦点，都关注二者之间的相互影响。社会工作就是要通过提供服务，实现人与环境的相互调适，要注意的是，在不同情境中，认识人与环境的关系不能等量齐观，而应该具体情况具体分析。

"人在环境中"和"人在情境中"被认为是社会工作的理论，它至少包括如下一些内容：在评估问题和进行服务时，要看到服务对象是处于环境之中的；作为社会生物体的服务对象与其所处的环境是互相影响的；人的内在因素是重要的，环境因素也是重要的，环境中可能包含着服务对象问题的成因和解决其问题的资源；在服务中要有服务对象和环境两个互相联系的焦点，看到他们之间关系的动态变化；社会工作的任务是调适二者之间的关系，并使之走向相对协调的发展过程。

二、人在与社会环境的互动中发展

（一）艾里克森的人类心理—社会发展阶段论

美国发展心理学家艾里克森（Erik H. Erikson）认为，人是生活于各种社会群体和社会环境之中的，人生有不同的心理—社会发展阶段，各阶段有不同的发展目标，也会有不同的对其产生影响和进行评价的社会环境，主要是一些重要的社会关系。人在这些社会环境中生活并通过与之互动得到发展和评价，如果能得到这些重要社会关系的支持，顺利实现人生阶段目标，得到积极评价，就能产生积极的效果，促进其接下来的发展。否则其继续发展就会遇到障碍。这样，作为重要社会关系的社会环境因素就对人的心理和社会发展发挥着重要作用。按照个体发展的生理—心理—社会特征，艾里克森把人生分为八个阶段，即婴儿期、幼儿期、游戏期、学龄初期、少年期、青年期、中年期和老年期。他认为，在人生的每一阶段，个体都面临着独特的心理成长和发展任务，也都会经历一次特殊的心理—社会"危机"或矛盾冲突。面对这些危机或冲突，个体要尝试予以解决，以顺利进入下一阶段，同时发展出某种特定的品质或"美德"。在此过程中，一些重要的社会关系既是其支持者，也是其成功与否的评价者，从而成为其成长发展的重要社会环境。艾里克森的人类心理—社会发展阶段论的内容如下（表6-1）。

表6-1　艾里克森的人类心理—社会发展阶段论

人生发展阶段	主要冲突与任务	形成的美德
婴儿期	主要冲突：信任还是不信任 重要联系：照护者 人生任务：建立信任感	希望（实现自己愿望的持久信念）
幼儿期	主要冲突：自主还是羞怯 重要联系：父母 人生任务：发展独立性	意志力（自由选择或自我意志的决心）
儿童早期（游戏期）	主要冲突：主动还是内疚 重要联系：家庭 人生任务：建立自信心	目的（追求有价值目标的勇气）
儿童中期（学龄初期）	主要冲突：勤奋还是自卑 重要联系：学校和同伴 人生任务：建立勤奋感	能力（完成任务所需要的技能和智慧）
青少年期（少年期）	主要冲突：同一性还是角色混乱 重要联系：朋辈群体 人生任务：发展自我同一性	忠诚（坚持自己确定的同一性的能力）
成年早期（青年期）	主要冲突：亲密还是孤独 重要联系：爱人、伴侣或亲密朋友 人生任务：建立亲密联系	爱（与对方永远相互奉献）
成年中期（中年期）	主要冲突：繁殖还是停滞 重要联系：家族、同事 人生任务：培养下一代	关心（创造价值，关心下一代成长）

续表

人生发展阶段	主要冲突与任务	形成的美德
成年晚期（老年期）	主要冲突：自我整合还是绝望 重要联系：所有人类 人生任务：回顾一生，坦然面对死亡	智慧（以超然态度对待晚年生活）

资料来源：叶浩生主编：《西方心理学的历史与体系》，人民教育出版社 1998 年版，第 369—377 页。

在上述八个阶段中，个体都会扮演社会赋予的角色，去实现任务目标，而且社会（特别是重要联系者）也希望其能扮演好角色，实现发展。但是能否实现目标却具有不确定性，这就是个体遇到的"危机"或内在冲突。个体应该在重要联系者的支持下走出危机，完成该阶段的人生任务，做到这一点，就能初步建立起与该阶段成长所匹配的"美德"。在上述过程中，作为重要联系的社会环境的支持、个体与社会环境的良性互动是十分重要的。

（二）符号互动论

在人的成长与社会环境关系的研究领域，社会学的符号互动理论具有重要地位。符号互动论（symbolic interactionism）是一种通过分析日常环境中人们的互动来研究人类群体生活的社会学理论。社会心理学家米德（George Herbert Mead）被认为是符号互动论的开创者，他的《心灵、自我与社会》研究处于社会中的个体的活动和行为，认为只有根据个体作为其成员的整个社会群体的行为，才能理解个体的行为。在他看来，个人的行为只有在具体社会中发生时才能被理解，自我是在社会的发展过程中逐渐形成的。

在符号互动论那里，情境（situation）是指人们在行动之前所面对的情况或场景，包括作为行动主体的人、角色关系、参与者的行为、时间、地点和具体场合等，情境就是人们采取行动的环境。该理论认为，任何符号只有在一定的情境之中才能准确地表示其意义。托马斯（William Isaac Thomas）提出了情境定义（definition of the situation）的理论，认为一个人对情境的解释（或定义）会直接影响他的行为。在符号互动论看来，人们在日常生活中借助于各种符号进行互动，在共享文化的基础上进行社会互动，使社会呈现出有秩序的状态。

在符号互动论里，社会、情境都是人们活动和行动的环境。社会工作的

"人在情境中"的观点与符号互动论有密切关系，社会工作者在服务中也会运用符号互动论的某些知识。

三、社会工作处理人与社会环境关系问题的基本取向

（一）社会工作关注人与环境及其相互作用

社会工作的任务是协助解决困弱群体的困难，改善其处境，实现人与环境的相互协调。要解决人的生活及其与他人关系方面的问题，必须首先了解其基本状况、所遇问题及其性质。此外，还要了解服务对象所处的环境，包括以往经历过的特别是与要解决的问题直接相关的环境，包括社会关系、环境中的障碍和资源，分析问题的个人成因和社会成因。当问题明显地与环境因素相关时，就要将服务对象与他所处的环境联系起来，进一步分析问题成因和解决问题的途径。在许多情况下，个人或群体所遇问题与社会环境直接相关，问题的重要成因与二者关系相关，解决问题的关键就在于处理好个人或群体与社会环境的关系。这就是说，在社会工作中，社会工作者既要关注服务对象本身，也要关注其曾经和现在所处的社会环境，关注服务对象与环境的动态关系，从中发现问题成因和解决问题的方法。关注服务对象、社会环境以及二者之间的关系，并从动态的角度去观察和理解，是社会工作的基本工作思路。

社会工作所面对的问题是复杂的，有的主要源于个体生理和心理障碍，有的源于社会关系不协调，有的源于外部环境的严重缺失。针对不同的社会工作任务，在实践中形成了不同的社会工作范式。有的社会工作范式偏重个人的心理调整和增能，有的强调社会环境的改变。但是无论如何，人是社会的人，其所遇到的问题及其解决一定与环境有这样或那样的关系。所以，着眼于人与环境两个视点以及二者之间的互动关系，是一般社会工作的基本遵循。至于在分析问题和服务过程中的侧重点，则以问题的具体特征和服务进程为依据。

（二）社会工作的基本干预模式

社会工作要解决的问题是十分复杂的，其任务是解决人的行为或生活方面的障碍。从人的行为与社会环境的角度看，有的问题主要由个人方面的原因造成；有的主要由环境因素造成；也有的是由两方面原因造成。基于这种粗略的分类，社会工作的服务或干预模式大致可分为三种。

1. 以调适个人行为为主。在社会工作中，特别是在传统的社会工作实践中，工作对象常常是社会中的困弱人士，他们因生理、心理和家庭方面的原因而处于

不利状态。既然如此，社会工作者的干预重点就是要改变他们基于个人原因的不适应行为。实际工作中，社会工作者会遇到大量不适应环境行为、不适应角色行为、反常行为乃至某种反社会行为，这都需要社会工作者以改变这些行为为中心来帮助服务对象解决问题。对此，社会工作者常常使用某种"治疗""矫正"的方法。不过，在关注服务对象的行为改变时，不能忽略基本环境，因为这些行为常常与环境有关。

2. 以改变社会环境为主。当某类人群中大量存在某种不适应行为时，原因可能出在环境方面，即他们生活于其中的社会结构、社会制度、政策安排有不当之处。在这种情况下，社会工作会以促进社会环境的改变为重点，向政策制定者和社会呼吁并实际地推进某些政策和规则的改变，缓解乃至消除困弱人群的不利生活状态。这基本上属于中观或宏观的社会工作范畴，群体性反贫困、贫困地区发展即属于此。但是，在进行这类社会工作时，也不能忽略在此环境中生活的人的行为的改变，因为社会中有的人群适应既有环境，有的不适应，不适应者可能有自身的原因。在以改变环境为主的活动中，处于不利处境的群体作为环境系统的参与者也需要某种程度的改变。否则，社会环境的改变也不可能。

3. 促进人与环境共变。在社会工作中，人与环境共变实际上是调适人与环境关系的简单说法，其基本观点是，社会工作的服务对象是遇有困难的人，也是不适应外部环境的人。问题的存在有人自身的原因，也有环境方面的原因，因此需要进行两个方面的改变，在逐步调适中达到某种平衡。在这一过程中，要增强服务对象的能力，使其逐渐适应改变着的环境，也要促进环境中的某些不合理因素的改变，使其对困弱人群有较大包容性。人与环境的共变是有方向、有目的的改变过程，这就是人的正向能力的增长和社会环境的进步性改变。调适是进行这类社会工作的核心理念，通过增强服务对象的正向能力达到协调是目标。在诸如扶贫助弱、困境儿童关爱、残障人士就业、社区发展等方面，人与环境共变的必要性是明显的。促进人的观念的改变及能力发展是"内因"，改善政策环境和文化氛围是"外因"，只有同时关注二者，并实现协调改变，才能真正解决问题。

（三）共变与调适：社会工作的基本视角

调适是社会工作者通过服务改变人的行为及其生活环境，使二者相互协调和适应，进而使人走出困境的过程和状态。社会工作的任务是帮助处于社会环境中的困弱者，他们既是服务对象，也是促使发生改变的主体。因此，聚焦于服务对象，科学评估其困难，客观评价并增长其能力是关键。在这种情况下，改变环境是辅助性的任务，但并非不重要。社会工作者要帮助服务对象，但不应让他们推卸在解决问题中应负的责任，相反，社会工作者要想方设法提高服务对象的能力，激发其潜力，使其在克服困难中得到成长。在环境因素特别是政策因素成为主要问题的情况下，社会工作者也要正视问题，艺术地推进环境和政策的改善。所谓艺术地，就是要根据情境，权变和巧妙地运用社会工作方法，减少障碍因素，减少结构和政策改变的社会成本。这样能更好地解决既有问题，达到人与环境的相互协调，实现人与环境的共同发展。

社会工作以积极视角介入人与环境的互动关系，面对服务对象的基本困难，通过直接服务加以解决。在此过程中，社会工作要促进服务对象基本能力的发展，激发其潜在能力的发挥；要客观、正确地认识服务对象与环境的关系，艺术地促进环境改变，开发环境中的资源，改变服务对象与环境的不适应状况，在服务对象与环境的持续相互作用中，促进服务对象与社会的相互适应和发展。

【思考题】
1. 试述人类行为及其影响因素。
2. 试述马斯洛的需要层次理论。
3. 试述社会环境的含义与特点。
4. 简述布朗芬布伦纳的发展心理学生态系统理论。
5. 试述人类行为与社会环境的基本关系。
6. 试述"人在环境中"的内涵。
7. 试述社会工作处理人与环境关系问题的基本取向。

【主要参考文献】
马克思：《关于费尔巴哈的提纲》，《马克思恩格斯选集》第一卷，人民出版社 1995 年版。

叶浩生主编：《西方心理学的历史与体系》，人民教育出版社 1998 年版。

[英] 莱恩·多亚尔，伊恩·高夫：《人的需要理论》，汪淳波等译，商务印书馆 2008 年版。

许莉娅主编：《个案工作》（第二版），高等教育出版社 2013 年版。

[美] 亚伯拉罕·马斯洛:《动机与人格》(第三版),许金声等译, 中国人民大学出版社 2013 年版。

Urie Bronfenbrenner, *The ecology of human development*: *Experiences by nature and design*, Cambridge: Harvard University Press, 1979.

第七章

个案工作

个案工作也称社会个案工作，自其诞生至今，历经不同历史时期发展演变，已成为与社会工作专业理论和方法有机整合的具体工作方法。本章介绍个案工作的含义与历史发展过程、工作过程与基本技巧、主要的理论模式与实务方法，以及个案工作在中国社会、文化和制度环境中的实践与理论建构。

第一节　个案工作的含义与历史发展

一、个案工作的要素

个案工作（case work）的开山鼻祖玛丽·里士满指出，个案工作包含着一连串的工作过程，"它以个人和家庭为着手点，透过对个人和家庭及其所处环境做有效的调适，以促进其人格的发展和家庭关系的调适"。这种看法已经隐含了个人和家庭与其所处环境之间关系的假设。对个案工作要素进行了重要阐释的还有鲍尔斯（S. Bowers）。鲍尔斯认为，除了玛丽·里士满所强调的工作对象、工作方向与介入点，个案工作对个人和家庭的干预中还有其他一些要素。鲍尔斯指出，个案工作中包含着"艺术"与"科学"的因子，还要调动和运用社区的资源。综合玛丽·里士满和鲍尔斯的看法，个案工作的要素可以概括为：1. 方法要素，即是一种助人的方法；2. 工作对象要素，即个人和家庭；3. 过程要素，即是一个面对面的工作过程；4. 科学与艺术要素，即立基于对科学知识和技术的艺术化运用；5. 双向性要素，即调动资源为个人和家庭服务，以协助个人和家庭与其所处社会环境做好调适。

二、个案工作的含义

高登·汉密尔顿（Gordon Hamilton）在她的《社会个案工作的基本概念》一文中指出，个案工作是一个动态的概念，它们在不断变化、成长与发展，因为它不断被新资料、新的经验与知识所塑造。她认为个案工作是一种有意识地调整个人与社会环境关系的过程。在汉密尔顿看来，个案工作的基本假设是个人与社会是相互依存的，社会力量不仅影响个人的行为与态度，还提供给个人自我发展的机会并影响人们的"生活世界"。弗洛伦斯·霍丽斯（Florence Hollis）认为个案工作是一个"社会—心理"模式的治疗方法，它既承认功能失调的内在心理原因，也承认外在社会原因，并努力促使个人和家庭更好地去满足他们的需要及更好地发挥他们的社会功能。汉密尔顿与霍丽斯被看作是诊断学派个案工作的代表，她们认为社会工作者如同医生，其责任是诊断与治疗，工作者在整个改变过程中起主要作用。

与上述学者不同，功能学派的鲁丝·斯梅丽（Ruth E. Smalley）认为，个案工作是通过一对一的关系，让服务对象参与其中，在使用社会服务的过程中增进他自己和一般社会福利的一种方法。功能学派的个案工作的理论基础是成长心理学（Psychology of Growth），强调社会工作者通过与服务对象的专业关系过程赋予服务对象选择与成长的权利。表现在遣词用语上，功能学派使用"帮助"一词，强调社会工作者的辅助性角色。

海伦·波尔曼（Helen Harris Perlman）认为个案工作是一个"问题—解决"的过程，是一个由人群福利机构来帮助人们更有效地应对他们社会功能上的问题的过程。这个定义包含了个案工作中相互关联的四个基本组成部分，即个人/家庭、问题、机构和工作过程。这个人可以是任何人；问题可能来源于某些未被满足的需要、挫折、障碍、社会调适不良或由上述因素结合而成；机构则是指特殊的社会服务部门或者是政府社会福利机构；过程是指社会工作者与服务对象一道工作，在一个有意义的专业关系中，专业助人者与服务对象进行一系列解决问题的工作。

上述几种观点是个案工作在社会工作专业发展早期和中期的认识，奠定了个案工作的基本理论和实务基础。综合不同派别的观点，我们可以说：个案工作是由专业社会工作者运用有关人与社会的专业知识和技巧，为个人和家庭提供物质或情感方面的支持与服务的社会工作方法，目的在于帮助个人和家庭减低压力、解决问题，达到个人和社会的良好福利状态。这是个案工作的基点，后来的发展都是沿着这个基点不断更新的。

三、个案工作的发展历史

（一）19世纪到20世纪初——个案工作的起源

工业革命在英国既带来了生产力的发展，也带来了众多社会问题，其中包括城市贫民问题。针对不断增长的贫民问题，1601年英国政府出台了《济贫法》（伊丽莎白43号法案）。这部法案规定，要分区、分类对贫民进行救济。这种对社会问题的社会管理为个案工作奠定了对个人和家庭进行救助的基础。

宗教意识对社会工作的产生也有影响。在19世纪，很多富有的英国人出于人道与慈善思想而帮助穷人。除此之外，法国大革命所宣称的平等与正义思想也开始渐渐影响英国人的思想和情感，宗教意识和启蒙思想共同推动了对社会中不幸者的救助。

最早对个案工作作出直接贡献的是英国牧师查默斯（Thomas Chalmers）。他大学毕业后参与教会工作，开始注意《济贫法》所产生的负面效果并对之持强烈的批评态度。1819年，他调查访问了格拉斯哥一个地区的家庭生活状况，发现有2/3的人没有宗教信仰，大部分靠救济过日子，缺乏道德感和友谊。于是，他敦促格拉斯哥市政府在该市最穷的地区建了一个新教区，开始了他著名的志愿救助穷人的实验性工作。这个实验对个案工作的主要贡献为：（1）一对一的个人化工作。他把教区分成小区，每个区都有一名友好访问员对贫困家庭做探访。这种做法直接影响了日后个案工作的形成。（2）注重对受助对象的精神品德的塑造。查默斯倡导对服务对象的教育，主张只在极个别情况下才给予其物质救助。（3）强调对服务对象给予足够的个别性关怀，注重理解服务对象的个人和家庭环境对个人特质的影响。（4）尽量使用服务对象的"自然资源"。主张只有在家庭成员、亲戚、朋友和邻里社区等自然资源不能为其提供帮助时才进行公共救助。（5）注意挑选和训练工作者。

继查默斯之后，英国全国各地相继成立了很多友好服务协会，为避免重复服务，各地友好服务协会成立了服务协调和统筹性组织，后来演变成为慈善组织会社，它为现代个案工作方法的形成进一步夯实了基础。其主要贡献是：（1）对服务对象生活状况进行调查、记录和跟踪；（2）认为对整个家庭的福利和再生产情况的调查是诊断问题、进行治疗的基础；（3）对工作人员进行训练，训练形式不仅有讲课和讨论，而且有实务训练；（4）建立了社会工作图书馆，促进了社会工作知识的积累；（5）发展出了学徒式的督导方法，新进的友好访问员需跟随一个有经验的资深工作者学习以后才可以独立工作。

（二）20世纪初到20年代——个案工作的专业化与学科化

19世纪及20世纪初慈善组织会社和友好服务协会进行的个案工作使玛丽·里士满对个案工作的总结成为可能。玛丽·里士满曾担任巴尔的摩和费城慈善组织会社的主管，于1917年发表了第一部对专业个案工作作出重要贡献的、著名的《社会诊断》。该书采用医疗模式，认为贫穷是一种社会"疾病"，而友好访问员就是像内科医生一样的社会医师，运用"研究—诊断—治疗"的框架科学助人。《社会诊断》一书标志着个案工作专业化与学科化的开始，开启了社会工作作为"科学的慈善"专业的新时期。从20世纪20年代起，个案工作成为有薪俸的职业。

（三）20世纪30年代——从精神医学的洪流到功能学派个案工作的发展

20世纪20年代，弗洛伊德的精神分析理论对个案工作的理论与实务影响巨大。这时的个案工作注重专业关系中的转移（或移情），这种心理学的分析过程强调人格和个人因素对问题形成的影响，对于社会因素对个人与家庭影响的分析贡献很少。除精神分析个案工作获得极大发展之外，30年代有关"诊断—功能"的个案工作争论还在继续。功能学派个案工作强调机构对社会工作服务与实践的影响，倡导机构为服务对象而服务，适应服务对象的需要。

（四）20世纪40年代以后——个案工作的多元化发展时期

20世纪40年代以后，个案工作从心理学的分析转向了社会学的分析，呈现多元化的发展局面。1940年，汉密尔顿出版了《社会个案工作的理论与实务》一书，提出"人在情境中"的概念，以及调查、诊断和处理解决问题的助人过程，形成了个案工作围绕个人与家庭的"社会—心理"分析和工作的架构。20世纪50年代有很多理论出现，包括沟通理论、家族治疗理论、系统理论等，使得个案工作的知识基础多元化。1957年，比斯台克在《个案工作专业关系》一书中讨论了个案工作的专业关系和基本原则。波尔曼发展了问题—解决学派，结束了诊断学派和功能学派的争论。至此，个案工作的知识基础已经非常牢固，因而也具备了向更完备的实务理论与方法发展的基础。

（五）20世纪80年代以后——综融取向和后现代主义的个案工作视角

20世纪80年代以后，个案工作提出了生态主义的社会工作视角。此外，伴随着整合社会工作的发展，个案工作发展出了综融的工作方法，即运用社会工作全方位观点看待问题，关注服务对象问题发生的社会系统。进入 20 世纪 90 年代以后，社会工作受社会生态系统理论，以及女性主义、增能、后现代理论的影响，提出了新的实务思想，包括采用女性主义理论、叙述分析治疗方法为服务对象提供协助等。后现代主义社会工作强调从服务对象的角度理解他们看问题的方法，增强文化敏感性。

第二节   个案工作的过程与基本技巧

个案工作的目的是帮助个人和家庭提升社会功能，解决或预防问题，这需要经过一个结构化的操作实施过程，以便有计划、有步骤地达到帮助服务对象的目的。

一、个案工作的过程

（一）接案与建立专业关系

前来社会工作机构求助的服务对象面临着不同的问题，具有不同层次的需求。来社会工作机构求助的人大略有以下几种类型：1. 自己主动求助的；2. 由邻居、熟人、朋友介绍来的；3. 其他机构转介的；4. 在有关机构要求下前来接受服务的。当服务对象前来社会工作服务机构求助，并已经使用社会工作服务时，即成为"现有服务对象"。当服务对象并没有求助，但可能需要个案工作者的协助，或者虽还没有求助但已经妨碍他人或系统的社会功能的正常发挥时，他即成为"潜在服务对象"。工作者的任务不仅是要对现实服务对象工作，同时还要与潜在服务对象建立联系，使潜在服务对象也成为现有服务对象。

辨别服务对象的类型是个案工作的第一步。在接案过程中，要考虑不同的服务对象不同的现实性心理反应。接案阶段的主要工作包括：了解求助者的意愿并进行适当处理；澄清求助者的期望；初步评估问题和需要；对那些非本机构或者个人所能提供服务的个案，要经过必要的程序转介到其他机构。

（二）对服务对象的需要与问题进行预估

对服务对象的问题与需要进行预估，包括收集服务对象个人和家庭的资料，然后对他们的问题进行评估，以确定帮助的介入点。收集资料要从服务对象与其所处环境两个方面进行，以便掌握服务对象个人和环境的情况以及服务对象与环境互动的情况。

个人性的资料包括：1. 个人资料，如年龄、文化程度、婚姻状况、职业等；2. 身体情况，如服务对象的病史、目前的生理状况等；3. 心理方面，如人格、精神状态、兴趣、爱好等；4. 价值观，包括对人和事的看法等；5. 处理问题的能力，如服务对象对问题的分析能力以及以往面对冲突、困惑的处理能力等。

环境方面的资料包括：1. 家庭环境，如服务对象与家庭成员之间的关系、家庭的历史等；2. 延伸的环境，如服务对象的朋辈环境、社区环境和工作环境等；3. 服务对象与环境的互动情况。

（三）订立工作计划、介入干预和评估

在预估服务对象的需要和问题的基础上，工作者要与服务对象一道制订工作目标和干预计划。制订帮助服务对象的目标和工作计划时要遵循一些基本的原则，包括：1. 工作目标要与工作者的专长和服务对象解决问题的能力一致；2. 目标应与机构的功能一致；3. 目标应是服务对象和工作者共同协商的结果，能使服务对象有动力和动机积极参与改变的过程，最大限度地调动服务对象解决问题的积极性。

工作目标可分为：1. 直接目标，即针对服务对象提出的现实性问题进行探讨，促进服务对象的自我了解和自觉，并帮助服务对象解决眼下最紧迫的问题；2. 中间目标，旨在协助服务对象认识自己、接纳自己和欣赏自己，建立健康的自我形象和适当的生活方式，并寻找能够帮助服务对象的资源，帮助服务对象建构自己的社会支持系统；3. 终极目标，使服务对象能够拥有自我认识、自我促进、自我实现的"自我力量"（ego strength），同时与他人有良好和深入的人际关系，并拥有一个持续和支持性的人际网络。

目标制定后要与服务对象订立工作契约。订立契约的目的在于使工作者与服务对象共同承诺合作，以实现双方所认可的目标和计划，促使双方承担各自的责任，以便达到最终的目标。

评估直接服务的效果是社会工作在整个对服务对象的服务工作中不可缺少的重要部分，社会工作者需要在设定目标时考虑如何评估目标的达成程度和结果。量化的基线测量、定性测量能够帮助社会工作者评估服务对象的进步，以及服务对象的改变对其生活的影响。应该指出的是，个案工作是一个循环往复的过程，每一步骤中都包含着对服务对象和工作过程的不断评估与总结，工作者应根据对服务对象动态的发展、进步和社会资源的实际状况而不断调整工作和帮助的策略，以符合服务对象的最大利益。

二、个案工作的技巧

（一）技巧的定义

按照西奥多森等人的说法，技巧是通过学习发展出来、复杂而有组织的行为系统，它指向一个特殊的目标，或以一个特殊的活动为中心。这一定义识别了有关技巧概念的三个特点：1.它是有组织的行为，由不同行为要素自行组织而成；2.它以一个特殊活动为中心，有一个主要内容；3.它通过学习发展而来。

（二）个案工作者所需要的技巧

1. 沟通技巧。所谓沟通即是在人们之间传递信息，它发生在一方向另一方发送信息时。在社会工作过程中，工作者要时时与服务对象沟通，这需要熟练掌握沟通技巧。

2. 关系技巧。关系是个案工作助人的核心要义，如果工作者不能同服务对象建立起信任关系，就不可能帮助他。与服务对象建立和保持好的工作关系也需要技巧。它包括真诚和有同理心地回应的技巧，表现温暖和关怀的技巧，及表明尊重的技巧。

3. 过程技巧。个案工作者是通过一个过程去帮助服务对象成长和改变的。这个过程要求社会工作者有不同的技巧，这些技巧包括：（1）接案和约定技巧。它包括同服务对象建立和保持工作关系的技巧，帮助服务对象和工作者对各自角色的现实性理解的技巧，也包括培养服务对象对助人过程初步承诺的技巧。（2）预估技巧。它是指收集与服务对象情境相关的资料，以便能实际地理解服务对象的问题和需要的技巧。（3）签订契约技巧。这是指同服务对象订立现实的目标，并清楚说出工作者和服务对象的责任的技巧。（4）介入技巧。介入需要广泛的技巧，包括执行、介入计划并协助服务对象达成目标的技巧。（5）检讨及终结技巧。包括定期进行回顾和修订介入计划，以便客观地检讨其是否有效的技巧，以及有计划地结束关系以帮助服务对象独立的技巧。

（三）增进社会工作技巧的方法

莫拉莱斯（Armando T. Morales）和谢弗（Bradford W. Sheafor）提出了三个能帮助工作者提高工作技巧的主要方法：

1. 做工作全程记录。记录是发展技巧的一个有价值的工具。在记录工作的过程中，工作者有机会重新思考自己的助人过程，反思与服务对象的相互关系和互动，详察使用的技巧和所作的回应是否正确。通过这些，工作者能够了解到什么类型的技巧有效。

2. 督导。督导涉及机构的行政程序，工作者的工作技巧能通过督导员输入的教育元素而得到发展和改造，个案工作者应有意识地自觉运用和更积极地看待督导，并在督导中发展技巧。

3. 顾问与咨询。顾问与咨询是在某一领域有资深经验和知识的专家与个案工作的新手之间有时间限制、有目标、有契约的一种工作关系。它可以使工作者在资深专家的帮助下，增进为服务对象谋福利的助人过程中使用的技巧。

第三节　个案工作的理论模式与实务方法

个案工作者一直以其独特的能力和热情来服务有需要的人群，而这种能力和热情又直接来源于科学理论与实务方法的支持。

一、危机介入模式及其实务方法

（一）危机的含义

危机的概念最早由埃里克·林德曼（Erich Lindemann）和吉拉尔德·卡普兰（Gerald Caplan）在 20 世纪 40—50 年代提出。个案工作中的"危机"是指什么呢？

1. 危机是一种对平衡稳定状态的改变。换句话说，危机是人的自动平衡状态被破坏或被打乱的状况。当人的生活被某些事件、变故打乱，人感觉自己陷于一种无助的状态时，危机就出现了。

2. 危机可以是一种正常状态。危机不一定非得是不寻常的或灾难性的事件，它们可以是一种正常发展过程中的状态。人们惯常解决问题的方法失灵，在新情况和突发事件面前束手无策或应付失败时，这种状态也是危机。

3. 危机是一个过程。卡普兰认为在开始阶段，人们先是因为压力的影响而产生紧张，这时人们会使用惯常解决问题的方法；如果努力失败，紧张则会进一步加剧；这种状况持续下去，就会发展到最后阶段，寻找新的解决办法或者让自己远离它。危机有一个顶点或转折点，达到最高点后，紧张就会缓解下来或者产生另一种应付能力。

4. 危机是问题与希望并存。危机是一种威胁，同时也是一种挑战。将危机看作挑战，危机就不仅是危险，同时还包括成长的机会。特别是当发现了解决问题的新方法或发现自己具有应付问题的能力时，人就成长了。

综上所述，危机随时可以在生活中发生，当意外事件发生时，或是积累了太多的压力时，危机就会发生。从个案工作实践经验来看，一般的危机可以归纳为过渡性（或发展性）危机、外在伤害性（或情境性）危机和天然灾害三类。

（二）危机介入的技术

1. 开始阶段

第一次会谈时，工作者要收集服务对象的基本资料，并将会谈集中在正在经历的危机事件上。工作者通过询问"发生了什么事？"，可以引导服务对象进入危机事件情境中，理清自己的感受，找出是什么原因引发了问题。这时，工作者也要注意考察了解服务对象的认识能力与"自我"（ego）的强度，并了解服务对象的社会资源网络。然后，工作者要搞清楚其最大的问题是什么，从而把问题集中在目标上，找出真正的问题。接着，双方达成口头协议，把问题集中在核心问题上。危机介入的开始阶段，其工作目标主要是与服务对象建立牢固的专业关系基础，取得服务对象的信任。当服务对象的思想开始澄清时，可以通过布置任务让他感觉自己有了自主能力。

2. 中间阶段

工作者要进一步搜集资料，扩大对服务对象的认识，可以把现在发生的事情与服务对象过去的生活经历相联系，指出前后的因果关系，以帮助服务对象改变对问题的认识。此时，工作者可让服务对象倾诉以减少焦虑，然后帮服务对象看看什么样的办法对解决问题有效。工作者要做服务对象的榜样，让服务对象学习怎样解决问题；可以给服务对象布置作业，促使其改变思考方式，换个角度看问题，从而改变感觉和行动。

3. 结束阶段

在危机介入的最后阶段，工作者要回顾一下开始时双方协议要做的事执行得如何，达到了什么目标。这时，工作者可以提醒服务对象结束工作关系的时候到了，与服务对象一起回顾已取得的进步，征询服务对象对今后生活的想法。如果服务对象说："我可以了，不用再见你了"，就标志着服务对象已经可以重新自主生活，危机结束了。

（三）与危机介入有关的理论与要注意的问题

1.有关理论

人格理论。人格理论认为，人格是人的特点的一种组织化，有表现于外、给人造成印象的特点，也有未显露、可以间接测量或验证的特点。它使人的行为有一定的倾向性，表现了一个由表及里、包括身心在内的真实的个人。危机人格理论认为，心理危机的发生，除了受到客观性危机情境作用，还涉及个体人格特征方面的问题。容易陷入危机状态的个体，在人格特征上呈现出注意力明显缺乏、沉默寡言、过度懦弱、情绪化、情感不稳定、行为冲动等特点。

自我心理学。艾里克森认为人的自我心理发展经过了八个阶段。在心理发展的每一阶段中都存在"危机"，危机的解决标志着人生从前一阶段向后一阶段的转折。顺利地渡过危机是一种积极的解决；反之则是一种消极的解决。积极的解决有助于自我力量的增强，有利于个人适应环境；消极的解决则会削弱自我力量，阻碍个人适应环境。前一阶段危机的积极解决会增加后一阶段危机积极解决的可能性；消极解决则相反，会减少后一阶段危机积极解决的可能性。

学习理论。学习理论强调环境或境况决定人的行为，行为的产生受当时行为条件的制约，因此行为会因情境而改变。每个人的人格特点是个人和环境变量持续相互作用的结果。学习理论重视"观察学习"的重要意义。这包括观察示范者的行为及其所受到的强化，这是由于看到他人行为被强化而代替自己行为的强化，因而观察者也能学习到示范者的行为。

2.介入时要注意的问题

危机介入时要把引起危机的事件或原因具体化、清晰化。如果危机与过去事件有关，则要帮助服务对象分析这种影响，从而防止以后再发生。在危机介入中，工作者要恰当地承担专业角色。工作者的角色要求他提供信息和建议，需要时可以积极、主动、直接并系统化地介入。介入要限定时间，要鼓励服务对象面对未来，在特定阶段要做服务对象的榜样，让服务对象知道怎样才是有效解决问题的方法。

二、任务中心模式及其实务方法

波尔曼在 20 世纪 50 年代就力图通过将焦点集中在问题—解决过程而把个案工作的理论与实务统一起来，这一努力后来演变为任务中心（task-centered）模式。

（一）任务的定义与任务中心模式的发展历史

任务是指服务对象为缓和问题的严重性而计划采取的行动，是服务对象计划达到的特殊目标和要完成的具体事项。任务中心模式的发展有其产生的社会历史背景。20世纪20—60年代的个案工作者倾向于做深入的服务对象评估和与服务对象建立较深入的关系，而较少关注问题—解决过程。有的服务缺乏具体目标，有些服务对象一接受帮助就是几年。任务中心模式认为，个案工作应该是一种目标集中的活动，在社会工作专业化的过程中，要注意效率和效果，既要考虑如何更有效地帮助服务对象，又要考虑如何节省时间和金钱。任务中心模式主要应用于八类问题：人际冲突、不满意的社会关系、正式组织中的问题、角色困难、社会转型中的问题、情绪问题、资源不足问题和行为问题。

（二）问题—解决的过程

任务中心模式的问题—解决过程有五个阶段：1.问题探索。运用行为治疗的方法探讨服务对象关心的问题、确定问题、清楚地定义问题并排出问题的先后次序。2.协议。在确定问题属于哪一种后，与服务对象协商出一个改变的目标。3.工作者与服务对象共同制订出具体的目标。4.迈向目标，完成任务。5.结束。

（三）工作阶段中的步骤与方法

任务中心模式在实际工作中可分为以下阶段。

1. 开始接触、探索和协议阶段。如果服务对象是自己主动求助的，首先要鼓励服务对象表述自己的问题。如果服务对象是被转介的，则首先要找出转介者的目标。这时工作者要列出服务对象关心的问题，解释任务中心模式，定义问题，与服务对象决定目标问题。可以选择三个优先考虑的问题，由服务对象排次序，共同确定问题的种类，与服务对象协商制订合同（口头的或书面的）。

2. 阐述目标和要完成的任务阶段。如果目标问题是经过慎重选择的，就缩短任务选择阶段。要让服务对象自己思考任务及可能的效果，工作者则要提供问题解决的手段并支持服务对象履行任务。

3. 结束阶段。在工作快要结束（大约在最后两三次会谈）时，工作者应该与服务对象讨论结束工作接触的可能效果。这时工作者要与服务对象一起回顾重要的进步并给予鼓励，并帮服务对象确定进一步工作的领域。如果服务对象觉得需要更多时间并表现出完成任务的意愿，可以延长时限。在决定终结这项工作时，要评估每个人的"投入与产出"，并慎重地说"再见"。

（四）任务中心模式的优点

任务中心模式有以下优点：1. 在问题探索、协议商定和任务确定过程中，任务不仅是针对服务对象的，而且也是针对与服务对象有关的系统的。问题不仅来自服务对象内部，同时也受外部因素的影响。此时工作者的角色是一个资源顾问。2. 任务中心模式的工作对象主要是个人或家庭。3. 任务中心模式强调服务对象的优点与优势及他们的社会网络资源的重要性。4. 任务中心模式将工作者和服务对象置于同等地位，而不是单向地由服务对象向工作者倾诉。

（五）任务中心模式相关理论与其所要求的能力

任务中心模式的理论基础主要包括：沟通理论、系统理论、认知理论、问题—解决学派关于问题—解决的过程的阐述、功能学派个案工作关于人的观点、心理学对人的问题在心理社会层面的定义等。此模式对工作者的技巧要求包括：倾听的能力、抓住服务对象问题核心的能力、与服务对象达成协议的能力、沟通与回应的能力等。另外，工作者不仅要提供服务，还要作为增能的伙伴。特别需要注意的是，工作者要清楚界定时间限制，避免在提醒服务对象将要结束"合同"即工作关系时伤害服务对象。

三、"社会—心理"模式

（一）"社会—心理"模式

"社会—心理"模式是社会工作者认识和理解服务对象问题的一种方法，是一种将服务对象的心理状态、心理过程同其生活的社会环境结合起来考虑并进行工作的方法。"社会—心理"模式将有关意识、潜意识、人格功能、人类行为、情绪的知识结合在一起，帮助工作者为服务对象制订个别化的诊断与治疗计划。玛丽·里士满的《社会诊断》中已提到直接、间接治疗，后来发展为诊断学派。实际上，"社会—心理"模式更多的是一种认识方法，而不是系统治疗。它的主要方法是通过认识和理解人及其心理的发展过程，来判断服务对象问题的根源，以对症下药，帮助服务对象解决问题，促进其个人成长。

（二）"社会—心理"模式的框架

1. 理论基础。"社会—心理"模式的理论基础是弗洛伊德的人格结构理论和人本主义的成长环境对个人自我实现的助力理论，既强调个人的自我适应，也注重提供资源以促进个人和家庭解决问题的能力的提升。基于此，此模式还采用了艾里克森分析人的成长与发展过程的理论，将社会因素与人的内部心理因素结合起来，提出了"生命循环论"及个人和家庭在生命各阶段的"生命任务"。

2. 针对问题。"社会—心理"模式针对的问题既有个人和家庭的内部心理问题、人际关系问题，也有外部环境问题。这些问题与需要（如爱、信任、依赖、疏离、自主等）的满足有关。

3. 目标。"社会—心理"模式的目标是理解和改变人及其所处的环境，或对二者同时进行干预，即直接介入和间接介入并举。最小的目标是帮助服务对象享有正常的生活，最终目标是增加服务对象的自我认识。

4. 服务对象的角色。在"社会—心理"模式中，服务对象如同一个病人，处于被动位置，在工作者引导下探索自己的思想、感情，将它们带入开放的意识层面，增加自我了解。

5. 工作者角色。工作者是一个研究、诊断和服务的提供者，把人看作"人在情境中"的整体中的一个部分。治疗过程包括建立关系，给服务对象以支持，增加服务对象的自我了解与增强其能力。

四、行为治疗模式

行为治疗模式的个案工作基于行为主义理论。行为主义代表人物之一斯金纳（Burrhus Frederic Skinner）认为，人的行为主要取决于外部环境。

（一）四种学习形态

1. 反应学习。行为主义认为，人类行为的本质是人对环境刺激的本能反应。无条件反射是不受人的意识控制的，是纯粹生物本能对外部刺激的反应。条件反射则是一种学习形态，即一种无意识的行为成为受意识控制的行为。这给我们一个启示，即在行为治疗中可以通过割断"条件"和"反应"之间的联系，或者在两者间建立起一种有目的的联系从而改变行为。

2. 操作学习。操作学习就是研究如何通过改变环境（条件）来改变行为，即控制或操作条件，相应地产生一个期望的行为。该理论认为，人可以作用于环境，而环境又决定了人的行为，通过这个过程，行为可以被塑造和改变。

3. 观察学习。观察学习认为，人通过观察他人而学习，不需要经过"尝试—错误"的学习过程。换句话说，学习是可以传递的。人的大部分知识都是由这种间接学习获得的。

4. 认知学习。认知学习认为，人会感受和思考，即人能够赋予事件以意义，人的思想和感受影响人的行为。如果人改变自己的态度，行动也会朝向积极的方向发生改变。

（二）行为主义个案工作的主要技巧与过程

1. 技巧。（1）正强化。当一个期望行为出现时即给予奖赏，从而模塑良好行为，以增加此行为出现的频率。（2）负强化。撤销或减弱原来存在的消极刺激或条件，以使积极行为的频率得以提高。（3）角色扮演。在工作者指导下练习和不断重复期望行为，渐渐消除问题行为。（4）榜样。工作者作为一个榜样，让服务对象学习正确的行为模式。行为主义个案工作的技巧有很多，但其原理都是上述四种学习形态。

2. 工作过程与步骤。（1）建立关系。（2）评估问题。让服务对象用具体的例子描述问题，注意其背后的假设及服务对象对这件事的感受、想法和行为，确定工作目标。（3）找出要学习的正确行为并示范这种行为，然后让服务对象进行角色扮演。（4）布置作业。让服务对象反复练习期望行为并对之进行奖赏。（5）评估结果。

（三）行为主义个案工作的框架

这一框架包括：1. 理论基础：行为主义个案工作的理论基础是学习理论。2. 适用问题：恐惧症、焦虑、抑郁症、社交困难及问题行为。3. 目标：目标要小而且具体，可以进行测量以便进行评估。4. 服务对象角色：测量行为的基础、频率、强度、周期和发生于其中的环境，写日记记录行为。5. 工作者角色：帮助服务对象进行行为评估，并运用所有资源与手段支持服务对象。工作者是一个直接的、积极主动的教育者。

五、叙事治疗模式

叙事治疗也称为叙说治疗，是后现代主义个案工作的模式之一。叙事治疗模式以日常对话为基础，从多元价值视角出发，重新审视社会工作过程以及由此带来的在工作关系和工作技巧上的一些变化，透过"故事叙说""外化""解构"，使人变得更自主、更有动力。迈克尔·怀特（Michael White）认为，叙事治疗的理论基础包括存在主义、后现代主义、符号互动主义、多元文化主义和社会建构主义。目前很多文献已将叙事疗法更名为"叙事实践"（Narrative Practice）。

（一）叙事治疗模式的理论假设

1. 后现代主义思想

叙事治疗的基本理论是在颠覆传统实证主义的科学观和知识观的基础上发展起来的。后现代主义思想家利奥塔（Jean-Francois Lyotard）认为，叙事知识是人们认识和解释世界的基本形态（在叙事理论中被称为"隐喻（metaphor）"），是人们在日常生活中所谈论的知识，远远超出了科学的范围。叙事知识不仅仅是人们用语言表达或描述有关对象的认识，它包含人们在日常生活中的各种人际沟通和处理问题的实践能力。后现代主义带有强烈的价值取向并直接影响着人们的态度，它指出权力通过对语言的控制来制造现实和真理，从而限制了人们认识世界的方式。用弗里德曼（Jill Freedman）和库姆斯（Gene Combs）的话来说就是：（1）现实是社会建构出来的；（2）现实是经由语言构成的；（3）现实是借助叙述组成，并得以维持的；（4）没有绝对的真理。

2. 社会建构主义

叙事治疗是以社会建构主义作为其哲学基础的。社会建构主义强调现实并不是存在于意识之外的世界，而是观察者的精神产品，是一种社会建构，这种建构的现实也不完全是个人的产品，而是深受所处的语言系统影响。所以，人绝不是完全自主的，而是高度可塑的。社会建构主义认为，所谓客观的现实并不存在，现实是人们借着语言建构出来的精神产物。

（二）叙事治疗模式的特点

与传统个案工作的模式相比，叙事治疗不仅是一套治疗"工具"或"技术"，更重要的是能令工作者和服务对象反思、调整对生命的态度，改变生命的抉择，重写生命故事。怀特认为，服务对象感到自己的经验充满困惑，是因为他在故事化或被他人故事化亲身体验的重要方面是与主导故事相矛盾的。所以治疗过程就是工作者和服务对象一起辨识和编写另外的、对服务对象更有益的故事的过程，这一过程将人们从压抑的文化假设中解脱出来，成为自己生活的主宰。一旦从充满问题的故事中解脱出来，个人便可以更有力、更乐观、更持久地去处理他们的问题。

（三）叙事治疗的过程

比尔·奥汉隆（Bill O'Hanlon）将叙事治疗模式的治疗过程分为七步：

1. 将问题外化。与服务对象一起对于困扰问题作出彼此均同意的定义。工作者在语言上促使服务对象从问题标签中解脱出来,使服务对象自己将问题看作一种与自己分离的客体。

2. 将问题拟人化。将问题拟人化,并找出压迫服务对象的意图和方式。工作者会使用隐喻和想象的方式,让服务对象假设问题是另一个人。这种方式会让服务对象轻松下来,不再将自己看成问题本身。

3. 探讨问题是怎样干扰、支配或使服务对象失去信心的。工作者会问服务对象问题对他产生的作用,怎样作用,以及他的生活和关系受其影响的程度,并进一步使问题外化,以便于服务对象与工作者共同摧毁问题对服务对象生活的支配作用。

4. 发掘有哪些时候服务对象并未受问题的支配,或生活并未受到干扰。将问题本身与服务对象分离,并在治疗过程中不断强化这种分离。

5. 重写故事。找出过去的证据,来证明服务对象有足够的能力站起来,应付和解决其面临的问题和困扰。在这里,服务对象本人和他的生活开始被重写,工作者询问过去的故事和证据来表明服务对象确实是有能力的、坚强的、勇敢的,只是他没有意识到。工作者还促使服务对象支持这种观点。

6. 固化新故事。引导服务对象思考在上述能力之下,未来将要过的生活。目的是为了使服务对象进一步具体化对自己和生活的新观点。

7. 讲述新故事。找出一群观众来听取服务对象表达新的认同感和故事,即安排一种社会环境来支持新的认同感和故事。工作者运用书信、询问其他有相同或相似问题的人的建议、安排家庭成员和朋友聚会,来实现这个目的。

在这个过程中需要特别注意的是:外化不能仅仅被当作技巧;工作者要在心灵深处相信,问题是社会和个人建构起来的。所以,最重要的是要使服务对象确信自己并不是问题本身。

（四）叙事治疗的技巧

1. 问话。艾普斯顿（David Epston）认为,每当我们提出一个问话,就可能产生一种生活。这指明了问话技巧在叙事治疗中的作用。当工作者问话后,服务对象以"我以前没有想到这一点……"来回应时,就表明服务对象已经为自己创造了经验。叙事治疗认为,实际上服务对象以前不只不知道这些经验,而且根本没有过这种经验,直到问话与服务对象相遇才组成了经验。工作者要在互动的间歇提出询问,以引导出服务对象自己真正想拥有的经验。

2. 解构式问话。解构式问话可以帮助服务对象打开故事的包装,从不同角度来看这些故事，并了解故事是如何建构出来的。通过解构式问话鼓励服务对象从更大的系统或是不同的时间来定位故事，借揭示叙事的来历、背景和影响来拓展服务对象的视野，描绘出支持问题存在的全景，揭示出有问题的信念、做法、感受和态度。

3. 开启空间的问话。开启空间的问话可以建构独特的结果，适合作为共同建构故事的开端，以便引出另一个可能不同的故事，这些问话的具体形式包括：关于既有独特结果的问话，询问想象中的独特结果的假设经验的问话，询问不同观点的问话，未来导向的问话。

4. 发展故事的问话。一旦空间开启到足以显示独特的结果，就可以提出发展故事的问话，引导故事的重写。借着这种重写使事件进入故事的部分，引导服务对象将经验的过程和细节与时间的架构和关联、特殊的背景，以及其他人串联起来，使事件得以在时空中扩展、填满、重新经历，而变成一个故事。下述问话可以帮助服务对象达到发展故事、产生自主故事的目的：你做这件事的时候采取过哪些步骤 / 首先做什么？然后呢？有没有什么特别的资源或理由支持你的新决定？如果你要实施你这个计划，首先会做什么？等等。

5. 意义性问话。借着发展性故事的问话，引导服务对象进入一个新场景，采取一个新立场，由此而考虑故事、自己和各种关系的不同观点，鼓励他们思索并体验独特结果、积极方向和新故事的含义。除了询问一般的意义，披露出故事的含义，还要询问服务对象从所形成的叙事而引申出的个人特质、关系特征、动机、期望、目标、信念。

6. 故事的建构。上述发展性问话和意义性问话都是建构故事的问话，这些问话建立在独特的结果上，引导服务对象运用独特的结果和喜欢的体验，以此为基础发展不同的故事和意义。

7. 回响与强化。回响是引导服务对象评估他们的经验和治疗，鼓励服务对象决定事件是否有意义、怎样才能有意义、为什么有意义，并让服务对象判断治疗是否把他们带到有助益的方向。这种做法反映出叙事治疗模式权利关系的特性。强化是引导服务对象发展自己的故事，从而探索和体会个人自主的力量，推动服务对象的情绪反应，使正面的情绪与服务对象的新计划联盟，让负面情绪与问题的联盟解体，从而有助于对抗问题。

除上述核心技术之外，倾听与治疗文件也是叙事治疗经常采用的手段。倾听强调社会工作者在工作过程中要尊重服务对象的叙事权利，重视服务对象的感受和独特性，相信服务对象是解决自己的问题的专家。所谓治疗文件，是指社会工作者根据需要要求服务对象书写或自己写给服务对象的笔记、录音、录像和信件。怀特等人的研究显示，接受治疗的人认为一封信的价值等于 4.5 次好的治疗。

（五）叙事治疗的发展

叙事治疗聚焦于服务对象的权利和能力并重新建构生命叙事，它是开放的、创造性的。目前，叙事治疗方法除被广泛应用于个人和家庭治疗中之外，也被应用于群体和社区工作等宏观社会工作实务中。以群体叙事理论为基础的探索性研究发现，通过在团体中找到"同路人"，服务对象更容易理解痛苦不是他们自身的问题，而是有其外在原因。团体中的成员相互倾听、肯定，以及寻求新故事，更可以增强自己解决问题的勇气和力量。在社区工作层面，叙事治疗强调社会正义的价值取向。叙事治疗对社会正义的肯定，推动了学术界对集体性叙事实践（collective narrative practice）的研究，集体性叙事、集体性叙事治疗外化了群体的问题，也推动着群体性社会问题的解决。

第四节　个案工作在中国的实践与理论建构

中国个案工作的本土实践经历了四个阶段，每个阶段的个案工作都呈现出与当时社会发展相适应的特点。

一、1949 年之前的个案工作

中国专业的个案工作是 20 世纪 20 年代开始从国外引进的。1921 年，美国的浦爱德（Ida Pruitt）女士在北京协和医院创办了社会服务部，宣传并传授如何在医疗服务领域以个案工作帮助病患和他们的家庭。北京第一公共卫生事务所、北平怀幼会（为被弃婴儿寻找寄养家庭的福利机构）等先后开展了个案工作，协和医院社会服务部还培养了数以百计的个案工作者。这一时期，北京的燕京大学、辅仁大学，南京的金陵女子文理学院、上海的沪江大学等院校也相继开设个案工作课程，为社会福利机构提供了开展个案工作的专业人员。

二、计划经济体制下的个案工作实践

1949 年之后，在计划经济体制下，中国的个案工作不是专业化意义的工作，它们分布在不同的行政架构中，具有浓厚的中国特色，起到了帮助个人和家庭克服困难、解决问题的功能。

（一）理念

第一，个人与家庭工作介入的视角。传统上，中国社会是家本位的社会，家庭有责任承担有关家庭成员福利的所有责任，而每个家庭成员都有义务为家庭做贡献。在这种观念下，对人的帮助有两种途径：一种是直接帮助有需要的个人；另一种是通过帮助家庭来帮助有需要的人。个人和家庭问题产生的原因既可能是物质方面的，也可能是人际关系方面的，因而，对个人和家庭进行干预与帮助，既要通过提供物质援助以解决需要不能满足的问题，也要通过对个人做面对面的沟通疏导工作，解决个人思想、心理与认知方面的问题。

第二，个人问题与环境关系的整体观。中国个案工作的理念中除重视个人与家庭的关系外，还注重在帮助个人和解决问题时的环境介入。无论是基层单位对个人的帮助，还是基层社区对个人和家庭的工作，都注重动员服务对象的社会网络资源，在做个人和家庭工作的同时，也做环境的工作，从整体上介入服务对象的社会生活系统。

（二）组织机构和工作者的身份

中国的个案工作广泛分布在工会、妇联、共青团、居民委员会、人民调解委员会与基层单位、基层社区等不同组织和机构中。上述组织和机构内的工作都是受薪的，具有职业化特点，帮助人是一种职业性工作。由于他们隶属于行政架构，没有受过社会工作专业训练，所以大部分工作人员视自己为"单位行政人员"。伴随着服务对象需要满足的多元化和问题解决的复杂化，一些政府部门日益感受到传统工作方法的限制性，开始对工作人员的工作技能提出新要求，促进了个案工作向职业化和专业化的发展。

（三）方法

1. 直接疏导法。当个人或家庭出现问题时，工作者首先是给服务对象做思想工作，即帮助他从认识上澄清问题，其背后的假设是人的思想或认识直接影响人的行为与社会功能的发挥，解决了思想或认识问题，也就从根本上解决了影响人行为的指导思想问题，从而为资源运用与环境改变等工作打下了基础。

2. 运用网络和改变环境。网络是指受助者的社会支持系统，也是其生活环境，包括同事、亲戚、邻里和朋友等，这些网络既能提供精神帮助，也能在紧急时刻提供物质帮助。工作者经常运用这种网络来帮助受助者。

3. 行政—辅导方法。在计划经济条件下，个人和家庭问题的解决很多时候是通过组织或行政机构来解决的。近些年来，传统的行政角色开始向服务角色扩展，发展出多种具有社会工作者性质的角色。

（四）个案工作的领域与内容

中国个案工作在工会、妇联、共青团、司法部门、社区居委会、非政府组织等不同系统内开展，内容涉及需要的满足与问题的解决。特别值得一提的是人民调解工作。人民调解工作是当个人与他人出现冲突时，由调解员给予帮助，解决纠纷，避免服务对象陷入司法诉讼程序。这是中国个案工作的独特贡献，这一工作方法已经在国际上广泛应用于婚姻和民事调解领域。

三、社会转型与个案工作的探索和发展

随着市场经济的发展，社会对个案工作提出了新的任务，个案工作不仅要帮助人们排忧解难，而且要帮助人们发展，为人们提供咨询与辅导。为了回应这种社会需要，20 世纪 80 年代开始，应用现代个案工作知识和技术的工作在一些新型组织和机构内发展起来，例如，服务于个人和家庭的心理咨询和辅导，亲子教育等。此外，专业性的个案工作在青少年、越轨人员和一些有特殊需要的群体和领域中开始萌芽和发展。一些学者和机构已经开始尝试将专业个案工作的最新理论和方法运用于城市新移民、妇女、婚姻管理工作和肢残人家庭环境无障碍改造实践中。个案工作还在各种社会组织和新扩展的群团组织内发展起来，例如，各种热线服务机构（如北京的红枫妇女热线、青春热线）、青少年工作机构（如"上海市阳光社区青少年事务中心"）和妇女服务（如"北京大学法学院妇女法律研究与服务中心"）及农民工维权机构（如"北京市协作者社会工作发展中心"）等。这些组织和机构内的工作都是受薪的工作，具有职业化和专业化的特点。2006 年，中共中央作出关于构建和谐社会的重大决定以来，个案工作获得了快速发展。在全国范围内，个案工作方法被广泛运用于儿童和青少年、老人、妇女、残疾人、家庭、社会救助、司法社会工作等领域。

四、个案工作的专业化发展

2006 年国家人事部和民政部颁发的《社会工作者职业水平评价暂行规定》和《助理社会工作师、社会工作师职业水平考试实施办法》，标志着中国社会工

作者职业水平评价制度的正式建立，专业个案工作获得了新的发展空间。为满足不同群体对个案工作的需要，一些地方政府试行了购买社会组织服务的政策，促进了专业个案工作的开展。个案工作方法被应用在社会救助、青少年行为矫正、成年人越轨犯罪、婚姻和家庭问题、医疗、公共卫生和健康、反贫困和乡村振兴等众多领域。社会工作者还探索将非常切合中国文化背景的人与环境模式运用在对个人和家庭的个案工作中，将叙事治疗方法应用于青少年个案工作和医务社会工作中。此外，社区矫正中个案工作的机制探索及完善，学生管理中个案工作理论方法的运用，以及脑瘫患者家庭个案工作的开展等都取得了不俗的成绩。

五、本土个案工作中拟亲属关系对专业关系的建构

中国人的行为方式和日常生活无不受到"关系"的影响，这一中国文化深刻地影响了个案工作专业关系的形态，表现为服务对象与工作者之间以"拟亲属"关系进行联结。拟亲属关系的一大功能就是将陌生人划入自己的关系圈子内，将亲属间的情感和义务扩展到陌生人之间，将陌生的社会关系放入自己的差序格局之中。个案工作专业关系中的拟亲属关系即服务对象视工作者为自己生活中的类似自己家人的人，是自己生活中的"重要他人"。从社会工作专业关系来看，社会工作者作为服务对象生活中的"外人"很难进入他们的生活范围，而拟亲属关系能够将服务对象与工作者联结起来，建立起信任关系。从服务对象的角度看，中国人非常习惯将五伦之外的社会关系拟亲属化、差序化、伦理化，将新的社会关系带入自身的差序格局中，拟亲属的家庭伦理渗透在各种社会关系的规范之中。当双方具有拟亲属关系后，服务对象更愿意与社会工作者建立信任关系。拟亲属关系构建了中国个案工作专业关系，成为个案工作专业关系的一个成分。

虽然拟亲属关系促进了专业关系的发展，但是服务对象将社会工作者视为亲属的心理需要，很容易使工作者和服务对象双方产生超越专业关系的越界行为，如在非约定时间给工作者发消息、让工作者陪自己做他想做的事等。这些行为在普通朋友关系中是维持友谊的重要行动，但它超出了专业服务关系的范畴，与专业关系构成了双重关系。双重关系存在服务对象过于依赖社会工作者的问题，需要社会工作者保持警醒，在运用拟亲属关系加强与服务对象的专业关系时，要坚持专业关系的基本原则，包括：明确专业关系的界限，激发服务对象主体意识、促进其成长、帮助其学会承担责任。

六、中国个案工作的进一步发展

应该说，中国已有的个案工作是在中国社会政治、经济、文化架构下发展起来的。它在适应社会需要、满足个人需求和解决问题方面发挥了一定作用，但主要是问题—解决取向，即着重于问题的解决。随着经济和社会的发展，中国的个案工作应该在总结已有经验的基础上，学习借鉴专业社会工作的理论与方法，加强对"实际"社会工作者的专业培训，促进专业身份认同，提升个案工作的服务品质和效能。另外，要加强对以往中国本土个人和家庭工作的经验总结，特别要注意中国人的文化和心理特点对个案工作理论与方法的意义，同时加强对本土个案工作理论和实务经验的研究，发展和建构出中国个案工作的实践理论和方法技术，以及话语体系。

【思考题】

1. 什么是个案工作？
2. 简述个案工作的发展历史。
3. 论述危机介入模式的工作过程与技巧。
4. 论述任务中心模式个案工作的工作过程与技巧。
5. 试述叙事治疗方法的基本理念。
6. 简述个案工作专业关系中的拟亲属关系对专业关系的建构和运用原则。

【主要参考文献】

包亚明主编：《后现代性与公正游戏——利奥塔访谈、书信录》，谈瀛洲译，上海人民出版社 1997 年版。

[法]让-弗朗索瓦·利奥塔尔：《后现代状态：关于知识的报告》，车槿山译，生活·读书·新知三联书店 1997 年版。

何雪松：《社会工作理论》，上海人民出版社 2007 年版。

周飞舟：《行动伦理与"关系社会"——社会学中国化的路径》，《社会学研究》2018 年第 1 期。

[法]福柯：《知识考古学》，董树宝译，生活·读书·新知三联书店 2020 年版。

Richmond Mary Ellen, *What is Social Case Work? An*

Introductory Description, New York: Russell Sage Foundation, 1922.

Hamilton Gordon, *Theory and Practice of Social Casework*, New York: Columbia University Press, 1940.

Gene Combs and Jill Freedman, "Narrative, Poststructuralism, and Social Justice: Current Practices in Narrative Therapy," *The Counseling Psychologist*, vol. 40, no. 7 (October 2012), pp. 1033–1060.

第八章

小组工作

小组工作是社会工作的重要方法，它有多种模式。灵活运用小组工作方法对开展社会服务具有重要作用。本章介绍小组工作的基本概念、理论和理论模式，并对小组工作的发展阶段与过程、工作的原则与技巧做简要介绍。

第一节　小组工作的基本概念

一、小组工作的源起与发展过程

小组工作（group work）的产生与工业化过程中的社会问题紧紧相连。工业化、城市化带来了人口流动，使城市中出现大量居无定所、没有生活保障的移民，这些移民面临着众多的适应生存的问题。1844 年，在处于工业化发展时期的英国伦敦，一位名叫乔治·威廉（George Williams）的商店学徒主动将与自己一样移民到城市谋生的青年人组织起来，开展各种宗教性、娱乐性活动，创立了世界上第一个青年会。之后，针对青年人的各种娱乐性、教育性小组活动不断地开展起来。1851 年，美国基督教青年会在美国波士顿成立。1854 年，美国基督教青年会全国协会成立，旨在通过组织团体的活动促进青少年的身心正常发展。之后，更有针对性的相近团体美国基督教女青年会也于 1866 年成立。此外，伦敦成立了以发动居民自助解决移民适应生活问题的第一个睦邻会社"汤恩比馆"（Toynbee Hall）。美国芝加哥创立了"霍尔馆"（Hull House）。这些为贫民设立的睦邻会社是小组工作发展初期的重要形式，目的在于借助团体的形式，帮助贫民去改善工作和生活条件，并通过教育活动、娱乐活动和相互之间的经验分享，提高他们适应生活的能力。但在小组工作的发展初期，对这种方法的专业认同是缺乏的，它也未被纳入社会工作的专业课程。

1923 年，查德希（Mildred Chadsey）在美国西储大学开始讲授有关的小组工作课程，1927 年，这种以讲授团体工作的方式来为小组成员服务的方法课程被正式定名为"小组工作"（Group Work）。1935 年，全美社会工作会议接受并讨论了社会小组工作的文章，1936 年，社会小组工作研究协会成立。在 1946 年的全美社会工作会议上，社会小组工作研究协会的代表再次强调"迈向专业"的小组工作，使这一方法被大会接受并正式成为社会工作的方法之一。

这一阶段小组工作的方法继续被运用于女工、儿童、老人、成人教育、失业工人等方面的实践中，即用小组的方法去促进个人的成长，以小组的形式去服务社会的各个阶层。戴维（John Dewey）进步教育理论的观点认为应在休闲娱乐中达到进步教育的目标；玛丽（Mary Parker Follett）的"新国家"理论则强调以民主的过程解决问题。这两种观点直接影响着在小组工作过程中运用社会参与、社会行动、民主过程等概念，去帮助贫民用知识、技巧和态度来丰富他们自己，并通过集体的力量改善他们的生活条件。

到 20 世纪 40—50 年代，弗洛伊德的精神分析理论开始对社会工作领域发生主导性影响。在此影响下，小组工作进入医院中，工作者接受并研究医疗模式。20 世纪 60 年代以来，小组工作进入多元化发展阶段。在西方，在民主理论的影响下，小组工作形成了社会目标、治疗、互动三大理论模式。

二、小组工作的定义

对小组工作的定义主要有以下三种方式。

（一）以小组工作的功能和目标下定义

1949 年，美国小组工作者协会指出，小组工作者在各种小组中，通过小组互动与方案活动促进个人的成长与社会目标的完成。小组工作者的目的在于根据个人能力与需求，促进个人成长，使个人与他人、团体与社会之间达到适应，促使个人有社会改良的动机，同时让每个人认识到自己的权利、能力与独特性。小组工作者参与团体的目的是为了使团体中的决策不是来自团体内外强势者的影响，而是来自对知识、理念与经验的分享与整合。小组工作者可以协助团体同其他团体和社区建立关系，以培养负责任的公民，加强社区内不同文化、宗教、经济状况或特殊团体间的互联，推动社会向民主的目标前进。

（二）以小组工作对人的发展下定义

科伊尔（Grace Coyle）认为小组工作是一种教育的过程，通常由各种志愿结合的团体，在小组工作员的协助下，于闲暇时间内实施。其目的是在团体中通过个人间人格的互动，促进个人成长；或者为了达成共同的目的，而促成团体成员间互助合作。

（三）以小组工作对人的治疗下定义

美国社会工作教育委员会于 1959 年指出：小组工作是社会工作的方法之一，它通过有目的的群体经验，协助个人增进其社会功能，以及更有效地处理个人、群体或社区的问题。小组工作的对象包括由健康的个人所组成的团体，以及由有疾病的个人组成的团体。当小组工作人员运用其专业训练和技巧，去帮助一群在功能上有困扰的个人所组成的团体时，他便是在进行群体治疗工作。

本书认为，小组工作是以群体为服务对象，在社会工作者的带领下，通过有目的的活动，培育小组凝聚力，提高组员的社会功能，解决其问题，促进其发展的社会工作方法。

三、小组工作的功能

小组工作的功能有四个方面：

1.影响个人发生转变。人是依赖群体经验成长和发展的，当人出现生存能力方面的各种问题或心理行为有偏差时，小组工作可以恢复个人的原有能力，帮助个人实现社会化；小组工作可以影响个人的价值观念、态度及行为发生转变，使个人成为家庭和社会中负责任的积极角色；小组工作中不同经验的分享，可以丰富和扩大个人的经验和见识，改善人际关系；小组工作可以使其成员发展面对问题和解决问题的能力，学习适应危机情景，促进个人成长。

2.用集体的力量解决问题。在小组中，小组成员必须学习共同思考、团结协作、共同面对环境。这个过程既会增进小组成员与他人配合解决问题的能力，也可以用团队的力量来共同解决问题。

3.社会控制。矫治性、教育性、治疗性的小组工作，可以使其成员学习遵从适应社会需要的行为规范，培养起社会责任心，使其在社会生活中担当起积极而有用的社会角色。

4.再社会化。小组工作通过帮助其成员建立适应社会需要的新价值观、新知识、新技巧，来改变其成员的行为，使他们成为更适应社会生活的积极角色。

四、小组的类型

小组一般有六个基本特性：小组必须由两人及以上的成员组成；成员之间有共同的目标和利益；成员对小组持有认同感；成员之间相互依存和相互影响；小组中有自己的控制方式；小组形成特定的文化和氛围。基于此，小组有如下类型。

（一）以小组成员的关系来划分

初级小组和次级小组。初级小组很小，成员可以用面对面的方式与任何一个人交流，成员之间因此有紧密的联系和相互影响，可以相互表达积极的或消极的感情。次级小组的成员有共同的利益或兴趣，但相互间的影响较小而且关系不很亲密。

（二）以小组的组成来划分

组成小组与自然小组。组成小组是通过外部的影响或干预聚合起来的小组，通常包括由机构发起的小组和由主办人发起的小组两种。这种小组以一个特定的目标为中心，成员可以选择性地加入小组。此类小组的典型形式有俱乐部、工作小队、志愿小组和兴趣小组等。自然小组以自然的方式而不是外部的推动力构成，往往是基于一些自然发生的事件、成员间的自然吸引，通常没有组成的发起人。自然小组包括家庭、友谊网络、街头伙伴等。

（三）以小组工作结构来划分

正式小组和非正式小组。正式小组具有正式的小组结构，确定的目标和态度。通常，正式小组在指导小组成员行为时有特定的目标。正式小组包括委员会、决策者小组、志愿者小组等。非正式小组不具有正式的结构。通常，它们对小组成员的行为指导没有明确规定的目标。小组中的人喜欢非任务关系的互动，或者依靠小组达到个人和社会的目标。

（四）以成员的参与程度来划分

志愿小组与强制小组。志愿小组是因成员自身动机和主动性而形成的。志愿小组包括所有的由成员自愿加入的小组。强制小组不是因成员自身的动机和主动性而形成的。如治疗性小组是非志愿群体的典型，它运用教养的方式，以帮助小组成员转变他们的行为为目的。

（五）以成员进出的自由程度来划分

封闭小组与开放小组。封闭小组从小组聚合的开始到结束，成员自由进出的程度较低，小组较少变动，增加新成员时也往往要经过现有成员的评审。开放小组是在小组工作的任何时间，成员都可以自由出入，小组可经常有变动。如对男童或女童的矫治小组就是这种模式的典型。

（六）以小组工作的目标来划分

1. 朋辈小组，旨在促进成员中的朋友关系或社会互动，小组的活动是社会取向的。这样的小组在学校、儿童中心及青年中心最容易找到。2. 教育小组，旨在帮助小组成员进行有关他们自己和有关社会知识的学习。这类小组的目的都是增进小组成员的知识与技巧。3. 服务或志愿者小组，旨在通过小组过程发展成员的潜能和公共责任意识。4. 兴趣小组，旨在通过组织表演、唱歌和音乐演奏等活动，发展和培养成员在社会生活中的特别兴趣。5. 成长小组，旨在为成员提供一定的机会使他们的意识得以觉醒，最终目的是帮助成员最大限度地发挥他们自己的潜能，促进其增长健康的社会情绪。6. 治疗小组，旨在帮助小组成员改变任何反社会的行为，克服个人问题，治愈他们遭遇的创伤。7. 社会化小组，旨在帮助小组成员学习社会技巧和能为社会接受的行为模式，以使他们具有在社会中生活的能力。8. 自助小组或互助小组，旨在利用小组成员自己的资源作为支持，在沟通与互动中相互影响，实现态度和行为的转变并解决环境问题。

第二节　小组工作的理论和理论模式

一、小组工作的理论基础

小组工作吸收不同学科的知识，形成了小组工作实践的理论基础，主要来源是心理学理论、学习理论和系统理论。

（一）心理学理论

心理学理论在小组工作中运用最多的是精神分析理论。精神分析理论的鼻祖弗洛伊德认为成年人的问题源起于儿童期未解决的心理冲突，这类冲突或许是儿童时期某些需要没有得到满足，抑或是经历了心理创伤。当个人无法解决实际问题时，会用自卫的方法去处理冲突。精神分析理论运用于小组工作时，主要以个人为工作焦点。个人通过群体性交往互动的小组实践过程，可以改善或建立起处理个人关系的技巧、解决问题和适应环境的能力，以及自信心。小组中的高凝聚力提供给人以安全感，能够使成员更开放地表现自己的感情、思想和内心冲突，可以有效地帮助他们改变行为模式和解决问题。

（二）学习理论

学习理论的重点在于成员的个人行为而不是小组的行为，它认为人的行为改变主要有三种"习得"方式。

传统条件反射理论。这种理论认为行为是与刺激相联系的。社会工作者根据小组期望的目标，对小组成员提供某种能够引起行为发生变化的外部条件，引导他们的行为朝向小组目标所期待的方向发生转变。

强化条件反射理论。这种理论立足于人的行为受行动的结果的影响。如果某种行动的结果得到肯定，人们就会坚持这种行为；而如果某种行为的结果被否定，这类行为就会被削弱。小组工作者用表达意见、赞赏等方式强化和鼓励小组成员积极的行为，就会影响其行为的转变。

社会学习理论。该理论由班杜拉（Albert Bandura）提出，它认为行为是在对他人的行为观察和评价过程中习得的。当某个成员的某种行为受到表扬时，其他成员会期望将来得到同样的表扬而学习这种行为。反之，为了避免出现否定性的结果，小组成员在一定程度上就不会使用同样的行为。

（三）系统理论

系统理论把小组看作由不同的互动因素所组成的系统。按照帕森斯所述，小组是一个由许多相互依赖的成员组成的社会系统。成员是小组系统的一部分，在一种不断变化的社会环境中，这个小组系统作为一个有机的整体运行时，试图保持一定的秩序和一种稳定的平衡。

在小组系统以外，家庭、学校、机构、社会等系统与作为整体的小组或与作为子系统的个人成员之间，都存在互动。这些系统开放时，互相影响或形成互动；当系统封闭时，就不能与其他系统进行任何的交流与影响。小组工作必须通过增强小组系统的开放强度并且恰当利用其他系统影响小组发生变化。在这个过程中，小组成员的互相接纳，根据外部环境的需要和变化确定和维持小组的目标、特征和过程，可以保持小组的平衡和有效实现小组目标。

二、小组工作的三个基本模式

帕波尔（Papell）认为模式是为解决现实问题而提出的一种概念化设计。在运用小组工作的方法解决社会问题的过程中，有三个基本模式产生了较大影响。

（一）社会目标模式

社会目标模式的理论主要来源于系统理论和社会学的观点，强调社会系统与人和群体间是相互作用和相互影响的。个人和群体是否出现功能失常或问题，与社会系统的功能是否正常有关，而人和群体的行为又会影响社会系统的正常运转。

社会目标模式以关注社会整合和个人参与社会的责任感为工作重点，通过提高人的能力和认识去参与社会生活、承担社会责任。这种工作模式利用小组过程发展小组成员的民主意识和社会责任意识，增强他们的自尊心，并提高其适应社会生活的能力。在这种工作模式中，小组被看作是一个统一体，通过小组集体的力量来参与和促进社区与社会的改变，其社会责任得到鼓励，领导能力得到发展，民主的概念在小组过程中也得到充分的实践。

（二）治疗模式

治疗模式也称临床模式，小组被看作是一种治疗个人问题或矫正个人有问题的行为及态度的手段，治疗模式以行为修正理论和社会化理论为基础。小组是进行治疗的媒介，社会工作人员运用专业知识与技巧，在促进小组成员的沟通和互动过程中，增进其自我认识，实现其行为的转变。治疗模式关注的是个人的心理和行为问题的矫正而不是社会方面，其介入的重点是为个人提供一个小组的治疗环境，对个人进行心理康复和行为指导，帮助小组成员达到适应社会生活的最佳状态。

（三）互动模式

互动模式的理论基础是系统论和场论，它关注子系统（小组成员）和整体系统（小组环境和社会环境）的关系，而不仅仅是小组成员本身。互动模式既关注个人也关注环境，注重通过个人、小组和社会系统之间的开放和相互影响，增强个人和社会的功能。小组被看作是一个互助的系统，小组成员依靠小组中的其他成员作为自己解决问题、实现自己潜能和建立信心的资源。

三、小组工作的其他模式

（一）过程模式

过程模式也是发展模式，1965 年最先由波士顿大学社会工作学院提出，之后不断发展完善。这种模式的核心是认为小组的发展有可以被清楚划分的阶段，强调时间、过程和发展阶段，小组成员与发展的关系。

（二）行为模式

行为模式在 20 世纪 70 年代被塞瑞（Rosemary Sarri）等人提出，也称行为修正模式。它以行为理论为基础，以对个人的治疗为工作的焦点，小组成员被鼓励与小组中的其他人员直接接触，工作人员借助行为修正的技巧给予直接干预和指导。

（三）任务中心模式

任务中心模式由卡文（Charles D. Garvin）创立。这种模式是个案工作中的任务中心模式在小组工作中的运用。它与治疗模式有相近之处，关注个人的问题，但同时更关注工作的目标。它认为，为实现工作的目标，在小组的不同阶段需要采用不同的治疗手段。

（四）小组中心模式

小组中心模式由卓波（Emanuel Tropp）提出，他认为在朋辈小组、志愿者小组中采用小组中心模式，可以使小组成员在积极投入有共同利益和相互认同的小组经历中，提高他们的社会角色责任，增进自我满足，从而促进其社会功能的发挥。

第三节 小组工作的发展阶段与过程

一、小组工作的发展阶段

小组工作的理论研究者提出，小组是一个有生命的发展周期，有着自身的发展规律和过程。由卡兰德等人（James A. Garland，Huber E. Jones & Ralph L. Kolodny）提出的小组发展阶段是众多的发展阶段理论中最为流行的一种。该模式认为，小组工作过程可划分为以下发展阶段。

（一）阶段 I——前属期阶段

这是小组的开始。小组成员刚刚开始进入小组，试图尝试与他人建立初步的关系，但他们的心理状态是观察和探索周围环境，对他人既接近又回避地保持着戒备，处于矛盾的困境。在这个阶段，社会工作者以鼓励和促进的方式，帮助成员考察小组和改善外部条件，并表达对小组和其他人的期望，以使成员尽快适应。还可通过组织一些有助于小组成员相互了解的项目，帮助他们成为熟人。但在这一阶段，成员之间比较戒备，较难实施合作性项目。

（二）阶段 II——权力和控制期

成员们与其他人慢慢熟悉之后，会了解到在小组中如何得到安全感和回报，尝试通过权力竞争与控制他人的过程，确立自己在小组中的角色和地位。小组成员间的相互影响增大，会形成在小组中不同的角色、地位、关系和初步的小组组织结构，个别成员如果不能从小组中感受到安全和满足，就会在这个阶段退出。同时，对成员来说，无论在心理上或生理上，有意或无意伤害他人或被他人伤害的机会也都会增大。

（三）阶段 III——亲密期

在这个阶段，小组成员的关系更为亲密。他们更开放、更关心其他成员是否投入，会公开地比较小组生活与家庭生活，会出现同胞式的竞争，也会发生从家庭成员到小组成员的移情，同时开始意识到和承认小组经验在他成长过程中的重要性，开始思考小组的目标。

（四）阶段 IV——整合期

这是形成小组良好状态的阶段。小组成员彼此熟识和聚合，能接纳其他成员的个性、实力、态度和需要，对小组有较高的认同。家庭式情感减弱，小组规范和标准成为小组成员行为的参考。成员之间权力竞争和情感波动趋于缩小，能够相互支持，自由地沟通。成员间更联合、更客观、更合作，以致能提出更现实的建议、计划及实施大型的方案、项目。

（五）阶段 V——分离期

在这个阶段，小组目标已经实现，进入终结期。成员们面临分离，开始向其他方向找寻新资源，以满足自己社会性、娱乐性和职业性的需要。在转移和打破已经建立的默契关系中，有些成员会有许多焦虑，表现为更内聚、反对小组解散、情绪反复、逃避现实等。

二、小组工作的内在过程

（一）社会工作者在小组各阶段的主要工作

小组工作的过程除了上述发展阶段之外，还有作为内容和机制的社会工作者组建小组、带领小组和控制小组活动节奏等，这是小组工作的内在过程。社会工作者在小组工作各阶段的主要工作包括：

在第一阶段即前属期阶段，社会工作者通过招募和遴选小组成员建立小组，继而确定小组目标、制订小组工作计划。第一次小组活动要讨论保密原则、制订小组规范。

在第二阶段即权力和控制期，社会工作者要协调和处理组员的防卫心理、组员之间的竞争及可能的冲突，激活小组并形成相对稳定的小组关系结构，推动小组关系走向紧密化。

在第三阶段即亲密期，社会工作者要激发小组动力，维持小组的良好互动，带领小组成员朝向目标共同努力。

在第四阶段即整合期，小组已经成熟，社会工作者的工作重点在于促进、协助、支持组员解决问题，实现小组目标。

在第五阶段即分离期，小组已经完成任务，社会工作者要处理好组员的离别情绪，帮助小组成员保持他们的小组经验。

应该说明的是，在上述过程中，社会工作者要理性并恰当地与小组成员沟通，引导组员间建立良好关系，促进小组发展，以实现小组目标。

（二）小组工作中的沟通

1. 沟通与互动

沟通是一个人利用符号将意义转达给另一个人的过程，发生在人与人之间，以语言作媒介。进行沟通时，一个互动模式也就形成了。通过沟通，社会工作者促进小组成员了解他人、了解社会工作者，建立信任或调整自己，以朝着共同的小组目标努力。小组成员可以在沟通中传达信息，表达观点，锻炼自己说服别人的能力（领导能力），树立自己的威信，与他人建立良好关系。社会工作者从沟通中还可观察到小组成员的不同需要与问题，及时调整小组目标和规范等，促进有效沟通和良好互动。

2.沟通方式

小组工作中有多种沟通与互动的模式，常用的有以领导为中心和以小组为中心的四种模式。

第一种模式，在一段时间内，小组的领导者与一个小组成员进行沟通（图8-1）。

第二种模式，每个成员依次谈论同一个题目，最终与领导者沟通（图8-2）。

第三种模式，领导者和一个小组成员频繁讨论一个问题，其他成员旁观（图8-3）。

第四种模式，小组成员充分参与，根据需要彼此之间自由沟通（图8-4）。

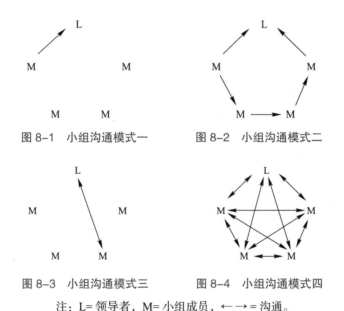

图 8-1　小组沟通模式一　　　图 8-2　小组沟通模式二

图 8-3　小组沟通模式三　　　图 8-4　小组沟通模式四

注：L=领导者，M=小组成员，←→=沟通。

前三种模式是围绕领导者进行的沟通，第四种模式是围绕小组成员进行的沟通。在小组的不同阶段，选择恰当的沟通模式，有助于根据成员需要确定小组规范和小组目标，促进成员间形成和谐关系，发展他们有效发出信息、有效接收信息等沟通技巧，有利于小组目标的实现。

三、小组中的控制

控制是一个促使小组成员取得一致性和形成依从关系的过程，主要包括使用和发展小组规范、恰当利用小组中的角色和地位、提高小组凝聚力和实现小组目标等相关控制手段。

（一）在小组中使用和发展小组规范

小组规范是指一切为小组成员所接受的、具有"应该"或"必须"特性的、并被认定是正规和恰当的行为模式。规范在成员间的沟通和互动中不断发展起来，通过对小组成员按照小组目标期望而表现的行为给予肯定，对偏离期望的行为给予处罚来对小组成员的行为形成约束，起到稳定小组的效果。根据小组目标建立的适当的规范有助于小组成员的转变；反之，则会导致小组成员产生否定性行为，影响转变的发生。

在小组中使用规范进行控制时，主要有两种建立和发展小组规范的手段。一是由小组成员自己发展规范。成员间通过对行为给予肯定和否定的过程而形成规范，它随着小组的发展而发展，可传授给任何一个小组成员。二是由社会工作者发展规范。它有两种途径：第一种途径是根据小组目的，在了解小组成员的期望后去推动发展有共识的规范；第二种是引入其他类型的规范，经过清晰陈述或社会工作者的示范行为，使规范被小组成员接受。

发展规范还需要及时对现有规范进行评估，通过观察小组成员个人的行为，观察小组的动力，直接询问和间接询问小组成员，确认其不能接受的行为，发现其可接受的行为。建立、保持良好的沟通和高凝聚力，可以提高规范的效果。在规范妨碍小组活动或导致不合需要的行为时，及时改变规范，以有助于小组成员的改变。

（二）恰当利用小组中的角色和地位

角色和地位联系紧密，是对小组中个人特定行为的期望。角色是由小组的基本需要和成员的能力及地位来确定的。小组阶段不同，人们对角色有不同的期望。恰当地利用角色，有助于促进小组成员间的分工从而实现小组目标。改变和使用小组成员的角色，可以帮助成员采取预期行为。同小组成员讨论他们在小组中现有的角色，厘清角色的责任和特权，调整小组成员对角色的期望，学习体验新的角色，可以帮助他们对自己的行为作出界定和调整。

第四节　小组工作的原则与技巧

进行小组工作，要依据小组成员的不同需要选取不同的工作模式和方法。以下是这项专业性服务需要遵循的原则和运用的技巧。

一、小组工作的实践原则

科诺普卡（Gisela Konopka）建议用以下原则指导小组工作实践：

1. 认可每个人的独特个性及行为的多样性。社会工作者必须清楚认识每个成员的独特差异，以及他们的不同需要和不同问题。对每个成员的不同需要采用适合的介入方法，并制订有针对性的治疗计划和目标。

2. 认可小组是多样的、行动是多样化的。这是小组工作的个别化原则。每个人的差异使得由人组成的小组也有差异，有不同的需要和不同的互动模式。因此社会工作者对不同的小组要采用不同的治疗目标和计划。

3. 真诚地接纳每一个人。社会工作者可以有自己看待他人的价值观念，但他不需对小组成员的行为和品行表示赞同与否，应该完整地接纳每一个人，包括他们的长处与不足。

4. 建立有目的的助人关系。在社会工作者和小组成员之间应该有目的地建立专业关系，这有利于促进小组成员发生转变。

5. 鼓励及促使小组成员之间实现有益的合作关系。社会工作者应鼓励和促进小组成员之间发展起有积极意义的关系，以促进小组成员发生转变。

6. 适当地修正小组过程。社会工作者必须对小组过程了如指掌，为实现小组目标适当及时地修正小组过程，从而创建可以促进转变的支持性环境。

7. 鼓励成员根据自身能力参与小组活动。社会工作者必须认可并接受每个小组成员的能力差异，帮助和鼓励每个小组成员按照自己的能力去参与小组活动，不应该使他们感到这些活动是他们力所不及的。

8. 促使小组成员投入参与解决问题的过程中。社会工作者不应高高在上，而是要把自己摆放在增强成员解决问题的能力及过程协助者的位置上。

9. 鼓励小组成员通过冲突去体验不同的解决问题的方式。社会工作者应该帮助小组成员以积极的态度面对他们遭遇的冲突，使他们学习用不同的技巧或策略去解决冲突。

10. 为小组成员提供各种新机会。社会工作者应为小组成员提供各种新机会，使他们通过新的和不同的经历来考察自己的潜能、发展自己解决问题的能力、培养人际关系技巧和体验在小组中的收获，以满足成员的社会需求，并从中获取成就，维持良好的自信心。

11. 明智运用制约。帮助小组成员认识他们的问题，识别制约因素和检验受制约的程度，帮助小组成员学习如何面对社会上的制约因素。

12. 有区别地运作工作方案。根据小组成员的不同需要运作不同的方案。

13. 对个人和小组的进步不断进行评估。社会工作者应该在小组成员的参与下定期对小组的进步进行评价，以保持小组的目的和有效性。

14. 热诚、富于人道精神和严于律己。社会工作者要做一个真诚、热情、富于人道精神的人，而不是一个冷酷的人；要严于律己，不能利用小组来满足私欲。

二、小组工作的技巧

（一）社会工作者组织小组工作的一般性技巧

社会工作者组织小组工作的一般性技巧主要如下。

1. 建立关系的技巧。一是与成员建立良好的专业关系；二是促进成员之间建立良好的关系。

2. 观察的技巧。能够灵敏、细致地观察和判断个人、小组所面临的环境与需要解决的问题，以确定适合的小组目标和解决问题的方案。

3. 组织和介入的技巧。能够组成小组，介入小组出现的问题、冲突、突发事件等，把握和推进小组工作进程，在目标实现后结束小组。

4. 领导的技巧。以小组领导的角色出现时，要适当地运用专业技能与权威，主导和推进小组的进程。

5. 沟通的技巧。在促进内部沟通和外部沟通时，社会工作者要与成员进行沟通，也要促进成员之间的沟通，并与小组外部的环境如机构、社区、人员等进行沟通。

6. 参与小组活动的技巧。社会工作者要愉快地投入小组成员设计的各种活动方案中。

7. 运用社会资源的技巧。要善于调动人力的、机构的、新闻媒体的以及社区方面的各种社会资源。

8. 评估小组过程的技巧。要对小组的各种活动设立指标，并作出评估。

（二）社会工作者有效促进沟通的技巧

社会工作者在小组工作过程中有效促进沟通的技巧主要如下。

1. 注意信息传递的外部环境。外部因素会阻碍或影响沟通，如房间太大、太小、太嘈杂或者缺少隐秘性，都会干扰信息的传递；明朗的空间环境则更有利于成员投入小组活动。

2. 注意语言的选择。首先，要使用易于理解的短语发出信息，并通过这些语言尽快地促进小组成员互相产生信任，从而及时得到反馈。其次，有效地接收信息，正确理解所获信息及其内涵，对不清楚的内容及时简短地讨论清楚。

3. 提供合作性的目标。提供合作性的目标和活动，能够改变小组成员间的关系，共享信息，共同工作，促进有效的小组沟通。

4. 关注和调整小组中的互动模式。小组成员相互间谈话的频率和程度、谈话的顺序、打断他人的方式有时会影响沟通的顺利进行。对总是说得太多或不断地谈论同一题目的成员，社会工作者必要时可运用合适的语言阻拦他们，以给他人以更多的表达机会；对总是沉默或回避去谈某个特别题目的成员，要支持他们发表意见，给他们以鼓励和信心。小组成员讲话或沟通时的顺序也可以表示成员间是同盟或冲突的关系，有时会出现打断谈话的现象，在这种情况下，可以改变小组成员之间的座次、谈话顺序，采用语言或手势推动讨论继续进行。

（三）组织会议的技巧及小组工作者的角色

1. 组织会议的技巧

社会工作者在小组工作过程中组织会议的技巧如下。

（1）形成良好的开始。在会议的开始阶段，小组成员之间基本是互不相识的，社会工作者应该通过介绍使他们互相认识。然后要分发有关会议通报和文章，清楚地向小组成员阐明会议的目的和步骤，使每一个人都知道会议期间要做些什么。会议开始时，可以修订议程，即征求小组成员对议程的意见。如果他们觉得有必要，可对会议议程作出修改。

（2）把握讨论的进程。会议的中间阶段，通常是需要完成主要任务的过程。把握好讨论的进程有助于小组完成大部分任务，促进小组成员解决问题。在会议进行过程中，社会工作者要注意把握主题，帮助小组成员遵照会议议程并关注讨论的话题，不能转移话题。社会工作者应阐明讨论的题目、程序和步骤，同时，要收集和提供信息，帮助小组成员更好地投入讨论，保证讨论顺利进行。另外，讨论中要注重发展新的小组规范。

（3）做好总结。社会工作者对成员们在讨论时提出的各种各样零碎杂乱、互不相关，抑或是有冲突的观点或意见，要及时恰当地进行归纳总结。要帮助小组成员把精力放在特别重要的讨论问题上，使他们更明确自己的观点，也使讨论更有效果。

（4）组织完善的结尾。社会工作者要控制讨论的时间，使每一个议题都能得到充分讨论，又不至于匆忙下决定。在时间条件不充分时，优先考虑主要议题。在会议结尾时，要总结讨论过的议题，阐明讨论中得出的结论，阐述需要进一步跟进和关注的问题。

2. 社会工作者在小组会议中的角色

社会工作者在小组会议中主要承担如下角色。

（1）示范者。以身作则，向小组成员示范他所希望的行为，表现出发自内心的尊重、负责和诚实。

（2）促进者。鼓励小组成员参与讨论，促进成员自己解决问题，不可将自己的意愿和主张强加给成员。

（3）调解者。出现争论或争执时，保持中立，帮助成员澄清问题，提供可供参考的信息，引导他们理智地作出决定。

（4）支持者。对已取得共识的解决问题的计划，鼓励并促进成员积极完成。

【思考题】

1. 试述小组工作的含义。

2. 试述小组工作三个基本模式的主要内容。

3. 试述卡兰德等人的小组工作的发展阶段。

4. 为什么要对小组中的互动进行控制？怎样有效地进行控制？

5. 简述小组工作的实践原则。

【主要参考文献】

白秀雄：《社会工作》，三民书局 1982 年版。

陈良瑾主编：《中国社会工作百科全书》，中国社会出版社 1994 年版。

隋玉杰：《社会工作——理论、方法与实务》，中国社会科学出版社 1996 年版。

刘梦主编：《小组工作》（第二版），高等教育出版社 2013 年版。

第九章

社区工作

在现代社会，传统的社区及其功能受到严重挑战，社区工作在社区建设、社区发展中发挥着重要作用。本章主要介绍社区工作的含义、发展历程、理论、过程与技巧，并对中国社区工作的发展作出分析。

第一节　社区工作的含义与发展

一、社区工作的一般含义

一般来说，社区工作是以社区为对象的专业服务。在国际上，社区（community）指的是具有共同价值规范和一致追求的人组成的生活共同体，也有部分学者会同时强调它的地域内涵。需要注意的是，社会学理论中或国际上所说的社区与中国相对行政化又有自治性的城乡基层社区有着微妙的差别。

社区工作（community work）是以整个社区和社区中的居民为服务对象，提供利他的助人服务的社会工作专业方法。它与个案工作、小组工作并列，被称为社会工作直接服务的三大基本方法。

在西方社会工作发展历史上，社区工作最初是在城市里开展的，当时被称为"社区组织"。社区组织的出现起初是为了解决西方社会由于工业化而引发的一系列社会问题，后来发展成为社会工作专业的一种基本方法。第二次世界大战以后，许多发展中国家农村社区的贫困、落后现象十分突出，由联合国倡导，世界性的"社区发展"运动兴起，用有计划地引导社会变迁的方式来解决发展中国家乡村社区的社会问题。后来，联合国又将社区发展推广到城市社区。

在某种程度上，社区组织、社区发展和社区工作等概念可以在同一意义上使用。1939 年，由美国学者罗伯特·兰尼（Robert Lane）所领导的一个研究小组在美国社会工作会议上提出报告（即"兰尼报告"），普及了社区组织的理论、价值观和工作方法。1962 年，美国的社会工作教育课程委员会正式认可社区工作为社会工作的三大基本方法之一。

二、社区工作的发展历程

（一）社区工作的起源与发展

专业社区工作起源于西方发达国家，以下主要介绍英国和美国社区工作的发展历程。

一般认为，社区组织始于 19 世纪后期英、美的慈善组织会社和社区睦邻运动。第一个慈善组织会社于 1869 年在英国伦敦成立，目的是协调社区内救济贫民的服务。同时，社区睦邻运动亦在英、美一些城市内的贫民区发展起来。第一个社区睦邻服务中心于 1884 年在伦敦成立，开展组织和教育居民争取环境改善及为贫民服务等工作。

20 世纪上半叶，社会工作占主流的是个案工作，社区工作只是社会工作中的一种协调机制、发展服务并进行管理的间接服务方法。到 20 世纪 60 年代，社区工作才被普遍接受为解决社会问题的基本方法。在价值理念上，社区工作超出了早期的自助互助的理念，开始接受权力及冲突理论。1962 年，社区工作在美国被接纳为社会工作专业的第三种基本方法。当时，在"向贫困开战"的社会运动中，美国政府大力实施社区计划，希望借此改善对贫穷群体的社会服务，并让这些居民有参与决定政策的机会。自 80 年代开始，美国已将社区服务工作的重点转向一些有特别需要的社会困弱群体，例如，少数族裔、妇女、老人及精神病患者等。

在英国，20 世纪 60 年代的几份政府报告确认了社区工作的重要性，这些报告都提出鼓励居民参与地区事务，而社区工作被视为一种可以补充福利国家制度不足的地方工作。于是，英国在 1971 年推行社区发展计划，以改善城市居民贫民区内的社会问题。社区发展计划的原意是协调和加强贫穷地区内的社会服务，以及鼓励居民间的互助精神。与美国社区行动计划的经验相同，社区工作者热衷于通过组织居民挑战现行不公正的社会政策及制度。政府亦于几年后逐渐减少对此类社区工作的支持，取而代之的是以一些社会困弱人士为工作对象的社会工作。此外，英国的社区照顾获得了显著的进展。20 世纪 70—80 年代以来，以增权为目标的社区工作在英、美都受到抑制。

（二）社区发展的起源与发展

社区发展是第二次世界大战后，由联合国倡导，在发展中国家农村推行，后来逐步扩展到发达国家城市社区的社会运动。第二次世界大战后，世界上兴起了殖民地、半殖民地争取独立的"民族解放运动"，但独立后的新兴国家大都面临着贫穷、失业、疾病、教育落后、人口压力、经济发展缓慢等一系列问题，乡村社区问题更为严重。因此，联合国自 1947 年起，便对这些国家提供各种技术项目进行援助。1951 年，联合国试图在经济落后地区建立社区福利中心来推动社区发展，这就是以乡村社区为单位，由政府机构同社区内的居民团体、合作组织等通力合作，发动全体居民参与，推动落后地区经济社会发展的"社区发展计划"。该计划在亚洲、非洲、中东、南美等地区，取得了一定成效。1955 年，联合国出版《经由社区发展推动社会进步》一书，提出了社区发展的行动准则。1957 年，联合国开始研究社区发展计划在发达国家的应用，试图通过社区发展来解决工业化、城市化带来的一系列问题，并在美国、英国实施了这一计划。之后，无论是发达国家还是发展中国家，也不论是在农村社区还是城市社区，社区工作迅速发展，形成了一个世界性的社会运动，受到许多国家政府和公众的欢迎。

三、社区工作的定义

鉴于社区工作在历史上与"社区组织"和"社区发展"有深远的渊源，我们有必要分述"社区组织"与"社区发展"的不同含义，并综合出一个"社区工作"的一般性定义。

（一）社区组织的定义

社区组织的定义很多，一般认为，比较有代表性的对社区组织工作的定义大致可分为三类：

1.工作方法说

霍伯斯认为，社区组织是美国都市地区发起的社会改造运动，其目的是为了解决工业化带来的技术与社会变迁所产生的社会问题，其作用是通过新的服务形式，维持社会稳定，协助社会群体或个人更有效地解决社会问题。它的作用与方法主要是给处于不利地位的群体提供社会福利服务，满足其各种社会需要。

2.工作过程说

波尔曼等认为社区组织是利用组织的方法，满足社会需要和解决社会问题，它需要社会工作者与聘用他们的团体设法对资源、服务功能与决策权予以再分配。

其过程包括：（1）组织人们共同行动；（2）设计出政策与方案去达成其目标。

3. "方法""过程"结合说

史基德摩尔和勒克蕾都认为将"方法"与"过程"相结合是可行的，即不仅将社区组织视为社会工作的一个基本方法，也将其视为促进社会变迁的途径。

（二）社区发展的定义

社区发展是联合国倡导的，联合国出版的《社区发展与经济发展》一书中指出，社区发展是一种过程，即由人民以自己的努力与政府配合，一致去改善社区的经济、社会、文化等环境。在此过程中，包括两个基本要素：一是由人民自己参加、自己创造，以努力改进其生活水准；二是由政府以技术或其他服务协助，帮助其更有效地自觉、自发与自治。

（三）社区工作的定义

从"社区组织"到"社区发展"的各种不同的定义中，可以归纳出以下一些共同点：1. 它是社会工作的一种介入手法；2. 它是一项有计划的行动；3. 它是一种过程；4. 它运用集体行动的方法；5. 它鼓励居民自助、互助及自决的精神；6. 它能找出及满足社区的需要，解决社区问题，培养社区归属感和认同感，促成社区整合，改善社区生活质量；7. 它能发展居民能力，加强其自主性；8. 它能促进社会转变。

为了进一步阐述社区工作的理论，社区工作的一般性定义可以这样叙述：社区工作是专业社会工作的一种基本方法，它以社区和社区居民为服务对象，通过发动和组织社区居民参与，确定社区的问题与需求，动员社区资源，争取外力协助，有计划、有步骤地解决或预防社区问题，调整或改善社会关系，减少社会冲突，培养居民自助、互助和自决的精神以及民主参与的意识和能力，加强社区凝聚力，发掘并培养社区领导人才，以提高社区的社会福利水平，促进社区的进步。

四、社区工作的目标

在给社区工作下定义之后，便可以进一步讨论社区工作的目标。我们认为，社区工作的目标主要有：1. 促进居民参与解决自己的问题，提高社区居民的社区意识；2. 调整或改善社会关系，减少社会冲突；3. 根据社区需要有效配置社会资源，以解决或预防社会问题，改善社区生活环境，提高生活质量，促进社区进步；4.追求权力和资源的公平分配；5.发挥居民的潜能，发掘并培养社区领袖；6.培养互相关怀、互助互济的美德；7.增强社区的凝聚力。

社区工作有众多的目标。罗斯曼（Jack Rothman）将其概括归纳为"任务目标"和"过程目标"两大类：一是任务目标。社区工作要解决一些特定的社会问题，包括完成一件具体任务，达到一些社会福利目标，满足某项社区需要，如修桥铺路、安置无家可归者，等等。二是过程目标。即促进社区人士的工作能力，包括建立社区不同群体间的合作关系，发掘及培养社区领袖，使他们加深对公共事务的了解，以增强其解决问题的能力、信心和技巧等。

托马斯（David N. Thomas）则从另一个角度提出了社区工作目标分类法。一是分配资源。社区工作可以组织居民就他们日常的切身事务争取合理而平均的资源调配，从而令他们的权益得到保证。二是动员居民。1.社区工作可以促进公民权的发展，这包括培养基层居民的政治责任感，即令他们对政治感兴趣，掌握更多的政治知识和技巧去参与政治事务；还包括令居民拥有影响政党和政府的信心及能力，并监督政党或政府的运作。2.社区工作可以培养居民的社区凝聚力。

第二节　社区工作的理论

社区工作的理论可分为宏观、微观两个层面。宏观层次的理论主要用于解决"是什么"和"为什么"的问题，是社区工作的基础理论。这种理论源于社会科学，大多是借用社会学和政治学的相关理论。它主要对社区工作与社会整体的关系，亦即对社区工作的宏观环境做理论上的分析，对社区工作者介入工作作出较高层次的指引。微观层次的理论主要用于解决"怎么做"的问题，是社区工作的实务理论。这种理论来源于一线社会工作者的实践经验的总结，内容包括工作模式、方法以及与具体工作相关的原则、规范等。

一、社区工作的基础理论

（一）社会分析理论

社会分析帮助社区工作者从理论上认识社区及整个社会。社区工作者对社区及社会的分析将影响其对社区或社会问题、介入策略、社区工作的方向及其在社会上应扮演的角色的看法。因此，对社区及社会的理解，便成为社区工作基础理论的重要内容。社会分析的理论主要来源于社会学与政治学。

与社区工作直接有关的理论视角颇多，主要有保守主义、多元主义、马克思主义、社会民主主义、激进民主主义等。不同的理论视角对社区工作有不同的影响。其区别在于它们对问题的成因有不同的分析，因而采用不同的介入策略。例如，保守主义使社区工作支持地区发展模式，多元主义则促使社会计划及社会行动成为社区工作中可被接受的模式。而马克思主义和社会民主主义都支持社会行动的冲突性策略，二者的不同之处在于：马克思主义认为要促使社区与经济领域的斗争连成一气，由劳工组织作领导；社会民主主义更强调参与式民主，认为不同的小规模的组织更能促进成员的全面参与。

（二）社会变迁理论

社会变迁是指社会结构、社会制度及人们的行为模式所发生的变化。它的表现形式是多种多样的，如渐进变迁和剧烈变迁，社会进步和倒退等。不同理论流派对社会变迁的解释也有不同，如社会学中的结构功能学派强调均衡的、进步的变化，而冲突理论强调社会变迁的非均衡性。社区是区域性的社会，推动社会变迁、解决社区问题是社区发展的重要目标。社区工作与人和社会变迁息息相关，它关注的是如何协助社区居民和服务提供者适应不断变迁的环境。因此，了解社会变迁及其不同的类型，并善于在不同情况下选择社区工作所适用的模式是非常重要的。

（三）社会运动理论

伍德和杰克逊将社会运动描述为非常规性的，有不同程度组织的集体行动，目的是促进或防止某种社会变迁。吉登斯认为，在现代化的社会中，基本上有四种不同类型的社会运动：1. 民主运动；2. 劳工运动；3. 性别运动；4. 生态运动。

根据对社会运动的根源和发展原因的不同阐释，社会运动理论主要可以划分为两大角度：注重个体或群体心理状态的社会心理角度与注重社会状况和条件的社会结构角度。此外，近期在欧美还出现了在另一些层面进行探究的理论，其讨论对象包括20世纪60年代以来发生在西方的和平（反核）运动、环境生态（反污染）运动、妇女运动、消费者权益运动以及消费合作社运动、绿色运动等。

二、社区工作的实务理论

社区工作的实务理论包括工作模式、工作原则、介入手法、社区工作者角色等内容。

（一）社区工作的模式

罗斯曼1979年将美国社区工作的实践经验加以总结，提出社区工作三大模式：地区发展、社会计划（社会策划）和社会行动。罗斯曼的模式在西方社区工作的实务理论中较为常用。

1. 地区发展模式

这个模式是在一个区域内鼓励居民通过自助及互助去解决社区内的问题。工作的重点是提高居民的民主参与意识与挖掘、培养社区领袖。社区工作者发动、鼓励居民自己关心本社区的问题，了解问题，进行讨论并采取行动。

社区工作者在这一过程中，需要发动并鼓励居民去分析和思考问题的根源，了解他们的需要，从而引发改变现状的意愿、动机、信心及希望。社区工作者的工作主要是提高居民的民主参与意识、解决问题的能力和居民之间的合作精神，加强居民对社区的归属感。

这个模式通常用于那些情况不太复杂的社区，这些社区的居民背景比较单一，关系良好，冲突不明显，社区政治情况比较稳定，居民信任政府，社区变迁也较缓慢。它采用的方法是自助与合作，以具体目标为主，通常对引进外来的资源缺乏兴趣。

2. 社会计划（社会策划）模式

这种模式主要遵从专家的意见，通过专家的调研、论证、计划，然后落实、推行，去解决社区内的问题。这一模式可以说是一种由上而下的方法。

居民在这种模式中的参与比较被动，只限于对计划提出一些修改意见。社区工作者担当的是组织实施者的角色。这一模式比较常见于处理复杂的社会问题的情况。

3. 社会行动模式

这种模式在西方的社区工作中十分常见，适用于那些社会情况比较复杂，社会矛盾比较多，政府部门官僚化，居民利益缺乏保障的社区，尤其针对消除社会不公平、不平等现象。社区工作者动员、组织社区居民，采取集体行动，以自下而上施压的形式，求得公正解决问题。社区工作者首先要觉察到居民对某些问题的特别关切，然后就解决这些问题去发动居民，将他们组织起来或采取一致行动，主要方法有：通过讨论、公开辩论、大众传媒呼吁，引起社会各界和政府当局的关注与同情，也可能采取请愿、游说、游行示威、静坐等行动，以求问题的公正解决。

1987年，罗斯曼修订了他的"三大模式"，他将"三大模式"归类为"社区组织实务"，同时又提出"政策实务"与"行政实务"，统称为"宏观实务模式"或"宏观实务理念"。在新模式中，政策实务的理念是社区的改变与社会政策整体相关。因此，要解决社区问题就要影响政策内容和介入决策系统。行政实务则认为社区的改变需要由一些社团组织，通过行政运作促成，因此社区工作者必须掌握行政运作的规律，以达到解决社区问题的目标。

此外，在社区工作实践中，美、英等国还运用了邻里动员、基层领袖培训、社区照顾、服务扩展等模式。

（二）社区工作的原则

所谓社区工作的原则，是指社区工作者在推行工作时所需遵守的规则，或者是在判断什么是正确有效的社区工作时所依据的价值理念。以下是国际上一些学者的提法：

巴特恩（T. K. Batten）提出四大原则，分为三个层次。四大原则是：1. 发展机构必须与其所希望影响的居民建立友善及可信赖的关系；2. 对于社区应有什么样的变化，机构必须与居民达成协议；3. 社区发展机构必须表明计划中的变迁是安全的；4. 社区发展机构必须有兴趣与社区内各种群体一起工作。三个层次是：1. 寻求有效方法，以激励、协助和教育社区居民采用新方法，学习新技术；2. 帮助居民改变生活方式，以适应他们所面临的乃至外界加给他们的社会变迁；3. 确保社区意识或社区精神的永存。

另一个学者阿瑟（Arthur Dunham）提出以下原则：1. 社区发展应以社区共同需要为主；2. 社区工作以"自助"为主要精神；3. 政府及民间社团应提供物质或技术协助；4. 社区工作有完整的、多方面的各种专门性计划，使社区受益。

联合国的《经由社区发展推动社会进步》提出了社区发展的十项原则：

1. 依照社区居民的根本愿望及需要，来拟定初始的工作计划。

2. 建立多目标的计划及各方面的配合行动，以求全面和均衡的社区发展工作的进行。

3. 在推行社区发展初期，社区居民自信心的加强及自动自发精神的培养，与物质建设同样重要。

4. 社区各种计划的拟订、执行，均应由社区居民共同参加。

5. 注重对地方领导人才的运用和训练。

6. 发动并组织妇女与青年参加各种社区发展工作。

7. 对于社区所提出的自助计划，政府应当给予重点或全面的积极协助。

8. 全国性社区发展计划的建立，应有完整的政策和完善的行政组织，并应同时注重工作者的挑选、培训，地方与国家资源的利用，及研究、实验、考核等工作。

9. 在社区发展计划中，应充分利用地方性、全国性及国际性的民间组织，因为这些力量对于社区发展工作的推行是不可缺少的资源。

10. 对地区性与全国性的社区发展计划，应给予密切配合，促使二者协调发展。

（三）社区工作的介入手法

社区介入手法是多种多样的，可因应具体情况而定，不同的地区有不同的介入手法。同一社区工作者在不同时期对同一社区也会采用不同的介入手法。

1. 从社区问题介入社区。如针对缺乏社会服务的问题，采取提供服务的介入方法；针对邻里关系恶劣问题，可以以团结邻里为工作重点；针对环境及设施问题，可采取美化环境、增加设施的办法等。

2. 以服务提供介入社区。如举办康乐性的社区活动、组织补习班等。

3. 从社区教育介入社区。如举办展览、讲座、训练班、问题研讨会等。

4. 从互助合作介入社区。主要是利用社区资源共同解决社区问题，如环境卫生的整理、合作修桥修路、组织义务值班巡逻等。

5. 从社会行动介入社区。主要是发动、组织社区居民以整体行动来争取外来资源，以解决本社区的问题。

6. 从社团联合介入社区。主要是把社区内现存的各种居民组织、社会团体联合起来，形成联盟，共同向政府当局提出建议或要求。

7. 从策划倡导介入社区。主要是将调查的资料及专家的意见制订成方案，联系有关政府机关、社会团体来共议社区当前主要问题的解决办法。

8. 从社区调查介入社区。从社区调查入手，可以使社区工作者尽快熟悉社区环境，了解社区问题，摸清社区资源，建立社区关系，明确工作方向，是社区介入手法中比较常用的一种。

9. 从突发事件介入社区。以火灾事件为例，社区工作者通过参与救灾工作，以此来介入社区。

10. 从社区宣传介入社区。在当代的社区生活中，大众传播媒介的作用与地位十分重要，它是组织社区居民、团结各界人士、挖掘社区资源、组织动员民众、扩大社会影响、争取外界支援的重要工具。

11. 从发展计划介入社区。社区工作的主流手法是通过社区事件介入，鼓励居民关注、参与，进而采取集体行动，以求达到社区工作的预定目标。

（四）社会工作者的角色

台湾学者江亮演在《社会工作概要》一书中，将社区工作者在社区工作中的角色划分为五种：1.促进能力提升的角色；2.协调团体合作的角色；3.参与社会设计的角色；4.提倡以人为本的角色；5.辅导社区行动的角色。

大陆学者隋玉杰在《社会工作——理论方法与实务》一书中，认为社区工作者充当了以下六种角色：1.组织促进者；2.牵线搭桥者；3.咨询服务者；4.调查设计者；5.权益保护者；6.宣传鼓动者。

第三节   社区工作的过程与技巧

一、社区工作的过程

综合不同专家学者的意见，社区工作的过程可以分为四个发展阶段：

（一）建立关系

建立关系是社区工作的第一步。社区工作者所要建立的专业助人关系的对象，包括社区居民、社区机构与社团，以及社区中各机构、各社团的领导人与各界的代表人物。通常，初步关系的建立多由社区工作者拜访社区的重要人物与社区机构入手，有时社区工作者也开展一些有利于社区居民的活动来吸引社区居民接纳自己。这一阶段最主要的工作是让社区居民了解工作者，工作者则寻求未来工作的支持者。

（二）收集资料

社区工作者进入社区的第二步是收集资料，要对社区类型、所面对的问题、可运用的资源、提供居民服务的组织等方面加以了解，否则容易走入误区，受先入为主的想法、过去的经验与个人的工作习惯、发表意见的少数人及偶发事件所左右，而失去正确的工作方向。收集资料的内容包括：1.社区的基本资料；2.社区内的资源；3.社区内的问题；4.社区评估。收集资料的方法可采取社会调查常用的方法。收集来的资料必须整理成系统的、便于保存与查阅的档案（分类的文字资料、制成卡片或输入电脑等）。

（三）制订计划

社区工作的第三步是制订计划。有效的计划应该符合社区居民的愿望与需要；目标必须明确；必须具有适用性、可行性与可接受性；计划的产生必须依靠集思广益、民主决策；计划要有整体性；计划及相关文件资料必须妥善保存，以备评估、总结使用。

社区工作计划分为：1. 整体规划，即对社区工作的现在与将来进行规划。规划涉及社区组织与发展的全局，可分为近期规划与长远规划；2. 具体规划，即对社区中亟待解决的问题制订出工作方案，它只涉及一时之事，是整体规划的一部分。

（四）社区行动

社区工作的第四步是社区行动。社区工作者要激发社区居民行动起来，将制订的计划付诸实施。具体方法有：

1. 会议。社区工作涉及社区内的各个居民，需要社区居民、社区内的机构、社团通力合作，才能开展，因而需要通过召开各种会议，交流意见，求得共识，获得参与、合作的承诺。

2. 教育与宣传。社区的成败关键在于社区居民是否热心参与。但参与的动机是否强烈，要看居民对社区事务的兴趣是否浓厚，这又与其对社区的了解程度及态度有直接关系。为此，就必须进行教育与宣传。教育主要是使居民群众了解社区工作，了解为什么要推行社区工作，对他们有什么好处，他们为何应该参加等。宣传可借助大众传媒，也可在社区里采用黑板报、宣传栏、海报、传单、家访等形式，除了希望调动社区居民的积极性，这也是争取外界的理解、同情与支持的手段。

3. 人事。社区工作者与社区居民及社区内各机构、社团建立起融洽关系；组建开展社区工作的组织（如理事会、委员会、工作小组等）；发掘与培养当地的领导人才。

4. 财务。筹措资金，编制预算，支付各种费用，管好财务。

5. 协调。社区工作要协调合作才能避免重复、浪费和冲突。社区工作者在这方面扮演"牵线搭桥者"的角色：交换信息、沟通意见、协助明确分工与相互支持，使工作者在投入最少资源的情况下，获得最大的成效。

6. 成效评估。成效评估的意义是：（1）对已有的成绩加以肯定，可以获得社区居民更大的信任和支持，也可使工作者有成就感；（2）可对社区发生的变化有更确切的了解；（3）方便随时弹性地修正方案，有助于使未来设计的方案更合理。

评估可由工作者自己来做，也可由社区各界代表来做或请专家咨询；可用定量评估，也可用定性评估。

二、社区工作的基本技巧

社区工作的基本技巧有以下五种：

1. 分析技巧。包括：（1）了解社区结构、过程、资源、问题、需要；（2）分析社会政策和社会问题；（3）社区观察；（4）街头访问；（5）家庭访问；（6）文献分析；（7）访问社区领袖；（8）社区调查。

2. 关系建立与维系技巧。包括：（1）与群众初步接触的技巧；（2）街头谈话、家访、电话访谈；（3）社区关系联络，树立形象；（4）处理与政府部门、社会团体、政治团体的关系。

3. 动员及组织技巧。包括：（1）动员群众；（2）发掘和培训社区领袖；（3）居民组织的建立与运作、主持会议、组织行政事务；（4）社会行动，包括召开记者招待会、组织群众大会、游说、请愿、谈判。

4. 活动程序设计技巧。包括：（1）策划活动、制订目标、宣传策略；（2）调动资源、评估指标。

5. 行政管理技巧。包括：（1）文件资料处理；（2）财务处理；（3）计划、评估工作。

第四节　中国的社区工作

中国虽然没有西方那样长期的社区工作历史，但却有丰富的社区工作实践。从 20 世纪 20 年代的乡村建设运动，到 80 年代中期以来民政部推动的城市社区服务，再到 90 年代中后期的社区建设，以及进入 21 世纪以来提出的"三社联动"和城乡社区治理，这些丰富的实践活动既反映了不同时代的问题，也反映了社区工作在中国的发展状况。

一、中国的社区服务

（一）社区服务的内容

社区服务是 20 世纪 80 年代后期，在政府的倡导下，以一定层次的社区组织为主体和依托，以自助—互助的广泛群众参与为基础，既突出重点对象，又面向全体社区成员，用服务设施和服务项目来增进公共福利，提高生活质量的区域性、社会性、专业性的福利事业。最初的城市社区服务包括为民政对象服务、便民利民服务和与驻区单位实行双向服务，后来它主要在福利—营利向度上进行划分，大致可以分成三个部分：

1. 救助福利性服务

主要的服务对象是社区中的失业人员、贫困家庭、老年人、残疾人和危重病人等。一方面，对失业人员、贫困家庭、老年人、残疾人和危重病人等社会困弱群体具体落实政府制度化的社会救助工作，也对一部分福利救助对象落实相应的就业和再就业服务；另一方面，通过社区中和社会上的慈善捐赠以及其他的社会扶贫帮困活动，给予这部分社会群体更多的人文关怀。

2. 社区事务性服务

服务对象是全体社区居民。对于政府指派的行政性服务，现在大多在街道乡镇和居委会这两个层次建立服务大厅，将相关的行政性服务项目集中到同一服务设施中进行"一站式"服务，其经费来源主要是财政拨款。对于社区内部的自助性服务，主要是通过在社区中根据居民需要建立各种社区"草根组织"，开展自助—互助的团队活动，其主要来源是居民自筹的活动经费，有时相关的政府部门也能给予一定的支持。

3. 市场化的营利性微利服务

社区组织根据社区的实际需要，可为市场化服务提供运营的平台，其服务对象是全体社区居民，以方便社区居民日常购物或购买服务。社区组织要求服务提供者以满足居民需求、提高服务质量为前提来做"街坊生意"和微利服务。

（二）社区服务的功能

自20世纪80年代中期以来，社区服务在中国城市政治生活、经济生活和社会生活中发挥了重要作用。主要表现在如下一些方面。

第一，满足了居民的基本生活需要。社区服务的核心内容是满足困难群体和一般居民的多种需要，它在支持困难群体、满足居民的发展需要方面发挥了积极作用。

第二，创造了一些就业机会。社区服务最初是开展便民利民服务，后来成为解决失业人员再就业的一个领域，社区服务在促进就业方面发挥了积极作用。

第三，支持了以市场经济为取向的改革。在20世纪90年代国企改革的过程中，社区服务承接了单位释放出来的福利服务职能，扩展了公共服务的供给渠道。

第四，培育了人们的社区理念。通过社区服务和社区建设，社区理念得到普及，这也支持和促进了城市社区建设以及城市基层管理体制的改革。

（三）社区服务工作中存在的问题与其发展方向

1. 社区服务工作中存在的问题

社区服务在取得显著成绩的同时，在发展中也遇到一些问题，主要表现在：

第一，社区服务的性质定位问题。社区服务在本质上是属于福利服务还是营利服务，或者它在服务项目上如何进行区分，对这些问题的争论尚未休止，影响了社区服务的健康发展。

第二，社区服务的队伍建设问题。社区服务工作是专业化的服务工作，还是可以任人进入的就业领域，或者它内部有无专业和非专业之划分，这些问题目前仍未厘清。

第三，社区服务的行政化问题。社区居民委员会、社区服务中心已经行政化，怎样处理好它们与政府的关系，不被当作政府的"腿"，而能在自治的理念下健康发展，是中国发展社区工作和创新社会治理体系必须解决的问题。

2. 社区服务工作的发展方向

社区服务在为居民服务、促进社区建设方面发挥着重要的作用，它可以在如下几个方面努力，作出自己的贡献。

（1）进一步明确界定服务性质。社区服务的性质制约社区服务更快发展的深层原因是某些社区服务项目的性质难以确定。如果社区服务能够比较清楚地界定各种服务的性质，获得相关部门的认可，将有利于各种优惠政策的落实。应该对社区服务进一步做好分类，推动其健康发展。

（2）发展公共服务。社区公共服务是使社区居民普遍受益的服务，不管居民的贫富和强弱，他们都有权利享用公共服务。这种公共服务包括卫生服务、健康服务、安全服务、社区教育服务等，主要由政府及相关部门提供。现在，一些社区采用公共服务社的办法来实施公共服务，这只是公共服务的一部分，应该动员和组织有条件、有能力的社区居民，社区中介组织，驻区单位参加此类服务。

（3）发展社区志愿服务。志愿服务是出于内心的利他动机而实施的服务，对于帮助他人克服困难，感受人间真情，从而增强人们之间的亲和力十分重要。中国的社区志愿者、青年志愿者在服务困难群体和社会方面做出了许多贡献，但是一些社区志愿服务活动的行政化、老龄化、政治化的倾向也值得注意。为了促进社区建设，要激活人们的志愿服务精神，建立灵活的志愿者组织，为志愿服务提供必要条件，组织志愿活动，弘扬志愿服务精神。

（4）社区福利服务的职业化。没有高素质的服务队伍就没有高水平、不断满足居民需要的社区服务。随着社区服务成为"筐"，其人员结构也变得复杂起来。任何社区服务人员都不需要任何门槛就能进入，也没有行业的相互支持、自我增能和自律，这是社区服务水平难以提高的重要原因。要强化社区服务在社区建设中的地位，应该在队伍建设上作出努力。要在一定范围内开展职业化建设，建立制度，形成一定规模的社区服务专业队伍。

二、社区发展与社区建设

（一）农村社区发展

中国的农村社区发展实践可以追溯到 20 世纪 20—30 年代的乡村建设运动。这场由知识分子发起并推动的旨在发展农村、振兴中国的运动，并没有自称为社区发展，但其内容甚至方法与西方的社区工作有许多相似之处。

乡村建设运动有多种实践方法，其中最著名的是晏阳初领导的华北平民教育运动和梁漱溟主持的乡村建设实验。华北平民教育运动从提高平民的能力入手，通过参与的方法，力图解决中国人的"愚、穷、弱、私"四大基本问题。晏阳初所提供的平等、参与的理念和工作方法，体现了现代社区工作的精髓。梁漱溟的乡村建设实验则试图通过社区组织等方法重建农村，同时注重社区的内在发展。这场声势浩大的农村社区发展运动虽然因抗日战争的爆发而未获正果，但是它对社区工作的贡献却是显而易见的。

经济体制改革以来，中国一些农村开始进行新的社区发展，主要体现在发展社区经济、改善农民生活状况的实践。在贫困的农村地区，由政府支持、多方参与的扶贫开发对改变落后农村的面貌、提高农村居民的素质和能力发挥了积极作用。然而由于许多农村经济基础差、村级组织乏力，所以社区发展进展缓慢。2005 年党的十六届五中全会提出建设社会主义新农村，2017 年党的十九大报告首次提出乡村振兴战略，这都成为推动农村发展的机遇。在这一过程中，认真总结中国社区发展的经验教训，借鉴国际社区发展的经验是有益的。

（二）社区建设

20 世纪 90 年代以来，中国在城市中普遍开展了社区建设。社区建设是指在党和政府的领导下，依靠社区力量，利用社区资源，强化社区功能，解决社区问题，促进社区政治、经济、文化、环境协调和健康发展，不断提高社区成员生活水平和生活质量的过程。按照《民政部关于在全国推进城市社区建设的意见》，社区建设一般包括五个组成部分，即拓展社区服务、发展社区卫生、繁荣社区文化、美化社区环境、加强社会治安。另外，各地区还应因地制宜地确定本地城市社区建设发展的其他内容。

社区建设是在国有企业改革、向市场经济体制转轨和原来的城市管理体制严重滞后的背景下提出的。上述改革将居民服务、城市社区管理的任务推向社区，但在计划经济时期一直处于附属地位的社区无力承担这些职能，在这种情况下，提出社区建设的任务就是必然的。

社区建设有加强社会管理和促进民生这两个既互相区别、又互相联系的目标。政府倡导社区建设的意义在于探索体制改革中产生的问题的解决之道，即探索新的社区管理模式，加强精神文明建设，巩固城市基层政权、加强民主政治建设，提高居民生活质量。如果从社区建设的本质来看，应该把提高居民生活水平和生活质量置于首位，即坚持民本主义的社区建设观。然而无论如何，社区建设都同社区规划、社区资源发掘、社区居民参与和社区力量的凝聚相联系，因此，社区建设与社区工作是相通的。在社区建设中引入社区发展和社区治理的思路，借鉴社区工作的方法，促进基层社区组织建设、基层民主协商议事是有益的。

各地在社区建设的实践中的做法各不相同，有的以社区服务为主，有的突出社区文化，也有的尝试推进社区民主。在社区建设中既可以看到政府自上而下的强有力推动，也可以看到自下而上的社区自治的力量。这是一个多方参与、共同探索城市社区治理、社会管理新模式的过程，也是一个学习的过程。在这一过程中，许多街道、居民委员会工作人员参加了以社会工作为主要内容的培训，社会工作知识得到一定程度的普及，社会工作理论和方法对社区工作者有效地开展社区建设工作也起到了积极作用。2013年11月，民政部、财政部联合发布了《关于加快推进社区社会工作服务的意见》，要求加快推进社区社会工作服务，促进社区工作人员的专业化，有力地推动了社区工作的发展。

社区建设有多种目标诉求，它遵循如下基本原则：以人为本、资源共享、管理有序、居民自治。以人为本强调的是社区建设要使居民受益即民本目标，后三条则强调的是新型社会治理体制的建立。社区建设的参与者有政府、社区组织和社区居民三个方面，并涉及政治、经济等多个领域，是一个复杂的社会过程。在这一过程中，以服务居民为本，注意培育和发展社区组织，提高居民参与的能力，对于达到社区建设目标来说是十分重要的。党的十八届三中全会从推进国家治理体系和治理能力现代化的高度出发，提出要激发社会组织活力，正确处理政府和社会关系，指出适合由社会组织提供的公共服务和解决的事项，交由社会组织承担，并重点培育和优先发展城乡社区服务类等社会组织，这也大大推动了中国社区工作的发展。

（三）社区治理

社区治理是以社区为对象的治理，是政府、社会力量特别是社区居民多方参与，共同解决社区问题，促进社区和谐和秩序的过程。在中国，社区治理是从社区管理、社区服务发展而来的。进入21世纪，中国城乡社区的问题更加复杂，建设和谐社区的任务既具体又迫切。党的十八大之后，中央强调社会治理，与此相应，社区治理也成为新阶段社区工作的重要任务。

从内容上讲，社区治理是政府部门、社会组织、特别是社区居民依据法律、法规和社区规范等，通过民主协商、平等谈判、协调互动、协同行动等对涉及社区共同利益的社区公共事务进行抉择、有效管理和推进，从而增强社区凝聚力，增进社区成员福祉，推进社区发展进步的过程。社会工作参与社区治理就是通过实施社会工作服务，解决社区社会问题，协调社区社会关系，增进社区和谐，促进社区发展的过程。2017年《中共中央　国务院关于加强和完善城乡社区治理的意见》对城乡社区治理提出了明确要求，指出要以基层党组织建设为关键、政府治理为主导、居民需求为导向、改革创新为动力，健全体系、整合资源、增强能力，完善城乡社区治理体制；要坚持以人为本，把服务居民、造福居民作为城乡社区治理的出发点和落脚点，坚持依靠居民、依法有序组织居民群众参与社区治理；同时要求发挥包括社会工作在内的社会力量的优势参与和创新社区治理，提出要实施社区、社会组织、社会工作"三社联动"。在之后的关于社会治理的政策文件中，又提出完善社会力量参与基层治理激励政策，创新社区与社会组织、社会工作者、社区志愿者、社会慈善资源的"五社联动机制"，都把社会工作参与社区治理置于重要地位。

在政府购买社会工作服务政策的支持下，中国社会工作群体深度地参与了社区治理，实施"三社联动"，在服务困弱群体、促进邻里互助和居民融入、社区矛盾预防化解、邻里纠纷调解、社区矫正、志愿者队伍建设及社区文化保护等方面，发挥了积极作用。社会工作者参与社区治理的模式主要是协商式治理和服务型治理。协商式治理是社会工作者通过服务，促进社区成员及相关方面，加强信息沟通、意见交流、化解矛盾、促进相互理解进而达成共识，促进社区和谐的治理方式。服务型治理是通过提供服务，帮助贫弱人士和困境群体解决其基本生活方面的困难，促进社会和谐的过程。实施协商式治理和服务型治理，既服务了社区居民，预防和化解了社会问题，也促进了社会对社会工作的了解。党的十九届五中全会指出，要发挥群团组织和社会组织在社会治理中的作用，畅通和规范市场主体、新社会阶层、社会工作者和志愿者等参与社会治理的途径。推动社会治理重心向基层下移，向基层放权赋能，加强城乡社区治理和服务体系建设。党的二十大提出，要健全共建共治共享的社会治理制度，提升社会治理效能，在社会基层坚持和发展新时代"枫桥经验"，加强和改进人民信访工作，畅通和规范群众诉求表达、利益协调、权益保障通道，完善网格化管理、精细化服务。在这方面，社会工作大有作为。随着"十四五"期间乡镇（街道）社会工作服务站全覆盖的实现，中国的社会工作在城乡社区治理中将会发挥更大的作用。

【思考题】

1. 什么是社区工作？其目标是什么？
2. 试述罗斯曼社区工作三模式的基本内容。
3. 试述联合国倡导的社区发展的基本原则。
4. 试述社区工作的介入方法。
5. 试述社区工作的过程。

【主要参考文献】

唐钧：《关于城市社区服务的理论思考》，《中国社会科学》1992 年第 4 期。

王思斌：《体制改革中的城市社区建设的理论分析》，《北京大学学报》2000 年第 5 期。

[美]埃伦·内廷、彼得·凯特纳、史蒂文·麦克默特里：《社会工作宏观实务》，刘继同、隋玉洁、王颖译，中国社会出版社 2004 年版。

徐永祥主编：《社区工作》，高等教育出版社 2004 年版。

《民政部　财政部关于加快推进社区社会工作服务的意见》，2013 年 11 月 15 日。

《中共中央　国务院关于加强和完善城乡社区治理的意见》，2017 年 6 月 12 日。

《中共中央　国务院关于加强基层治理体系和治理能力现代化建设的意见》，2021 年 4 月 28 日。

第十章

社会行政

现代社会工作是以组织化的形式开展的，在社会服务项目的开展、社会服务机构的运行中，社会行政处于关键环节，它对社会工作的开展起到重要的保障和推动作用。本章主要介绍社会行政的含义、功能和内容，并分析中国社会行政的特点。

第一节 社会行政的含义与功能

一、社会行政的含义

（一）什么是社会行政

社会行政是根据英文 social administration 翻译的概念。法国管理学家法约尔（Henri Fayol）在建立其行政管理理论时曾使用 administration 这一概念，学者们倾向于将它译成"行政"而不是"管理"，以使它与 management（管理）相区别。在学者们看来，行政是指对执行活动的指导或监督，而管理主要是指取得某种结果和取得这些结果的管理者的个人责任。

对于社会行政，学者们有不同的认识视角，其中一种认为社会行政主要是社会福利行政和社会工作行政。社会福利行政有狭、广两种含义。狭义的社会福利行政是政府的社会福利行政主管机关依照国家的管理思想、社会政策和社会立法，在其辖区内实行的有关社会福利的措施。广义的社会福利行政则是针对全体人民的，社会福利行政主管机关及其他行政机关实行的有关社会福利的各种措施。基德内（John C. Kidneigh）认为社会工作行政是把社会政策变为社会服务的过程，不但如此，社会工作行政还包括用执行政策所得到的经验去修改政策。崔克尔（Harleigh B. Trecker）认为社会行政包括如下基本内容：1. 社会行政是一个连续的行动过程；2.这个过程在于促进达到共同目标；3.在这一过程中要妥善运用各种资源；4.以协调与合作的方法去运用资源；5.在这个过程中计划、组织和领导是重要的。由此可见，社会福利行政和社会工作行政是行政程序在社会福利和社会工作领域的运用。综合以上看法可以认为，社会行政是依照行政程序，妥善利用各种资源，实施社会政策，向有需要者提供社会服务的活动。

（二）社会行政与社会管理、公共行政的区别

在中国，区分社会行政与公共行政、社会管理三个概念是必要的。社会管理是指对整个社会系统的运行过程的有目的的影响，有时也指对社会领域的管理。公共行政是指政府对公共事务的行政管理，其目的是使公民享受应有的服务，维护社会秩序，以使广大居民正常地生活和工作。社会行政则是指社会福利领域的行政管理活动，目的是通过实施社会政策和社会服务，增加困难群体、弱势群体的福利。公共行政与社会行政或社会福利行政有以下不同：第一，社会行政涉及的对象一般较公共行政狭窄，只包括公民中在日常生活方面遇到困难者，是困弱群体；第二，社会行政的内容带有更强的福利性，而不是一般服务；第三，就行政过程而言，社会行政多带有社会工作的特征。

由此我们可以看出：第一，就涉及范围而言，社会管理是针对整个社会或狭义的社会领域的，公共行政则针对社会的公共领域，社会行政针对的是社会福利领域。第二，就直接目标取向而言，社会管理追求社会的秩序和协调运行，公共行政关心的是全体公民的福利，社会行政关心的主要是困弱群体的福利。第三，就其承担者来看，从事社会管理的是对整个社会运行负有责任的部门，如整个政府及其综合管理部门，从事公共行政的是与公共福利有关的政府有关部门及其下属机构，从事社会行政责任的是社会福利行政机关及社会福利机构。

二、社会行政的层次

把社会政策变为对社会成员的服务要经过不同环节的连续努力，这就是社会行政过程。如果对之做一个粗略划分，社会行政可以分为宏观社会行政和微观社会行政。我们可以把在较高层次上实施社会政策的活动称为宏观社会行政，把具体执行社会政策、推动社会服务的活动称为微观社会行政。

宏观社会行政实际上是在较大范围内推行社会政策，一般表现为政府的职能行为，是政府部门在一定范围内推行社会政策，指导、帮助、监督、检

查、评估政策落实情况的活动。例如，民政部门通过行政系统去推进社会救助政策的落实，人力资源和社会保障部门推动养老保险制度建设的活动。微观社会行政是将社会政策化为具体的社会服务环节上的行政活动。在发达国家和地区，它常常表现为社会福利机构的统筹与管理，即通过机构（组织）筹集资源和配置资源，更有效地提供社会服务。微观社会行政不是具体地服务受助者的工作，而是对社会服务的统筹、协调和管理。在社会工作领域，微观社会行政就是社会工作行政。实施社会行政的人被称为社会行政人员或社会工作行政者，一般由对某社会福利领域的政策有深入了解、有一定行政权力的资深人员担任。

宏观社会行政与微观社会行政具有某种程度的相对性。从政府部门到具体实施福利服务的机构，构成了一个社会行政的层次序列。从宏观到微观，社会行政的内容逐渐具体化。这不但表现为社会政策变得更加具体，更加符合当地实际，而且表现在社会行政的措施也更加具体，更有利于福利政策和福利服务计划的落实。宏观社会行政与微观社会行政的相对性和执行政策的连贯性使二者之间具有密切联系。宏观社会行政在政策贯彻落实中设计科学、活动有序，各方面因素考虑周到、指导到位，基层的社会服务就进展顺利、效率高。反过来，微观社会行政对宏观社会行政也有一定影响，因为政策是层层落实的，而且基层行政人员在社会政策的实施过程中常常具有决定性作用。

在大型社会服务机构独立开展服务的情况下，宏观社会行政主要表现为机构负责人对相关政策的把握和对机构发展运行的总体设计，微观社会行政即社会工作行政则是对机构提供服务的组织、协调和推进。

三、社会行政的地位与功能

（一）社会行政的地位

由于政策被执行、被落实才真正具有价值，所以社会行政的重要作用是显而易见的。社会行政人员依其对社会政策的理解、解释和推动影响着社会政策功能的发挥。具体说来，这些影响因素包括：行政人员对社会政策的理念和方向的正确把握程度；对政策作用范围和政策标准的准确理解；有效配置和协调各种资源的能力；与具体落实服务的工作人员的相互理解与配合；等等。

社会行政在社会福利和社会服务体系中有不可替代的作用。长期以来，社会工作多以直接服务为主，即多以个案工作、小组工作去帮助受助者，社区工作也是在小范围内实施具体的服务。这些直接服务帮助受助者解决了他们的具体困难，但也反映出直接服务之不足。这种不足主要表现为，社会工作者靠自己的价值观念和技巧为小部分人服务，而未能在更大范围内对有需要者提供帮助。正因为如此，20世纪50年代后期，伯恩斯（Burns）等提出社会工作应该干预社会政策，在宏观层面上负起自己的责任，并把社会行政纳入社会工作专业范围。在美国，美国社会工作院校联合会课程委员会于1982年指出，行政是一种可选的专攻方向。至今，美国大部分社会工作院校都设有社会行政方面的课程。在英国，社会行政在20世纪50—70年代就有了较快发展，蒂特姆斯作为社会行政学教授在社会政策与社会行政学科建设中做出了重要贡献。社会工作行政被视为间接工作方法。社会行政进入社会工作专业范围，不但使社会工作由"不完整的专业"变得相对完整，而且大大提高了社会工作的效能。社会行政因其从宏观的、实施政策的角度考量社会福利问题，并借助行政体系推进社会福利服务的落实，从而在社会福利和社会工作体系中占有重要地位。在社会工作机构中，行政工作的重要性是不言而喻的。

（二）社会行政的功能

社会行政的功能主要表现为如下一些方面。

1. 将社会政策变为社会服务行动

社会政策是国家或机构依据其占支配地位的价值观念解决社会问题、增进成员福利的基本原则和规定。它们要变为实际的福利服务并真正受惠于有需要的人，就需要一种转换机制，这就是社会行政。社会行政在将社会政策转变为具体服务的过程中将宏观政策具体化，从而具有解释政策的功能。此外，社会行政要为社会政策的执行和落实制订具体目标和行动方案，其中包括确定政策落实者的目标和责任、他们所拥有的权力和资源、他们落实政策的社会动员系统和方法、政策落实时限和评估标准等。通过一系列的操作化，社会政策变为服务提供者的具体行动。在此过程中，社会行政发挥着重要的计划和推动功能。

2. 合理配置资源，促进有效服务

社会行政不但在宏观层面上策划社会服务，而且在具体服务的临界面上对其进行具体的统筹和管理，即具体地配置各种资源以形成社会服务能力；建构良好的环境以支持社会服务的提供；督促社会服务的进程，并对之进行评估以提高服务效率。社会行政对直接服务进行统筹、组织、支持、协调和监督，直接影响着机构服务活动的开展和效果。

3.管理服务机构，指导员工服务

社会政策变为具体服务，机构提供服务都是相关人员的共同活动。为了使这些活动协调进行，使机构正常有效运转，行政人员要制定一系列规则，并推动实施，这就是对机构的管理。另外，社会工作行政人员作为资深的社会工作者和机构管理者，有责任对机构的新员工进行指导和督导，使他们尽快熟悉工作，高质量地实施服务。

4.总结服务经验，促进政策完善

社会行政人员的责任还在于根据需要改进政策。社会政策的合理性和可行性可以在理论上被评价，但更主要的是通过实践来检验。由于社会行政是社会政策的贯彻过程，并且执行政策者对社会服务实践有深入的了解，因此，社会行政人员就具备了评价社会政策合理性的条件和能力。他们通过总结经验，可以向决策者提供意见，修订和完善政策，以满足社会的福利服务要求。同时，对服务经验的总结也可以提高社会服务的水平。

第二节 社会行政的内容

社会行政是行政的一种。对于行政的内容，学者们有较多分析和归纳，行政管理学家法约尔认为行政包括计划、组织、指挥、协调和控制五个方面。古利克（Luther Gulick）则认为行政包括计划、组织、人事、领导、协调、报告、预算七项内容。以下结合社会福利的实践对社会行政的内容做简要介绍。

一、社会服务的计划

（一）社会服务计划的内容

社会政策经常以开展社会服务项目的方式得以落地施行，在一个服务项目即将实施之前，要对项目的开展、社会服务的提供进行科学的设计和计划。

首先，要对具体的社会服务提供过程进行计划。第一，要搞清楚该服务项目的具体目标是什么，它要使哪些人受益，服务提供者所拥有的资源（人力、物力、财力、时间等）如何，怎样使需要和服务资源较好地匹配等。要对这些社会服务的技术方面进行认真分析。第二，要对与提供服务直接相关的政治、经济、文化、社会结构等影响因素进行分析。第三，要搞清楚社会服务需求的优先次序和福利资源的储备、匹配情况。第四，在计划过程中，编制预算是一项重要工作。预算是对提供某项服务所需资金的计算，是获得合理支持的前提。社会服务计划的预算主要是方案预算，即以方案为单位的预算。

这里我们对项目方案或服务方案稍做介绍。项目方案或服务方案是对社会服务的预先书面计划。在社会服务机构向政府和其他资助者申请资助的阶段，以及服务机构的项目执行阶段，都需要制订方案。方案对于前者就是项目申请书，而对于后者则是服务实施计划。方案包括如下内容：方案提出者想做什么；为什么要做这些，或提供此服务的必要性是什么；要达到什么目标；这项服务的可行性怎样，包括已有的条件和需要获得的支持；方案提出者打算怎样开展这项活动或服务，包括人力资源提供、时间安排、行动过程；服务过程的可靠性，或怎样监测这一过程；项目或服务的最后结果或效果。

一个好的项目申请书更有可能为项目争取到资助，好的服务方案可以更好地利用资源开展服务。所以，制订好的方案对于社会政策实施、项目获得支持、社会服务开展都很重要。要制订好的方案还需要进行评估和选择，就是众中选优。评估选择优秀方案的标准是：方案要解决的问题是否重要，是否符合资助者或本机构的社会价值，是否具有优先性，方案实施的可行性（条件、机会及风险），方案提出者的以往经验，方案所表明的资源利用效率，服务效果的丰富性，等等。优秀的社会工作服务方案要充分反映社会工作的价值追求、专业方法和良好的服务效果。对于重要的项目方案或服务方案评估，通常要邀请该领域的专家参加。

（二）社会服务计划的过程模式

从一般意义上来说，社会服务的计划就是对即将实施的社会服务的方式、途径的设计与选择。以下我们参考卡恩（Alfred J. Kahn）的计划过程模型，对社会服务的计划过程进行初步概括。卡恩认为，计划是计划鼓动者根据现实需要界定任务、形成工作方案、执行方案并进行评估和反馈的整个过程。在确定工作方案的过程中要考虑资源、利益群体、社会价值、行政体系等多种因素的影响。当我们把社会行政看作实施社会政策的过程时，社会服务计划的过程就大致遵照如下模式进行（图 10-1）。

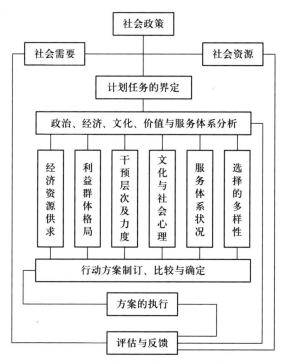

图 10-1　社会服务计划的过程示意图

这个模式表明，社会服务计划的制订要考虑到与此相关的各种社会因素，评估它们的现状、在计划执行过程中的变化及对计划的影响。不但要考虑它们中的每一个因素对计划行动的影响，而且要考虑它们之间的相互作用对计划的影响；不但要考虑外部因素，而且要对服务能力进行评估。

明显地，整个计划过程充满了评估、决策和选择。传统的决策理论推崇理性决策模型，认为决策就是要寻求最佳决策。理性决策模型建立在以下假设之上：能获得关于决策的全部信息；找到实现目标的全部方案；能准确地预测出每一方案的执行结果。实际上，这种理想化的决策模型在上述几个方面常会遇到难以逾越的困难，难以真正实现。针对理性决策模型，赫伯特·西蒙（Herbert Simon）提出了有限理性模型，就是在一定条件下实现满意决策。这为复杂的社会服务决策提供了具有参考意义的思路。

社会服务项目或方案的选择有不同的着重点：注重效率或是注重综合效果，注重服务惠及的人数或是注重服务对象是否是最需要帮助的人。社会服务项目和方案的选择要充分考虑项目的性质、服务机构和项目支持者的价值，评估方法要尽量科学化。项目或方案评估可以使用多种方法。在对服务项目进行评估时，费用—效益分析方法有广泛的适用性。费用—效益分析方法计算该服务项目的所有费用和效益，同时考虑服务效果的分配性问题，是比较科学的评估方法。

二、社会服务的组织

（一）组织的含义

社会服务的有效提供需要一定的组织作基础，对于组织可以从行动和结构两个方面去认识。从结构角度看，组织是为了实现某一特定目标而有意组成的社会群体。从行动角度看，组织则是人们有意识地协调相互之间行动的体系。实际上，行动和结构是相互联系的。在社会服务计划及工作目标确定之后，如何将各种资源进行统筹配合去达到目标和选择怎样的组织形式能更有效地实现目标，都是需要认真考虑的。

（二）社会服务组织的结构

社会服务组织也称社会服务机构，它有一定的组织形式，并通过成员之间的分工合作来实现服务有需要的人群和社会的目标。

组织的结构类型有直线型、职能型、直线—职能型、事业部型和矩阵型等多种形式。对社会服务组织来说，直线型和矩阵型常常作为重要的形式在提供社会服务方面发挥重要作用。直线型组织结构呈金字塔形状，是一种自上而下通过严格分工和权力分层而形成的组织形式，韦伯的科层制刻画了这种组织结构的基本特点。当然，社会服务机构在采用这种组织设计时可以使用其架构，但要注意避免过分科层化的弊端。一般来说，在社会服务范围较小、任务比较单一的情况下，直线型结构是适宜的。某些社会服务机构所承担的社会服务任务是多元的和变动的，为了更好地运用人力资源开展服务，组织可以采用矩阵结构。矩阵结构是根据工作任务的需要配置组织成员而形成的多种工作任务并存的较为灵活的团队式组织形式。其特点是将机构看作一个人力资源库，根据工作任务的需要而进行多种搭配。

应该注意的是，把组织看作一个开放的社会技术系统的观点对理解社会服务组织是有启发的。卡斯特（Fremont E. Kast）认为，组织是处于环境超系统之中的，是由目标和价值子系统、技术子系统、结构子系统、社会心理子系统和管理子系统组成的系统。在卡斯特看来，组织的各个子系统互相交织，使其成为一个复杂的、为实现目标而努力的动态体系。

在现代社会服务中，工作团队具有重要的地位。所谓工作团队是指由组织成员结合而成的民主合作的社会群体，他们作为一个整体进行思考和工作，共同分析问题和进行选择、确定应对方法。工作团队既是工作群体，又是互依互助的群体，它与靠行政命令行事的组织框架不同，是一种共同参与、全面协作的组织安排。

对于现代社会服务机构来说，除了形成合理分工、有效运行的内部分工，还要建立现代治理结构。治理不同于因组织内部正式分工所产生的自上而下的管理，它指的是多方共同参与的共同管理。社会服务机构的治理结构包括建立董事会，实行员工参与，也包括接受来自政府和社会的外部监督。

（三）组织成员的招聘及录用

社会服务（工作）是依靠服务人员的智力和技巧为有需要者提供服务的活动，社会服务（工作）机构是人力资源密集型组织。要完成社会服务任务必须拥有高素质的服务人员，招聘、录用合格成员是社会行政人员的职责。在中国，社会服务机构的组建有两种方式：第一种是原有社会组织的转型，即原来的事业单位、社会团体转变为社会服务的承担者，这是机构工作任务的转换，并不一定需要招聘多少新成员；第二种是根据社会需要新建和扩大社会服务机构，需要招聘新成员。以下以第二种方式为主介绍成员招聘和录用的基本内容。

成员招聘一般通过对比机构的任务和人力需求来确定，在招聘时要考虑：社会服务的关键岗位是否缺员？有否可能通过内部调剂解决缺员问题？是否可以以兼职方式解决这一问题？某一岗位缺员的补充是否刻不容缓？从机构的进一步发展来看，眼下某一岗位缺员是否具有长远影响等。统筹上述考虑，可以列出机构人员招聘的优先次序，开始招聘。

社会服务机构招聘人员的一般程序是：公布拟招聘人员的岗位、工作任务、缺员数量和申请资格，对应聘人员进行资格审查，会见符合条件的应聘人员并进行评价，初步确定拟聘用名单，试用并深入了解应聘人情况，最后决定是否正式录用。社会服务机构在招聘、录用人员时要特别注意以下几点：应聘者对社会工作价值观的认同，应聘者的人生及工作经历，应聘者的实际工作能力和合作精神。这对于那些实行内部成员转换的社会服务机构也是有参考意义的。

三、督导与激励

（一）督导

在社会服务机构中，由经验丰富的行政人员对下属进行督导是必要的。社会服务机构中的督导是机构中的行政人员为更好地完成机构所承担的任务，对下属的工作给予指导、协调、强化和评价的活动。督导是一个渗透着社会工作价值观、工作技巧、人际关系、工作规范等多种要素的综合性活动，它具有行政、管理、教育和支持等功能。

按照权变理论，督导形式与下属的成熟程度有关。所谓下属的成熟程度是指独立、自主、良好地理解自己的角色地位、判断角色行为意义的程度和较好地完成其角色行为的能力。对于很不成熟的下属，采用指示型督导方式是适宜的。所谓指示型督导即手把手地教给下属应如何去做，这种教导行为是示范性的，它展示了一种工作标准，对被督导者具有一定强制力。当下属具有一定的工作能力但不甚成熟时，宜采用指导式督导即行政人员发出工作指示，诱导和启发下属去完成工作。行政人员关注下属的工作完成情况，并给予指导和提醒，但并不严密地控制其行为。在下属具有较强的工作能力、比较成熟时，宜采用支持性督导，对下属的督导行为是辅导性和支持性的。在下属相当成熟时，严格意义上的督导也就失去其必要性，行政人员应该对其授权。显而易见，随着组织成员的不断成熟，行政人员也应采用不同的督导方式。

（二）激励

为了充分发挥机构成员的积极性，有必要对其进行激励。激励是激发人的动机，诱导人的行为，使其发挥内在潜力，为组织目标而努力的活动。激励与人的需要相配合才会发生作用。不同的人的需要结构不同，对其激励的方式也不同。按照马斯洛的说法，人有生理、安全、归属、尊重和自我实现的需要，它们形成一个由低到高的序列。在低级需要获得满足之后，人们就会追求满足高级需要。麦克利兰（David C. McClelland）认为，在人的生存需要基本得到满足的前提下，他的最主要的需要有三种：成就需要、权力需要和合群需要。其中，成就需要的高低对一个人的发展和成长有特别重要的作用。一般来说，麦克利兰的分析比较符合社会工作者的情况。社会工作者有强烈的助人价值观，做好工作、为受助者提供优质服务常常成为他们的首要追求。他们愿意去做有创造性的工作，并从中发展自己。因此，行政人员对社会工作者的激励就应该从为他们分配有创造性且能发挥其潜能的工作，并为他们创造良好的工作条件入手，比如建立团队、目标管理、鼓励参与，为他们创造培训和学习机会，要避免他们的激情和能力被耗竭。当然在这一过程中，其他的激励方式也是有效的。

为了更有效地调动机构成员的积极性，推进机构服务，对下属的工作进行考核是必需的。社会服务机构中的考核要采取坦诚和客观的态度，以促进工作为目的。在考核过程中要力求公正，尽量避免不公平感和内部矛盾的滋生。考核也应注意保密，避免将考核结果泄露给一些无关者，以引起不必要的矛盾和冲突。对机构成员的考核有投入评估和产出评估两种。投入评估主要考查成员的工作投入情况，包括其工作态度、专业知识和技巧的运用、资源的运用及活动开展情况。产出评估是对其工作结果、服务效果的评估，包括服务的数量和质量，服务的外部效果和综合效益等。一般地，产出评估更适于对社会服务人员的评估。

四、社会服务系统中的协调与控制

（一）协调

对于一个有复杂内部结构和承担复杂服务任务的社会服务机构来说，进行内部协调是必要的。协调是使系统的各部分分工合作、协同一致达到目标的活动。以协调的对象划分，组织中的协调可分为协调关系和协调工作两种。协调关系是使系统中的不同部分、不同成员之间建立良好的合作和信任关系；协调工作则是使他们在工作过程中进行良好的配合。协调关系和协调工作是两种不同的取向，但二者又可以互相促进。根据对协调活动的设计划分，协调可分为程序性协调和工作性协调。程序性协调是在制订机构的活动计划时，对不同部门、人员的相关活动在时间、过程方面的合理配合，使服务在进行过程中实现互相支持；工作性协调则指在服务活动进行的过程中，行政人员具体地联系、调节各方面行动，以使他们互相配合的活动。两种协调是有联系的，合理的程序性协调会减少工作性协调的工作量。

有效的协调建立在良好的信息沟通和成员之间相互信任的基础上。机构中的信息沟通有下行沟通、上行沟通和水平沟通等多种形式。下行沟通是信息由上级向下级的传递，上行沟通则相反。在社会服务组织中，垂直性的信息沟通是重要的，它可以保证高层行政领导的指示和意见的下达及其对下层行动、意见的了解。而且只有了解下层的意见和行动，高层行政领导才能进行有效的协调。在机构内部关系比较良好的情况下，建立信息的横向沟通机制可以对不同部门之间行动的自我协调产生积极影响。

（二）控制

社会服务机构中的控制包括机构工作进程的控制和机构中冲突的控制。

1. 机构工作进程的控制

工作进程的控制是依照计划对相关各部门、成员的工作进度、效果进行的综合控制和影响，其目的是实现机构运行的总体协调。控制工作进程的必要性来自机构服务活动的整体性要求。机构工作进程的控制与协调之间有密切关联，在某种意义上控制是达到协调的手段之一。关于机构中的控制有两种基本观点：传统的观点把控制看作机构中的领导、行政人员运用权力的过程，是自上而下的、基于职权的；另一种观点则认为控制是人员间的相互影响，它既可以是自上而下的，也可以是横向的，甚至是自下而上的。工作进程的控制以及时了解机构各部分工作进展的可靠信息为基础。而机构成员对整体工作的任务、进程、意义的了解和共同理解，有助于他们的自我控制、整体工作的协调和目标的达成。

2. 机构中冲突的控制

由于工作或兴趣等原因，机构中不同部门、不同成员之间可能发生冲突。这种冲突常常表现为互不合作以至互相反对，不利于机构的正常运行、发展和总体任务的完成。社会服务机构的领导和行政人员应该尽量避免和缓解冲突，以防止组织资源的浪费和工作环境的恶化。控制机构中冲突的具体方式是多种多样的，而缓和与彻底解决是两种最典型的处理策略。所谓缓和策略即尽量减少、模糊冲突双方所认为的差距，强调双方的共同点，强调"和为贵""团结一致向前看"；所谓彻底解决策略即在冲突难以调节的情况下，公开冲突，从根本上解决问题，包括重新设计组织等。

五、评估与报告

（一）社会服务机构评估的意义

社会服务机构评估是对整个机构的运行及其所提供的服务的评价，是将现状或结果同计划相对照，从而判定机构功能状况的活动。评估内容包括：机构的人力资源，项目承担和完成情况，机构的内部结构，机构运行中的问题，机构的发展潜力和发展前景等。社会服务机构的评估具有重要意义。它可以明了某一服务计划的执行情况，发现成绩和不足以改善服务，更好地推进机构的工作；评估可以向社会服务的支持机构（政府、民间团体、企业和社会）以及服务对象和社会工作同行作出交代，增强自己的公信力；评估还可以对相关政策作出评价，并促使政策的修订；此外，评估还可以达到总结社会服务经验、发展相关理论的作用。

（二）评估的类型与方法

1. 评估类型

方案评估在机构运行或服务提供的早期进行，过程评估、结果评估和效率评估等类型则在后期进行。

过程评估针对的是机构运行或服务提供过程。过程评估可以及时发现问题，采取措施以保证计划的落实。过程评估要解决的问题是要搞清楚：机构（成员）提供了哪些服务，服务是如何提供的，服务过程是否指向计划目标。

结果评估是对机构运行或服务结果（效果）的评估。结果评估关心的是机构所提供的服务的实际效果，这种效果与预期的关系，达成这种效果的原因及影响因素。社会服务的效果常包括服务的受益人数、受益人结构及影响深度等。

效率评估是比较服务的投入和产出，进而得出资源利用率的评估方式。它关心的是资源利用效率而不是服务的一般效果。这种评估一般用于向服务资助者进行交代。

2. 评估的方法

社会服务评估主要采取社会调查方法进行。针对要评估的项目，评估人通过座谈、访问、问卷、观察等方式获取必要资料，同计划进行比较。在评估项目运行时，文字资料十分重要，特别是资金运用情况要依赖收支账目，关于实施服务的工作记录也是重要的参考资料。

就评估的组织方式而言，社会服务机构的评估主要包括自评估和外评估。自评估即组织机构的自我评估；外评估即请外部专家进行评估。外评估特别是第三方评估，是社会服务机构治理结构的重要组成部分，也是回应社会监督、增强自身公信力的重要措施。社会服务机构的评估还要注重吸收机构的一线服务人员和服务对象参与，进行参与式评估。

（三）报告

报告是社会服务机构将其运行状况特别是运用政府和社会资源提供服务的状况，向相关方面公开，并获得评价的活动，这是社会行政的一项职能。由于社会服务机构的服务资源大多来自政府、基金会、企业和社会捐赠，所以，当一个项目进行到一定阶段或执行完毕后，它有责任向其支持者报告，说明项目进展情况和取得的成果。这既是实现自己申请项目时的承诺，也是使各方了解机构、获得进一步认可、增强自己的公信力、发展自己的社会支持网络的举措。作出客观、可信、高水平报告的基础当然是自己的社会服务实践，认真总结自己的工作和经验，对之进行科学、客观的评估，对照服务计划说明自己取得的成绩，是报告成功的关键。

第三节　中国的社会行政

一、中国社会行政发展史

（一）中国古代的社会政策与社会行政

传统中国是一个农业国，在这个幅员辽阔的国土上，灾荒战乱不断。历代统治者为了安民治国，制定了一些政策。《周礼》中有采取十二项措施聚万民、救荒政的记载。《管子·入国》的九惠之教，即老老、慈幼、恤孤、养疾、合独、问疾、通穷、振困、接绝是典型的社会福利政策。汉朝以后实行的常平仓、义仓是政府荒年救济贫民的重要措施。虽然各朝代都有赈灾、济贫的政策，但由于灾困面积甚大、经济资源不足及交通不便，这些政策在解决灾困人民的问题方面发挥的作用并不明显。及至晚清，在改良维新思潮的影响下，清政府于光绪三十二年（1906 年）改革官制，在中央设立民政部，下设民治、警政、疆里、营缮、卫生五司及其机构，其管理事务与安民治世有关。可以说，古代中国没有成型的社会行政体系。

（二）20 世纪上半叶中国的社会行政

民国之初，南京临时政府设内务部，主管赈恤、救济、慈善、感化、卫生等，后内务部改为内政部。中国灾荒战乱频仍，促使救灾救济事业发展起来。1938 年，南京国民政府在中央、各省、县成立赈济委员会，主管临时灾难救济工作，开官民合作、共同负责救济之先河。1940 年，南京国民政府成立社会部，职掌社会救济、社会福利、社会运动、社会服务、劳工行政和合作行政事务等，后在各省（市）设社会处、社会局，县设社会科，这是较具现代意义的社会行政体系。20 世纪上半叶，民间福利机构也有一定发展，中国红十字会、中华慈幼协会、战时儿童保育会等在对百姓的救难解困方面发挥了积极作用。在苏区和解放区，人民政府领导下的救济总会等有关部门在生产救灾、社会救济、战地服务、拥军优属等方面作用明显。

二、计划经济时期中国的社会行政体制

（一）计划经济时期中国的社会行政体系

中华人民共和国成立后，中国逐渐形成了政府统管、政府部门及群众团体分块负责的社会福利制度，以及与之相适应的社会行政体系。其基本结构是：民政部门主管救灾、救济、农村社会福利、抚恤优属等工作；劳动部门负责管理全民所有制职工的社会福利；卫生部负责国家职工的医疗保障；工会、妇联、残联分别负责监督、推进职工、妇女、儿童、残疾人的权益保护和福利。在行政设置上，中国采取下级政府与上级政府"对口"设置相应机构的制度，主管某类社会福利或救济事业，在中央及地方各级普遍设立社会行政机构，从而形成政府统一领导、条块结合的社会行政体系。在这种情况下，中国的社会行政体系基本上是单一的政府系统。

（二）中国实施社会政策的方法与特点

中国社会政策的推行基本上是借助于 20 世纪 50 年代以来形成的单位体制进行的。在城市，政府将有劳动能力者纳入各种组织。各种类型的工作单位设有负责保障组织成员福利的部门，以解决职工的劳动保护、退休、住房、医疗、家庭生活困难等各种问题。由于中国的单位和劳动组织都具有行政等级，加之国家的社会福利资源都掌握在政府手中，因此，政府制定统一的社会政策，并借助于政府部门和准政府性的工作组织去推行、落实，解决社会成员遇到的困难，这是基本的社会福利提供模式。社会行政也就成为各级政府和准政府机构的责任。这就是说，在计划经济时期，政府依靠对社会福利资源的高度集中控制，依靠层级有序的行政机构和统一的政策规定，贯彻执行社会政策。因此，在计划经济时期，中国的社会行政具有单一政府推动、依据统一政策、依靠行政体系、借助思想工作推行等特点。

三、改革开放以来中国的社会行政

（一）体制改革对社会行政体系的影响

政府总负责、单位分头落实、行政干部具体操办社会福利导致了"企业办社会"现象。经济体制改革则力图改变企事业单位福利化、低效率的状况，国有企业和事业单位开始将社会福利职能外移，转由社区或社会机构承担，实行社会福利社会化。同时，一些私营企业及合资企业不直接向职工提供福利服

务。一些承包、租赁的企业中，工会、妇联等组织的功能严重弱化。伴随着经济体制改革，社会福利政策和社会行政体制也发生了重要的变化——政府和企业（单位）的社会服务能力弱化，社会行政由政治化向行政和市场相结合的方向转变。

向市场经济体制转型有力地促进了经济发展，但也带来了众多社会问题。市场化对公共服务和社会福利领域的过分侵蚀，带来了不可忽视的困弱群体社会认同、政治认同方面的问题。在这种情况下，进入 21 世纪以来，中央政府出台了一系列社会政策，保护弱者利益，但其中一些只能算作补偿性政策。由于上级政府对下级政府的考核主要集中于经济增长速度，在"分税制"政策下，地方政府要承担较多的社会福利开支，所以，在相当大的程度上，一些地方政府对社会政策的执行并不十分有力。

（二）社会行政体制的创新

随着企事业单位社会福利职能外移和社会问题的复杂性增加，建立服务型政府，政社分开及政府购买公共服务等一系列改革和变迁，一方面改变着中国原来的社会福利体系，另一方面催生了一批从事公共服务、社会服务的社会组织，其中包括社会工作机构。于是，社会福利服务格局由原先政府（通过单位）的一元化提供变为政府、单位、民间机构共同承担。与此相联系，社会行政工作人员的结构也在发生变化。一些人员由于机构职能的转变也在增加自己的专业性，专业社会服务机构的出现和发展则建构着新的社会服务和社会工作行政模式，即政府主导、社会实施的宏观社会行政模式。

政府通过制定社会政策、控制社会资源、确定购买服务项目、委托或购买服务、监督社会服务过程和评价社会服务效果等手段来主导社会服务发展。社会服务机构则通过具体组织服务满足服务对象要求，并反映民众和机构的意见，来促进社会服务和社会政策的完善。在微观层次上，社会服务机构内部的行政活动按照政策要求和专业规范展开，一种混合型的社会工作行政模式被施行。实际上，宏观社会行政（社会政策实施）与微观社会行政（社会工作行政）在逻辑上是一致的，它们反映了中国当前社会转型及市场化改革的要求和特点，其中既体现着进步，也包含某种程度上的不协调。

党的十八届三中全会作出全面深化改革的战略部署，提出要紧紧围绕更好地保障和改善民生、促进社会公平正义深化社会体制改革，要推进社会领域制度创新，推进基本公共服务均等化，加快形成科学有效的社会治理体制，这将为社会福利事业和社会工作的发展创造新的有利条件。随着民政部慈善事业促进和社会工作司的建立及相应部门在各省、地、县级设立，以及政府购买公共服务和社会服务的广泛展开，社会工作服务机构的快速发展与社会力量的激活，中国社会服务资源的动员模式和服务提供模式也在发生相应的变化，社会福利制度和社会工作制度建设加快。党的二十大指出，要实现好、维护好、发展好最广大人民根本利益，紧紧抓住人民最关心最直接最现实的利益问题，坚持尽力而为、量力而行，采取更多惠民生、暖民心举措，着力解决好人民群众急难愁盼问题，健全基本公共服务体系，提高公共服务水平，增强均衡性和可及性，扎实推进共同富裕。要把党和国家的政策变为真正的惠民行动，需要科学、细致和具有人文关怀的社会行政程序与服务。随着踏实认真的实践和经验总结，一个反映中国政治、经济、社会、文化特点，回应民生和社会进步要求，并借鉴国际先进经验的社会行政模式正在逐渐建立起来。

【思考题】

1. 什么是社会行政？试述宏观社会行政与微观社会行政的内容。

2. 试述社会行政的功能。

3. 试述社会行政的主要过程和内容。

4. 试述社会服务计划的过程模式。

5. 试分析全面深化改革背景下我国社会行政体制创新的可能性。

【主要参考文献】

［美］丹尼尔·A.雷恩：《管理思想的演变》，孙耀君等译，中国社会科学出版社 1986 年版。

陈国钧：《社会政策与社会行政》，三民书局 1987 年版。

［美］劳伦斯·L.马丁：《社会服务机构组织与管理》，施怡廷、梁慧雯译，扬智文化公司 1997 年版。

［美］理查德·L.达夫特：《组织理论与设计精要》，李维安等译，机械工业出版社 1999 年版。

［美］弗莱蒙特·E.卡斯特、詹姆斯·E.罗森茨韦克：《组织与管理——系统方法与权变方法》，傅严等译，中国社会科学出版社 2000 年版。

[美] Neil Gilbert、Paul Terrell：《社会福利政策导论》，黄晨熹、周烨、刘红译，华东理工大学出版社 2003 年版。

[英] 米切尔·黑尧：《现代国家的政策过程》，赵成根译，中国青年出版社 2004 年版。

[美] 雷克斯·A. 斯基德莫尔：《社会工作行政——动态管理与人际关系》（第三版），张曙等译，中国人民大学出版社 2005 年版。

王思斌：《社会政策实施与社会工作的发展》，《江苏社会科学》2006 年第 2 期。

[美] 莱斯特·M. 萨拉蒙：《公共服务中的伙伴》，田凯译，商务印书馆 2008 年版。

史柏年：《谈中国特色社会工作行政体制建构》，《社会工作》2012 年第 6 期。

《民政部、财政部关于政府购买社会工作服务的指导意见》，2012 年 11 月 14 日。

民政部、国家发展和改革委员会：《“十四五”民政事业发展规划》，2021 年 5 月 24 日。

第十一章

儿童社会工作

··

儿童成长和发展是国家、社会与家庭的共同责任。儿童社会工作从儿童成长与发展遇到的问题及所应有的权利出发分析问题，并采取多种方法对问题进行干预。本章主要介绍儿童社会工作的基本概念和含义、基本理论与方法及中国儿童社会工作的实践。

第一节　儿童社会工作的基本概念和含义

一、儿童社会工作的概念

（一）关于"儿童"的界定

在中国古代，"儿童"一词并不常见，《列子》中有"闻儿童谣曰：'立我烝民，莫匪尔极'"的句子，"儿童"意为"幼年的孩童"。经常与"儿童"联系到一起的词汇有胎儿、婴儿、小孩、孩子气、未成年者、幼稚的、初期的、无经验的、初出茅庐、未成熟的等。

儿童的年龄界定因不同学科的视角不同而显得模糊。从中国的法律规定上看，儿童是指不满 14 岁的人；联合国《儿童权利公约》规定，儿童指 18 岁以下的任何人，除非对其适用之法律规定成年年龄低于 18 岁，与中国的"未成年人"概念相当。

儿童是一个生理性概念，同时也是一个心理阶段的概念，是一个社会性的、包含深刻的社会意涵的概念。首先，儿童这一概念显示了一个人的特别发展阶段。儿童期和人生的其他生长期相比，具有特殊的意义。一方面，儿童时期是一个人的生理、心理和社会性发展特别快的时期，即一个人的快速生长期；另一方面，儿童时期是人的生理心理发生质变最多的一个阶段，即一个人的主要发育期，同时也是一个人发生巨大转折的关键时期。其次，儿童是一个权利的概念，他们是独立的能动的主体，并不因为年幼而影响其社会性本质和权利的主体性，全社会都必须尊重儿童发展的能动性、主动性，尊重每一个儿童的独特性。最后，儿童还是一个受保护的概念，作为生物的人，儿童需要物质支撑；作为社会的人，儿童需要精神支撑；作为独特的个体，儿童没有足够的能力及相当的社会地位实施自我保护，在自我权利争取方面处于绝对弱势。儿童这一概念本身，是对社会意识的呼喊，也是对社会责任的呼唤。

（二）儿童发展与儿童观

1. 儿童的发展

发展是儿童的本质特征，在儿童社会工作中树立发展的理念具有重要意义。对于人的一生来说，儿童期是一个特别时期，其发展不仅全面，而且快速。儿童时期的发展兼有量和质的改变，兼有稳定与不稳定的状态，也兼有正常发展和畸形发展的可能。儿童的发展对于人的一生具有巨大影响。儿童期发展的范围主要包括：生理上特别是性的发展、认定和修正情绪能力的发展、认知方面逻辑思维的发展特别是自主做决定能力的发展，与人建立亲密关系能力的发展，社会性发展特别是责任意识、法律意识和规则意识等诸多方面的发展，等等。

2. 儿童观

（1）儿童观的基本内容。儿童观是指人们对儿童的根本看法，主要包含两方面的基本内容：一方面是对儿童群体的基本认识，即如何认识儿童的社会本质，他们在社会中的地位、作用等；另一方面是对儿童个体的认识，即怎样看待每一个儿童，如何认识儿童的主动性和多样性等。对儿童本质的阐述涉及多种学科，如生理学、心理学、教育学、伦理学、管理学等，不同学科从特定的角度认识和解释儿童，既形成了儿童观念的不同认知视角，也从不同角度全面阐述了儿童的本质。正确的儿童观是儿童社会工作的基本出发点，而对儿童需要和儿童能动性、潜能和个别性的科学认知是儿童观的核心。

（2）儿童观的重要意义。正确儿童观的树立对社会具有十分重大的意义。首先，它会决定社会对儿童的基本态度。儿童因其特殊的生理、心理状态，在社会中需要作为被照料和保护的对象；其次，儿童观是全社会一切涉及儿童事务工作的出发点，各项儿童事务究竟是以社会为本还是以儿童自身的发展为本，抑或是从其他方面考虑，归根结底都要由社会的儿童观决定；最后，儿童观决定着儿童工作者职业行为的性质。

（三）儿童的生理、心理特征及意义

1. 儿童的生理、心理发展特征

在儿童期不同的阶段，其生理、心理发展存在着较大差异。对于儿童社会工作来说，研究儿童身心发生发展规律，在理论和实际上都具有重要意义和价值。

0—1 岁的乳儿期是人生第一年，是心理活动萌芽阶段，又是生活经验积累时期，其身心发展为今后的发展奠定了最初基础。1—3 岁的婴儿在感知、基本动作和心理各方面有了一定的发展，儿童独立进行基本生活活动的需要与其自身本阶段心理发展水平低成为主要矛盾。3 岁至 6 岁的儿童，身心发展与上阶段有着本质区别，但又是上阶段发展的继续，儿童已经可以进入幼儿园，为入学做准备。一般 6 岁后，儿童以学习为主导活动，生活环境发生了很大变化，他们的心理迅速发展起来，同时他们的生活范围有了很大拓展，社会性发展进入了一个新的阶段。这是个体生长发育的关键时期。

2. 儿童发展变化中的自我意识和道德发展特征

（1）自我意识的发展。自我意识是个体对自己的认识和态度，它对个体的心理活动和行为活动的调节起着很大的作用。自我意识的发展要经过很长的过程。乳儿期儿童分不清作为主体的自己和客体的区别；婴儿期的儿童随着言语、动作和自我意识的发展，从知道自己的名字过渡到掌握代词"我"。这是一个质变，即从把自己看作客体转变为把自己看作主体来认识，是自我意识发展中的一个飞跃。儿童期儿童自我意识逐渐复杂起来，不仅包括对自己的感知，还包括对自己情绪、意志等自我意识的把握。随着成长发展，儿童对认识"自我"表现出更大的兴趣，要求深入了解自己、关心自己的成长，个性独立的意识与自我评价能力也不断增长。

（2）道德发展。道德发展是儿童社会化的重要内容，儿童在与成人的交往中，初步接触到对人、物和事的好与坏、美与丑的评价，高级社会情感——道德感开始萌芽。儿童期初期的儿童，道德判断带有很大的情绪性、具体性和暗示性。只要成人认为好，自己觉得有兴趣，就认为是好的，反之就是坏的。至于怎么好、为什么好，他们却很难理解。儿童期晚期的儿童才开始模仿成人，并初步从社会意义上来判断道德行为的好坏，但往往不能把行为动机与效果统一起来看。儿童期道德行为的发展具有几个特点：对公共生活准则的简单认识随年龄增长而减少，社会性行为动机随年龄增长而增加；属于内心道德体会的理由随年龄增长而递增，属于客观陈述的理由却随年龄增长而递减；在道德行为动机方面，一般来说，年龄越大，动机越复杂。

（四）儿童社会工作的概念

儿童社会工作是指以儿童为对象的社会工作。对于这一概念，不同的国家和地区有不同的说法。如中国台湾地区一般将儿童社会工作划归为儿童福利，将儿童社会工作称为福利服务的一种，并将其定义为：凡以促进儿童身心健全发展与正常生活为目的的各种努力事业均称之为儿童福利。中国 1993 年出版的《社会保障词典》收录的"儿童社会工作"条目中，对儿童社会工作作出了如下的定义：儿童社会工作是以儿童为案主的社会工作，不仅包括对贫苦无依儿童的收容教养，而且扩展成为对全体儿童的福利服务。

儿童社会工作的概念从内涵来讲，应包含三个基本要素。

第一，儿童社会工作是面向所有儿童的工作。虽然处于特别困难境地的儿童，如残疾、贫困及适应困难等儿童一般会成为工作的重点，但儿童社会工作的对象是所有儿童。儿童社会工作中的很多内容，如儿童福利设施的建立、儿童成长环境的优化等，需要广泛动员社会力量。因此，儿童社会工作是一种全面而广泛的社会工作，既有补救性的工作，如对困境儿童的治疗；又有预防性的工作，如亲子教育；既有局部性的工作，如福利院、育婴院的专业工作；又有全局性的工作，如综合育人环境的治理等。

第二，儿童社会工作的目的是激发儿童自我发展、自我成长的潜能，促进儿童全面健康地发展。儿童社会工作通过对贫苦失依儿童的收容教养、对儿童生活环境的改善、对儿童权益和身心的保护以及开展面向儿童的引领和辅导活动，促进儿童的全面发展，增加儿童的幸福与快乐。

第三，儿童社会工作需要运用专业手段，需要专业人员与社会力量相结合。儿童的成长发展有其固有的客观规律，儿童的卫生、保健、教育、抚养以及权益保护等几方面的工作，需要经过专门训练的专业人员去进行，需要懂得儿童成长规律的社会工作者去进行。

二、儿童社会工作发展的历史

儿童社会工作和其他方面的社会工作一样，是伴随着社会现代化而产生和发展的。随着资本主义生产方式不断发展，失依儿童日渐成为社会性问题，儿童社会工作应运而生，并逐渐成为一种专业。儿童社会工作起源于社会救济事业，一般可以将其分为两个阶段。

（一）以救济为主的时期

1601 年英国《济贫法》颁布前后至 19 世纪，儿童社会工作以儿童社会救济为主。这一时期的工作对象主要是孤儿、弃儿和部分贫困儿童，采用的手段主要是领养、寄养等消极的救济方式。这一时期也被称为消极的救济工作时期。

在这一时期，社会福利的相关法令中大多设有对儿童进行救济的内容。如 1601 年的英国《济贫法》解决孤儿、拾婴、被父母遗弃或因父母贫困无力抚养的儿童的方法是设法领养或寄养。1788 年德国推行的"汉堡制"包括将贫困儿童送往工艺学校，学习就业技能及语文的计划。这表明，随着儿童问题成为社会问题，对儿童的救济和福利也日益成为政府的重要责任。另外，随着工业化的推进，失依、贫困儿童不断增多，原有的寄养、代养方式已无法满足社会需要，救助方式逐步发展，专门收容孤儿的孤儿院、养育院产生。美国的布拉斯（Charles Loring Brace）于 1853 年创建的"儿童救助协会"，采用家庭教养式，以个别家庭式住宅代替公共宿舍，每个家庭中有保育员充当父母角色，负责照顾儿童，这对于儿童的身心健康成长具有重要意义。这种救助方式至今仍在世界各地实施。

（二）积极的儿童福利时期

进入 20 世纪以来，儿童福利的新观念产生，儿童不再被视为父母的私有财产，而被视为一个活的生命；对儿童的教育保护不再是个别家庭的责任，而是整个国家的责任；儿童社会工作关注的不但是对不幸儿童的救济，而且是为一切儿童提供全面发展的可能。此时的儿童社会工作，无论是内容、方式，还是范围、程度，都有了根本上的扩展和深入。

1959 年，联合国第一次发表了《儿童权利宣言》，这个宣言不但标志着 20 世纪的儿童社会工作进入了一个新的发展阶段，而且为现代儿童社会工作提供了重要的思想基础。其主要内容有：儿童应该受到关怀、爱护和了解；应该有足够的营养和医疗照顾；应该有法定的免费教育；应该有全面的康乐和游戏的权利；应该有自己的姓名和国籍权；如果有伤残，应该受到妥善的照顾；如果有灾难，应该获得优先救济；应该有发展潜能，成为社会有用之才的权利；应该有建立友爱、和平精神的权利；无论何种种族、肤色、性别、国家、地区和社会的儿童，都应该享有上述同等的权利等。在这一精神的指导下，20 世纪以来的儿童社会工作是积极的，也是全面的。

三、儿童社会工作的特征与功能

（一）儿童社会工作的特征

儿童社会工作的主要特征如下。

具有福利性。儿童社会工作具有很强的福利性。无论是对困境儿童的救助，还是对所有儿童的教育和服务，出发点都是对儿童生存与发展基本权利的保障，目的都是促进儿童的幸福和发展。儿童社会工作的直接目的是改变儿童所处环境、为儿童健康成长提供条件；最终结果是使儿童得到良好的生存环境，受到良好教育，保证儿童在当时获得好的生存，将来获得好的发展；儿童社会工作的费用大多由政府福利经费支出，对儿童的养育和服务具有福利性。

以社会服务为主。儿童社会工作的另一个特点是以社会服务为主。在儿童社会工作中，直接面对儿童的个案服务大量存在并日渐发展。但诸如争取政府投入去开设儿童福利院，选择好的教养方式保证儿童健康成长，保护儿童的合法权益等工作也占有很大比例。

专业要求高。儿童社会工作的对象是正在成长中的儿童。儿童有发展变化快、易受外界影响、缺乏自我保护能力等特点。这使儿童社会工作专业化服务的标准更高，对儿童社会工作的专业化的要求也更高。一方面，面对发展中的儿童，儿童社会工作涉及的基本理论、专业技能面广；另一方面，儿童社会工作中稍有谬误，对儿童的伤害就会很严重，甚至会影响其终生。

（二）儿童社会工作的功能

儿童社会工作的主要功能如下。

第一，儿童社会工作具有保障的功能。儿童是独立的人，具有相应的权利；同时他们年龄小，自我保护能力差，所以特别需要社会的支持与扶助，给予他们全面保障。儿童社会工作以儿童的全面健康成长为目标，保障了儿童的生存权、发展权、被保护权和参与权。

第二，儿童社会工作具有社会安全的功能。儿童是家庭的重要成员，是社会的重要组成部分。儿童出现问题，不仅直接影响家庭生活，而且会影响当时和未来社会的安定。儿童社会工作的直接结果是减少儿童的痛苦和问题，促进儿童的幸福与发展，促进家庭的和谐；间接结果则是防止将来社会问题的产生，增强未来社会的发展性和安全性。

第三，儿童社会工作具有发展的功能。与其他人群的工作相比，儿童社会工作更具有发展性的特征。儿童的问题是发展中的问题，解决儿童问题需要遵循发展的理念。儿童社会工作虽然也进行补救性的工作以减少儿童面临的问题与痛苦，但其最终目的是面向未来，以促进儿童全面健康发展为目的，是积极的、发展性的。

第二节 儿童社会工作的基本理论与方法

一、儿童社会工作的基本理论

儿童社会工作涉及的基本理论很多，其中最重要的是人的发展理论。

（一）儿童发展的内容

发展成长是一个循序渐进的过程，这个过程包含下列内容：体能发展，主要是肌肉发展、手眼配合、平衡力的发展，要求为孩子提供均衡营养，对其进行必要的体能训练；智力发展，主要是知识的积累，认识能力、思维能力的发展，要求指导孩子学习、训练其观察力、思维力，给予他们良好的教育；情绪发展，主要是对自我的正确认识及对情绪反应的控制能力等，要求给孩子关心和爱，对其进行良好的心理培养；社交发展，主要是社会交往、社会适应能力的发展，包括实现生活社会化和政治社会化等，要求为孩子提供良好的社会环境，避免或纠正其社会适应不良状况。

（二）儿童发展理论的主要流派

1. 生物学方面的理论

生物学理论主要是运用进化论、遗传学等观点，解释、说明儿童发展的进程、状态和特征，这种理论重视生物性力量对儿童个体成长发展的影响，强调自然法则的作用，强调生理遗传对儿童心理和行为的作用，更多地把儿童的成长发展看成个体适应环境的一种现象。其中比较有影响的流派有进化论和复演论、发展螺旋论和遗传学说、生长顺序和时间理论等。进化论和复演论的代表人物达尔文（Charles Darwin）认为，生物本身只有适应环境才能存活，物种是不断进化的，其生存就是"自然选择"的结果。美国的霍尔（G. Stanley Hall）是进化论的坚定拥护者，他的复演论认为，胎儿在胎内的发展复演了动物进化的过程，而个体的心理发展则复演了人类进化的过程。他们的学说给儿童工作和研究提供了一个视角，即从生物进化的观点去认识和理解儿童的行为。发展螺旋论和遗传学说的代表人物美国生理学家格赛尔（A. Gesell）认为，个体的发展是一个规则的自然发展历程，差异是由"遗传编码"的差异造成的，遗传所引导的成熟才是成长的基本机制。成长像螺旋一样，具有前进和后退的律动现象。顺境与鼓励可能促进儿童的发展，挫折和问题则可能造成儿童发展停滞。

2. 心理学方面的理论

心理学解释人的发展有很多流派，对于儿童社会工作具有重要指导意义的观点主要包括如下几个方面：

人格学习理论。代表人物是班杜拉，这一理论的一个基本假设认为所有的人类行为都是通过学习而来的，人是环境的产物，人的生存环境决定着人的行为，即人在成长时所获得的行为模式主要是他们自身与环境相互作用的结果。这一理论被广泛运用于儿童的教育和发展辅导中。

人格认知理论。它又称认知发展理论、认知发源论，代表人物为瑞士心理学家皮亚杰（J. Piaget）。这一理论的两个基本概念是基模（基本模式）和适应。适应是指当个体碰到新的情景时，会用基模去解释这一情境，而后将解释结果融入原有的基模之中，从而引发基模的改变，促进个体的成长。个体知识的形成和获得是适应的结果。

人格的心理分析理论。它包含以弗洛伊德为代表的精神分析学派和以荣格（C. G. Jung）为代表的人格派。弗洛伊德的观点包括人的所有的心理事件都和生理特质相关，尤其是和性有关；心理功能分为本我、自我和超我。在成熟的人格中，这三种机能活动是平衡的，使得人格与外界环境相互作用，由此得到需要的满足，建立可接受的社会关系；所有的行为背后都有动机存在，很多行为受制于不自觉的潜意识；在少年儿童的发展过程中，认同作用对其社会化有重大影响。瑞士心理学家荣格进一步提出了人格派理论，认为人格是一个极其复杂的结构，各要素之间的作用错综复杂。人格的具体成长包括两种相互交织的趋势：一是个体化；二是将个性的东西进行整合。两个过程都会受到遗传、父母、教育、社会、宗教、文化等方面的积极或消极的影响。

人格的人本主义理论。它以马斯洛为代表，认为人发展的本质在于需要，并具体阐述了不同的需要层次，即生理的需要、安全的需要、归属的需要、尊敬的需要、自我实现的需要。在儿童时期，各种需要层次并不明显，也不稳定，但儿童发展有其基本路线和方向。该理论认为，不同个体在不同发展阶段有不同任务。在个体成长的每个阶段，都有需要解决的一系列问题，个人需要发展一套相应的技能、知识、功能和态度来符合社会期望和要求。

3. 社会学方面的理论

社会学与儿童社会工作关系密切。首先是关于家庭和父母教养态度的相关理论。社会学认为，家庭是建立在婚姻和血缘关系基础之上的亲密合作、共同生活的小型群体，是社会的基本单位。社会学者巴伯（Baber）和艾伦（Allen）认为，家庭是最具权威的社会化机构之一，儿童身上出现的很多问题，常常来源于家庭，来源于父母角色的不称职。儿童的成长与父母的教养态度紧密相关。麦克比（Eleanor Maccoby）与马丁（John Martin）在 1983 年完善了由鲍姆林德（Diana Baumrind）提出的"家庭养育模式"理论，他们认为，父母管教孩子有四种类型模式，即权威教养型家庭、独断教养型家庭、宽容溺爱教养型家庭、宽容冷漠教养型家庭，它们可能导致儿童朝着不同方向发展，形成不同的人格特征。一些学者就家庭内父母子女及其他人员间的沟通模式提出，家庭内的沟通模式是考察一个家庭是否正常发展的重要指标，也是家庭对儿童实施影响的重要方面。

其次是关于社区对儿童发展影响的阐述。在人的社会化进程中，影响个体的所有社会环境因素，如家庭、社会地位、社会文化、学校等都有很大一部分存在于社区中。不同社区环境中长大的儿童，在社会认知、社会态度、个人行为、自我意识、人际关系模式等方面具有显著的差别。社区对儿童发展的影响的另一个重要表现是在社区资源的分配上。有意识地运用社区资源为儿童成长服务，是实现儿童在社区里健康成长的关键条件之一。

第三是关于组织与儿童发展关系的理论。在现代社会中，儿童是处于团体和组织之中的。在团体和组织中，儿童会表现出适应、社会化、社会控制或社会冲突以及沟通等各种行为，并通过这种体验来学习适应社会。儿童有加入团体的需要，他们加入团体寻求安全保护、交朋友，同时也学习群体文化，团体中的这些行为会加速他们的社会化进程。组织中的控制是帮助儿童学习规范、养成自律能力的重要元素，也是儿童社会工作者对儿童实施辅导的重要手段。

4. 文化学方面的理论

首先是文化人类学理论，其代表人物为美国的米德（Margaret Mead）。她以实证性田野调查研究不同文化中儿童及青少年发展与社会文化发展的关系并进行比较，提出了文化影响发展的一系列观点。她指出大多数儿童青少年现象是由环境和文化综合决定的。儿童、青少年不应仅仅被看作心理学的概念，更应被看作文化的真实存在。其次是社会文化理论，代表人物是本尼迪克特（Ruth

Benedict），她强调社会文化对儿童成长的重大影响，认为社会文化才是儿童发展的最终决定力量。个体的发展是社会文化的产物，只有在社会文化中，儿童的发展才能显示出真正的价值和意义。她主张让儿童尽早地承担责任，并尽可能地用成人的标准去评价儿童。

二、儿童社会工作的基本内容和途径

（一）儿童福利和儿童福利政策

1. 儿童福利的含义与儿童福利服务

（1）儿童福利的含义。儿童福利有狭义和广义之分。狭义的儿童福利是指有特定形态的机构向特殊的儿童群体提供的一种特定的服务。服务对象主要是困境儿童，服务功能则倾向于救助、矫治、扶助等恢复性功能。此类福利具有残补性取向，是一种消极性儿童福利。广义的儿童福利的对象是所有儿童，这一类型的儿童福利具有发展取向，是一种制度性的儿童福利，是对儿童时期的生理、心理、社会环境提供满足需要、促进发展的活动的总称，包含理念、策略、社会政策、机构、服务行为等多方面的内容。

（2）儿童福利服务。基于儿童的特殊发展阶段，福利服务是儿童福利的重要组成部分。以服务方式为依据，一般儿童福利服务可以包含四种：支持性服务，通过提高家庭的功能，强化父母的责任，促进儿童福利；保护性服务，追求最低程度地改变儿童的生存环境，维护其发展过程的稳定；补充性服务，对儿童生活的基本状况做必要的改善，但仍有部分保留，针对通过辅助有可能恢复功能的家庭；替代性服务，完全用替代性的措施改变儿童的生存环境，针对儿童陷入非常危险的境地，需要短暂地或永久地解除亲子关系的家庭等。还有一些学者按照内容将儿童服务分为司法保护、卫生保健、教育、福利服务。美国儿童福利联盟更为详细地指出，儿童福利服务包括收养、托育服务、寄养之家、团体之家、家务服务、机构教养、母亲之家、被忽视儿童的保护、紧急照顾庇护所、儿童在家的社会服务、家庭社会服务、儿童及个人压力应对服务、未婚父母的社会服务等。

2. 儿童福利政策

（1）儿童福利政策的含义。儿童福利政策是一套为儿童谋求幸福的方针或行动准则，包括儿童需要的满足、儿童权利的保障和儿童保护工作，其目的在于促进所有儿童身心健康发展。广义上讲，儿童福利政策可指一切涉及儿童福利的活动和政策立法，包括医疗政策、教育政策和未成年人保护立法等各个方面；仅从儿童社会工作的角度探讨，儿童福利政策则指涉及儿童生存环境状况的、地区性的、针对儿童问题及需要而提出的有利于儿童成长与发展的政策保障。

（2）儿童福利政策发展取向。在儿童福利问题上，政府、社会和家庭的责任划分一直是影响福利政策取向的关键。随着社会的变迁以及家庭结构的改变，家庭对于国家提供社会福利的需求更为迫切。同时，政府与家庭在儿童福利上的职能分野也引起了日益广泛的争议。台湾学者彭淑华认为，在历史上，围绕以社会手段满足个人需求的程度以及国家对于家庭责任的制约，儿童福利政策的发展呈现了自由放任主义、国家干涉主义、尊重家庭与双亲权利和尊重儿童权利与自由四种取向。

3. 儿童福利行政

（1）儿童福利行政的含义。儿童福利行政是政府机关或公共团体促进儿童身心健康发展与正常生活的行政过程，是社会福利行政的重要一环。它使儿童的健康成长有了制度保障，儿童福利行政的高效运行促进了儿童福利中关于救治、预防、发展等一系列功能的真正实现。

（2）儿童福利行政的主要内容。依据美国社会福利学者弗里德兰德（Walter A. Friedlander）提出的社会福利工作的具体程序，儿童福利行政包括如下几个过程：分析社会上儿童的情况并决定符合儿童需要的社会服务的方向和目标；决定达成儿童福利目标的最佳途径；设计与分配包括财政支持在内的用于儿童福利的社会资源；建立儿童福利的组织结构与工作分配机制；部署儿童福利机构工作人员；督导与控制有关儿童福利的人事及经费等。

（3）儿童福利机构的行政管理。社会福利行政一般包含四项要素，即行政组织、人事行政、财务行政和行政方法。这四点在儿童福利行政管理中均有充分体现，即人员管理的专业化要求、财务行政的特别重要性、儿童福利行政的特别方法、儿童福利行政的协调和技巧。

（二）儿童社会工作的内容

儿童社会工作有宏观儿童社会工作和微观儿童社会工作之分。

1. 宏观儿童社会工作

宏观儿童社会工作主要包括以下方面。（1）推动有关儿童的立法：积极推动政府在儿童福利、儿童权益保护方面的立法，敦促政府在儿童营养、卫生保健等方面增加投入，并积极为政府出谋划策。（2）促进对儿童的养育：保证儿童的营养及良好的居住环境。（3）推动儿童教育事业：从多方面努力宣传、推动、监督义务教育法的落实；运用、动员社会力量帮助失学儿童重返课堂；普及家庭教育的科学知识，提高家庭教育的质量；宣传现代化的教育思想，提高全社会的教育意识和教育水平。（4）为儿童创造娱乐游戏的条件：推广有益有趣的儿童游乐形式，普及儿童娱乐知识等。（5）儿童卫生保健：通过多种努力，降低婴儿死亡率，通过健康检查、传染病的预防、健康教育等方法促进儿童健康发育成长。（6）家庭服务中的儿童社会工作：对家庭中儿童权益的保护，针对亲子关系和儿童教育问题提供服务。（7）儿童权益保护：保护儿童的合法权益，推动儿童的健康成长。（8）对困境的工作：如儿童福利院对孤儿、被弃儿童的救助，或称院内救助、机关教养、收养；残疾儿童的康复和教育；贫困儿童的经济援助和全面成长辅助等。

2. 微观儿童社会工作

微观儿童社会工作主要是针对个别儿童或群体的具体的辅导。包括发展性的成长辅导，如生理健康辅导、学业辅导、学习压力缓解、心理健康辅导、人际交往辅导，以及理想、道德、价值观发展辅导等；也包括救济型的对困境儿童的救助和全面辅导，如贫困儿童的救助、学生辍学问题的防治、不良行为的矫治、司法保护等。

（三）儿童社会工作的基本方法

1. 儿童个案工作

儿童个案工作是儿童社会工作的重要方法，它隶属于社会个案工作，同时又有着自己独特的内涵、要素和特点。儿童个案工作是以儿童（多数是有问题的儿童）为服务对象的社会工作，其直接目标在于帮助儿童解决困难和问题，并预防其产生新的困难和问题，同时协助儿童的家长或监护人对儿童做较为健全和积极的指导，促使少年儿童身心的健全发展。在儿童个案工作中，社会工作者需要重视运用系统论的思维，在分析案主的问题时，注重环境的因素；在实施过程中，不仅要改变案主的认知，还要特别重视改善周围的环境；在目标和结果上，要重视全面社会建设，以保障儿童未来的成长。

2. 儿童团体工作

儿童社会团体工作是以儿童团体（小组）为对象，运用团体动力程序与团体活动过程设计技术，使团体中的儿童实现社会性的发展、行为的改变。儿童团体工作的对象既有对于一般儿童群体的帮助和扶持，调动群体内在积极动力，促进正常儿童的健康发展，也有从群体内部建设入手，对于有一定偏差倾向的儿童群体的矫治和纠正。小团体对于儿童而言，提供了一个安全的环境让他们能够表达自己所关心的问题，同时也能冒险尝试新的行为。通常，团体可以协助儿童了解自己，增进人际关系，并发挥自我的潜能。

3. 儿童社区工作

儿童社区工作以调动包括儿童在内的社区居民参与为重点，以营造社区内儿童健康成长发展环境和引导儿童在力所能及的范围内与社会形成互动为工作目标，动员社会资源，服务少年儿童，促进其健康发展。儿童社区工作是儿童社会工作的一种介入手段，是从建设社区、发展社区的角度入手，来解决儿童存在的问题，促进儿童的全面发展。儿童社区工作是一种综合性的社会建设，是通过对社区内居民的发动，通过居民自助的力量，来达到为儿童创建一个安全、美好的生存环境的目的，其最终结果是对于社会的整体发展和建设的促进。对于儿童事业的发展来说，社区工作也是一种社会教育，即社区教育。

第三节　中国的儿童社会工作

一、中国儿童社会工作的历史发展

（一）中国古代儿童福利

中国古代儿童福利和思想，可以追溯到三千年前。《易经》中的"蒙以养正"，《礼运·大同》中的"幼有所长"，《孟子·梁惠王上》中的"幼吾幼以及人之幼"，周礼中"慈幼"的论述都是儿童福利思想的明证。这里既有原始人道主义对儿童的特别体恤和关爱，又有受传统家族传统、团体观念制约，视儿童为家业延续者而寄予厚望的文化痕迹。然而，在中国长达两千余年的封建历史长河中，儿童福利都处在边缘的位置，整个封建社会较少有关于儿童福利的正式制度安排。宋代以前，由于封建官府的缺位，宗教力量对于贫困儿童救助发挥着重要作用，唐代的"悲田养病坊"就是寺院举办的社会救助机构。两宋时期，官府首创慈幼局专收孤儿和弃儿，标志着儿童福利转向制度化。两宋以后，民间慈善组织在儿童福利服务上的作用进一步加强，其中最具代表性的是江南地区民间慈善组织——善会善堂。从服务的功能和作用看，古代儿童社会福利主要表现为对困境儿童的救助，主要措施是收养弃婴，救助力量十分有限且覆盖面非常窄。

（二）旧中国的儿童福利服务情况

民国时期是中国儿童福利事业发展的一段重要时期。民国初期，一些公益事业慈善家创办了儿童福利机构，其中最重要的有张謇创办的盲哑学校和熊希龄开办的北平香山慈幼院；抗日战争时期，国民政府设立了适应抗战需要的儿童教养院管理机构赈济委员会，负责规划督导各社会团体对战灾难童进行救助；1940年，国民政府社会部成立，该部作为全国儿童福利工作的主管机构，不仅负责未沦陷各省儿童福利工作的指导监督，而且直接举办了一批儿童福利直属机构，并推进儿童福利立法、召开儿童福利会议，进行了多种形式的儿童福利实验示范，为中国现代儿童福利事业的发展积累了经验。

（三）新中国的儿童社会工作

新中国成立后，党和政府对儿童的福利保障十分重视，儿童社会工作也有了较大发展，主要表现在：接收、改造、建设了一批儿童福利院，使失依儿童得到比较周到的照顾；通过立法及动员社会力量，保证适龄儿童较高的入学率；推广计划免疫，促进儿童健康发展；开发儿童优质产品，推广科学养育知识，保证儿童健康成长；设立多种儿童娱乐机构，丰富儿童课外生活；建立各种儿童咨询服务治疗机构，直接为儿童服务等。尤其是改革开放以来，上述项目有了新的发展。

二、中国儿童社会工作现状

（一）中国有关儿童福利的政策

改革开放 40 多年来，中国儿童保护已经形成了以宪法为中心，相关法律、行政法规、部门规章和加入国际公约为主线的儿童福利服务的法律政策体系，涉及儿童养育、教育、医疗、康复、就业、住房、司法保护等各个方面，初步形成了具有中国特色的儿童福利法律政策体系。中国《宪法》明确规定："儿童受国家的保护"。根据这一总原则，中国从国情出发，并参照世界各国有关儿童权益保护的法律和国际文件，制定了包括《教育法》《义务教育法》《残疾人保障法》《未成年人保护法》和《收养法》等在内的一系列有关儿童生存、保护和发展的法律，以及大量相应的政府法规和政策。其中，以国务院发布的儿童发展纲要为典型代表，它将国家保护和关爱儿童福利的意志上升为国家政策和发展规划，《中国儿童发展纲要（2021 年—2030 年）》在"儿童与福利"一节中，明确提出了中国一段时间内儿童福利发展的战略目标。

在中国儿童工作的政策体系中，充分体现了中国共产党对于儿童工作的重要地位的指导思想，并准确定位儿童工作在中国特色社会主义事业当中的重要功能。2021 年，中共中央发布了《关于全面加强新时代少先队工作的意见》，提出把培养好少年儿童作为一项关系红色江山永不变色的战略性、基础性工作，明确要求要对下一代进行政治启蒙和价值观的塑造，为中国儿童社会工作提出了明确的方向和根本遵循。

（二）以政府为主体的儿童福利运行机制

1. 建立比较完善的儿童福利行政体系

全国人民代表大会内务司法委员会设有儿童、妇女专门小组，专门负责关于儿童、妇女的立法工作，国务院成立了妇女儿童工作委员会、卫生部设有妇幼保健与社区卫生司；共青团、妇联组织都设有专门儿童部门。全国建有统一的中国少年先锋队，为儿童的健康成长服务；各级政府及团体兴办儿童事业，全国设立千余家少年宫、少年儿童活动中心及营地，为儿童娱乐、学习提供环境、场地和专业上的指导；中小学里设有辅导员、卫生保健员工等，直接面对儿童，负责儿童的卫生保健和素质教育。各级政府和社会团体兴办百余家儿童福利院，救助失依儿童；各省市设有未成年人保护委员会，依法保护未成年人的合法权益。随着形势发展，民间的儿童基金会、救助机构，特别是儿童社会工作服务组织纷纷建立，一些治疗中心也开设了儿童门诊，儿童服务体系越来越健全。

2016 年国务院发布《关于加强困境儿童保障工作的意见》，在全国的村（居）民委员会设立儿童福利主任，近距离地全面服务和保护每一个儿童。2019 年民政部设立了儿童福利司，政府机构有了专事全国儿童福利事业的职能部门。同时，党中央和政府高度重视家庭建设和家庭教育，形成了党委领导、政府主导、全社会参与的共建共享的家庭建设机制，为儿童成长和儿童工作奠定了基础。

2. 建构积极有效的儿童工作运行机制

政府发挥其在资金整合、政策制定、机构建设、人员调配等方面的优势，并着眼于社会综合建设，逐步建构儿童福利服务的运行机制。一方面，政府加大资金的投入。2010 年国家下发《国务院办公厅关于加强孤儿保障工作的意见》，建立了孤儿国家保障制度。民政部、财政部先后下发了给艾滋病病毒感染儿童和事实孤儿发放基本生活费的通知，将更多的困境儿童纳入国家保障体系。这两项儿童福利政策的实施得到了政府资金的有效保障。另一方面，专项用于民政社会福利、社会公益事业的彩票公益金中，儿童福利类项目占全部项目的四分之一。民政部安排使用福利彩票公益金支持儿童福利机构建设，健全孤儿、弃婴等困境儿童养育和职业技能培训工作，为困境儿童分类保障制度提供重要的保障。中国已经初步形成了政府各部门各负其责，企业、社会组织、个人多方参与的儿童福利服务体系。

（三）困境儿童的社会救助工作

1. 残疾儿童康复教育

在残疾儿童康复方面，许多针对性项目已取得明显成效。例如，由民政部等有关单位联合组织，众多社会人员参与的手术矫治小儿麻痹、白内障复明和对聋儿的语言训练项目，使大量残疾儿童恢复了健康。在残疾儿童教育方面，相关措施除了开办特殊教育学校，还包括在普通学校办班和随班就读的方法，使绝大多数肢残、智残的儿童能够受到教育和必要的职业训练。

2. 贫困失依儿童救助

除了依照《收养法》使大量孤儿进入正常家庭，政府和社会团体还设立百余所儿童福利院，收养城市中无家可归、无依无靠、无生活来源的孤儿和家庭无力看管的残疾儿童。对孤儿，有专门的工作人员对他们实行养、教，培养他们成为有用人才。对残疾儿童，则实行养、治、教相结合，供养与康复并重，为他们走上社会创造条件。在社会工作者的帮助下，一些家庭亦到儿童福利院去认养孤儿，这对促进儿童身心健康发展具有重要意义。对于低保家庭的儿童，城乡社区也给予了及时的救助。

3. 流浪儿童救助

中国正在逐渐形成民政部主要负责，其他部门联合行动的流浪儿童救助保护网络，以及以大城市机构救助为主，中小城市区县救助站为辅的救助体系，针对流浪儿童的生活保障、教育、心理辅导、犯罪预防、权益保护、流浪儿童的安置等多方面内容开展了一系列项目及专项行动，并取得了积极的成效。2012年，民政部贯彻落实《关于加强和改进流浪未成年人救助保护工作的意见》精神，深入开展了"接送流浪孩子回家"专项行动。2021年发布的《中国儿童发展纲要（2021年—2030年）》要求，"落实流浪儿童街面巡查和转介处置职责，依法依规为流浪儿童提供生活照料、身份查询、接送返回等服务"。

4. 留守儿童救助

留守儿童是在中国经济社会不断发展，人口流动日益频繁，尤其是在城镇化的过程中，农村劳动力不断向城市转移而产生的特殊社会群体。按照国务院颁布的文件，留守儿童一般指父母双方或一方从农村流动到其他地区，另一方丧失劳动能力，留在户籍所在地的农村地区，并因此不能和父母双方共同生活的儿童。这些孩子在生活学习、情感发展等方面都会受到一些影响，国务院专门发布了做好留守儿童工作的文件，民政部、教育部、全国妇联、团中央等部门也多次就留守儿童的关爱教育等问题制定文件，社会力量积极介入留守儿童的救助工作，逐步完善留守儿童救助服务的"成长支持模式"，为留守儿童提供生活救助、情感关怀、心理辅导、素质拓展，以及资助留守儿童学校、干预留守儿童家庭的间接服务，取得了积极的成效。

（四）儿童工作的专业化

意识到并相信儿童阶段有其独特的价值、认识到每位儿童的独特存在、认可儿童应享有的权利等观念在中国儿童工作中越来越被重视，并在具体服务儿童的过程中得以体现。目前。无论是社区青少年儿童服务，还是社会服务组织的专业儿童服务，专业价值观都是整个服务的重要部分。

同时，在儿童福利机构，养育、康复、教育、照料等运用现代方法和手段，引进现代康复技术，已成为一种趋势。比如在流浪儿童救助方面，郑州、云南等地的一些救助站和社会组织采用"类家庭"的方式救助流浪儿童。"类家庭"集寄养、看护、教育于一体，对年龄在8—14岁之间的智力正常、身体健康的流浪儿童，实施亲情式救助，目的是影响和干预流浪儿童行为与思维方式，引导其健康成长。

（五）中国儿童社会工作民间组织的发展

2009年，民政部颁发《关于促进民办社会工作机构发展的通知》后，中国民办社会工作服务机构逐年增加，快速发展。儿童服务是社会组织，特别是民办社会工作服务机构的重要服务领域，其中一些组织专门以儿童为工作对象。这些组织在整合包括资金和人力资源在内的社会资源及专业化服务方面的优势突出。

《中华人民共和国国民经济和社会发展第十四个五年规划和2035年远景目标纲要》指出，要优化儿童发展环境，切实保障儿童生存权、发展权、受保护权和参与权。完善儿童健康服务体系，保障儿童公平受教育权利，加强儿童心理健康教育和服务，加强困境儿童分类保障，完善农村留守儿童关爱服务体系，健全孤儿和事实无人抚养儿童保障机制。随着我国儿童保护体系的完善以及社会工作的介入，我国的儿童关爱服务会在更高水平上得到发展。

【思考题】　　　1. 什么是儿童社会工作? 它的主要内容是什么?

2. 试述儿童社会工作的特征与功能。

3. 中国儿童社会工作有什么特点? 应如何发展?

【主要参考文献】　　朱智贤:《儿童心理学》, 人民教育出版社 1980 年版。

张修学主编:《中国儿童少年工作百科》, 吉林人民出版社 1990 年版。

周永新主编:《社会工作学新论》, 商务印书馆(香港) 1994 年版。

陆士桢、任伟、常晶晶编著:《儿童社会工作》, 社会科学文献出版社 2003 年版。

戴维·谢弗:《儿童品格的由来: 社会性与人格发展》(第 6 版), 陈会昌译, 人民邮电出版社 2021 年版。

第十二章

青少年社会工作

青少年是人类最活跃的、变化最迅速、动态性最强的群体，他们的发展与问题同社会的运行及变迁息息相关。青少年社会工作是社会工作的重要内容。本章主要介绍青少年社会工作的概念、发展历史、相关理论、内容与方法，并对中国青少年社会工作的现状与发展做简要介绍与分析。

第一节　青少年社会工作的概念与历史

一、关于"青少年"

（一）"青少年"的界定

青少年在人们的感觉中，应指十几岁身体开始发育但未完全成熟的年轻人。英文的青少年"adolescence"一词包含两个意义：成长（to grow up）；即将发育成熟（to grow to maturity）。

在现代中文辞书中，大都设有"青年""青年期"的条目，较少有"青少年"的概念。1990 年出版的《教育大辞典》则分述"少年期"和"青年期"，指出少年期亦称学龄中期，11—12 岁至 14—15 岁的时期是青春期来临、身体发育的加速时期；青年期则是个体由少年向成人过渡的发展时期。

本书认为，青少年指的是从儿童向成人的过渡时期，其起始年龄约为 12—13 岁，即青春期开始来临的时期，下限依不同的时代背景、社会环境而有所差异。

（二）不同学科对青少年概念的解释

对于"青少年"概念的界定，不同学科认识的角度不同，判断的根据亦有所不同。

生理学认为青少年是生理各方面发育迅速、肌肉发达、骨化逐渐完成、心血管系统发育尤快、各种活动能力（灵敏、精确、耐力）得到进一步发展、体力增强的时期，特别是生殖器官与第二性征开始发育的时期，而性的发育完全成熟则表示青春期的结束。

心理学把青少年的标志定位于心智达到一定成熟的状态，具有不同于儿童期的抽象与逻辑思维的能力，情绪也相对稳定的时期。而当心智、智能发展成熟，情绪稳定，逻辑与抽象思维复杂时，个体就结束了青少年期而进入成人期。

社会学认为，青少年始于青春期，结束时则依社会承认的标准而定。当青少年具有应付社会与生活问题的能力，并受到社会的认可时，即可视为进入成人期。具体标准会因文化的不同和社会的变迁而有所变化。

法律上没有关于"青少年"的严格界定，依各国法律通则，一般将18岁以下的公民视为未成年人，予以特别保护。而对于青少年的法律保护，各国规定不等，有的上限为20岁，有的为22岁。"青少年犯罪"作为一个特定的概念，或指未成年人犯罪，或指18岁以上30岁以下人的犯罪。

这些解释表明，青少年不是个单纯的生理年龄概念，而有丰富的内涵。

（三）"青少年"的内涵

1. 青少年是一个生理急剧发展的时期

生理的快速发展是青少年最明显的特征。个体的身高、体重、骨骼、内脏都有十分显著的发展，性征的发展尤为突出。青少年生理的发展既是量的增长，也是质的飞跃。应该说，生理的量与质的急剧发展变化是青少年不同于其他人生阶段，或不同于其他人群的最重要的特征。

2. 青少年是一个转折期

青少年是儿童向成人的过渡。生理上是由儿童发育为成人的过渡；心理上是从不成熟的自我向成熟的自我的过渡；社会上是从生理人向社会人的过渡。在这一时期，人的生理、心理及社会特征都有巨大的变化。如果人生发展是一条直线，青少年期就是一种蜕变、一种跃迁。这一时期发生种种成长问题的概率大大高于其他年龄段的人群。

3. 青少年是一个关键期

正因为青少年是人生发展的重要转折期，因而这一时期的发展对人的一生具有关键性的意义。尽管有不少研究认为婴幼儿的发育对人的影响十分重要，但其影响是基本性的，如性格、智力发育等。而青少年期对人的影响则是全面的，不仅会影响个体的生理心理，而且会全面影响其一生，影响婚姻、家庭甚至下一代。青少年期发生的各种障碍，将直接导致各种心理的、社会的危机。

4.青少年是一种社会文化现象

青少年是一个特殊的群体，因为其生长发育的特殊性以及在社会生活中的特殊位置，青少年现象逐渐成为现代社会文化现象的一种。青少年在参与各种社会活动时会表现出区别于其他群体的价值标准、行为规范、思维方式和人格倾向，形成了独特的"青少年文化"，这是根植于时代文化基础上的亚文化，是一种极具特征、既有积极意义又包含不安定因素的文化，具有明显的"反叛性"。

二、青少年社会工作的概念与发展历史

（一）青少年社会工作的概念

青少年社会工作是指以青少年为对象的社会工作，其主要内容包括学业辅导、生活辅导、职业培训和职业介绍、心理咨询、婚前教育与婚姻介绍、矫治服务等。从过程角度去认识，可以将青少年社会工作定义为：根据青少年的生理和心理状态、兴趣特长、家庭背景以及智力等实际情况，予以个别的或集体的辅导，使其获得正常的发展与进步，并启发其特殊的才能与志趣，使其实现最大发展，以贡献于社会的活动。

青少年社会工作的概念应包括如下要素：

1.青少年社会工作是面向青少年的社会工作，既要面向被各种问题困扰的特殊青少年，也要面向所有青少年；既要面向青少年本人及其团体，也要面向所有影响青少年成长的社会、家庭、学校等元素；既包括对问题实施矫治，也包括为促进其发展实施科学辅导。

2.青少年社会工作以促进青少年发展为根本目的。和其他人群相比，青少年在这一时期的发展任务不但重要，而且十分艰巨，发展的项目多于成年人，复杂性亦十分突出。而且，青少年期出现的不适应不仅会覆盖整个青少年人群，而且易表现为较为激烈尖锐的形式，对个体的危害也较为严重。因此，启发个体的才能和潜质，使其在获得正常发展的前提下，最大限度地实现个体与社会发展的相互促进，是青少年社会工作的重要责任。

3.辅导是青少年社会工作的本质特征。海外不少著作将青少年社会工作或青少年服务称为"辅导"，即通过辅导和指导，发挥青少年的潜能，再予以适合其需要的指示、诱导、说服、纠正、同情、协助和服务，使之获得充分的发展。青少年时期成长问题较多，是自我意识发展的重要时期，"批判性"是青少年文

化的重要特征。他们一方面为自身的成长所烦恼，另一方面又对现实社会不满，批评家庭生活方式，批评学校教育与管理方法，反抗父母师长，甚至会出现激烈的反社会行为。对他们的社会工作，精神上的辅导重于物质上的服务，特别需要通过适当的辅助和指导协助他们达到自我决定和健康成长的境地。教训、管制、责罚或逼迫就范都只能引起反抗。

4. 青少年社会工作具有特别突出的社会功能。青少年是国家和社会的未来，他们的状况直接关系国家和社会的发展；青少年是社会上一个敏感而又有影响力的群体，青少年问题作为社会问题比其他群体的问题具有更大的破坏性和震撼力；青少年的社会适应不良，问题的焦点往往集中在价值观、自我认知、与他人的关系等问题上，青少年潜能正常发挥，自我健康发展最终表现在与服务社会、贡献国家的辩证统一中。因此，做好青少年社会工作，是对国家社会人力资源的重要开发。

（二）青少年社会工作发展的历史

青少年社会工作的概念是近代历史发展的产物，它的发展大致可以分为三个时期。

1. 以教育为主的前青少年工作时期。古代人们就十分重视对下一代的培养，中国早在魏晋南北朝时期就有嵇康著的《家诫》和青少年社会教育的读物《千字文》出现。不仅传授知识，更重视传授做人道理的学园早在约公元前386年就在古希腊诞生了。这一时期，对青少年的工作主要是教育，并不是真正的青少年社会工作。

2. 以救济为主的混合青少年工作时期。1601年英国《济贫法》颁布后，社会救济工作相继在西方有组织地兴起，救济对象主要是青少年，特别是进入"辅育院"和"园艺所"中的青少年。这一时期，虽有面对青少年的工作，但并没有专业理念和方法，因此也不能将其称为严格意义上的青少年社会工作。

3. 以全面服务为特征的独立青少年工作时期。随着工业革命的发展，儿童至成人期的过渡日益显著，青少年作为人生重要阶段日益被社会所重视。18世纪中叶至19世纪初，专门面对青少年的社会工作者逐渐出现，把青少年作为研究对象的青少年学科也相继完善。

第二节　青少年社会工作的理论

一、生物进化理论

（一）生长顺序与时间理论

代表人物为英国的生物学者坦纳（J.M.Tanner），他研究的重点为青少年生理发展的顺序和时间，以及类型与变异的情况，特别分析了青少年成长发育的顺序性和骤增现象，指出了男女青少年在发育过程中存在的个别差异现象。这一理论可以帮助青少年社会工作者熟悉青少年各个发展阶段的特征，掌握其生理发展状况，对个别早熟或晚熟的个体给予更多的关怀与辅导，协助他们克服成长中的焦虑与不安。

（二）复演理论

青少年研究的鼻祖霍尔认为个体前期发展包含四个阶段：婴儿期、儿童期、少年期、青少年期，成长的历程就是在"复演"人类由原始社会进化到现代工业社会的轨迹。青少年期具有现代社会的特征，充满了不安与冲突，是人生的"风暴期"和"狂飙期"，同时也是人的"再生期"。这一阶段充满"矛盾的倾向"：活力、热情与冷漠、无聊；欢乐、笑声与忧郁、悲观；虚荣、自珍与谦卑、羞耻；理想的利他与自私；敏锐与冷漠；温柔与野蛮等。因此，青少年既有极大正向发展的可能，也有很多负向的力量。霍尔开青少年研究之先河，也受到了非常苛刻的批评。复演理论虽然在很多方面缺乏科学依据，但它有助于社会工作者充分认识青少年期的过渡性，给予他们更多的支持和协助。

二、精神分析和人的发展理论

精神分析理论是心理治疗上的一大学派，人的发展理论主要是人的心理——社会发展理论，它们对青少年社会工作具有重要的指导作用。

（一）性心理发展论

代表人物是弗洛伊德，他认为人格发展以性心理发展为基础，并受早年经验的影响，而青少年期为性兴奋、焦虑以及会有人格困扰的时期。弗洛伊德的女儿安娜·弗洛伊德（Anna Freud）继承他的理论，提出欲力再现理论，即将青少年视为"欲力再现"阶段，认为他们由于生物的成熟而增加了性与攻击的能源，并因动态性冲突的结果而有两种负向作用的可能：本我支配自我和自我反应固执僵化，以致产生特有的防卫：禁欲主义与理智化。这对于社会工作者认识青少年出现的冲突、背叛、反抗或否定快乐追求，过分理想化等现象，并理解其原因，寻找对策提供了理论上的指导。

（二）人际关系理论

代表人物是沙利文（H. S. Sullivan），他以人际关系与沟通的发展作为了解个体行为的基础，并假设在个体生存的空间存在一个"人际场"，而人际沟通不良会导致人的心理失常。他不同意性是青少年行为的动力，认为亲密关系才是青少年发展的重要推动力。他认为青少年有三个心理发展阶段：前青少年期、青少年期、后青少年期。他对青少年个案辅导的阶段性亦有清晰的说明。这种理论从人际关系角度去解释青少年适应问题，给青少年辅导提供了重要的视角。

（三）心理—社会理论

代表人物是艾里克森，他认为人生的发展可分为八个阶段，每个时刻的美德都是克服了心理社会危机后所产生的。他认为就学期的危机是勤勉对自卑；青春期的危机是辨识（认定）对角色混乱。青少年处于自我辨识与认定的时期，需要辨别是非善恶，逐渐形成自己的价值体系。青少年社会工作者应帮助青少年顺利渡过认同危机，建立自我信心。随着这个理论而产生的辨识认定类型论以"危机"与"承诺"两个重要变项为目标，将青少年的辨识与认定区分为辨识有成、辨识预定、辨识滞后、辨识混淆四个类型。这为青少年社会工作者了解青少年发展与适应状况提供了依据，对实际工作给予重要的指导。

三、学习理论

学习理论把青少年的行为与人格看成学习的结果，青少年所处的环境影响塑造了青少年的行为，青少年的成长就是一个学习的过程。与青少年社会工作关系最密切的学习理论有：

（一）操作增强理论

代表人物是新行为主义学派的斯金纳，他重视环境对行为的影响，认为人的一生都处在学习环境之中，获得满足的行为会得到增强，而"社会控制"和"自我控制"是改变与塑造个人行为的两个重要力量。他提出的"操作制约"等社会控制的方法和"身体限制"等自我控制的技术在青少年社会工作中具有实际的应用价值。

（二）发展阶段和任务理论

发展阶段和任务相关理论很多，美国人哈维格斯特提出的青少年十项发展任务对青少年的成长发展做了科学的描述：与同龄男女形成更成熟的关系；充当男性或女性的社会角色；了解自己的体格并有度地使用它；从父母或其他人那里获得情感上的独立；获取经济独立的保障；选择和准备职业；准备结婚和家庭生活；发展公民能力所需要的智力、技能；进行对社会负责的行为；形成指导行为的价值观念体系。哈维格斯特认为青少年时期是学习和实现发展任务的敏感时期，他的理论为青少年社会发展辅导提供了科学依据。

四、认知发展理论

（一）道德发展理论

美国心理学家柯尔伯格（L.Kohlberg）的道德发展论将道德发展分为六个阶段：他律道德行为和惩罚及服从导向，个别工具性目的交换导向，获得赞赏导向，权威导向，民主契约导向，伦理导向。他特别关注道德教育，认为好的道德教育应该刺激青少年向更高层次道德发展。道德发展是青少年重要的发展项目，也是社会工作者重要的工作任务。

（二）社会认知理论

塞尔曼（R.Selman）的社会认知理论在上述理论基础上发展起来，他特别关注社会认知过程中的社会角色取代作用。他为研究青少年社会认知发展提供了人际了解五阶段论和友谊发展五阶段论，将青少年研究和社会工作扩展到了更大的范围。

五、社会文化理论

（一）文化人类学理论

美国著名人类学家玛格丽特·米德从人类学的观点来看待青少年，指明青少年是社会固有的文明的产物，她提出的"青年亚文化"及代沟的概念，指出要认识代际文化传递过程。米德在家庭关系、成人社会与青少年之间关系等方面的不少论述可以帮助青少年社会工作者更正确地认识、对待青少年。

（二）社会文化理论

代表人物是本尼迪克特，该理论重视社会文化对青少年的影响，认为个体的发展是社会组织的产物，社会由社会角色构成。该理论定义了"文化继承"的概念，其文化制约连续性的观点可以提醒青少年社会工作者不要人为扩大成人与青少年的差异性。

六、社会学的角色扮演理论

社会学把青少年看作同其他群体和整个社会有着特殊关系的社会范畴，并把个体的发展看作社会群体和队列的组成部分。许多社会学理论都与青少年有关，这里只介绍角色扮演理论。角色扮演这个概念最早由乔治·赫伯特·米德提出。该理论认为，个人通过角色扮演去履行一定的社会责任，并与其他角色发生相互作用。角色扮演不仅是成年人相互作用的特征，而且是人的社会化的基础。在角色扮演中会出现一些问题，最普遍的问题就是角色冲突和角色中断，如果没有及时处理好就可能导致角色失败。青少年在成长过程中会不断承担多种社会角色，同时，他们总是处在某一个角色丛中，在这里，他们要与其他角色有或多或少的联系，有时各个角色之间会有冲突，青少年要通过学习找到化解冲突的办法。

第三节　青少年社会工作的内容和方法

一、青少年社会福利

（一）青少年福利的含义

青少年福利包括在整个社会福利体系中，是社会福利体系中的重要组成部分。青少年社会福利有三重含义：

第一，青少年福利代表着一种先进的社会理念。青少年不是作为社会中的弱者而受到关注和保护，国家和社会要尊重他们的独特性和尊严；青少年期也不再仅仅被看作是为成年阶段做准备的时期，而是作为一个独特的人生发展阶段而受到尊重和肯定；青少年的发展过程不再是一种被动的接受教育的过程，而是一个充满了自主性和能动性的过程；青少年有他们自己独特的需要，这些需要有必要通过政府和社会的种种途径来获得满足；国家和社会对于青少年发展承担着不可替代的责任。这些是现代社会福利思想在青少年福利问题上的体现。

第二，青少年福利是现代国家的一种制度。国家要通过制定政策、实施法案、形成法律等形式把青少年福利问题转化为政府行为。青少年福利是政府的责任，政府通过社会政策和立法满足青少年需求、保障青少年权利。青少年福利作为社会政策，是政府日常行政工作的重要部分，需要在社会政策的指导和制约下，通过政府的协调、统筹，机构的服务、配合，程序的规范、衔接，制度的完善等机制建设来实现。

第三，青少年福利是一种社会行为。青少年福利不仅是政府的责任，也是社会的责任，不仅需要政府的行政举措，更需要整个社会的共同参与，要通过家庭、社区、社会组织等为所有青少年提供服务。只有青少年福利发展到社会化的程度，其促进社会中每一个青少年的健康全面发展的价值目标才可能真正实现。

（二）青少年福利的内容和分类

青少年福利实际上是对青少年时期的生理、心理、社会环境提供满足需要、促进发展的社会政策、专业科学知识以及具体行为的总称。狭义的青少年福利是指由特定机构向特殊的青少年群体提供的特定服务。服务的提供者是有限和特定的，福利的享有者是特定的部分青少年，这种狭义的青少年福利在社会福利发展的初级阶段比较常见。随着社会的发展，广义的青少年福利服务形成，即面向社会中的每一个青少年，旨在促进他们全面健康发展的福利服务。福利服务对象扩大了，提供者也由传统的社会或者政府的特定部门，变为全社会的共同行为。青少年福利的狭义和广义是相对的，而由狭义向广义的转变却是必然的趋势。

青少年福利除了广义和狭义之分，还存在着其他分类，如发展性的青少年福利和补救性的青少年福利。发展性的青少年福利的取向是发展性的，旨在促进青少年的健康全面发展。它的服务对象属于健康和正常的社会成员，提供福利服务的目的不在于当前给他们提供救助，而是为他们在日后可能遇到不利条件和种种困难时，提供一种预防性的帮助。发展性取向的青少年福利更具有现代福利的意味，是一种面向未来的福利。而补救性的青少年福利在传统福利中占重要地位，服务对象主要是困境中的青少年。

（三）青少年的福利需要

青少年作为有别于其他群体的特殊群体，有着这个群体所特有的需要，这些需要是青少年社会工作的重要依据。台湾学者曾华源把青少年的需要归结为八个方面：第一，获得基本生活照顾的需要，家庭与社会应提供青少年成长过程中所需的基本生活和养育条件；第二，获得健康照顾的需要，包括适当的身心医疗照顾和预防保健服务；第三，获得良好的家庭生活的需要，家庭应提供良好的亲子关系和适当管教的环境；第四，学习的需要，社会应为青少年提供充足的就学机会和良好的教育环境；第五，满足休闲和娱乐的需要，家庭和社会应提供足够的休闲娱乐场所和设备，并教导青少年学习良好的娱乐态度及习惯；第六，拥有社会生活能力的需要，家庭与社会应培育青少年有关社会关系和人际交往技巧、生活技能、适应能力等多种能力；第七，良好心理发展的需要，家庭和社会应协助青少年建立自我认同，增进自我成长的能力；第八，免于被剥削伤害的需要，社会应保障青少年人身安全、个人权益及免于被伤害等权利。以上这些需要是青少年作为一个群体的共同需要，而每个青少年的个人需要并不完全一致，满足个体的独特需要是青少年社会工作必须特别注意的问题。

（四）国际社会关于青少年福利政策的基本原则

1995 年联合国大会第 50 届会议正式通过《到 2000 年及其以后世界青年行动纲领》（简称"《世界青年行动纲领》"），为世界各国的青少年事业提供了基本范畴依据和思考的角度。这包括：1. 达到符合青年愿望的教育程度；2. 得到与他们的能力相适宜的就业机会；3. 充分参与社会生活所需的足够粮食和营养；4. 增进健康和避免患病致瘾，而且无各种形式暴力的物质和社会环境；5. 不分种族、性别、语言、宗教及无任何其他形式歧视的人权和基本自由；6. 参与决策过程；7. 从事文娱体育活动的场所和设施，以改善农村和城市地区青年人的生活水平。

二、青少年社会工作的内容

青少年社会工作可分为宏观青少年社会工作与微观青少年社会工作。宏观青少年社会工作主要是由处于青少年社会工作体系中的较高层次的人员所进行的关于青少年社会工作全局方面的计划、实施、管理和监督等工作，内容主要包括推动有关青少年的立法、在青少年问题上为政府提供资讯和建议、促进青少年的健康、推动青少年教育、监督和维护青少年健康成长的社会环境、为青少年创造娱乐休闲的各种条件、促进家庭建设、推动青少年发展、保护青少年权益、宣传青少年事务等。

微观青少年社会工作是为青少年服务的具体工作，是最主要的、最频繁进行的部分，主要包括下列内容。

1. 思想政治教育与辅导

思想政治教育与辅导的根本目的是帮助引导青少年形成正确的对世界的看法和态度，其主要内容包括：（1）帮助青少年形成对社会政治制度的看法，培养其正确的政治方向，实现政治社会化；（2）引导青少年形成对整个世界，包括自然界、人类社会的正确态度，以及对自然现象和社会现象的正确认识，塑造正确的价值观；引导和帮助青少年形成对现实生活中的各种事物和现象进行评价、决定取舍时的正确价值评价和价值目标；（3）引导青少年建立正确的观察、判断和推理的思维方法，树立科学方法论，并以此指导行为。

2. 道德及品格的辅导

良好的行为规范是青少年适应社会的必要条件和前提，不良的行为规范是引发适应不良的重要因素，对青少年道德及品格的辅导就是要使青少年根据社会公认的道德原则和规范树立正确的道德观念，发展自己的道德能力，培养良好的道德情感。道德及品格辅导的主要内容包括：（1）通过多种形式提高青少年道德理论认识，帮助他们学习和掌握必要的道德理念和思想基础；（2）运用多种手段，特别是实践体验，帮助青少年形成良好的道德习惯，发展道德能力；（3）帮助青少年在日常道德生活中注意提高自己的道德境界，形成健康的道德情感。

3. 学业指导

学习知识、掌握技能是青少年的本质需求，也是青少年工作的重要内容，青少年工作者有义务引导和帮助他们更好地学习。学业指导的主要内容包括：（1）激发青少年的学习动机，激励其与社会相联系的远大动机，强化其与学习相联系的直接动机，不断提高青少年学习的自觉性；（2）帮助青少年树立正确的学习态度，增加青少年学习的主动性、自觉性、独立性，使之能正确认识和对待学习中的各种问题；（3）发展青少年的学习兴趣，使之更为广阔和浓厚；（4）帮助青少年提高学习能力，更好地掌握新的学习方法，促使其创造性的独立学习能力的形成和提高；（5）帮助青少年化解处理学习中的困惑和问题，帮助他们缓解学习压力，克服学习困难。青少年社会工作者不是教师，不担负直接传授知识的任务，而需要发挥指导、引导作用，促使青少年更自觉顺利地完成学业。

4. 健康成长指导

青少年处于生长高峰期，生理、心理发生巨大变化，增进其健康是青少年社会工作的重要任务。健康成长指导的主要内容包括：（1）辅导青少年了解生理、心理发展的知识，普及卫生常识，帮助青少年更科学地认识自己生理、心理发展的规律；（2）辅导青少年掌握生理、心理发展的基本技能，养成良好的卫生习惯，科学地增进自己的生理、心理健康；（3）帮助青少年矫正身体和心理的缺陷。

5. 就业辅导

劳动就业是青年走向独立生活道路的重要标志，也是青年实现理想和走向现实的必由之路，就业问题解决得好坏，不仅关系到青年的发展，也关系到社会的稳定。就业辅导的主要内容包括：（1）对青年就业意识的正确引导，包括就业意愿和志向，择业的动机以及选择就业途径时的各种心理活动；（2）辅导青年培养正确的劳动态度，即青年个人因接受或否定社会或社团的某些价值面对工作所持的态度，增强青年生产活动的客观指标，调整青年个体对工作和专业的满意程度；（3）为青年择业提供直接的服务，如职业介绍，推动政府完善就业制度，开辟就业渠道；（4）进行就业训练，主要有基础定向培训、应变和多能性培训与入门培训等。

6. 生活方式辅导

生活方式是人们为满足自身衣食住行、人口生产和更高的精神文化需要而消费生活资料（物质资料和精神资料）的各种形式的总和以及支配闲暇时间的方式。青少年的生活方式比起其他人群更具有变化性和开放性。生活方式辅导的主要内容包括：（1）指导青少年对物质生活方式的选择，以引导青少年树立正确的消费观为重点，帮助青少年养成良好的消费习惯，养成勤俭朴实的好作风；（2）开展丰富多彩的文化娱乐活动，培养青少年良好的生活情趣，发展青少年的多种兴趣，指导好青少年的闲暇生活。（3）帮助青少年理性面对舆情，正确认识各种社会潮流，理性判断是非，在社会生活方面坚持核心价值指引的正确方向。

7. 社会交往指导

社会交往可以满足青少年各种物质的、精神的需要，并通过交往建立与世界的多种关系，促进其健康发展。社会交往指导的主要内容包括：（1）通过社会交往实践指导，培养青少年良好的交往动机和交往品质，使青少年的综合素质，如合作精神、正确认知自我等方面不断提高；（2）培养青少年正常的交往情绪和心理；（3）锻炼青少年的社会交往能力，使青少年的领导才能、社交礼貌、交往态度等方面表现不断提高；（4）辅导青年各种社会群体和组织，为青年提供健康的组织团体和生活；（5）对社会交往障碍或遇到困难的青少年进行帮助和矫治，使他们能够适应社会。

8. 婚恋服务

婚姻恋爱是青年人生旅程中的一件大事，对青年人的生活乃至一生都有重要影响。为青年人婚恋提供服务是社会工作者的重要任务。婚恋服务的主要内容包括：（1）教育帮助青年人树立正确的婚恋观，如恋爱中的严肃态度，对婚姻本质的正确认识，对家庭的责任感等；（2）指导青年人的恋爱婚姻，及时提供全方位的服务，解决他们思想上、情绪上的困扰，为他们提供包括心理咨询、婚姻调解、法律咨询等多方面的服务，提高青年人的婚姻质量；（3）婚姻介绍，为一些有特别需要的青年人提供中介服务；（4）在家庭婚姻服务中，依法保护青少年，特别是少年的利益，与早婚现象做斗争，引导少年正确对待"早恋"的情感；（5）引导青年谨慎对待在婚姻恋爱问题上的各种可能挑战传统伦理价值的思想和行为。

9. 特殊青少年服务

对于青少年群体中一部分困境青少年，需给予其特别服务，如残疾青少年，社会工作者应为他们的就学、就业、康复、婚恋提供特别的服务；再如一部分违法犯罪青少年，需要得到法律保护、矫正、回归等多方面的服务；贫困青少年则需要社会工作者帮助其增强信心，克服困难，健康发展。

青少年社会工作涉及青少年的全面发展，内容很多，其根本目的在于使之健康发展，实现自我，贡献社会，造福国家。

三、青少年社会工作的方法

（一）个案辅导

个案辅导即以青少年个人为对象，根据其基本情况，予以有计划和系统的辅导的方法，目的是使其由协助而自觉，由自觉而达到自动自发地自我辅导的境界。

个案辅导的方法很多，青少年社会工作常用的方法如：1. 商谈与观察，用诚恳的态度协助青少年发展潜能，自觉地选择好的方法处理目前受困扰的各种问题；2. 访问，访问的对象有青少年周围的人，如家长、教师、朋友、邻居等，以深入了解青少年个体的问题，争取更好的工作效果；3. 共同活动，与青少年个体一同参与实践活动，如参观、旅游、阅读，在实践中指导青少年个体，增加他们的经验和能力等。

（二）团体活动

丰富多彩的团体活动是青少年成长发展的必由之路，通过组织和团体的互动成长，以及富有实践性、趣味性和创造性的活动，可以有效地推动青少年健康发展。青少年团体的建设要特别注重适应青少年群体的特点，灵活运用规则的制约作用，积极发挥每一个成员的自主参与积极性，激发小组动力。通过活动进行辅导的方法很多，主要有：1. 榜样示范，即在青少年中树立层次不同、远近各异的榜样和典范，发挥榜样的形象性、示范性和感染性的作用，促使青少年产生赞赏、敬慕、仿效等情感和行为动机，达到学习榜样的效果；2. 行为锻炼，即在实践过程中对行为不断进行反复，在反复行动过程中，使认识、情感、需要、动机、态度、价值观等得到转变以支持这种行为方式，达到养成习惯、磨炼自己的目的；3. 情景感染，活动中情景对参与者具有巨大的感染力，可以使参与者受到美的熏陶、思想的影响和情绪的调动，好的活动需要注意营造适宜的情景；4. 竞赛激励，运用评比、竞赛、奖励等手段，可以促进参与者奋发向上，亦符合青少年争强好胜、积极向上的心理特点，使其感情性动机和获得自尊、自我求成的需要更加强烈；5. 角色模拟，即将青少年置身于一种人为的角色情景之中，使他们学习理解认识角色的规范，增进角色体验，以增强社会性。

青少年活动除了自我教育成长的内部活动，还包括一些参与社会的活动，如政治性活动、生产性活动等，其在范围上亦有全社会性的和社区内的活动之分，这些活动对青少年成长的意义重大，是青少年社会工作者不可忽视的重要领域。

（三）社区建设

青少年社区工作以调动包括青少年在内的社区居民参与为重点，以营造社区内青少年健康成长发展环境和引导青少年在力所能及的范围内与社会形成互动为工作目标。其介入手段有：

1. 从动员组织社区内综合服务力量入手。社会工作者需要在实际工作中组织、联合、动员社区内各类社会团体和居民组织，整合社区里有关青少年事务的各种力量，为青少年的健康成长提供各种资源。

2. 从建设社区相关社会舆论入手。社会工作者可以通过大众传媒等手段，通过宣传社会理念，影响社区舆论，介入社区青少年工作。

3. 从发动社会资源，争取社会力量入手。社会工作者一是从社会整体发展角度，影响政府制定实施有关青少年的政策，促进社会的青少年事业发展等；二是联系有关政府职能部门、相关社会组织和机构，争取资金、物质、人力等资源为本社区的青少年服务。

青少年社会工作还有一些重要的介入手段，如组织团体建设活动，通过青少年之家、青少年宫、活动站以及野外文化体育训练营地开展活动等，都深受青少年的欢迎。

第四节　中国的青少年社会工作

中国的青少年工作一直受到政府高度重视，《中国青年工作大百科全书》中关于"青年工作"的定义是："社会工作当中的一项，其工作对象是青年及其相关的事务……其功能主要表现在：一、教育功能，即帮助青年用马克思主义和现代科学文化知识武装自己。二、开发功能，即努力发掘青年的潜力，发挥青年的优势。三、服务功能，即全面地关心青年，帮助青年排难解忧。四、保护功能，即代表青年的正当利益，保护青年的合法权益。"这一概念清楚地阐述了中国青少年工作的宗旨和内涵，是认识和理解中国青少年社会工作的重要依据。

一、中国青少年社会工作现状与发展

（一）中国青少年的发展现状

改革开放以来，中国社会生活发生了巨大变化，急剧的社会变迁给青少年带来巨大影响。很多研究表明，当代中国青少年遇到了一些迫切的发展问题。包括：1.学习成才。中国的快速发展促使青少年敏锐地感受到时代的脉搏，有强烈的成才意识，较强的成就欲和求知欲。2.娱乐休闲。随着时代的发展变迁，青少年的娱乐休闲活动不断变化，特别是网络等现代传媒的快速发展，极大地影响了青少年的娱乐休闲内容与形式。3.参与社会。参与是当代中国青少年社会意识与社会行为的重要组成部分，中国社会从计划经济向市场经济转型以来，中国青少年在经济方面的参与意识十分高涨，各种与社会经济活动有关的社会热潮吸引了众多的青少年。同时，社会的开放与民主进程，特别是网络参与的便捷，不断激发青少年的参与热情，其范畴涉及生存生活，个人发展，社会关系，政治经济，民主监督等多个领域。

（二）当代中国青少年问题

随着社会发展，青少年在成长成才等方面都面临着新的困难和问题。其中最突出的有：

1. 就业与职业发展问题。社会主义市场经济体制的建立，给青年提供了广泛的就业选择机会，但也增加了竞争压力。加上社会结构不断变化，利益格局不断调整，青年自主意识不断增强，就业和职业发展的需求和难度不断加大，青年在就业过程中出现的心理和社会问题增多。

2. 教育问题。改革开放带来了经济的蓬勃发展，也带来了意识形态多元化的影响，一些青少年的价值观念和道德标准发生了倾斜，犯罪行为也相应有所增加，暴露出青少年教育问题的一些困境。

3. 青少年保护问题。《未成年人保护法》的颁布和不断修订给青少年健康成长带来了保障，但是社会环境中危害青少年健康成长的因素层出不穷。旧的观念、教育体制带来的学习压力、家庭的变迁等每日每时都在影响着青少年的成长，处于困境的青少年，如贫困、残疾、违法犯罪、发展障碍等急切需要社会的救助。青少年的保护需要全社会的协力，特别是社会工作者的努力。近些年来，随着互联网事业的不断发展，如何引导青少年善用网络资源，发展青少年网络教育，培养青少年信息素养，保护青少年不受网上不良信息的影响和毒害等问题也日益突出，成为受到广泛关注的社会问题。

（三）中国青少年社会工作的发展

适应当代中国青少年的发展要求，中国青少年社会工作出现了几个发展趋势。

1. 颁布一系列重要文件，推进青少年社会工作

（1）多部委共同发文。在《关于加强社会工作专业人才队伍建设的意见》和《社会工作专业人才队伍建设中长期规划（2011年—2020年）》文件精神的指引下，2014年1月，共青团中央、中央综治委预防青少年违法犯罪专项组、中央综治办、民政部、财政部、人力资源社会保障部联合发布《关于加强青少年事务社会工作专业人才队伍建设的意见》，明确服务成长、维护权益、预防犯罪等青少年事务社会工作专业人才的主要服务领域。要梳理青少年事务领域的社会服务工作，以政府购买服务等方式交由社会力量承担，逐步实现政府从对社会事务的直接管理向间接管理转变。承揽和办理好青少年事务，服务青少年成长发展，维护青少年合法权益，做好青少年特别是重点青少年群体的服务管理和预防犯罪工作。探索完善青少年事务社会工作专业人才队伍建设机制、管理机制、运行机制、政策措施，总结提炼符合我国国情和发展需要的青少年事务社会工作专业人才队伍建设经验和模式。在青少年事务机构，人才培养和教育基地建设一方面明确提出了量化并形成运行管理机制和配套政策制度框架。这一文件的颁布，不仅为我国青少年社会工作明确了方向，而且从政府管理层面提供了政策上的保障。

关于加强社会工作专业人才队伍建设的意见

（2）颁布青年发展规划。2017年，中共中央、国务院印发了《中长期青年发展规划（2016年—2025年）》，这是我国第一个青年发展纲领性文件，强调加

强党对青年的领导，并从十大领域提出了青年的发展问题，明确了促进青年发展的措施。规划发布以来，国家建立青年发展统计监测指标体系，各省均已出台青年发展规划，多个县（市、区）建立青年工作联席会议机制，青年发展的工作逐渐纳入国家总体发展规划。

（3）颁布《青少年社会工作服务指南》。2019年，共青团中央、民政部联合发布《青少年社会工作服务指南》，这是目前社会工作领域第一个国家级标准。指南对青少年社会工作服务的原则、内容、方法、流程和管理等进行了规定，明确青少年社会工作服务是以青少年为对象，整合运用社会工作专业价值、理论、方法和技巧，协助其提升解决问题的能力，恢复、改善及提高其社会功能，促进其健康成长和全面发展的社会服务活动。

2. 引入社会工作先进理念，传统的青少年工作向科学化、专业化发展

一是工作领域不断扩大。传统的中国青少年工作较多地局限在思想政治领域，随着社会发展，青少年工作领域不断扩大，工作内容拓展到青少年成长的方方面面。如"青年志愿者行动"等活动充分发挥青年的主动性，最大限度地动员了青年，鼓励青年在社会经济文化建设当中发挥重要作用。二是服务性不断增强。原有的中国青少年工作强调教育、较少服务。目前，青少年服务日益成为中国青少年工作的重要内容。大量民办青少年社会服务机构迅速发展，为有需要的青年提供生活、学业、心理等多方面的服务；青少年法律保护咨询机构等相继建立，成为中国青少年工作的重要组成部分。三是社会化趋势日益突出。中国青少年工作原有的工作模式是以政府包办为主，共青团虽是群众组织，但行政式的管理方法一定程度上限制了它的功能。改革开放以后，共青团不仅在自身的工作方法上发生了很大变化，而且还吸收了广泛的社会力量加入。由共青团中央，全国少工委联合有关部门共同发起的，有巨大社会影响的"手拉手"互助活动，广泛动员了社会力量，城乡、富裕地区和贫困地区、健康少年儿童和残疾少年儿童等全方位的"手拉手"，使青少年的教育成为一项社会性工程。

3. 积极探索青少年社会工作的本土化

2008年4月，《关于确定全国首批青少年事务社会工作者试点城市（城区）的通知》下发，经共青团中央等相关部门共同研究，北京市海淀区、广西壮族自治区南宁市等13个城市（城区）被确定为全国首批青少年事务社会工作者试点地区，以青少年重点群体和重点问题为切入点，探索建立党政主导、社会化运作、公众参与的工作机制，实验构建具有中国特色、时代特征和地方特点的青少年事务社会工作理论和实践模式。随后，北京社区的"青年汇"、广州社区的

"青年地带"、武汉社区的"青年空间"、上海市浦东新区的"中致社区服务社"等青少年社会工作服务机构纷纷成立，开展了丰富多彩的青少年社会工作服务活动，在青少年社会工作者队伍建设、青少年社会工作运行机制建设、青少年社会工作保障体系建设，特别是引领、服务青少年的方式方法等方面积极探索，在青少年社会工作本土化上取得了丰富成果。

二、中国青少年社会工作机构与职能分布

中国政府本身也从事具体的青少年福利服务，一些政府部门的工作内容就涉及青少年工作，如民政部门的青少年社会救助、人力资源和社会保障部门的青年就业服务等。但是，中国政府里没有专门的青少年工作职能部门，按照相关规定，中国青少年社会事务由共青团组织承担。

中国共产主义青年团是中国共产党领导的先进青年的群众组织，是在实践中学习共产主义的学校。作为党直接领导、政府大力支持的中国最大的青年团体，共青团影响着全国几亿青少年。在中国青年的生活中，共青团的作用广泛而重要。主要包括：1.通过各种途径，如在人大、政协等机构中吸纳共青团组织的代表，直接参与包括社会福利制度在内的各种国家政策、法令，特别是有关青少年方面的政策法规的制定与执行。2.引导教育青少年树立远大理想，全面提高思想道德素质。3.带领青年在全面建成小康社会中发挥先锋作用。4.积极为青少年健康成长服务，为青少年提供学习教育、劳动就业、恋爱婚姻、生活消费等具体服务。5.反映青少年的要求，参与民主和法制建设，加强对青少年权益的维护和社会监督，优化青少年成长环境等。

与共青团在一个体系内的还有中华全国青年联合会、中华全国学生联合会、中华基督教女青年会全国协会、中华基督教青年会全国协会等。以中华全国青年联合会为例，这是一个各青年团体的联合组织。它承担着代表青年的利益和愿望，参与各项社会活动，为青年的健康成长开展各种服务，向社会推荐和扶植青年人才等功能。和其他国家相比，中国青少年服务组织较为集中统一，在职能分工上也较宏观。

近年来，在中央加强社会工作人才队伍建设精神的指引下，一大批民办青少年社会工作机构相继成立，这些机构活跃在城乡社区，直接服务广大青少年，无论是在服务的专业技能、项目化运作水平上，还是在服务的领域、服务平台的搭建上，抑或是在资源整合促进青少年全面适应上，都较以往的行政化组织有了极大的发展与进步。

党的十九大报告指出，青年兴则国家兴，青年强则国家强。青年一代有理想、有本领、有担当，国家就有前途，民族就有希望。全党要关心和爱护青年，为他们实现人生出彩搭建舞台。《中华人民共和国国民经济和社会发展第十四个五年规划和 2035 年远景目标纲要》要求，完善落实未成年人监护制度，严厉打击侵害未成年人权益的违法犯罪行为，完善未成年人综合保护体系。深入实施青年发展规划，促进青年全面发展，搭建青年成长成才和建功立业的平台，激发青年创新创业活力。社会工作在青少年发展服务中大有可为。

【思考题】

1. 试述青少年概念的含义。
2. 试述青少年社会工作的含义及功能。
3. 试述青少年福利政策的基本原则。
4. 试述青少年社会工作的主要方法。

【主要参考文献】

穆宪、张潘仕主编：《中国青年工作大百科》，光明日报出版社 1990 年版。

中国青少年研究中心、中国青少年发展基金会：《跨世纪中国青年的问题与导向》，中国和平出版社 1994 年版。

黄志坚：《青年学新论》，中国青年出版社 2004 年版。

陆士桢、王玥：《青少年社会工作》，社会科学文献出版社 2010 年版。

共青团中央、中央综治委预防青少年违法犯罪专项组、中央综治办、民政部、财政部、人力资源和社会保障部：《关于加强青少年事务社会工作专业人才队伍建设的意见》，2014 年 1 月 10 日。

中共中央、国务院：《中长期青年发展规划（2016年—2025 年）》，2017 年 4 月 13 日。

共青团中央、民政部：《青少年社会工作服务指南》，2019 年 6 月 28 日。

陈树强主编：《青少年事务社会工作概论》，中国青年出版社 2021 年版。

第十三章

老年社会工作

老龄化、老年生活质量是现代社会难以回避的问题，老年社会工作是解决老年人社会生活问题的重要方法之一。本章分析老年社会问题的成因，介绍老年社会工作的理论、方法与实务。

第一节　社会变迁与老人问题

一、老人问题的由来

（一）何为老人

一般来说，年满60岁的人被称作老人，世界卫生组织把60岁作为老年的起始年龄。国际上通用的衡量一个国家人口老龄化的标准，以60岁（或65岁）及以上老年人口占总人口的10%（或7%）作为其指标。其根据是60岁以后，人的各种生理功能会发生较大的退行性变化，神经系统、循环系统、呼吸系统、消化系统、免疫系统、骨骼系统都不同程度地呈衰退和下降趋势。世界上大多数国家都把60岁左右（女性可55岁，男性可延至65岁）作为法定的退休和享受社会保障的年龄。

（二）老人问题的提出

近半个世纪以来，世界人口发展的一个重要趋势就是人口结构的老龄化。到20世纪80年代中期，几乎所有发达国家的人口再生产模式都先后实现了从"高出生率—高死亡率—高增长率"向"低出生率—低死亡率—低增长率"的人口再生产模式转变，从而使人口增长的速度变慢。加之生活条件和医疗条件的普遍改善，人口的平均预期寿命普遍延长，发达国家先后成为老年型国家，65岁及以上人口占总人口的比重都在 10% 以上。进入 90 年代以后，不少发展中国家也同样在经历着人口老龄化这一历史过程，人口老龄化已成为当今世界一个突出的社会问题。随着老年群体的日益庞大，老人问题已成为各国社会政策和社会工作面对的一个重要问题。

（三）社会变迁对老年人地位和作用的影响

在以手工劳动为主的前工业社会中，个人只有通过长期的实践活动才能逐渐掌握生产技术和经验知识，人的年龄与知识是成正比的，因此，老年人往往是知识和技术的宝贵源泉。

工业社会冲击着人们随年龄增长和生产经验的积累而产生的老龄权威。这是因为：第一，现代社会是一个高速发展的社会，科学技术的发展日新月异，知识更新的周期越来越短，人们需要学习和掌握的新知识和新技能越来越多；而在对新知识和新技能的接受和掌握方面或在对新的社会环境的适应方面，年轻人比老年人更有优势。第二，在现代社会，教育得到普及，人们的生产经验和生产知识能够高效率地通过学校教育直接获得，不必非得经由上一代人的言传身教。这样，社会变迁就明显地冲击着老年人的社会地位。

二、老年社会工作的源起与发展

（一）老年社会工作的源起

无论是起初的慈善服务还是当今的专业社会工作，始终对老人这一特殊群体给予帮助和提供服务。英国于 1908 年就通过了《养老金法》以保障老年人的基本生活需要。美国在 1935 年由罗斯福主持制定了有名的《社会保障法案》，此法案主要包括三个方案，在社会保险方案中，老年保险制度被置于首位；在公共分类救助方案中，明确以老人、贫困盲人及儿童为其救助对象。社会保障制度的发展有力地推动了老年社会工作的发展。此后，老人一直是西方各国社会工作主要关注的对象之一。欧洲各国在建立福利国家的过程中，也纷纷把提高老年人生活质量和完善老年人服务网络作为重要的工作目标。可以说，老年社会工作的发展与社会工作的历史进程几乎是同步的。

（二）老年社会工作的发展

老年社会工作是以老年人为服务对象，运用社会工作专业理论和方法，帮助其解决物质生活和精神生活方面的困难，促进其生活质量改善的专业服务。老年社会工作的蓬勃发展是在第二次世界大战以后。一方面，计算机、核能、光导纤维、航空航天、激光等新技术所创造出来的巨大物质财富，为老年社会工作的发展提供了必要的物质基础，使各国政府有能力制定出行之有效的政策措施以改善老年人的生活境遇、提高老年人的福利服务水平；另一方面，世界范围内人口老龄化程度日益上升，各国政府不得不正视和面对人口老龄化给社会发展带来的种种考验和挑战。随着老年人口在总人口中的比重不断上升，老年人口的生活条件、特殊需要、医疗照顾、社区支持等问题也就成为社会工作的重要课题。

当前，老年社会工作的目标已从过去的改善老年人生活待遇和服务水平，提升到挖掘老年人潜能、提倡老年人互助、为老年人争取合法权益的高度。老年社会工作鼓励老年人不再以单纯受惠于社会的角色出现在社会上，而是以为社会创造价值、有权重新参与分配社会资源的形象生活在社会中。

三、影响老年社会工作的主要因素

（一）经济发展

纵观社会工作发展的历程，不难发现，经济发展水平的高低是促进或限制社会工作发展的主要因素之一。对于老年社会工作来说尤其如此。老年社会工作的目标就是要帮助那些需要救助和服务的老人走出困境、摆脱贫困，与其他社会群体一起分享新的社会资源，以颐养天年。要做到这一切，没有一定的经济发展水平作基础，很难实现其目标。老年社会工作的经济支持有两个来源：一是政府；二是民间团体。其中绝大部分资金来源于政府。发放老人福利津贴、修建老人活动中心、提供廉价的老人公寓以及健全社区服务网络，都需要政府投入大量资金。正因为如此，经济比较发达国家的老年社会工作相应发展得较为完善一些；经济比较落后的国家，老年社会工作则发展缓慢。

然而，我们应该看到，经济发展水平只是老年社会工作发展的一个重要条件，而不是一个充分必要条件。也就是说，一个经济很富裕的国家，如果它的社会政策和法律法规并不注重保护老年群体的特殊利益，那么它的老年社会工作发展的水平亦可能很低；反之，在一个经济不太富裕的国家，如果老年社会工作有强大的民众基础和社会政策支持，也会发展得比较完善。这就是我们下面要谈的影响老年社会工作发展的第二个重要因素——社会政策。

（二）社会政策

社会政策是国家实行社会行政管理、推行社会福利和社会服务的基本手段，是社会工作行政的活动依据。任何一个国家都有其发展的总目标和总规划，社会政策就是总目标和总规划的具体体现。换句话说，社会发展的总目标和总规划需要通过社会政策加以具体化，使之具有可操作性。社会政策所规定的任务、要求、目标直接影响着某一群体和某一具体行业的兴衰与发展。例如，有无对老人、贫困者、残疾人、军烈属的社会保护政策，就直接影响到这些群体的生存和发展状况。世界各国有关退休老人、鳏寡老人、贫困老人、高龄老人的一系列社会政策和法规，在帮助老年人走出困境、满足老年人的基本需要方面，起着至关重要的作用。老年人作为竞争能力较弱的群体，他们福利保障水平的提高、生存条件的改善在很大程度上有赖于社会政策的制定和实施。社会政策直接影响并指导老年社会工作的发展。当然，老年社会工作的发展不应只是单纯遵照社会政策的任务、目标来开展其工作，必要时也应通过发现社会政策和法规的不完善，促成建立更为合理的政策法规体系，来推动老年社会工作的健康发展。

（三）文化因素

西方社会工作的价值观或多或少受到基督教的影响。无论是青年还是老年，都倾向于过一种较为独立的生活。西方文化所赞扬的那种有独立才有尊严的思想，使一些老年人在身处困境时也耻于向子女伸手。此种文化观念决定了西方大多数老人认为，赡养老人是政府的责任，同时个人也应承担起自我养老的义务。西方绝大多数老年人都选择单独居住的生活方式，这使得社会发展出了一套较为完善的老年人服务网络，以解决老年人的种种特殊需要。诸如陪老人聊天、带老人看病、帮老人购物、为老人咨询等服务都进入老人社会工作的视野。由文化观念所带来的老人赡养方式、居住方式、人际交往方式的差异，直接导致了不同文化背景下老年社会工作的区别。

中国素有尊老敬老的传统。从孟子的"老吾老，以及人之老；幼吾幼，以及人之幼"《孟子·梁惠王上》到张载的"尊高年，所以长其长；慈孤弱，所以幼其幼"《正蒙·乾称》，都说明中国传统文化是十分尊敬老人的。中国文化十分强调"孝道"。孔子说，"父母在，不远游"。《孝经·开宗明义》说："夫孝，德之本也，教之所由生也。……身体发肤，受之父母，不敢毁伤，孝之始也。立身行道，扬名于后世，以显父母，孝之终也"。中国传统文化把孝作为道德的根本，认为人学习做事、做官有为，一个重要的原因是为了光宗耀祖、孝敬父母。中国文化的"家国一体"模式，使家庭承担了许多本应由国家来承担的赡养老人的责任和义务。即使在当代中国，许多老人仍把进养老院生活视为人生之不幸。由于中国文化过分强调家庭的养老功能，所以长期以来，老人社会服务网络体系的发展严重滞后，制约了中国老年社会工作的发展。

第二节   老年社会工作的理论与方法

一、老年社会工作的理论

老年社会工作的理论主要有以下几种。

（一）社会撤离理论

社会撤离理论（Disengagement Theory）认为，人的能力会不可避免地随年龄的增长而下降，老年人因活动能力的下降和生活中角色的丧失，希望摆脱要求他们具有生产能力和竞争能力的社会期待，愿意扮演比较次要的社会角色，自愿脱离社会。在社会撤离理论看来，老年人减少他们的活动水平，减少与人交往，关注内心的生命体验，这会使老年人过上一种平静而令人满意的晚年生活。而且，老年人主动地撤离社会，能使社会权力井然有序地实现交接，社会也不会因老年人的死亡而功能受损。因此，社会撤离理论认为，老年人从社会主流生活中的撤离，无论这一过程是因老年人自愿还是由社会起动，对社会和个人都会产生积极影响。

尽管社会撤离理论不乏其合理之处，但其理论前提（假设所有老年人都愿意脱离社会）并非完全成立，也为许多社会工作者所反对，理由如下：

1. 随着物质生活水平的提高和医疗条件的普遍改善，老年人预期寿命普遍延长，他们在离开工作岗位后还可生活20—30年，因此，如何保持他们退休后的活动水平已成为各国老年社会工作者正在认真思考的问题。

2. 无法证明老年人退出有用的社会角色必定对社会有利。事实上，每个人在社会结构中所处地位不同，他们脱离社会的程度也是不一样的。一些人80岁仍在组织中担任要职，而一些人55岁就提前退休。在科学、教育、文化、医疗卫生领域，许多60岁以上的老年人仍发挥着不可替代的积极作用。

3. 社会撤离理论忽视了个性在一个人适应衰老过程中所起的作用。许多老年人一生中都愿意保持一种活动水平较高的生活方式，这与他们的生活满意度直接相关。世界范围内出现了越来越多的老年志愿工作者，对这一情形做了最好的诠释。社会工作实践也已证明，那些与人交往频繁、积极参与社会生活的老年人比那些独处的老年人身心更健康。

（二）活动理论

活动理论（Activity Theory）与社会撤离理论的基本观点正好相反，认为活动水平高的老年人比活动水平低的老年人更容易感到生活满意和更能适应社会。活动理论主张老年人应该尽可能长久地保持中年人的生活方式以否定老年的存在，用新的角色取代因丧偶或退休而失去的角色，从而把自身与社会的距离缩小到最低限度。活动理论的基本观点为大多数老年社会工作者所肯定。在老年社会工作者看来，社会不仅在态度上应鼓励老年人积极参与他们力所能及的一切社会活动，而且应努力为老年人参与社会提供条件。现实情况是，许多老年人想有所作为而苦于没有机会；一些老年人因退出社会主流生活而导致老年抑郁症；有些老年人因枯坐家中无人交谈而提前开始脑退化。现代医学证明，勤于用脑的人比懒于用脑的人，脑力退化的速度要缓慢得多；常有人陪伴的老人相较于少说话的老人更少患老年痴呆症。因此，让老年人保持较高的活动，积极参与社会生活，对防止老年人大脑退化具有重要作用。

当然，我们也不能仅以活动水平的高低来判断老年人对生活的满意程度。事实上，老年人的经济收入、生活方式、人际关系等方面都是构成老年人是否有一个幸福晚年的重要因素。我们也不能忽视如下事实：有些老年人活动不积极却也很快活，他们赋闲家中养花喂鸟以娱悦性情、读书写字以丰富情趣。也就是说，老年人因性格差异会有截然不同的晚年生活，我们不应以一种模式去要求所有的老年人。

（三）连续性理论

连续性理论（Continuity Theory）认为，不论是年轻还是年老，人们都有着不同的个性和生活方式，而个性在适应衰老时起着重要的作用。在连续性理论看来，如果一个人在老年时仍能保持中年时代的个性和生活方式，那么他（她）便会有一个幸福的晚年。因此，每个人不用去适应共同的规范，而是应该根据自己的个性来设计生活模式，这是老年人对生活感到满意的基础。对个体而言，连续又可分为内部连续（个性、爱好等）和外部连续（如年轻时爱踢足球，年老时踢不动了仍爱看足球比赛）。

连续性理论的最大缺陷在于忽略了外部社会因素对人们个性改变的作用及对衰老过程的影响。事实上，对生活满意度高的老人常是那些没有拘泥于某种固定生活模式、能随社会环境的变化而不断改变其生活方式的人。

（四）符号互动理论

符号互动理论（Symbolic Interactionism Theory）又被称作象征互动理论。此理论认为，人们是在他们的社会环境中、在与他人的交往中获得他们的自我概念的。换句话说，人们是根据他人对自己的评判、态度来思考自身的。这一理论强调人们赋予符号的意义对人们行为的影响。比方说，如果整个社会对老年人采取歧视的态度，这必然会对老人的自我认知产生影响。如果老年人每天听到的广播、看到的电视、外出购物所目睹到的一切，都把老人描绘成昏庸、老朽、无用的形象，这些符号就可能会导致老人产生否定性的自我认知，让他们感到自己不再有能力，对家人和社会都是负担，从而使他们与社会产生隔离感。

从符号互动理论派生出了社会损害理论和社会重建理论。社会损害理论指出，有时老年人的一些正常情绪反应，会被他人视为病兆而作出过分的反应，从而对老人的自我认知带来损害。例如，一位因丧偶心情痛苦的老人，询问子女自己是否应该搬过去与其同住。这种询问就很可能被子女视为老人无能力再作出任何决定的表现，从此凡事处处为老人做决定。这种关心久而久之就会让老人觉得自己的确缺乏能力，而把一切决定权都交给子女。也就是说，接受消极标签的老人随后会进入消极和依赖的地位，丧失原先的独立自主能力。现实生活中很多案例表明，对老年人的过分关心可能会导致老年人自我否认的错误认知，从而对老年人的身心带来损害。这一理论对老年社会工作者具有深刻的启示意义。

社会重建理论则意在改变老年人生存的客观环境，以帮助老年人重建自信心。社会重建理论的基本模式是：第一阶段，让老人了解到社会上现存的对老年人之偏见和错误观念；第二阶段，改善老年人的客观环境，通过提倡政府资助的服务来解决老年人的住房、医疗、贫困等问题；第三阶段，鼓励老年人自我计划、自我决定，增强老年人自我解决问题的能力。

（五）社会交换理论

社会交换理论（Social Exchange Theory）以行为心理学和功利主义经济学为其理论依据，认为社会互动是一种双方交换的行为，在交换过程中双方都考虑各自的利益。在社会交换理论看来，人们是通过掌握物质财富、能力、成就、健康、美丽等社会认可的资源来确认自己的社会地位的。在社会中，大多数老人掌握的资源比年轻人少，因此，他们的社会地位便相应下降。由于老年人缺乏可供交换的资源，所以他们在社会中只能扮演屈从和依赖的角色。基于此，社会交换理论提出，发展与老年人有关的政策和社会服务的原则就是力求最大限度地增加老年人的权力资源，以保持老年人在社会互动中的互惠性、活动性和独立性。也就是说，应该让老年人拥有可供交换的资源，让他们感到自己有用，仍能给下一代提供帮助和支持。而且，应帮助老年人认识到他们曾经被尊敬、被需要以及为社会做出过巨大贡献。

二、老年社会工作的方法与技巧

老年社会工作的方法与技巧主要分为老年个案工作与老年小组工作两种。

（一）老年个案工作

1. 老年个案工作的基本原则

由于老年群体有着与其他群体不同的生理特点和心理特点，因此老年个案工作除了要遵循一般个案工作的方法与原则，还有自身独特的原则和要求。这些原则大致如下：

（1）从价值观上尊敬并接受老人。如果社会工作者在观念上就对老人持排斥和歧视的态度，视他们为社会和家庭的负担，觉得他们老朽、昏庸、无能，只能消极地适应生活，那就无法从事老年个案工作。社会工作者只有从观念上接纳并尊敬老人，相信他们有能力改变自己的生活，才会有信心通过服务去帮助老人改变生存环境，提高他们的生活质量，使他们有一个幸福的晚年。

（2）建立相互信赖的关系。与老年人建立起相互信赖的关系，是老年个案工作得以进行下去的前提。只有接纳老人并愿意给予其积极支持的人，才有望与老人建立信赖关系。社会工作者要真心关心老人，了解他们的真实感受，并对他们的感受作出积极的回应，让老人从这种回应中感到被尊重，方能营造一个让老人自由倾诉的环境氛围。当然，也只有那些有意愿改变自身处境的老人才可能在心理上不抵触社会工作者的帮助。

（3）有耐心、多鼓励。老年人有多种多样的性格类型。有些老人性格内向、寡言少语，尤其对不熟悉的人有较强的防备心理，他们常表现为懒得开口，对问题持不作答的态度。还有一些老年人则可能喋喋不休、自顾自地不停说话，根本不去关心对问题的回答。这两种情形，都要求社会工作者有耐心。对于沉默寡言的老人，在开始交谈时可先不涉及其存在的问题，而是聊一些与他有关的日常小事，让老人感到你的真诚关心，这样才能使服务继续下去。对于反复唠叨的老人，首先要容忍，在适当的时候可以告诉他"这事您已经提及过了"，但语气要委婉，否则会使老人感到自己讨人厌。

除耐心以外，社会工作者还需多鼓励老人，对于他们取得的任何改变都应及时地给予称赞，以促进他们自信心的建立；但切忌不符合实际的奉承和过分的夸奖，这会让老人感到你在敷衍他、不真诚。认真倾听老人的问题，不随意打断他们说话，在老人个案工作中也十分重要。因为，一些老年人说话的逻辑性可能已不像年轻人那么强，一旦被打断，常常忘记自己说话的主题和想要表达的意图，服务将难以连贯地进行下去。

（4）让老人自我选择、自我决定。尽管在实际服务过程中，许多老人会说"请你帮我拿个主意吧，我真不知该怎么办了"，但每个老人对于自己能够作出决定还是十分高兴的，这能让他们感到自信和力量。因此，社会工作者不仅要相信老年人有能力作出决定，而且应积极鼓励老人参与计划的制订与策略的选择。让他们参与决定，有利于激发他们在整个服务过程中的积极性和主动性。

（5）个别化的原则。许多调查表明，人们很容易按照某种固定的类型和范畴去理解老年人，认为老人大多残弱、贫穷、孤寂、固执，实际上，老年人的真实状况往往要比这种想象好得多。尽管老年人随着年龄的增长会产生生理、心理的变化，但这些变化并不是千篇一律地按同一模式发生在每个老人身上。有些60岁的老人可能比30岁的年轻人在生理上更健壮、在心理上更愿意接受新事物。有的老人健康、健谈且风趣幽默，欣然接受老之将至；有的老人把生活安排得井然有序，有固定的目标，积极参加各类活动。事实上，每一个老人都是一个独特的个体，都有他们自身的个性和特点，我们切不能将某一固定的生活模式套用在所有老人身上。

2. 老年个案工作的辅导技巧

老年个案工作的技巧有很多，这里只谈在国内外运用较多的两种：怀旧和生命回顾。

（1）怀旧。怀旧即让老人回顾他们过往生活中最重要、最难忘的事件或时刻，从回顾中让老人重新体验快乐、成就感、尊严等多种有利于身心健康的情绪，帮助老人找回自尊和荣耀，使他们有勇气面对自己目前的实际情形。通过怀旧，老人也可能再次体验过往岁月中不愉快的事件，但老人对不愉快事件的追忆在一定程度上会缓解其自责和内疚，减轻焦虑和不安。

（2）生命回顾。生命回顾是指通过缅怀过去成功和失败的经历，让老人重建完整的自我，鼓励老人将整个人生的经历尽可能详尽地倾诉出来，以达到内省的目的。生命回顾与怀旧不同的是，它是对整个人生的回顾，而不只是回顾生命中最重要的时刻和事件。因此，它更系统详细，也更能让老人面对自己的人生境遇，体味人生的价值和意义。生命回顾的方法已被成功地运用于治疗多种老年病，特别是老年人的抑郁症。在当今世界上最流行的三种晚年精神病中，抑郁症的发病率最高。抑郁症的最典型症状之一，就是对生活失去兴趣并伴有轻生念头。通过生命回顾，许多老人减轻了自责内疚，重塑自我，找回了生命的意义。生命回顾和抗抑郁药物的配合治疗，被临床证明对老年抑郁症疗效明显。

（二）老年小组工作

1. 老年小组工作的基本原则

老年小组工作是通过组织老人参加各种活动小组，提高老人活动水平，建立老人间的互助网络，以帮助他们摆脱孤独和寂寞，使晚年生活充满乐趣的工作方法。老年小组工作有以下几点基本原则：

（1）不要预先假设有些老人喜欢参加小组活动，有些老人不喜欢参加小组活动。事实上，绝大多数老人都有被人关注、与人交往的愿望。

（2）社会工作者一定要有耐心、细致、周到的工作态度，尽可能考虑到每个人的特殊需要。例如，如果一个社会工作者在开展活动的时候，总是举着图片向老人示意活动的规则，那些视力不好的老人可能因无法看清图片而不理解规则，等活动开始以后，这些不懂规则的老人就可能显得十分愚笨，这就会挫伤老人的自尊。

（3）小组组员的选择要恰当、合适。小组组员的合适安排，是使老人能够继续参加活动并对小组活动感兴趣的重要因素。一般来说，宜把教育水平大致相当、身体活动能力无甚差别的老人组成一个小组。有些社会工作者诉苦说自己花很大精力准备的小组活动，老人们不感兴趣，原因可能就在于社会工作者对老人的生活背景缺乏了解。例如，把那些年轻时曾热衷于体育活动的老人组成"体育迷"小组，让他们对体育评古论今，这一定会使他们情绪高昂。

（4）不强求的原则。社会工作者虽然应尽可能调动所有老人参加小组活动的积极性，但也应尊重个别不愿意参加活动的老人的选择。

2. 老年小组工作的具体技巧

（1）社会工作者在小组活动之前，要做好充足的准备工作。尤其是对第一次小组活动，社会工作者事先要有周密的考虑，包括语言的运用、游戏类型的选择、让大家互相熟悉的方式等。第一次活动要使组员感到轻松自然、愉快开心、活动有趣。

（2）所组织的活动或游戏一定要简单易学，使老人一听一看就懂，否则老人可能会因做不到而感到自己无能。社会工作者应缓慢、清晰、大声地讲解规则，要确保每个组员都明白规则。

（3）社会工作者要不失时机地赞赏组员的能力。通过赞赏来增加组员的自信心，从而促进他们积极参与。要切记，赞赏应是真诚的鼓励，而不是夸大的谎言。同时，对于个别以自我为中心的组员，社会工作者要加以引导、规范，使他们不至于影响小组工作的目标完成，但应注意不要责之过严。

（4）社会工作者要关心每个组员对活动的感受，发现一些组员对活动反应冷淡时，要适当调整活动程序，避免冷场。要防止在小组内组员自发形成"小山头"。一经发现，社会工作者要巧妙地进行干预，以达到促进所有组员互动的目的。

（5）在小组活动行程过半时，社会工作者应协助组员真实叙述对小组活动的感受，从中发现问题，总结经验，以使下一阶段的活动更符合组员的兴趣爱好。

（6）小组活动行将结束时，社会工作者应评价小组活动的成效及每个组员的发展状况。

第三节　老年社会工作实务

在老年社会工作实践中，一般有机构照顾和社区照顾两种模式。

一、机构照顾

机构照顾是指在专门为老人提供护理、食宿、照料的各种福利院和敬老院对老人实施照顾的模式。一旦入院，老人的一切生活都在院内进行。老年福利机构一般把入院老人分为生活自理、半自理、完全不能自理三种类型，根据其需要给予不同的照料。机构照顾一方面需要配备能满足老年人需要的各类硬件设施，另一方面还需要配备各类专业的工作人员，这样才能确实保障老人在机构得到恰当而全面的照顾。如果工作人员缺乏对老人的尊重、接纳，缺乏基本的服务技巧，老人就不可能获得真正优质的关怀和服务。在全球范围内，一般而言，经济发展水平越高的国家，机构照顾的水平也相应越好。在英国，机构照顾曾经是主导的老人服务方式，但是由于一些福利机构存在忽视甚至虐待老人的现象，最后导致机构照顾模式逐渐向社区照顾模式转变。

我国的机构照顾模式在发展中，也存在一些问题。

一是养老机构供需不平衡。随着我国高龄人口的逐年增加，需要机构照料的老人越来越多，但全国各个地区普遍存在条件较好的公立养老机构一床难求的局面。近年来，各类私立养老机构大量涌现，但两极分化的现象比较严重：收费低的条件太差；条件好的收费太高。很多需要入住养老机构的老人，面对高额的收费，只能望而却步。我国大多数高龄老人退休收入较低，很难承担私立养老机构的费用，常常需要子女的补贴才能入住。而部分退休收入较高或子女经济状况较好的老年人，往往拥有自己较好的住房条件，他们可以通过请保姆的方式在家得到照顾，这使得高级养老机构部分床位闲置。如何建立与我国现实情况相适应的养老照顾方式，是一个值得认真研究的问题。

二是机构管理和服务人员缺乏专业训练。尽管我国社会工作专业发展迅猛，培养了大专、本科、专业硕士各个层级的学生，但毕业后到养老机构工作的专业人才仍然较少。现有的各类福利机构管理人员和一线工作者多数没有受过专业训练，缺乏必要的专业知识、方法和技能。加强各类福利机构管理人员和工作人员的专业培训，是提高养老机构服务水平的有效途径。

二、社区照顾

社区照顾是指将那些需要照顾的老人尽可能留在他们熟悉的社区环境中接受照顾的模式。社区照顾也指动员社区内的人力、物力和其他资源，去满足社区内老人们的多种需要，以帮助他们在社区内能够幸福地生活。目前，我国各主要城市都纷纷推出一些社区老人服务项目，帮助身处困境的老人得到他们所需要的服务。应该说，发展老人社区照顾，是解决我国老人照顾困难的一条比较可行的道路，具体原因如下。

第一，家庭照料功能逐渐弱化。随着工业化和城镇化进程的发展，家庭规模逐步小型化，加之父母与孩子在生活方式、消费观念、饮食习惯等方面存在差异，青年人婚后多选择离开父母单独居住，以追求独立自主；而越来越多的老年人观念也在变化，只要条件允许，也不愿与子女同住，以避免不必要的冲突。许多年轻人既要面对激烈的职场竞争压力，又要养育下一代。以上诸多因素使现代家庭越来越难以完全承担照料老人（特别是身体有残疾或精神有障碍的老人）的责任。

第二，面对庞大的老年群体及迅速增长的高龄老年人口，机构照顾很难满足需要。大多数老人也不愿选择机构养老，而愿意在他们熟悉的社区环境中生活。

第三，社区照顾可以有效利用社区内的闲置资源。目前我国各城市社区中，都有不少刚从工作岗位上退休下来的低龄老人，他们是社区照顾可以利用的重要人力资源。

第四，走正规照顾和非正规照顾相结合的道路，是满足我国老年人不同层次服务需要的最佳途径。正规照顾是指由领薪专业人员在机构内或在受照顾者家中所提供的照顾，如敬老院、福利院、老人日托中心、老人家务助理、老人社区医院等。非正规照顾是指由家人、亲友、邻里或志愿者提供的照顾。一方面，非正规照顾成本低廉，提供的服务快捷灵活，提供服务者又多为熟悉的邻里朋友，较容易为老人所接受；另一方面，非正规照顾能增加社区的关怀感、安全感和归属感，能培养社区成员守望相助的精神。

目前我国各个城市开始实践一些新的社区照顾模式：1. 医养结合服务模式。将医疗资源与社区养老机构有机结合，建立医疗养老联合体，如社区老年公寓与社区卫生服务中心建立联动协议，社区卫生服务中心为养老公寓提供急诊急救、医疗巡诊、健康咨询等服务，这样就有效解决了专业医护人员短缺及专业服务水平不高的问题。2. 建立社区养老服务站，由政府提供场地和一定的资金支持，养老服务公司负责日常的运营管理，社区服务中心负责制定质量标准，监督落实执行情况。

第五，依赖社区居家养老，可以合理利用养老资源。在养老资源尚不充分的情况下，将养老资源向社区居家养老倾斜、特别是向那些有失能和半失能老人的家庭倾斜，这是社区照顾今后的一个发展方向。帮助有困难的家庭走出困境，让低收入的老人在社区内得到免费和低费的照顾，也是社会工作者的工作目标。

随着我国人口老龄化的快速发展，我国政府应对老龄化的政策体系也不断完善。党中央、国务院在国家"十四五"发展规划中指出，要推动养老事业和养老产业协同发展，发展普惠型养老服务和互助性养老，支持家庭承担养老功能，构建居家社区机构相协调、医养康养相结合的养老服务体系。逐步提升老年人福利水平，完善经济困难高龄失能老年人补贴制度和特殊困难老年人探访关爱制度。这将会有力促进我国老年事业的发展，老年社会工作也将获得较广阔的发挥自己专业优势的空间。

【思考题】

1. 试说明影响老年社会工作的主要因素。

2. 老年社会工作理论对老年社会工作实务有何指导意义？

3. 老年个案工作应遵循的基本原则是什么？

4. 为什么在我国要大力发展老人社区照顾？

【主要参考文献】

[美]马克·赫特尔:《变动中的家庭——跨文化的透视》,宋践、李茹等译,浙江人民出版社1988年版。

[美]N. R.霍曼、H. A.基亚克:《社会老年学——多学科展望》,冯韵文、屠敏珠译,社会科学文献出版社1992年版。

邬沧萍主编:《社会老年学》,中国人民大学出版社1999年版。

梅陈玉婵、齐铱、徐玲:《老年学理论与实践》,社会科学文献出版社2004年版。

梅陈玉婵、齐铱、徐永德:《老年社会工作》,格致出版社、上海人民出版社2009年版。

梅陈玉婵、[美]南希·莫罗-豪厄尔、杜鹏主编:《老有所为在全球的发展——实证、实践与实策》,北京大学出版社2012年版。

国务院:《"十四五"国家老龄事业发展和养老服务体系规划》,2021年12月30日。

第十四章

妇女社会工作

妇女社会工作是社会工作重要的实务领域之一，妇女社会工作的目的是为妇女的全面发展创造良好的社会环境，实现男女平等和谐发展。本章主要介绍妇女社会工作的概念、理论与方法，以及中国妇女社会工作的实践状况。

第一节　妇女社会工作概述

一、什么是妇女社会工作

"妇女社会工作"亦称"妇女服务"，它是社会工作的重要组成部分，是社会工作的实务领域之一，但至今学界还没有关于妇女社会工作的统一定义。有的学者认为妇女社会工作是以妇女为服务对象的社会工作，目的在于通过社会工作的专业介入，提高妇女能力，赋权于妇女，整合妇女服务资源，从而帮助妇女完善自我、获得发展，并推动社会公正的实现。有的学者认为妇女社会工作有狭义和广义之分：狭义的妇女社会工作，是指由社会工作者对因生理、心理、天灾、人祸等因素造成的肢体残疾、功能缺损、患病无靠、流离失所的女性提供人道主义援助，使她们医治创伤、减少损失、安居乐业、像正常人一样（或接近正常人那样）生活。广义的妇女社会工作，是动员社会力量，创造有利条件，消除性别歧视，吸引妇女参与政治、经济、文化和家庭等各方面生活，在社会实践中提高自身素质、增长才干，逐步实现自身彻底解放，达到真正的男女平等的工作。有的学者认为凡以女性主义为指导思想开展的社会工作或受性别主义观点影响开展的社会工作，均可称为妇女社会工作。

在我国，"妇女工作"被广泛使用，它更多地被用来称呼妇联或有关机构为妇女提供的服务和为维护妇女权益而开展的各项有关工作。在严格意义上，妇女工作与妇女社会工作是有一定区别的，这种区别主要在于：第一，工作主体不同。妇女工作的主体是全国的妇联组织系统、各级工会女工委员会和妇女工作委员会，它们更多属于半官方组织；妇女社会工作的主体是专业的社会工作者和社会工作机构，它们更多是专业性的社会组织。第二，工作方法不同。妇女工作主要采用行政性的或半行政性的方法开展工作，更多强调自上而下的改变；妇女社会工作主要运用专业的社会工作方法开展工作，更多强调自下而上的改变。但是，妇女工作具有与妇女服务、妇女社会工作相近的含义，与妇女社会工作具有密切的联系：第一，工作对象相同。妇女工作与妇女社会工作都主要以妇女为服务对象。第二，工作目的相同。虽然在我国妇女工作出现的时间远比妇女社会工作早，但它们都是为了帮助妇女更好地发展，维护妇女的合法权益，为实现男女平等积极创造有利条件和社会环境。

我们认为，所谓妇女社会工作，是主要以妇女为服务对象的社会工作，也就是针对女性在自我成长过程中，在参与政治、经济、社会、文化和家庭生活过程中遇到的群体或个体问题而开展的社会服务性工作。其目的是为女性的全面发展创造有利条件和社会环境，实现男女两性平等和谐发展。

二、妇女社会工作的发展

在我国和其他一些国家，妇女在法律上已经取得了和男子平等的地位，如我国《宪法》明文规定保障妇女与男子在经济、家庭、政治、社会、文化等方面的权利和地位，我国的《婚姻法》《妇女权益保障法》和其他相关法律对我国妇女与男子平等的权利、妇女的特殊权益都作出了全面而具体的规定和保障。但是也应看到，现实生活中还存在着不利于妇女发展的情况：就社会层面而言，妇女在发展过程中还没有完全得到与男子同等的社会环境和条件，妇女参政、就业、受教育以及婚姻家庭等方面的平等权利还没有完全实现，轻视、歧视甚至侵害妇女权益的现象时有发生；就个人而言，妇女特殊的生理状况及由此产生的某些特殊的心理状况，都使妇女在发展过程中需要一些特殊的帮助，如妇女特有的"五期"（经期、孕期、产期、哺乳期、更年期）权益保护等问题，由此便产生了妇女特殊的社会问题。为了协助社会在法律、政策和实践等层面实现男女平等，解决妇女问题，为妇女发展创造良好条件和社会环境，妇女社会工作随之产生。

20世纪80年代的西方社会，是女性主义在社会工作中运作的成长期。社会工作专业组织在女性主义指导下发展针对女性的相关服务，包括个案咨询、热线、资讯与转介服务、紧急庇护、协助发展支持系统等。1988年，旨在发展女性观点的教学与实务方法的"女性主义社会工作委员会"在美国创立。1995 年，美国社会工作者协会的"女性议题委员会"组成特别小组，目标是改善对女性的服务，增进关于女性议题的相关教育，发展和倡导创新方案以满足女性需求，探讨女性实务模式。经过多年发展，女性主义观点得到社会工作专业认同，在实务层面，社会工作更加重视女性的多样性，强调多元文化。

三、中国大陆妇女社会工作机构简介

长期以来，中国大陆妇女社会工作多由专门的妇女工作机构来承担。这些专门的妇女工作机构主要有：

1. 妇女联合会（简称妇联）系统

妇女联合会系统由全国、省（区、市）、市（地、州）、县（市、区）、乡镇（街道）、村（社区）六级妇联组织，机关事业单位、社会组织的妇女委员会或妇女工作委员会，以及团体会员构成，新领域、新业态、新阶层、新群体中的妇联组织不断拓展，形成覆盖面广泛的全国性的妇女工作网络，有力地推进着我国的妇女社会工作。

2. 各级工会女工委员会

各级工会女工委员会由全国总工会女工部，各省、市、自治区总工会女工部和各厂、矿、企业工会女工部组成，承担了大量女职工的社会工作。

3. 妇女社会组织

近年来不断出现的妇女组织和妇女社会工作机构，通过承担政府委托服务的方式，开展了不少专业服务，弥补了我国妇女社会工作的不足与空缺。

第二节 妇女社会工作的理论

长期以来，我国妇女社会工作的理论主要是马克思主义妇女观，20 世纪 90 年代以来，女性主义、社会性别主流化等理论逐步对我国妇女社会工作产生重要影响。

一、马克思主义妇女观

在我国，男女平等已经成为促进妇女与经济社会同步发展、男女两性平等发展、妇女自身全面发展的一项带有长远性和根本性的总政策，其核心要义是：重视和发挥妇女在经济社会发展中的主体地位和作用，推动妇女工作与经济社会

同步发展；在承认男女现实差异的前提下倡导男女两性权利、机会和结果的平等，依法保障妇女合法权益；从法律、政策和社会实践各方面消除对妇女一切形式的歧视，构建以男女平等为核心的先进性别文化；将性别平等意识纳入决策主流，切实在出台法律、制定政策、编制规划、部署工作时充分考虑两性的现实差异和妇女的特殊利益。

（一）马克思主义妇女观的主要内容

1. 妇女被压迫是人类历史发展的一定阶段中的社会现象。在人类社会产生了私有制和阶级对立之后，妇女被剥夺了财产所有权，沦为家庭的奴隶和男子的附属物。这种现象是一定历史条件下的产物，它必将被新的历史条件下的男女平等所代替。

2. 妇女解放的程度是衡量普遍解放的天然尺度。在私有制为基础的社会里，妇女处于被压迫地位，其实质是阶级压迫的一种特殊表现形式。因此，妇女解放必须伴随着全体被剥削被压迫人民的社会解放而得到实现。

3. 参加社会劳动是妇女解放的一个先决条件。人们在社会和家庭中的地位，归根到底是由人们在社会生产中总的地位决定的。恩格斯指出，只要妇女仍然被排除于社会生产劳动之外而只限于从事家庭的私人劳动，那么妇女的解放，妇女同男子的平等，现在和将来都是不可能的。妇女解放首先在于其参与社会劳动。

4. 妇女解放是一个长期的历史过程。妇女的地位不仅为生产关系所制约，也为生产力所制约；不仅受物质生产水平的影响，也受精神文明程度的影响。推翻人压迫人的社会制度，建立人民当家作主的国家政权，为实现妇女解放，实现男女平等提供了根本保证。但要从法律上的男女平等达到事实上的男女平等，任务仍然十分艰巨。

5. 妇女在创造人类文明、推动社会发展中具有伟大作用。妇女与男子同是人类历史前进的推动者，同是社会物质文明和精神文明的创造者，应具有同等的人格和尊严，同等的权利和地位。在人类自身生产中，妇女更具有特殊的价值，作出了特殊的贡献。尊重妇女、保护妇女，是社会进步的一个重要标志。

（二）马克思主义妇女观的意义

1. 积极贯彻落实男女平等的基本国策

在我国，男女平等已经成为一项带有全局性、长远性和根本性的基本国策。其主要内涵包括：在承认和尊重性别差异的前提下追求男女平等；将保障妇女实现发展的权利放到社会发展的突出位置，给予妇女必要的政策倾斜与保障；重视妇女在整个经济社会发展中的地位和作用；鼓励妇女与男性共同为社会发展做贡献并在这个过程中实现男女平等；从社会协调发展的高度认识和解决妇女发展与男女平等问题。

把男女平等作为基本国策，是对马克思主义妇女观的科学运用，是新中国成立以来一系列保障妇女权益的法律、法规的延续和升华，它为解决新的历史阶段妇女解放与发展问题提供了新的法律依据和政策保证。贯彻落实这一基本国策，是全党全社会共同的责任，也是妇女社会工作机构和工作者的重要责任。

2. 妇女社会工作的指导原则

在马克思主义妇女观的指导下，我国在实际的妇女社会工作中强调以下主要原则：第一，站在社会的高度全面地看待妇女问题，把妇女问题当作社会问题的一部分。妇女问题的解决有赖于全社会的共同努力，妇女社会工作也需要社会各部门的配合才能做好。第二，用发展的眼光看待妇女问题。社会的不同时期存在的妇女问题不同，不同的地区存在的妇女问题也不同，因此，各阶段、各地妇女社会工作的重点也应有所不同。第三，应充分认识妇女的社会作用，积极宣传、重视妇女的社会价值和社会作用，积极协同社会各部门为妇女自身的发展、真正实现男女平等创造良好的社会环境。

二、女性主义

（一）女性主义的含义

女性主义又称女权主义。一般认为女性主义既是一种社会运动，也是一种社会思潮。严格地说，女性主义是一种随着西方女权主义运动兴起而逐渐形成的妇女争取自己的权利，要求男女平等的社会思潮。它是人类历史上除马克思主义之外，对女性解放产生革命性影响的又一种理论。

女性主义是多元的，可以分为自由主义女性主义、社会主义女性主义、激进女性主义、文化女性主义、后现代女性主义和妇女主义等不同流派。要概括它们的特点是一件很困难的事情，美国学者马克德莫特（Patrice McDermott）认为女性主义在如下三个方面大略一致：第一，观察方式。女性主义用社会性别的眼光观察历史的、现实的社会生活，发现其中的社会性别关系，并深入社会制度和结构的层面窥见其权力关系，关注其中的社会性别关系状况，以及它的形成、运作和改变。第二，行动方式。所谓行动方式是指产生个人能动性和具体政治行动的"蓝图"，女性主义表现为鲜明的行动性。女性主义在法律、法庭、福利制度、政治选举、传媒和公共辩论等方面展开行动，推进社会变革。第三，存在方式。女性主义强调女性在社会中的主体位置，即在社会变革中有一块领地，强调女性在社会结构中的主体性。

也有学者认为，不同流派的女性主义的共性在于：第一，目标都是为了达到两性平等；第二，都重视女性的价值，以女性的经验作为理论与行动的基础；第三，认为社会角色划分不应只根据性别这个单一变项，每个人在顾及他人的权益之下，都有争取个人自我实现的权利和机会；第四，强调通过女性集体行动达到社会变迁的目标。

（二）女性主义对妇女社会工作的意义

以女性主义的基本观点指导社会工作实务，就形成"女性主义社会工作"，或称女性主义妇女社会工作。女性主义社会工作在工作中坚持：第一，承认女性是独立的个体，她们有独特的生活经验；第二，承认社会上的权力分配不均及资源不足的现象，这些现象常常使女性处于不利的境况；第三，将女性的困境提到社会改革的层面，视女性问题为个人与社会运作失调的结果，反对将问题个人化。

三、社会性别主流化

（一）社会性别主流化的含义

社会性别主流化亦称性别观点主流化、性别平等主流化、性别主流化、社会性别意识主流化，全称是"把社会性别平等意识纳入社会发展和决策的主流"。它最早出现在 1985 年联合国第三次世界妇女大会上，在 1995 年联合国第四次世界妇女大会上，"将性别观点纳入社会发展各领域的主流"被联合国确定为促进性别平等的全球战略，2000 年 6 月，联合国大会特别会议再次确认和重申了社会性别主流化的战略。

根据联合国有关文件的表述，我们可以从以下方面理解社会性别主流化：第一，社会性别主流化是一个评估过程。应对各个领域、各个层面上的任何一个计划行动，包括立法、政策或项目对男女产生的影响进行评估。第二，社会性别主流化是一个战略。应将妇女的关注和经历同男子一样作为设计、执行、监督和评价所有政治、经济和社会领域不可分离的一部分来考虑，使男女平等受益，使不平等不再延续。第三，社会性别主流化的最终目标是实现社会性别平等。

（二）社会性别主流化的特点

第一，在对社会性别问题性质的认识上，强调社会性别问题的实质是社会问题，涉及政治、经济、文化、社会的方方面面，是男女两性共同的问题，没有全社会的关注和行动，没有男性的改变和参与，不可能从根本上解决社会性别平等问题。

第二，在对实现性别平等途径的认识上，强调把性别问题纳入政府工作和社会发展宏观决策的主流，即把社会性别主流化作为社会发展战略，贯穿社会发展全过程。国家和政府在任何领域、各个层面上的任何发展计划，包括立法、政策或发展项目，都要充分体现对社会性别议题的关注，使妇女和男性平等参与社会发展和受益。

第三，在对实现社会性别主流化责任主体的认识上，强调实现社会性别主流化的责任主体首先是政府。促进社会性别平等，首先是政府的责任，特别是各级政府主要领导者的责任。

第四，在对平等标准的认识上，强调破除传统性别角色定型后的平等标准。即强调所有人，不论男女都享有平等的权利、义务、责任、机会、资源、待遇和评价，都可以在不受各种成见、传统角色分工和歧视的限制下，自由发展能力和自由作出选择。

第五，在对平等权利基础的认识上，强调男性和女性都应享有基本人权框架下的所有平等权利。即女性权利是所有人权和根本自由中不可剥夺和不可分割的一部分，性别平等意味着女性和男性在基本人权框架下同样享有所有的平等权利。

第六，在对性别歧视原因的认识上，强调导致性别不平等的重要原因是社会性别角色分工及与其相适应的社会性别机制。社会性别主流化既强调社会性别分工对两性的影响，又注重政治、经济、文化、阶级、种族、民族、年龄等对性别差异的复杂作用。

第七，在使用的工具和方法上，强调使用社会性别分析方法。即坚持用社会性别分析方法分析各项法律、政策、观念和行为，提高现有制度和机制促进社会性别平等的能力。

第八，在对待妇女的态度上，强调妇女是参与发展的主体。认为妇女增权是实现社会性别平等的中心所在，主张倾听妇女的声音，发动妇女参与决策，注重提高妇女的权利和能力。

第九，在对社会性别主流化前提条件的认识上，强调性别平等不完全取决于社会收入水平和经济发展水平，而需要坚定的政治承诺和可持续的政策机制。如果认为生产力的发展自然而然会带来妇女地位的提高，或把生产力的发展与性别平等对立起来，都会导致性别平等事业的停滞和倒退，也不会真正推动经济的发展。

（三）在妇女社会工作中积极推进社会性别主流化

社会性别主流化是妇女社会工作的重要指导理论，社会工作者要了解社会性别平等的理论和价值观，消除性别盲点；在工作中要重视妇女对问题的看法，重视妇女的需求；要使用有效的方法，使妇女的意愿能够有效地表达；社会工作者应积极推动求助妇女增权的过程，增强妇女的自信心和自立能力；要将妇女问题放在两性关系的格局中分析，不是盲目追求与男性没有差别的平等，而是强调两性在权利、责任、机会和选择上的平等；工作中不是只讲妇女的利益、妇女的解放，而是强调妇女的解放同时也是男性的解放，妇女的利益真正实现对男性也是福祉，追求两性平等。

第三节　妇女社会工作的方法

社会工作专业在其百余年的发展中，形成了一系列的工作方法，其中个案工作、小组工作、社区工作等被认为是经典的社会工作方法。这些专业的工作方法均可以运用于妇女社会工作，并能产生有效的成果。此外，在我国长期的妇女社会工作实践中，还运用了其他的工作方法。本节的重点在于总结介绍这些综合性的工作方法。

一、妇联组织主要工作方法

妇联作为群众团体或非政府组织，主要在"党政所急、妇女所需、妇联所能"的交汇点上找准工作的位置，运用自身影响力、吸引力、凝聚力和号召力来开展工作。其主要方法包括：

（一）群众工作方法

妇女工作是党的群众工作的重要组成部分，妇联作为群众团体，坚持"从群众中来，到群众中去"的群众路线和工作方法。妇联要做好工作必须认真领会党和政府的方针政策，深入调查各类妇女群众的意愿和要求，据此确定工作内容和工作重点，更好地为大局服务，为妇女服务，真正做到想妇女群众之所想、急妇女群众之所急、帮妇女群众之所需。

（二）调查研究

调查研究是人们对社会现象的本质和发展规律的一种自觉的认识活动，是对妇女工作进行科学决策的客观依据。调查研究要摸清本地区、本单位妇女的基本情况，服从于妇女工作的大局。

（三）典型示范

典型示范是借助有代表性的人或事的榜样作用，宣传、指导妇女工作的一种基本方法。它包括四个步骤。一是发现典型。根据国家政策，结合时代特点和妇联工作需要，推选典型。二是树立典型。深入挖掘典型的经验和指导意义，用妇女工作的要求加以规范，增强典型的针对性和影响力。三是宣传典型。宣传的方式很多，包括表彰、巡回演讲、召开典型示范会议、利用新闻媒体报道等。四是培养典型。支持、引导典型不断进步发展，创造新的经验，提高典型的生命力和时代感，避免故步自封和昙花一现。

（四）开展活动

活动是妇联联系妇女群众最直接的工作载体，也是妇联吸引广大妇女群众、开展妇女工作的有效方式。妇联的活动主要分为三类：一是主体活动，如全国妇联的"双学双比""巾帼建功""五好文明家庭"三大主体活动，"女性素质工程""巾帼科技致富工程""巾帼社区服务工程""家庭文明工程"等四大工程；二是表彰活动，如对妇联系统先进集体、劳动模范、先进工作者的表彰，对"三八红旗手"以及三大主体活动表彰等；三是文化宣传活动，如亿万妇女健身活动、广场文化活动、"情系西部，共享母爱"大型义演活动等。这些活动的目的是促进妇女参与社会活动，促进妇女发展。

二、妇女增权

增权理论来源于马克思主义。马克思主义希望通过大规模的社会变革来解决现存的社会问题，然而现实中的许多社会问题与个体、家庭、群体或小型社区有关。为了能给这些小规模的社会工作实践以理论上的指导，将这些小规模的社会工作实践与社会变革的大目标协调起来，西方一些倾向于马克思主义的社会工作者提出了"增权"理论。这一理论主张在宏观的社会变革未发生之前，社会工作者应协助服务对象为了他们的利益向现存的社会结构争取权利，促进现存的社会结构作出一些有利于弱者的制度或政策安排。

社会工作中的增权取向实践始于20世纪70年代。索罗门（Barbara Solomon）1976年出版的《黑人增权：受压迫社区中的社会工作》标志着增权取向的社会工作的诞生。增权取向的社会工作相信，个人之所以与环境间存在障碍以至于无法实现自我发展，主要是源于环境对个人的压迫与限制，社会工作的干预应该着眼于增进与充实弱者的权利与能力，以使其挣脱环境的束缚。

增权取向社会工作的特点在于：1. 工作者与服务对象、服务对象群体、社区领导等建立相互合作的伙伴关系；2. 强调服务对象的内在能力；3. 支持着眼于个人及其社会和物质环境的双重工作焦点；4. 承认服务对象是积极的主体，具有相互关联的权利、责任、需求、要求；5. 利用自觉选择的方式，把专业的能量指向在历史上被去权的群体及其成员。

在妇女工作领域，增权理论要求在社会工作中加强维护妇女合法权益的宣传教育，积极倡导出台有利于妇女发展的社会制度或政策，对家庭婚姻权益受害者积极开展增权工作，使她们了解自己的权益，学会运用法律武器和其他手段维护自己的权益。

三、建立社会支持网络

社会支持网络是指以个体为中心的、起支持作用的关系的集合。社会支持包括情感支持和实际支持。情感支持主要有提供咨询、讨论个人问题等；实际支持主要指通过实物或服务提供物质的、确定的支持。

社会支持网络是个人所处的生活环境，关系网络反映了个人与其生态中其他系统之间的关系状态，社会支持的多寡则呈现了个人与他人之间的交流状态。社会工作接触的服务对象多是弱势群体，个人周边的关系网络可能不多，且根据相似性原则，其所接触的人也多是资源不丰的群体。社会工作专业人员除了希望能为服务对象提供正式支持，也应致力于协助服务对象重建过去的联结，或是建立新的联结，并使关系网络中的人能够发挥支持的功能，以解决服务对象的问题，提高服务对象的生活品质。

比格尔（David E. Biegel）等人指出社会支持网络可以发挥三个层面的功能。在预防层面，社会支持网络可以增进个人的福祉和功能，可以减少压力事件的负面影响；在治疗层面，非正式支持网络可以协助正式支持网络的专业人员进行治疗的工作，如监督病患用药等；在康复层面，社区支持体系可以提供生活协助、友谊和教育训练，以协助病患重新回到社区。

　　妇女社会工作机构和工作人员，是需要帮助的妇女们的重要的社会资源，可以给予有需要的妇女们帮助与支持，但是，仅依赖正规的、专业性的社会服务很难满足她们的需要。因此，在妇女社会工作中要运用社会支持网络理论，为有需要的妇女建立、完善和妥善使用身边的社会支持网络，动员她们的家人、亲友、邻里和志愿者等共同参与，向有需要的妇女提供定期或不定期的支持，使她们更容易解决日常面对的问题，同时获得精神上的鼓舞。

　　社会支持网络可以分为以志愿者为本的支持网络、以妇女自助互助为本的支持网络和社区紧急支援网络等不同类型。以志愿者为本的支持网络是围绕服务对象的需要，组织若干名志愿者与服务对象建立联系，以便提供及时的帮助的支持网络，如社区中为独居的老年妇女建立的邻里支持网络。以妇女自助互助为本的支持网络是帮助有类似问题或需要的服务对象建立互助小组，使她们能以自助助人的方式互相支持的关系网络，如单亲母亲支持小组、受虐妇女支持小组等。社区紧急支援网络是以协助个人或家庭预防突发事件或危机为主的支持网络。家庭纠纷、家庭暴力或个人的某种困难，常常因无法得到及时的调解或处理而恶化，甚至酿成悲剧。因此，社区中建立包括派出所、街道妇联、社区医院、居委会、社区志愿者和邻居等在内的既各司其职又相互联动的紧急支援网络，能为有需要的妇女提供及时的援助服务。

第四节　中国妇女社会工作实践

　　中国的妇女社会工作由不同的组织和机构开展，可以将妇女社会工作实践划分为由妇联系统开展的和由其他妇女社会工作组织开展的两大类，归纳起来主要有以下几种。

一、三大主体活动和四项工程

　　20 世纪 80 年代以来，全国妇联根据中国妇女发展的实际情况，积极开展了一系列活动作为妇女工作的主要载体。这些工作涉及政治、经济、社会、文化和家庭的各个方面，可以概括为三大主体活动、四项工程。

（一）三大主体活动

1."双学双比"活动

"双学双比活动"是在全国各地农村妇女中开展的"学文化、学技术、比成绩、比贡献"竞赛活动的简称，活动提高了广大农村妇女的文化水平，调动了农村妇女创业的积极性，帮助了一大批妇女脱贫致富。新时期，妇联又组织开展"巾帼脱贫行动"，创新推出立志脱贫、能力脱贫、创业脱贫、巧手脱贫、互助脱贫、健康脱贫、爱心助力脱贫等举措，累计培训贫困妇女和妇女骨干690万人次，帮助360多万贫困妇女增收，创建万余个"全国巾帼脱贫示范基地"。其中的"乡村振兴巾帼行动"，动员农村妇女在推进产业兴旺、生态宜居、乡风文明、治理有效、生活富裕中发挥半边天作用。

2."巾帼建功"活动

"巾帼建功"活动是在全国城镇妇女中开展的"学政治、学文化、学科学、学技术、学管理、比思想、比质量、比服务、比成绩、比贡献"竞赛活动的简称。在不同时期，活动内容有所不同。"巾帼建功"活动调动了广大城镇妇女投身改革和现代化建设的劳动热情，激发了她们的岗位责任意识和争先创优精神，使一大批女性先进人物脱颖而出。其中的"创业创新巾帼行动"，举办中国妇女创业创新大赛，激发妇女创业创新活力，累计开展女性培训550多万人次，带动上千万城乡妇女创业就业。

3."五好文明家庭"创建活动

20世纪50年代起，全国妇联在城乡开展评选"五好家庭"活动。2000年以来，"五好文明家庭"的条件是：爱国守法，热心公益好；学习进取，爱岗敬业好；男女平等，尊老爱幼好；移风易俗，少生优育好；勤俭持家，保护环境好。创建活动主要包括：以提高家庭成员的思想道德和科学文化素质为重点，大力弘扬家庭美德；开展丰富多彩的家庭文化活动，倡导健康文明科学的生活方式；发挥家庭在维护社会稳定中的积极作用，以家庭的文明促进社会的稳定；围绕党和政府关注的社会热点、难点问题，组织家庭志愿者奉献他人、奉献社会；大张旗鼓地宣传表彰五好文明家庭和先进家庭，倡导家庭新风。从2014年开始，在全国范围内开展旨在倡导弘扬"夫妻和睦、尊老爱幼、科学教子、勤俭节约、邻里互助"的寻找"最美家庭"活动，运用群众喜闻乐见的方式，充分展示生活在群众身边的"最美家庭"事迹和精神，分享家庭美德内涵。

（二）四项工程

1. 女性素质工程

"女性素质工程"是以培养女性"四自""四有"精神，全面提高妇女素质为目标的一项社会系统工程。总体要求是：面向社会争取各级党委、政府的重视和支持，营造全社会帮助和促进妇女全面提高素质的良好氛围；面向妇女群众和妇联干部，区分层次、有的放矢地组织各类教育培训活动；培养同社会主义现代化建设要求相适应的妇女劳动者队伍、妇女专门人才队伍和专兼职妇女工作者队伍。

2. 巾帼科技致富工程

"巾帼科技致富工程"以推进科教兴农和农业科技创新为目标，促进农村妇女科技文化水平和农业生产技能的提高，注重培育职业女农民和致富带头人；发展一批妇女专业合作组织和专业技术协会；启动妇女小额担保贷款财政贴息项目，扶持带动妇女创业就业。截至 2018 年 6 月，全国累计发放妇女创业担保贷款 3 597.14 亿元，帮助 600 多万妇女圆了创业致富梦。

3. 巾帼社区服务工程

"巾帼社区服务工程"的总体要求是：建立一支以妇女为主体的社区服务骨干队伍，发展一批具有较高服务质量的社区服务机构，兴办一批妇字号社区服务实体，培养一批巾帼创业带头人。实施巾帼社区服务工程是为了帮助下岗女工转变就业观念，引导她们树立"四自"（即自尊、自信、自立、自强）"四有"（即有理想、有道德、有文化、有纪律）精神和社区服务意识，在社区服务领域中寻找新岗位；加强再就业培训和信息指导机构的建设，配合政府动员社会力量开展多种转岗培训，为下岗女工争取政策、资金支持；推动社会保障体系的建立和完善，切实维护下岗女工的合法权益。该项活动是对"巾帼建功"活动的深化和发展。

4. 家庭文明工程

"家庭文明工程"是新形势下对"五好文明家庭"活动的深化和发展，包括具有鲜明时代特征的美好家庭、五好文明家庭、绿色家庭、平安家庭、和谐家庭、文明家庭等各类家庭文明建设活动，推动男女平等、夫妻和睦、尊老爱幼等家庭文化发展，倡导绿色环保、文明健康的生活方式，使家庭成为社会平安与和谐的起点，用榜样力量引领家庭见贤思齐、崇德向善，追求和谐平安幸福生活，发挥家庭在传承美德、涵养家风、立德树人等方面的重要作用，形成爱国爱家、相亲相爱、向上向善、共建共享的社会主义家庭文明新风尚。

二、宣传教育妇女工作

对广大妇女群众进行宣传、教育，历来是妇女社会工作的重要内容，它有助于从根本上改善妇女的社会生活状况和提高妇女的地位。这一工作主要包括以下几方面。

（一）对广大妇女进行"四自"教育

1983 年，中国妇女第五次全国代表大会首次向广大妇女提出"自尊、自爱、自重、自强"要求。1988 年，中国妇女第六次全国代表大会对"四自"的内容进行了修订，号召全国妇女振奋自尊、自信、自立、自强精神，推动妇女解放事业。所谓自尊，就是尊重自己的人格、国格，珍视并维护自己的尊严与价值，反对自轻自贱；自信，就是树立正确的理想和人生信念，相信自己的力量、潜能和优势，反对妄自菲薄；自立，就是树立独立自主意识，自立于社会、自立于人群，体现自己的社会价值，反对依附和盲目顺从；自强，就是顽强拼搏进取，奋发有为，为国家为民族作出应有的贡献，反对自卑自弱。"四自"教育唤起了广大妇女的自我意识，增强了妇女的历史使命感和社会责任感。

（二）进行文化教育，开展扫盲活动

针对农村妇女受教育程度较差、文化水平较低，全国文盲中妇女占比较高的状况，妇女社会工作者配合政府有关部门在妇女中进行文化教育、开展扫盲活动，协助有关方面解决农村妇女在学习中存在的思想障碍和实际困难、动员妇女积极参加文化学习。通过为妇女开办文化夜校、识字小组等，组织妇女群众利用业余时间学习文化知识，扫除文盲，全国 15 岁及以上女性人口文盲率由新中国成立前的 90% 降至 2017 年的 7.3%，实现历史巨变；通过"春蕾计划"的实施和城乡义务教育一体化发展，九年义务教育基本消除性别差距，实现男女平等。

（三）学习实用技术，提高文化科技素质

随着农村的发展，广大农村妇女求知求富的愿望日益迫切，为尽快帮助妇女脱贫致富，提高妇女素质，各地妇女社会工作组织根据需要，因人、因时、因地制宜地开展了多种形式、多种层次、多种渠道的实用技术培训工作，帮助妇女有效地学好科学知识、实用技术。

三、为妇女提供社会服务

妇女既要参加社会生产劳动，又要担负家务劳动的主要责任，为使广大妇女群众减轻双重角色带来的生理和心理压力，更好地投入社会生活、自我发展，长期以来，妇女社会工作为妇女提供了以下服务。

（一）健康保健、优生优育服务

在工厂、机关、学校等地采用讲座等形式向妇女群众进行生理心理健康、卫生保健、防病健体、优生优育优教、科学育儿等知识的宣传，并提供相关服务。

例如，开展"安康计划""母亲水窖""母亲健康快车"等公益品牌活动，服务困难妇女；实施农村孕产妇住院分娩补助政策，降低出生缺陷发生率，提高新生儿质量；针对中国妇女乳腺癌、宫颈癌发病率高的现状，在妇女中尤其是农村妇女中开展免费"两癌"检查，并设立"农村贫困母亲两癌救助"专项基金，截至 2018 年年底，农村妇女"两癌"检查项目为超过 8 500 万名妇女免费提供宫颈癌检查，为 2 000 万名妇女免费提供乳腺癌检查；开展"消除婴幼儿贫血行动""贫困地区儿童营养改善试点项目"，通过为贫困地区 6—36 个月婴幼儿发放爱心营养包，开展健康宣传教育，提高家长科学育儿水平，促进贫困地区儿童健康成长。

（二）婚姻家庭咨询服务

婚姻家庭教育和咨询服务的开展，提高了人们婚前选择配偶、在不同的婚姻中调适夫妻关系和其他家庭关系、管理家庭、妥善处理婚姻危机的能力，有效地帮助婚姻家庭方面的求助者冷静而理智地解决婚姻、家庭矛盾和问题，促进家庭和睦、社会安定。妇女社会工作运用个案管理的方法为单亲母亲家庭、失独家庭、孤寡老人家庭等提供多种服务。

（三）社会服务

一些社会服务为广大妇女群众减轻家务劳动强度和家庭照顾负担，解决其面临的困难起到积极、有效的作用。例如，发展面向家庭的公共服务，建立以政府支撑为主，以城乡社区为基础的婴幼儿服务系统；开展对困难妇女群体的关爱帮扶工作，通过加强生产扶持、社会救助、人文关怀帮助留守妇女解决生产、生活困难，减轻精神压力。

（四）文娱体育活动

在各地设置有妇女儿童活动中心，为妇女群众在工作、劳动之余进行文化、娱乐、体育、健美等活动提供了方便；此外，开展有组织的文娱体育活动，丰富了妇女群众的生活，也提高了妇女的素质。

四、维护妇女合法权益

中华人民共和国成立后，国家立法机关相继制定、颁发了《中国人民政治协商会议共同纲领》《中华人民共和国宪法》《中华人民共和国婚姻法》《中华人民共和国继承法》《中华人民共和国刑法》《中华人民共和国民法通则》《中华人民共和国妇女权益保障法》《中华人民共和国反家庭暴力法》《女职工劳动保护条例》等法律、法规和条例，逐步形成并完善了以《宪法》为基础，以《妇女权益保障法》为主体，包括100多部单行法律法规在内的保障妇女权益的法律体系，确立和保障妇女在政治、经济、社会、文化和家庭方面享有与男子平等的合法权利，并针对妇女自身的特殊性，对妇女的特殊权利予以特殊的保护。为在现实社会生活中确实保障妇女的合法权利、真正实现男女平等，妇女社会工作做了以下工作。

（一）提高妇女法律意识

积极在妇女群众中开展普及法律知识活动，宣传贯彻《中华人民共和国妇女权益保障法》，帮助妇女群众增强法律意识，使其知法守法，并学会运用法律武器维护自己的合法权益。在全社会进行宣传教育，倡导文明、进步的妇女观，逐步破除重男轻女、歧视妇女的错误思想和陈规陋习。

（二）维护妇女合法权益

维护妇女合法权益的工作简称妇女维权工作，重点在于：配合有关部门检查、督促《中华人民共和国妇女权益保障法》和《中国妇女发展纲要》的实施情况；建立健全解决妇女问题的利益协调机制、诉求表达机制、矛盾调解机制和权益保障机制，统筹协调、及时妥善处理妇女的合理诉求；促进建立保障妇女权益的跨部门合作机制，严厉查处打击强奸、拐卖、家庭暴力等侵害妇女权益的各种违法犯罪行为；协助有关部门调查有关侵犯妇女权益的突出问题和重大案件，积极促使问题解决；了解城乡妇女劳动保护情况，配合有关部门督促、检查《女职工劳动保护条例》的实施情况；维护失业失地妇女的生存发展权益；接待妇女群众来访，处理来信，为妇女群众提供法律援助和司法救助；健全、完善维护妇女权益的地方法律法规，维护妇女在就业、升学、社保、身心健康等方面的合法权益。

（三）反对家庭暴力

家庭暴力是侵犯公民权益、影响家庭和睦与社会稳定的行为。中国社会从1995年第四次世界妇女大会前后开始关注家庭暴力问题，开展反对家庭暴力的工作：推动预防和制止家庭暴力立法，全国多个省区市先后出台了预防和制止家庭暴力地方性法规或政策，2015年《中华人民共和国反家庭暴力法》正式出台，规定禁止任何形式的家庭暴力，妇女在家庭中的人身权利进一步得到保障；积极进行消除针对妇女的暴力的理论研究与具体对策措施的探讨，初步形成了一批理论研究成果，探索城市和农村社区、医院、妇联、司法等预防和制止家庭暴力的工作模式；大力开展宣传倡导活动，促成反对家庭暴力人人有责的社会氛围和公民意识；开通妇女维权服务热线，建立妇女儿童维权合议庭、法律援助中心、维权服务站、妇女儿童救助站、家庭暴力投诉站等，积极为家庭暴力受害妇女提供法律帮助、司法救助，提供咨询、庇护、医疗、心理援助和社会工作服务。

【思考题】

1. 什么是妇女社会工作？试述妇女社会工作与妇女工作的关系。

2. 结合实际，试述如何在社会工作中落实社会性别主流化。

3. 试述妇女社会工作的方法。

4. 结合实际，试述妇女增权与建立社会支持网络对妇女弱势群体的意义。

5. 针对不同需要的妇女，专业社会工作机构和工作人员分别可以开展哪些工作？

【主要参考文献】

全国妇联组织部编著：《妇联工作简明手册》，中国妇女出版社2002年版。

宋丽玉等：《社会工作理论——处遇模式与案例分析》，洪叶文化事业有限公司2002年版。

中华女子学院：《马克思主义妇女观概论》，中国妇女出版社 2002 年版。

王思斌主编:《社会工作概论》,高等教育出版社 2006 年版。

张李玺主编:《妇女社会工作》,高等教育出版社 2008 年版。

彭珮云主编:《中国特色社会主义妇女理论与实践》,人民出版社 2013 年版。

全国社会工作者职业水平考试教材编写组编:《社会工作实务(中级)》,中国社会出版社 2017 年版。

中华人民共和国国务院新闻办公室:《平等　发展　共享:新中国 70 年妇女事业的发展与进步》,人民出版社 2019 年版。

第十五章

残疾人社会工作

残疾是个人和家庭的不幸，个人、家庭、社区和政府要共同努力解决残疾人的生活与发展问题。残疾人社会工作是重要的社会工作领域，也是一个国家和地区社会工作发展水平的重要表征。本章介绍残疾人社会工作的理论和方法，以及我国残疾人社会工作实践情况。

第一节　残疾人社会工作的含义与发展

一、残疾人社会工作的含义

（一）关于"残疾人"的界定

1.残疾

由于各国、各民族、各地区的文化背景不同，社会经济的发展程度不同，它们对于残疾的定义也有差异。世界卫生组织（WHO）根据残疾对人的生理功能、社会功能影响的不同情况，把残疾分为三类：第一类是功能、形态残疾（impairment），它是指因意外伤害和疾病的后遗症，使人体结构或功能发生缺陷或异常的状况；第二类是丧失功能残疾（disability），指人体的结构缺陷和功能障碍使人体丧失应具备的能力（与其性别、年龄、文化程度和职业等相应的能力）；第三类是社会功能残疾（handicap），指由于身体的形态和功能的缺陷或异常而影响其参加正常社会活动的情况。总的来说，所谓残疾是由于人的生物器官在结构和功能上出现较严重的问题而影响了人的正常社会生活的状况。

2.残疾人

参考国际经验，根据我国的实际情况，《中华人民共和国残疾人保障法》指出："残疾人是指在心理、生理、人体结构上，某种组织、功能丧失或者不正常，全部或者部分丧失以正常方式从事某种活动能力的人。"我国将残疾分为视力残疾、听力残疾、言语残疾、肢体残疾、智力残疾、精神残疾和多重残疾。需要说明的是，各国、各地区对残疾人的界定范围有所不同，比如有些国家将重病弱者、内脏不全者、麻风病人等也纳入残疾人范围。

（二）残疾人社会工作的含义

1. 残疾人社会工作的概念

残疾人社会工作不同于一般的残疾人服务，它是社会工作者运用社会工作方法帮助残疾人补偿自身缺陷、克服环境障碍，使他们平等地参与社会生活、分享社会发展成果的专业活动。从这一界定可以看出，残疾人社会工作有着不同于其他社会工作实务领域的特殊性。这种特殊性首先是由服务对象的特殊性所决定的。残疾人不同于老人、儿童、贫困者等弱势群体，他们一般是由于生物器官（组织）的缺陷、损伤而难以正常生活，更不用说公平地参与竞争。因此，残疾人往往"叠加"了多种弱势。其次是由服务对象需要的多样性所决定的。残疾人群体涉及的年龄跨度大、残疾类别多、残疾程度不同，其需要呈现出多元化、差异化特点。最后是由服务过程的艰巨性所决定的。多数残疾人社会工作者没有与残疾人相似的生活经验和经历，难以"感同身受"，造成服务过程中的"沟通"障碍。

2. 残疾人社会工作的内容

残疾人社会工作是对残疾人个人、家庭或残疾人群体进行的有目的的专业活动，是以残疾人为对象而提供的各种有效的服务和帮助。残疾人社会工作的主要内容包括宏观、中观和微观三个层面：宏观层面是积极维护残疾人的合法权益，推进残疾人社会保障政策体系的建构，形成"亲和友善"的残疾人文化，这涉及残疾人的社会保障、医疗康复保护、就业扶持与保护、教育保护、社会救助和无障碍设施规范政策等。中观层面是培育发展残疾人组织和为残疾人提供服务的社会组织。残疾人群体利益的表达，必然要通过一定的组织形式才能为社会所重视，同时社会工作专业服务的开展也要依托非营利机构。微观层面主要是残疾的预防与康复，包括残疾风险知识普及和对残疾服务对象的信息支持等积极的预防性工作，旨在最大限度地恢复残疾人的生物机体功能或进行功能补偿，增强残疾人参与社会生活的能力。在残疾人的医疗康复、教育康复、职业康复和社会康复中，社会康复是最高目标。社会康复即采取各种有效措施为残疾人融入社会、参与社会发展并分享社会发展成果创造良好的社会条件。

二、残疾人社会工作的历史发展

长期以来，人们对残疾人并没有给予人道主义的待遇。直到文艺复兴时期，人道主义才使残疾人得到一点救助。随着工业化进程的加快，西方国家提高了对为残疾人服务的重要性的认识。1780 年，瑞士人奥比（Orbe）创立了第一家为残疾人服务的机构。1820 年，第一个残疾人之家在德国慕尼黑成立。之后，欧美各地陆续建立了招收残疾儿童的学校。这可以看作是最初的残疾人社会工作。在这个时期，对残疾人的服务主要是局部的、对其健康及生活起居的护理。1922 年，第一个为残疾人服务的国际组织"国际康复会"的前身"国际跛足儿童会"成立，对推动各国政府开展残疾人康复工作发挥着重要作用。在此前后，一些国家颁布了有关残疾人保障的法律文件，如 1887 年德国的"残疾保险法令"，1933 年美国颁布的《紧急救济法》。在这个时期，残疾人作为一个特殊的有困难的群体被社会认可，但对他们的服务仍主要从维持其生计着眼，残疾人成为法定的但又是被动的救助对象。

第二次世界大战之后，残疾人社会工作得到较快发展。1948 年公布的《世界人权宣言》规定："残疾人有接受社会保障的权利。"此后各国纷纷立法保障残疾人的权益。20 世纪 60 年代以后，残疾人社会工作开始走向"专业化"，其标志性事件是联合国通过了一系列纲领性文件：1970 年公布了《弱智人权利宣言》，1975 年公布了《残疾人权利宣言》，规定残疾人有基本生活权利、政治权利、康复权利、劳动权利、受教育权利及人格尊严、平等待遇的权利。这被认为是继种族解放、妇女解放、民族解放之后，人类的又一次解放运动。

20 世纪 80 年代，残疾人社会工作进入一个新的时期。1981 年，残疾人的世界组织——残疾人国际成立并得到联合国的承认与支持，其宗旨是呼吁各国政府采取切实措施，动员、帮助残疾人以平等的权利和机会参与社会生活。"平等、参与、共享"成为残疾人工作的新理念。

进入 21 世纪，残疾人权利概念逐步深入人心。世界卫生组织于 2001 年提出《国际功能、残疾与健康分类》（*International Classification of Functioning, Disability and Health*，缩写为 ICF），其目标在于提供一个统一的标准术语及架构来描述健康状况以及有关人类功能及其受限情况，并强调对"残疾"权利的保障。ICF 完全放弃了过去用身体功能或构造损伤／疾病名称标示"残疾人是一群身心有障碍的少数人"的模式，而是采用健康状态与生活质量概念，变革为"每个人都有可能面对身体与环境互动时发生障碍的状况"的普遍模式。这样，残疾就并非个人问题，而是一种人权与政治问题。2006年12月，联合国正式发布了《残疾人权利公约》，该公约是国际社会为维护残疾人的权利而采取的一致行动，是残疾人人权的重要社会保障。2011年，世界卫生组织与世界银行以ICF作为其理论架构，共同发布了国际社会第一份《世界残疾报告》。该报告将"残疾"定义为一种涵盖损伤、活动受限和参与局限在内的概括性术语，即残疾是指有某些健康状况的个体与个人因素和环境因素（如消极态度、使用公共交通设施和进入公共建筑障碍以及有限的社会支持）之间相互作用的消极方面。残疾是人类的一种生存状态，是人体部分功能的减弱或丧失，每个人的一生中都可能会经历这种状态。这种以"一种生存状态"来概括残疾的观念，提醒人们须以平常心、关怀情看待残疾人，政府及社会组织更要为残疾人作出努力。

综上所述，在世界范围内，残疾人福利或残疾人社会工作大致经历了以下发展阶段：文艺复兴之前的不被特别关心的"自然"状态；文艺复兴时期把残疾人应得到特殊关怀视为尊重人权的表现；工业革命后开始关心残疾人的保障，这一时期也是残疾人社会工作的初创时期；20世纪初期以来，"保障残疾人生活帮助他们回归社会"的理念被社会接受，这一时期成为残疾人社会工作的发展时期；第二次世界大战以后，国际社会和各国政府纷纷通过立法保护残疾人利益，这一时期可称为残疾人工作的立法时期；80年代以后"平等、参与、共享"成为残疾人工作的新理念，残疾人社会工作进入新的发展时期，这一时期可称为平等发展时期；21世纪以来，残疾人社会工作进入以人权为核心的发展时期。

中国对于残疾人的关怀和救助早已有之，但专业的残疾人社会工作发展较晚。后面我们将对中国的残疾人社会工作做专门介绍。

第二节　残疾人社会工作的理论与方法

一、残疾人社会工作的理论

残疾人社会工作（或残疾人工作）的理论是关于对残疾人现象的看法和如何解决残疾人所遇到的问题的相关理论，如关于残疾现象产生原因的个人责任论、社会责任论和社会代价论；关于如何看待残疾现象的标签理论、正常化理论等；关于残疾人工作方法的供养理论、回归社会理论、增能理论、优势视角理论、社会支持网络理论等。这里我们仅就正常化理论、回归社会理论、增能理论和优势视角理论进行介绍。

（一）正常化理论

正常化是与帮助某些特殊的社会群体（特别是精神病患者及其他伤残人士）相关的理论。正常化理论是多元的：有的从文化价值角度分析问题，有的从工作模式上探求合理的方法。一种对正常化的理解是为受助者提供与平常人相似的生活环境，包括使他们回归社会，并在其中正常生活。英国的社区照顾就有这样的含义。对正常化还有另一种理解。当代著名法国学者福柯（Michel Foucault）曾分析某些精神病院对患者治疗中的权力因素，指出精神病医生对患者的治疗（使其"正常化"）是一个强加权力的过程，从而对某些精神病的治疗提出质疑。按照后一种理解，即以工作对象的价值理念为本，以往把某些工作对象（如残疾人）的行为视为异常并用某些所谓"正常"的方法去治疗实际上是有偏颇的，因为被某些人视为不正常的行为在工作对象群体看来可能是完全正常的，问题在于对残疾人的定义（加标签）上。正常化理论有一点是共同的，即它们都认为应该从工作对象本人（本群体）的角度看待和处理面对的问题。

（二）回归社会理论

回归社会理论是一些学者针对将残疾人封闭起来进行供养和照顾而产生的弊病而提出来的理论。20 世纪 50 年代，美国社会学家戈夫曼（Erving Goffman）在研究关怀护理精神病患者的庇护所时发现，封闭式的供养使被照顾者处于不良的同伴关系和"关护"关系之中，难以康复；同时长期住院会使被照顾者产生依赖性、渐渐失去重新适应社会的能力。在戈夫曼看来，应该反思上述庇护所式的做法，而使精神病患者处于积极的社会关系之中，其基本方法就是走出封闭。在英国，各方面对普遍实行的院舍照顾的批判，导致了残疾人照顾方式向社区照顾的回归。"非院舍化"运动兴起，社区照顾成为残疾人、老年人、精神病患者等福利服务对象回归社会的典型模式。

（三）增能理论

增能理论可追溯到 20 世纪 70 年代，由美国学者所罗门（Barbara Solomon）在《黑人增权：受压迫社区中的社会工作》一书中提出。该理论认为，个人的无力感是环境的排挤和压迫造成的；社会环境中存在的障碍使人无法发挥能力，这种障碍是可以改变的；服务对象是有能力、有价值的；社会工作者与服务对象之间是一种合作的伙伴关系。在残疾人社会工作中，增能理论站在人的发展立场上，认为可以通过一定的方法，使残疾人在一定程度上恢复他们失去的机体和社会的功能，并有助于他们进入一般的、正常的社会生活。增能不但在于增强其原本丧失的机体和社会的功能，而且在于增强他们的生活信心，激发他们自我实现的潜能。增能通常包含三个层次：个人层次、人际层次和社会层次。个人层次增能包括要使个人感觉有能力去影响或解决问题；人际层次增能指增强残疾人与他人合作来促成问题解决的经验；社会层次的增能指要改变制约残疾人生存发展的社会制度。

（四）优势视角理论

社会工作中的优势视角是相对于问题视角而言的。问题视角着眼于服务对象所面临的问题和困难，优势视角则聚焦于服务对象自身的能力和优势，努力探索、发现和利用服务对象的优势与资源，协助他们实现目标。面对残疾人生命中的挫折与伤痛，用优势视角为残疾人服务，要尊重每一个服务对象并相信他们有其人生价值，相信他们具有抗逆力。社会工作者要与他们一道，发现并利用其优势的环境元素、能力与技巧、对困难和苦难的应对与适应能力以及个人素质，克服困难，解决问题。

二、残疾人社会工作的基本模式

残疾人社会工作的基本模式一般包括个人模式和社会模式。

（一）个人模式

个人模式是对应于个体型残疾的工作模式。个体型残疾的理论解释是个人责任论，即某个人的残疾是由其个体的原因造成的，个人要为之负责。由于残疾的个人（或家庭）悲剧，个人要承担在治疗残疾过程中的痛苦。残疾人在治疗过程中的痛苦既是肢体上的，也是心理上的。个人因不幸所导致的肢体或其他器官的残疾（严重创伤）是他由一个正常人变为与常人不同的残疾人的过程。这种突如其来的变化会使当事人及其家人难以适应。有学者提出了个体型残疾的哀痛理论，认为个体型残疾发生之后，当事人及其家人常常会经历这样一个心理过程：震惊—怀疑或否认—愤怒或焦躁—忧伤和沮丧。

当残疾现象发生之后，当事人及其家人、医疗工作者和社会工作者对残疾的评估可能是有差异的。当事人及其家人对残疾程度的评价常常会相对乐观，即期望不会太坏，其中，当事人的期望可能更为乐观。但医疗工作者和社会工作者则要面对现实，即客观地评估残疾事实。这样，当事人—家人—医疗工作者和社会工作者就形成了一个期望值由乐观向客观过渡的序列。社会工作者首先面对的就是这样一个认知差异的状况，并要设法弥合这种差异以帮助当事人及其家人理智地对待现实。在这种情况下，社会工作者常常采取渐进沟通模式：一方面在关于残疾程度的沟通渠道方面，往往是由当事者家人到当事人；另一方面，在残疾真实状况的告知过程中，也采取渐进的方式，以利于当事人及其家人有思想准备，更易于接受现实。

对于个体型残疾，社会工作者采取的主要是个案工作方法。社会工作者要针对残疾人及其家庭来开展工作。在当事人及其家人认同了残疾现实之后，运用小组工作方法促成残疾人之间（或残疾人家庭之间）的互相支持就是重要的工作目标之一。

（二）社会模式

社会模式是对应于社会型残疾的工作模式。社会型残疾的理论解释是社会责任论，即认为某个人的残疾是社会原因导致的。该理论认为，社会在结构上、制度上存在问题，使得某些个人受损，因此，社会应该为受损的个人承担责任。当然，社会型残疾的直接后果也是由某些个人来承担的，即某些人因社会问题而变成残疾，痛苦发生在这些人身上。与个体型残疾不同的是，对社会型残疾来说，个人所承受的痛苦和损失应该由社会来补偿。

由于伤残发生在个体身上，因此社会型残疾也会造成个人的哀痛。个人哀痛理论也适用于解释社会型残疾状况。但是在度过承认残疾这一阶段之后，在涉及残疾康复、残疾人日后生活等问题时，社会模式就表现出它的独特之处：社会工作者要站在残疾人合法权益的立场上，代表残疾人去同导致残疾的社会部门——单位、机构乃至政府打交道，促成社会部门对致残责任的承担。应该指出的是，对于社会型残疾的致残责任人的认定并不都是明确和容易的。在一些情况下，某些社会部门可能会逃避责任，或者设法降低自己应负的责任；在另一些情况下，致残的社会责任人并不十分明显，原因是缺少这方面的法律法规规定。因此，社会工作者的任务就显得十分艰巨。实际上，在残疾人社会工作的社会模式中，社会工作者所面对的是残疾人及其家人的创伤与他们保护自己权益的强烈要求，社会部门的复杂状况，以及有关规则、法律及制度的不完善。社会工作者要面对这些复杂因素，找出解决服务对象所面对的问题的现实的、合理的方法，任务是艰巨的。

三、残疾人社会工作方法

残疾类型不同，残疾程度不同，家庭和社会用于解决残疾问题的资源不同，解决残疾人问题的方式、方法也不同。从具体方法看，残疾人社会工作方法可以分为残疾人个案工作、残疾人小组工作、残疾人社区工作等。从解决残疾人问题的场所（也是一种理念）的角度来看，残疾人社会工作方法可分为院舍取向的和社区取向的。从所要解决的具体问题的角度看，残疾人社会工作方法可分为治疗（康复）和发展（教育、培训和支持就业等）。

（一）社会康复

对于残疾人来说，在医院或康复机构中对其进行治疗康复十分重要。虽然就其技术而言，治疗康复主要是医务工作者的工作，但是社会工作者也可以为残疾人的有效治疗、康复作出贡献。在治疗、康复活动中，社会工作者与医务工作者相互配合，将物理治疗和心理辅导结合起来，有助于取得良好的治疗、康复效果。在医院或机构中，社会工作者所做的专业工作称为社会康复，亦称康复社会工作。

社会康复是指从社会的角度，采取各种有效措施为残疾人创造一种适合其生存、创造、发展、实现自身价值的环境的活动，其目的是使残疾人享受与健全人同等的权利，达到全面参与社会生活的目的。社会康复的实现，一方面依靠残疾人自己的不懈努力，另一方面则依靠社会对其提供尽可能多的帮助。社会康复的措施，有些是针对残疾人个人的，有些则是社会整体性的，如法律政策保护、无障碍环境建设、良好和谐的人际关系的建立等。社会康复工作的内容主要通过各种康复机构来实现，康复机构中开展的个案工作和小组工作主要由社会工作者承担。社会康复通过建立有利于残疾人康复的社会条件对残疾人进行帮助。它与医疗康复、职业康复、教育康复共同构成全面康复的基本内容。社会康复的措施有些是针对残疾人及其家庭的，以个案工作为主，以小组工作为辅；有些则涉及法律和制度，涉及残疾人离开医院、康复机构后的生存环境，因而同社区康复相联结。

康复机构中的社会康复个案工作包括如下内容：

1. 对住院残疾人（即服务对象）的个人生活史、家庭情况、所在单位的状况及其生活的社区环境进行了解，掌握其存在的社会、家庭问题及其背景，从而帮助其解决住院期间的困难。

2. 对残疾人的致残原因或病因进行认真调查和分析，从而对涉及的政治、经济、法律、劳动条件和家庭伦理道德等问题进行专题或综合研究，予以适当干预。

3. 和有关医生、护士、康复师等密切配合，协助他们解决残疾人的非医学问题，如为残疾人做心理辅导，通过谈话减轻残疾人的心理负担。

4. 组织残疾人参与共同活动，减少他们的孤独感，促成残疾人间的互相支持；组织残疾人走出医院和机构，增强他们与社会的联系；组织适当的文化、体育及其他活动，展示他们的机能，减少他们的自卑感，增强他们战胜疾病的信心。

5. 对残疾人出院后的生活环境进行调查，帮助建立有利于残疾人生活的社会环境。

6. 依据国家法律和有关规定，为残疾人争取合法权利，保护其利益。在开展上述工作的过程中，社会工作者还要和工程技术人员密切配合，做好康复器械的配备和组织有关训练项目；用书信、访视、约见等方式与残疾人原单位或社区负责人交流残疾人情况，促使其为残疾人改善生活条件，并实现无障碍环境的改造；解决因工伤、交通肇事和其他意外事故所造成的直接影响残疾人生活的法律纠纷；帮助调解残疾人的家庭关系和其他人际关系；与职业康复工作者及有关部门协作，帮助残疾人重新求学、就业、回归社会；帮助残疾人解决经济方面的问题，如医疗待遇、工资待遇等；为残疾人及家属提供有关社会福利等方面的资料。

可以发现，社会康复的工作领域是广泛的，它可以促进残疾人的康复，帮助他们在出院后顺利地进行社会生活。

（二）社区康复

社区康复是 20 世纪后半期以来在世界上广泛流行的残疾人工作模式和方法。1976 年，世界卫生组织倡导社区康复，得到了许多国家和地区的响应。1979 年，世界卫生组织在专业技术上加强了对社区康复的管理，并发行了《在社区中训练残疾人》一书以指导各国专业人员。20 世纪 80 年代中期，随着"联合国残疾人十年"活动的展开，社区康复在世界范围内迅速发展。由于社区康复是以社区为基础的综合性康复模式，需要各方面合作共同批准，于是不同组织、机构之间的合作成为必然。在这种情况下，联合国的国际劳工组织、联合国教科文组织、世界卫生组织于 1994 年联合发表了《关于社区康复的联合意见书》，总结了过去十几年的经验，进一步规范了社区康复的组织、方法与目标，使社区康复进入了一个新的发展阶段。

实际上，社区康复的理念可以追溯至英国的"非院舍化"运动。由于院舍照顾的康复模式产生了许多意想不到的弊端，所以残疾人照护转向更富人道主义、更能使残疾人融入社会的社区康复。社区康复显然与关于残疾人的全面康复和发展的观念有关。但是在发展中国家，社区康复与这些国家用于残疾人福利经费的短缺也有直接关系。发展中国家经济相对落后但社区资源丰富，因此这些国家的社区康复有较强的社会支持条件。社区康复的基本点是社区支持、社区参与，其结果是社区受益。进行社区康复，关键是要形成尊重残疾人、帮助残疾人的社会风气，在物质上和精神上对残疾人给予支持。在社区资源的组织、动员方面，重要的是将有利于残疾人生存和发展的自然网络提供的资源、社会机构提供的资源和正式组织（政府）提供的资源结合起来，共同支持残疾人的康复。在这方面，社会工作者应该发挥重要的作用，即要通过社区宣传、社区教育、社区组织等工作形式建构支持残疾人的社会环境。

（三）职业康复

职业康复是通过帮助残疾人就业来促进他们康复和发展的方法。通过就业，残疾人不但可以获得独立的经济地位和收入，而且可以通过劳动使原已失去的某些器官的能力得到某种程度的恢复。此外，就业还可以增强残疾人的效能感和自信心，使他们融入社会生活。因此，职业康复是一种有综合意义的对残疾人进行康复和帮助其发展的方法，在方法取向上也是治疗和发展的统一或整合。

在社会中，特别是在一个社会劳动力相对富余的社会中，残疾人的职业康复并不那么简单。帮助他们找到（或创造）合适的劳动岗位不但需要社会工作者的努力，也需要社会政策的支持。在社会政策的支持下，社会工作者在残疾人的职业康复中要做如下一些工作：残疾人就业前的咨询和评估；残疾人的治疗和训练；就业后的随访和持续支持。就业咨询是就残疾人的从业心理、残疾人对职业和岗位的兴趣、残疾人对从业后的劳动报酬及保护条件等方面提供咨询，解答他们的问题，使其有充分的信心。评估要对残疾人的身体状况、技能素质与可能从事的职业的要求进行比较，看残疾人是否适合这些工作。一旦确认残疾人适合某项工作，还要对他们进行适应性培训。这不但包括对残疾人的心理训练，还包括技能训练，目的是使他们能较为顺利地适应岗位的要求，增强其工作信心。当残疾人上岗工作之后，社会工作者还应进行跟踪式随访，及时了解残疾人就业后遇到的问题，并设法帮助他解决。这既包括继续对残疾人做发展性工作，也包括帮助他们建立良好的工作环境，还包括倡导与实现某些制度的改变与完善。

第三节　中国的残疾人社会工作

一、中国残疾人社会工作的理论基础

随着中国残疾人事业的快速发展，20世纪90年代以来，中国的残疾人社会工作逐渐形成了指导性的理论，这就是新的残疾人观。其内容主要包括：

第一，残疾是人类社会发展进程中不可避免要付出的一种代价。残疾人有与其他人同样的尊严和权利，有参与社会生活的愿望和能力，是社会财富的创造者之一。残疾人社会工作是关系公民权利实现和生产力发展的重要问题。

第二，由于残疾的影响和外界的障碍，残疾人在社会生活中处于不利的地位，其合法权利的实现和正常作用的发挥受到限制。需要消除外界障碍，对残疾人给予特别扶助。残疾人是社会上有特殊困难和特殊需求的群体，属于社会上的弱势群体，国家和社会应当从各个方面给予残疾人必要的补偿和保护，要大力提倡和推动助残活动，发扬中华民族助人为乐的传统美德。

第三，人道主义是处理人与人之间关系的基本道德规范，人权保障是国家的责任。对残疾人这个弱势群体给予帮助，使残疾人充分发挥在社会上和家庭中的积极作用，是人类文明和社会进步的一个重要标志。残疾人和健全人一样具有与生俱来的公民权利，国家和社会应创造条件使残疾人在事实上享有这些权利，通过发展残疾人事业，使他们的权利得到更好的实现，使他们以平等的地位和均等的机会，参与社会生活和国家建设，共享社会物质文化发展的成果。

第四，自尊、自信、自立、自强的精神是社会主义精神文明的重要内容，也是激励社会进步的重要力量。残疾人要有求生存、图发展的志气，在争取个人权利的同时，也要履行应尽的社会义务。

第五，残疾给一部分人的生理和心理功能带来障碍，但这种障碍可以通过自身的代偿和社会的补偿得到一定程度的减少和消除，残疾人由此也可以重新参与社会生活，为社会创造财富。残疾人的全面康复包括医疗的、教育的、职业的和社会的各个方面，需要机构、社区、家庭的共同努力。

这些重要思想，为中国残疾人事业的发展提供了理论基础和行动指南。社会工作者一方面要推动相关政策并动员社会力量帮助残疾人改善生活状况，维护残疾人的合法权益；另一方面要充分调动广大残疾人的积极性，发挥残疾人的潜力和创造精神。残疾人要认识到自己在社会发展中的责任和使命，为推动社会的发展与文明的进步作出应有的贡献。

二、中国残疾人社会工作的组织体系

改革开放以来，党和政府十分重视残疾人福利事业发展。1984 年，中国残疾人福利基金会成立。1988 年 3 月 11 日，在中国残疾人福利基金会、中国盲人聋哑人协会和"国际残疾人十年"中国组织委员会秘书处的基础上，中国残疾人联合会成立，其下设五个专门协会：中国盲人协会、中国聋人协会、中国肢残人协会、中国智力残疾人及亲友协会、中国精神残疾人及亲友协会。这种具有鲜明中国特色的组织在特定的历史背景下，大大地促进了中国残疾人事业的发展。

1993 年，中国政府专门建立残疾人工作协调机构——国务院残疾人工作协调委员会，综合协调有关残疾人事业的方针、政策、法规、规划的制定和实施，协调解决残疾人面临的重大问题。2006 年，国务院残疾人工作协会更名为国务院残疾人工作委员会，组成单位达到 38 个，这就形成了由政府领导的残疾人工作体系。与此相适应，中国在省（自治区、直辖市）、县（市、区）及乡（镇）也成立了地方性的残疾人工作协调委员会，并在各层次之间形成了纵向、专业联系，形成了从中央到基层、各部门互相配合的支持残疾人事业的组织体系。中国残疾人联合会直属事业单位——中国康复研究中心于 1988 年成立之初便设置了社会康复科和职业康复科，后几经变迁，现更名为社会职业康复科，开展专业的残疾人社会工作。

在残疾人组织和服务领域，非营利组织不断发展，其地位也日益重要。成立于 20 世纪 80 年代的以社区化服务为主导模式，推进智障人士平等参与社区建设的"中国慧灵智障人士服务中心"就是其中的典型代表。近年来，中国民间残疾人服务组织发展很快，形成四种主要形式：一是残疾人家庭亲友会式的互助性服务组织，如"癌症俱乐部"；二是由社会精英和爱心人士创立的公益性服务组织，如"中国慧灵智障人士服务中心"；三是由政府公共服务倡导而成立的非营利组织，如北京、上海、广东等地成立的一些社会服务机构，其中不乏以残疾人为主要服务对象的机构，如深圳市南山区惠民综合服务社、广州利民精神健康社会工作资源中心、北京市朝阳区望京李楠社会工作事务所、北京市朝阳区金羽翼残障儿童艺术康复服务中心等；四是由海外大型非营利组织在中国设立的办事处或分支机构，如世界宣明会在中国部分地区成立的机构代表处。

三、中国残疾人社会工作的政策法规体系

1991 年 5 月 15 日，《中华人民共和国残疾人保障法》正式实施，为推进残疾人福利事业奠定了法律基础。2007 年 3 月 30 日，中国在联合国通过的《残疾人权利公约》上签字，成为首批签署国之一。2008 年，全国人大常委会通过了《中华人民共和国残疾人保障法》修订案。该修订案首次写入"禁止基于残疾的歧视"，突出"以残疾人权利为本"的立法理念。同时，国务院也先后颁布了《残疾人教育条例》《残疾人就业条例》等行政法规。

进入 21 世纪，关于残疾人事业发展的重要的政策性文件也陆续出台。2008 年 3 月，中共中央、国务院联合发出《关于促进残疾人事业发展的意见》，提出促进和保护残疾人权益的总体思想、指导原则、目标任务和重大措施，对全国残疾人事业的发展起到重大的推动作用。2009 年 4 月，国务院发布《国家人权行动计划（2009 年—2010 年）》，就残疾人权益保障提出明确的阶段性目标。2010 年 3 月，国务院发布《关于加快推进残疾人社会保障体系和服务体系建设的指导意见》（以下简称《意见》），明确提出到 2015 年建立起残疾人社会保障体系和服务体系的基本框架，到 2020 年实现残疾人享有基本公共服务、基本生活保障、基本医疗保障和康复服务，文化教育水平显著提高，就业更加充分。《意见》还强调，加快残疾人康复、教育、就业、托养、文化体育、社会工作等专门人才培养，将其纳入国家教育和人才培养计划，鼓励高等学校开设相关课程。在国家法律、法规与政策性文件规范与指导下，许多地方立法机关也纷纷就残疾人事业发展立法。目前，中国已经形成以宪法为依据，以刑事、民事、行政等法律为基础，以残疾人保障法为主导，以《残疾人教育条例》《残疾人就业条例》等行政法规为辅助，以优惠和扶助残疾人的地方法规为补充，全面保障残疾人权利和促进残疾人事业发展的法律体系。直接涉及残疾人权利保护的法律，已经达到 80 多部。

四、中国残疾人社会工作发展现状及发展策略

新中国成立以来，中国残疾人福利事业经历了四个发展阶段：第一阶段是 1949 年—1966 年，这是起步和发展阶段；第二阶段是 1967 年—1976 年，这是遭受破坏停滞阶段；第三阶段是 1977 年—2007 年，这是与改革开放 30 年大体相当的时期，是残疾人福利事业全面发展阶段，也是残疾人社会工作"发芽"阶段；第四阶段是 2007 年至今，这是中国残疾人社会工作专业化和职业化发展时期，残疾人不仅成为残疾人事业的受益者，也成为残疾人事业的参与者。

（一）中国残疾人社会工作发展现状

近年来，中国残疾人社会工作进入新的发展时期。国务院《"十三五"加快残疾人小康进程规划纲要》强调，坚持增进残疾人福祉和促进残疾人自强自立相结合。既要解决好残疾人最关心、最直接、最现实的利益问题，不断增进残疾人福祉，又要充分发挥残疾人的积极性、主动性和创造性，提高残疾人自我发展能力，帮助残疾人通过自身努力创造更加幸福的生活。《中华人民共和国国民经济和社会发展第十四个五年规划和2035年远景目标纲要》进一步强调，要切实保障残疾人群体发展权利和机会，提升残疾人关爱服务水平，提升残疾人保障和发展能力。党的二十大报告指出，要"完善残疾人社会保障制度和关爱服务体系，促进残疾人事业全面发展"[①]。然而总体而言，中国的残疾人社会工作开展时间不长，还处于"准专业和经验化"向"专业化和职业化"的转变过程中。大部分地区的残疾人服务还未引入专业社会工作的理念和方法。残疾人社会工作机构和专业服务的发展远远不能满足残疾人群体的需求。中国残疾人社会工作发展现状具体表现为以下几点：

1. 专业服务需求旺盛

中国残疾人口基数大、种类繁多，对专业化的残疾人社会工作需求旺盛。根据2019年国务院新闻办公室发布的《平等、参与、共享：新中国残疾人权益保障70年》，中国残疾人总数约为8 500万人，各种残疾类型均有。残疾人类型的多样化，对残疾人服务的精细化提出了更高的要求。

2. 区域发展不平衡

中国残疾人服务存在着明显的区域发展不平衡情况，表现为城乡差异、东西部差异、沿海和内地的差异、大中小城市的差异等。这种不平衡体现在残疾人事业发展的方方面面，如社会支持的获得及各种生活、医疗、教育条件等。要改变这种不平衡的发展状况，就要创新残疾人服务理念和服务机制，整合各种资源来达成最"适切性"的服务，使得残疾人的服务不仅注重"量"的区分，更加重视"质"的均等性。这就迫切要求提升残疾人社会工作服务的专业化水平。

3. 服务需要与服务供给差距巨大

残疾人的服务需要和实际服务供给之间还存在很大差距。2006年第二次全国残疾人抽样调查的调查数据显示，残疾人需求的前四项分别为：医疗服务与救

治、救助或扶持、辅助器具需求、康复训练与服务的需求。但是与残疾人的需求相比，各主体提供的服务严重不足。残疾人的服务需要还远远没有得到有效满足，要改善这种情况，有效整合政府、社会和市场的多元资源是关键，这就需要加快推进残疾人社会工作职业化程度，加大对残疾人社会工作专业人才队伍的建设力度。

4. 挑战与机遇并存

尽管中国的残疾人社会工作发展还存在许多问题和障碍，但残疾人事业的迅猛发展及社会工作专业化与职业化的快速推进，为残疾人社会工作的发展提供了良好的契机。2014 年 4 月，民政部制定《关于进一步加快推进民办社会工作服务机构发展的意见》，强调加大对民办社会工作服务机构的扶持力度，优先孵化为老年人、残疾人等重点服务对象服务的民办社会工作机构。2014 年，财政部、民政部、中国残疾人联合会等多部门联合发布了《关于做好政府购买残疾人服务试点工作的意见》，要求通过政府购买残疾人服务，逐步实现残疾人服务资源的优化配置，显著提高残疾人公共服务水平和质量，不断提升广大残疾人享受公共服务的满意度。残疾人公共服务体系和供给体系逐步形成。

（二）中国残疾人社会工作的发展策略

从国际社会工作的发展趋势来看，残疾人社会工作越来越朝着专业化和职业化方向发展。中国的残疾人社会工作一方面要深入挖掘和提升本土经验；另一方面要积极探索本土化与国际化的有机结合。

1. 确立残疾人社会工作新理念，把残疾人社会工作纳入公共服务体系，构建多元中心治理机制下的新型残疾人社会工作。要构建多元中心治理机制，首先要实现残疾人社会工作主体多元化，包括政府、社会组织，以及市场企业等。其次要实现资源来源的多元化，政府在其中发挥主导作用，其他社会组织发挥辅助性作用，从各自优势出发来筹集资源。这些资源不仅包括人力、物力、财力，更重要的还要有社会资本。在残疾人社会工作发展中，要正确处理政府、社会组织、残疾人服务对象、残疾人社会工作者等多元要素之间的关系。

2. 进一步完善残疾人社会工作的法律地位和法律框架。完善残疾人社会保障制度和关爱服务体系，还要在法律框架中赋予民间残疾人服务组织以合乎其社会身份的法律地位，特别是对民间"草根性"组织身份进行法律确认。其中还涉及法律和社会政策的配套建设，如国家对民间捐助和民间组织社会募捐进行法律规定等。

3. 构建网络化服务模式，实现残疾人工作机制的创新。残疾人服务内容和形式的多样化，使得网络化服务模式的构建成为关键，要建立"横向到边，纵向到底"的工作网络，形成多级网络服务体系，将残疾人的社会服务机构和残疾人的社区服务作为工作重点，把残疾人社会工作纳入社区治理的总体规划，打造残疾人社会工作服务的基层服务平台，建立社会各界共同参与的社会化残疾人工作的新局面。

4. 加强残疾人社会工作专业服务组织和专业人才队伍建设。残疾人社会工作是一种公共产品，仅仅依靠政府和市场提供服务，就可能面临"失灵"现象，因此，政府要给予社会工作专业服务组织以政策支持和发展空间。同时社会组织要提升自身的专业化服务水平和质量，拓宽残疾人社会工作的服务领域和服务水平。对专业社会工作者人才培养，要坚持外引人才和内部培养相结合，提升其职业化水平。在专业服务机构和专业人才队伍的建设上，要加快培训、认证制度的建设。

5. 把残疾人社会工作作为残疾人事业发展规划的重要组成部分，制订专业化和职业化的残疾人社会工作发展规划。注重残疾人社会保障体系和社会服务体系的建设；坚持城乡统筹发展战略；促进残疾人工作社会化体系构建；激发残疾人的社会参与度与融入度，实现自身价值。

国务院发布的《"十四五"残疾人保障和发展规划》指出，残疾人事业是中国特色社会主义事业的重要组成部分，扶残助残是社会文明进步的重要标志。要坚持弱有所扶，巩固拓展残疾人脱贫攻坚成果，保障残疾人平等权利，增进残疾人民生福祉，增强残疾人自我发展能力，推动残疾人事业向着现代化迈进，不断满足残疾人美好生活需要。残疾人社会服务是社会工作的传统内容，在全面建设社会主义现代化国家的进程中，残疾人社会工作也会得到较快发展。

【思考题】

1. 什么是残疾人社会工作？

2. 试述残疾的个人责任论和社会责任论的内容及其对残疾人社会工作的影响。

3. 什么是正常化理论？它对残疾人社会工作有什么意义？

4. 试述回归社会论的价值基础及工作模式。

5. 试述社区康复的意义与方法。

6. 试述中国残疾人社会工作发展的特点。

【主要参考文献】

陈良瑾主编:《中国社会工作百科全书》,中国社会出版社 1994 年版。

周永新主编:《社会工作学新论》,商务印书馆(香港)1994 年版。

包亚明主编:《权力的眼睛——福柯访谈录》,严锋泽,上海人民出版社 1997 年版。

马洪路主编:《中国残疾人社会福利》,中国社会出版社 2002 年版。

[英]佩恩:《现代社会工作理论》,何雪松等译,华东理工大学出版社 2005 年版。

马洪路主编:《残障社会工作》,高等教育出版社 2007 年版。

[英]迈克尔·奥利弗、鲍勃·萨佩:《残疾人社会工作》(第二版),高巍、尹明译,中国人民大学出版社 2009 年版。

孙建春主编:《社会工作》,中国社会出版社 2009 年版。

中国社会工作协会组编:《中国社会工作发展报告(1988～2008)》,社会科学文献出版社 2009 年版。

郑功成:《中国社会保障改革与发展战略(救助与福利卷)》,人民出版社 2011 年版。

中华人民共和国国务院新闻办公室:《平等、参与、共享:新中国残疾人权益保障 70 年》,人民出版社 2019 年版。

中华人民共和国国务院:《"十四五"残疾人保障和发展规划》,2021 年 7 月 8 日。

第十六章

家庭社会工作

家庭是社会的细胞，是个人生活的依托和归宿，家庭的前途命运也同国家和民族的前途命运紧密相连。现代社会的剧烈变迁和转型对家庭造成严重冲击。家庭社会工作是引导家庭面对问题、促进发展的重要手段。本章对家庭社会工作的含义、发展状况及其理论和方法作简单介绍。

第一节　家庭社会工作的含义

一、什么是家庭社会工作

（一）家庭社会工作的概念

有关家庭社会工作的名词和概念很多，如家庭服务（family service）、家庭实务（family practice）、家庭处遇（family treatment），以家庭为中心的社会工作实务（family centered social work practice）等。不同学者对家庭社会工作有不同界定：

谢秀芬认为，家庭社会工作是由公、私立机构提供的一连串服务，以强化家庭生活和援助家庭成员适应社会上的问题为目的。徐震、林万亿指出，家庭社会工作指社会工作人员应用社会工作的原则与方法，为协调家庭生活，扩大家庭功能，而对家庭所提供的服务与治疗。《中国社会工作百科全书》对家庭社会工作的定义是为帮助解决家庭问题，增进家庭福利，更好地实现家庭功能而进行的社会工作，特指以协助整个家庭为主旨的社会工作。上述定义涉及的问题有：家庭社会工作者面对的服务对象是所有家庭，还是有问题困扰的求助家庭；工作者是专业社会工作者还是各类服务管理人员；其工作范畴仅仅是心理咨询辅导，还是包括了各种涉及家庭的服务；其工作手法是社会工作专业方法，还是多元整合的工作模式。

从社会工作专业和中国家庭社会工作现实的角度看，家庭社会工作是以家庭为本的社会工作介入，即动员家庭和社会资源，以促进家庭功能的修复，家庭系统的正常运转和满足家庭成员发展为目标的社会福利与服务。

（二）家庭社会工作的要素

家庭社会工作有如下三个要素：家庭社会工作者、家庭和家庭社会工作的价值观。

1. 家庭社会工作者。家庭社会工作者须具备专业资格。目前，中国家庭社会工作尚未形成规范的入职制度，工作人员分散在民政、社区、教育、法律、妇联及相关社会组织机构内，他们依据所在机构的要求向家庭提供各类有偿或无偿的服务。从工作者的专业能力看，城乡间、地区间、部门间的发展非常不平衡。

2. 家庭。家庭为家庭成员提供了不可替代的保护功能，但是社会变革打破了传统家庭的内部稳定状态，家庭自行调节内部矛盾的能力大大降低；家庭发展历程中的突发变故，可能使家庭陷于困境而无力应对；许多家庭的新知识、新观念补充不足，难于适应社会发展速度；家庭成员对家庭模式的多样性和生活方式的丰富性等诸多期望，也使家庭面临多重挑战。由此可见，社会变迁中，承载重负的家庭必定成为社会工作的服务对象。

3. 家庭社会工作的价值观。家庭社会工作的目标在于协助家庭发掘自身及社会资源，提升家庭功能，改善家庭关系，解决家庭困难。可以说，每一个家庭都有向往健康、和睦、愉快生活的期望，每一个家庭也蕴藏着不可低估的能量与资源。要相信家庭自身的能力，相信家庭在调整自身系统的过程中能解决自己的问题。家庭社会工作者是引导者、鼓励者、陪伴者和资源整合者，以积极正面的肯定使家庭成员感到被理解、信任和尊重的力量，从而能面对现实困境。这是家庭社会工作所遵循的价值观。

（三）家庭社会工作的特点

家庭社会工作主要面对有困难的家庭，其工作模式具有如下特点：

1. 发现情况和得到信息的途径往往是先从个人开始的。如经济上的贫困，生活变故及人际关系紧张等带来的心理压力，常使个人表现出无助、沮丧甚至丧失生活勇气。家庭社会工作者从个人困难、个人问题入手，引领其进入家庭系统关系中探究问题发生的根源，增强个人的认知及应对能力。

2. 从家庭整体的角度去观察个人、理解个人，这是家庭社会工作分析和处理问题的立场。个人的喜怒哀乐可能是家庭系统作用的结果，是家庭情绪的表现。因此，家庭改变才会促进个人的转变，而个人情绪及行为的调整也会使家庭功能更健全，家庭秩序更和谐、更稳定。

3. 家庭社会工作者与家庭建立的工作关系是平等的、相互尊重的和相互信任的。尊重、信任才会使家庭产生巨大的内生动力并自行调整和改变。社会工作者不是拯救家庭出苦海的救世主，而是协助家庭成员发展良好的人际关系，促进家庭发展的启发者、协调者和推动者。社会工作介入使家庭获得内部和外部资源，获得可以战胜危机、化解困扰的支持性力量。

4. 相信家庭本身具有改变和成长的动力。家庭社会工作者认为，家庭有利用自身资源改变自身处境的能力，即使处于困境中的家庭也一定会为改变而努力，这种抗逆力背后就是家庭的资源和内在能量。社会工作助人过程中关注的焦点是家庭与所处环境中的优势和资源，而非问题和症状，改变所依托的重要资源包括家庭的信念和经验，也包括家庭成员相互的爱等情感。

二、社会转型中的家庭与家庭社会工作的任务

（一）社会转型中的家庭变化

社会现代化导致家庭结构功能、婚姻方式及家庭生活方式发生变化：家庭结构小型化、简单化与多样化；家庭功能重心发生转移，传统家庭并不看重的家庭情感支持功能及享受娱乐功能等都有逐渐增强的趋势，家庭经历着从基本生存型功能向发展型功能的历史性转变；家庭关系趋向感情化、平等化，传统家族的亲子关系主轴已经逐渐被夫妻关系主轴所取代；家庭支持网络发生变化，家庭亲属网络的支持仍然是当今家庭依赖的主要对象，但随着居住环境的变化，传统的行政、邻里网络支持在衰落。社会变迁带来了众多婚姻家庭问题，如各年龄段家庭成员面临各类难题和挑战，代际隔阂冲突明显，婚姻冲突、家庭暴力案件屡屡发生等。

（二）政府倡导注重家庭、家教、家风建设

古语有云"天下之本在家"。中华民族历来注重家庭、家教、家风。面对新发展阶段的社情民情，党的二十大提出，要提高全社会文明程度，实施公民道德建设工程，弘扬中华传统美德，加强家庭家教家风建设。应对婚姻家庭的急剧变化，需要"传播中华民族传统美德，传递尊老爱幼、男女平等、夫妻和睦、勤俭

持家、邻里团结的观念，倡导忠诚、责任、亲情、学习、公益的理念，推动人们在为家庭谋幸福、为他人送温暖、为社会作贡献的过程中提高精神境界、培育文明风尚"（习近平，2021），努力使千千万万个家庭成为国家发展、民族进步、社会和谐的重要基点。为此，全国妇联倡导以"家家幸福安康工程"为抓手，培育新时代家庭观，把服务大局服务妇女服务家庭的工作做好。

家庭建设是国家建设、社会建设的重要基石，是民族文化道德传承的重要基础，是社会和谐发展的稳定器。为了提供更加优质、有效的服务，家庭社会工作者需要更新知识结构，提高专业服务能力。

（三）家庭社会工作的任务

家庭社会工作的任务可概括如下。

1.提供物质性服务，协助家庭生活有序运转

家庭经济收入是物质生活的保证，家庭遇到突发灾难或家庭成员失业、患病等，将直接影响家庭的生活水准。近年来，覆盖城乡的社会保障体系、紧急情况下的社会救助及专项资金支持是贫困等有需要家庭的重要依托。这类支持包括"失独家庭"的养老与救济，"因病致贫"家庭的医疗救助等。目前，不少城乡社区通过社会募捐、政府购买服务，为居民提供养老、托幼、家政、健康、餐饮等诸多物质性便民服务。

2.提供法律及心理援助，增强家庭的应变能力

人们在遇到离婚、财产分割、继承等问题以及婚姻家庭关系调适、子女教育、婚姻危机时，往往期望得到专业机构和工作者的帮助。各地法律援助机构提供婚姻家庭冲突调解、离婚诉讼服务。2020年新冠疫情期间，一些社会工作者以网络、热线等方式开展的婚姻家庭心理辅导及危机干预，显示出较高的专业化水平，极大地增强了家庭应对疫情压力和变化的能力。

3.开展教育与培训，提高家庭整体素质

身处急剧变迁的社会，如何不断充实新的知识、调整观念，在沟通中实现家庭的和谐与稳定，是每个家庭都面对的问题。一些社区、学校及网络平台举办的婚姻家庭调适、家政管理、育儿与家教等教育培训，受到普遍欢迎。妇女组织、教育部门、社区及相关社会工作机构都认识到了家庭婚姻知识教育与培训有着极好的发展前景。

4.链接资源搭建网络，促进家庭增权与发展

任何个人或家庭在生活中都难免遇到困难和压力。家庭社会工作协助家庭时

绝非独担重任，而是引导家庭从家庭成员个人能力、家庭成员关系的协调、外部资源的寻找和整合等角度去支持家庭、增强家庭的抗逆力。家庭社会工作不仅要弥补家庭功能的缺失，还要努力扩展家庭支持网，将家外资源与家庭链接起来，使家庭获得资金或物质支持、精神和情感支持，化危为机，促进家庭健康发展。

第二节　家庭社会工作发展状况

一、家庭社会工作的产生与在中国的发展状况

（一）欧洲、美国及中国香港、台湾地区的家庭社会工作

家庭社会工作始于欧洲、美国慈善机构对贫困家庭的救济与服务，并于20世纪初开始走向专业化。德国于1919年在柏林成立婚姻及性问题咨询中心，奥地利亦于1922年在维也纳开展此项工作。美国于1929年成立了纽约社区教会的婚姻咨商中心，1930年之后创立"美国家庭关系协会""美国婚姻家庭咨商员协会"等，其成员包括社会工作员、精神病医师、心理学家、律师、牧师及家庭咨商员等。美国于1965年出版的《社会工作全书》提出，家庭社会工作的内容包括一般性的服务、婚姻咨询、家庭生活教育、家庭服务专业教育、家庭社会服务研究、家庭社会环境改善等。在社会福利的专门化分化过程中，家庭福利将重点放在家庭成员的角色上，帮助家庭成员处理婚前的各种问题、夫妇间的冲突、亲子关系。费尔德曼等在《家庭社会福利》一书中，将家庭社会服务分为四类，即经济困难的问题，如因失业、低收入、不会管家等而不能满足家庭基本需要的问题；因病住院、因罪服刑而不得不离家所产生的问题；夫妻失和而导致家庭成员产生的心理问题；身心残障人士及其家庭的社会适应问题。

香港社会福利署于1958年成立，最早开设的服务就是家庭服务，目标以赈济贫民、保护妇孺及伤残人士为主。香港接受家庭辅导服务的原因多与家庭成员间关系有关，其中一部分与婚姻有关；另有与照顾老、病、弱、残者出现困难有关；余下与经济、房屋、儿童情绪及行为等问题有关。这些服务基本满足了家庭在衣食住行、升学、就业、人际关系方面的需要。

台湾于1946年成立妇女会，以改善家庭生活、健全家庭组织、调解家庭纠纷及从事婚姻辅导为己任。台湾家庭社会工作机构积累了相当多的本土经验，在传统文化与西方社会工作理念结合方面亦有探索。徐震、林万亿将台湾家庭社会工作归为四大要项：经济的协助，政府及社会福利机构扶助缺少资源的家庭，包

括失业救济、医疗救助、小本贷款、副业训练及技艺训练等；心理的治疗，专业家庭社会工作者对由夫妻失和、家庭代沟等原因导致的家庭成员的心理困扰进行心理治疗，使成员充分沟通，恢复其正常关系；配合社区资源、邻里关系，提供社会服务；制度的配合，建立社区对家庭的网状服务体系，维护家庭与支持家庭的功能。

（二）中国大陆的家庭社会工作

改革开放以来，中国大陆家庭社会工作迎来重要的发展机会，呈现出纷繁多样、快速发展的势头。中国大陆的家庭社会工作逐步走向专业化。

1. 专业家庭社工机构涌现，专业服务效果显现

2009 年，民政部发出《关于促进民办社会工作机构发展的通知》，2012 年，民政部、财政部联合发布《关于政府购买社会工作服务的指导意见》，文件要求按照"受益广泛、群众急需、服务专业"原则，围绕城市流动人口、农村留守人员、困难群体、特殊人群及各类受灾群众的经济、社会、心理需要，开展生活救助、心理疏导、社区重建、资源链接、生计项目开发等社会工作专业服务。

广东珠三角地区社工机构通过政府购买、社工机构承接运营，以对家庭、青少年、年长者等重点群体的服务为核心，面向社区居民提供专业、综合、优质的社会服务。深圳妇联创办的"阳光家庭综合服务中心"提供婚姻调适、家庭调解、亲子教育、妇女维权、青少年成长等服务，以满足社区居民的实际需求，探索出项目化运作、专业化服务、社会化推进的运作模式。深圳鹏星"家庭暴力防治中心"的家暴案件干预及救助服务显示出专业化水准。

上海、南京等长三角地区城市家庭社会工作发展迅猛。上海将此纳入创新社会管理和公共服务的总体布局，采取"政府承担、定向委托、合同管理、评估兑现"的运作模式。浙江江山市的婚姻家庭工作包括婚姻咨询、家事调解、个人辅导、恐婚咨询、妇女维权、法律咨询，此外还开设"新婚课堂"，帮助新人完成角色转换，提高其婚姻质量。

2. 家庭社会工作项目/活动的专业影响力

各社会组织通过与政府合作推动项目的方式，将社会工作理念方法引入政府工作机制之中，对政府转变执政理念，理解服务内涵起到重要的作用。如有研究者在司法、公安及妇联系统所做的"赋权式婚姻家庭冲突调解技巧运用项目"，在计生领域开展"社会工作理念方法纳入人口计生服务项目"，与地方政府合作进行"将社会工作理念方法引入多部门合作干预家庭暴力项目""亲密关系暴力

筛查与危险评估项目"等。

如王思斌所讲，"社会工作群体必须在多重的实践中完成正当的服务，并在参与其他活动中扩大社会工作的影响，建构个人（专业）与政府/社会的协同活动和认同过程"（王思斌，2013）。参与项目可以使政府部门及工作者受到触动，进而调整和改变政府主导的行政性工作模式。

3. 专业人才的资格认定

国家人力资源和社会保障部于2007年4月批准"婚姻家庭咨询师"成为国家新职业，具有这一职业资质的专业人员可以为未婚和已婚者提供恋爱关系、婚前关系、夫妻关系、家庭关系、父母角色教育、亲子教育、性健康等方面的咨询和辅导服务，为婚姻家庭出现的各种危机提供帮助。婚姻家庭咨询师的职业认定和专业资质在某种角度上能够对婚姻家庭服务质量起到保障作用。当然，尽管职业资格认证制度确立，但是婚姻家庭咨询师的岗位及使用制度、激励制度及考核评估制度还没有与之配套，这还需要在落实和实施的过程中不断完善。

二、中国大陆家庭社会工作的发展状况与特点

（一）大陆家庭社会工作的开展和推进

1. 提供家庭社会工作的机构部门

大陆家庭社会工作是政府主导的多元主体的家庭服务体系（佟新，2009）：政府如民政、残联等部门直接的扶贫、救助与支持，公检法司部门向有需要的家庭及个人提供的法律援助，工青妇群团组织的婚姻家庭教育辅导，社会组织及专业社团组织的项目、研究及培训，市场化的家庭有偿服务与咨询，媒体运作的婚姻家庭咨询等形成了多层级、多样化的家庭服务格局。

2. 家庭社会工作的内容

家庭社会工作一般包括如下内容。

家庭救助：家庭在遇到生活变故引起的特殊困难和意外灾害时，国家和政府通常给予家庭现金和实物的救济，以使他们增强应对困境的能力，渡过难关。专项的政策性救助如农村独生子女或双女户家庭年满60周岁夫妇给予奖励扶助。对独生子女死亡即失独家庭给予特别扶助金及补贴。民政工作服务的对象家庭亦可得到长期的照顾与救助，残疾人、城市低于最低生活保障线的家庭、农村"五保户"及遭遇自然和意外灾害的家庭，均可领到政府的救济金。与政府相比，非政府组织提供的家庭救助常具有应急性和目标性，回应紧急事件较为迅速，表现出独特的工作效率与工作理念，在重大灾害发生后的救援中起到重要作用。

婚姻家庭调解：对婚姻家庭中有冲突、危机或面临关系破裂者，公检法司及社区通常会将调解作为第一步的工作，对当事人进行劝导，目的是缓和紧张关系，促进家庭功能恢复。

家庭生活服务：指多元化主体提供的与居民生活息息相关的服务，如依托居委会举办的有利于居民生活的服务项目可以包括为行动不便的病人提供家庭病床；邻里相互协助，为有困难的家庭（如残疾、老弱病人）解决生活困难；便民热线服务；社区志愿者／义工为有困难的家庭提供义务服务等。

婚姻家庭心理辅导：提供这类服务的专业机构呈迅猛发展态势，它们通常由医院、妇联、民间社团及心理咨询机构开办，机构内有专职、兼职的心理咨询员或社会工作者采用热线电话、个案面询、团体及家庭治疗等方式来提供服务。他们是大陆专业家庭社会工作的开拓者与实践者。

家庭能力建设：指面对家庭的教育与培训。如社区或各类专业机构举办的婚姻学校、亲子育儿训练、家长学校、家政学校、再就业培训等。再如社区开展的和谐家庭建设能力系列知识讲座，家庭生活管理的娱乐活动和知识竞赛，为家庭成员强身健体举办的拓展训练等。

（二）大陆家庭社会工作的特点

1. 从政府主导到社会分责的初步探索

长期以来，政府都是家庭救助、家庭福利最主要的提供者。民政部门、公检法司、残联、工青妇群团、社会组织及基层社区承担着最主要的救济、援助和关护等家庭服务工作。2019 年，民政部颁发《中央财政支持社会组织参与社会服务项目实施方案》的通知，支持政府通过购买服务来调动社会资源参与公共服务，促进社区治理水平和家庭和谐发展。2018 年，北京市推进政府购买服务改革，购买服务项目 7 000 多个，金额达 143 亿元。南京市政府每年用于购买公共服务的资金中，家庭教育、亲子关系辅导、家风传承、反对家庭暴力、家事调解以及婚姻家庭服务等项目约占四分之一。此外，企业及社会有识之士对家庭社会工作与服务的投入也在增加。

2. 城乡之间、地域之间、政府部门之间的发展不平衡

家庭社会工作的核心元素在专业化发展中显现出差异。

一是工作价值观：专业化发展水平较高地区的家庭社会工作注重以家庭及家庭成员的需求为出发点，在平等、尊重的关系中引导家庭讨论困境并肯定其改善困境的能动性，增强家庭整体的抗逆能力。工作者以信任和鼓励的态度促进家

人情感连接和相互支持，引导他们适应变化、承担责任。专业化欠发展地区的家庭工作仍有较强的行政色彩，通常是由工作者主导，工作者以教育者、指导者甚至拯救者的姿态出现，服务对象的能动性和自助能力常常被忽视。

二是家庭服务机构管理：专业化发展水平较高地区的家庭社会工作机构有明确、规范的管理制度，有专职的专业社会工作者，接受上级专业机构的评估和指导，机构的档案资料管理规范。专业化欠发展地区的家庭服务工作分属于政府及群团部门，与日常工作混搭，没有专门的机构和评估机制。

三是家庭服务工作者：专业化发展水平较高地区的机构工作者多接受并通过了高校社会工作专业教育或社会工作职业资格考试。机构有专聘的社会工作督导定期做家庭个案研讨和跟进培训。专业化欠发展地区做家庭工作的主要是政府公职人员或商业机构人员，前者常常使用行政话语去指导教育，后者则将其看作商业性牟利行为。

3. 多元化家庭社会工作服务需求迫切

伴随家庭结构和生活方式的多样化发展，家庭需求也呈多元化态势。非传统组合的家庭如单亲家庭、失独家庭、留守家庭、独居老人家庭比例上升，他们在经济收入、情感慰藉、生活照顾等方面显示出脆弱性，非传统的同居家庭更可能因被排斥而在困惑和诉求的表达上遇到阻碍。

以传统家庭概念衡量有求助需求的家庭，势必会在"完整"与"残缺"、"正常"与"非正常"的评判中偏离服务方向，无法体认、接受以及尊重各种另类家庭形式，也会将不符合传统标准的家庭推向边缘化。家庭社会工作需排除偏见，以多元开放的心态回应各类家庭的需求，制订行动策略。

第三节　家庭社会工作的理论

一、家庭系统理论

（一）概念

家庭系统由若干个子系统（夫妻、亲子、兄弟姊妹等）组成，每个子系统间既相互联系又相互制约，使家庭系统有序运转，以实现家庭的功能。家庭系统涉及如下概念：目标或目的、构成要素、运作的秩序、维持该系统的活力能量及与外界的互动方式等。

家庭系统与外界的联系因其"渗透性"不同，可分为两大类：一为可以高度容许信息自由进出的开放系统；二为与外界没有交换关系，不允许信息进出的封闭系统。开放的系统在适应外界的同时发展了自己，家庭成员注重学习新的知识，自我价值得到承认；封闭的系统与外界隔绝，家庭运行依赖内部权威（家长），家庭成员没有机会发展个人的能力。

（二）特点

1. 子系统或家庭成员间相互连接、相互制约、相互补充。子系统或家庭成员之间形成互动或互赖关系。因此，某成员的痛苦或问题，可能不是个人的事情，而是在与其他成员互动关系中产生的"症状"。为保持家庭的有序状态，系统各元素间有互补性。强弱互补关系的存在即某些家庭成员的能力不足可能是被过强的其他家庭成员抑制的结果。

2. 家庭系统的运行存在两种机制。第一，改变机制。当家庭内部发生突发事件如家庭成员生病、死亡，突遇经济危机，或家庭外在环境发生变化如迁徙到陌生居住地等，家庭为适应变化必须增强系统的能力去面对困难。改变机制可以增强家庭的功能，促进家庭成长。第二，平衡机制。家庭一旦成立，就需要作息有序，为家庭成员提供稳定安全的生活住所，满足其基本需求。当某事件的发生打破家庭平衡状态时，家庭会自行调动各种资源使家庭尽快恢复平衡。

3. 家庭系统的运作秩序形成家庭规则。不同的家庭系统的运作秩序呈现不同的特点，这是因为这些家庭的规则不同，家庭成员沟通模式不同，也是因为家庭成员人格特征不同。家庭规则是由家庭成员，尤其是建立家庭的丈夫和妻子在生活中逐步建立起来的。家庭规则是不成文的管理体系，家庭的成员因循着这些规则在家庭中被赋予权利与义务。家庭规则使家庭形成秩序，它决定着每一个成员的行为是否合宜。健康、良好、可以促进家庭成员成长的家庭规则应该是清楚一致、尊重人、富于弹性、能够适应环境变化可调整的。

（三）应用与评价

家庭系统理论被各流派家庭治疗和家庭工作者接纳与运用。家庭工作者一般对三个概念格外关注，即家庭界限、家庭沟通模式与家庭结构。以家庭系统理论分析家庭中某成员或家庭被困扰的问题，可以使工作者运用综合、全局的眼光审视家庭，将家庭成员的情绪、行为困扰归因于家庭系统互动关系，即认为家庭系统有可能是造成其现状的根源。掌握家庭系统理念可以促使工作者思维方式有所改变，即从原来直线的"因果关系"的思维转向循环的"互为因果关系"的思维，由此也会在更宽的领域——从调整改变关系上制订介入方案。如果工作者从家庭系统角度发现案主是不良家庭系统运作后果的承受者，就可以更理解和接纳案主目前"身不由己"的现状，既有利于双方信任关系的建立，也有利于触动案主家庭改变。但是，家庭系统理论并非没有弊端，如女性主义批评家庭系统理论忽视权力关系，有怪罪暴力和虐待受害者，并将现实合理化之嫌。采用循环因果解释虐待，某种程度上会巧妙地让施虐者摆脱责任，同时暗示受害者在助长问题，因为自己参与了造成虐待的互动模式。

二、家庭生命周期理论

（一）家庭生命周期的概念及划分

家庭生命周期亦称家庭生活历程，即家庭自成立之日（夫妻缔结婚姻关系）起，经历一系列发展阶段，并分裂出新的家庭，最终本家庭消亡的全过程。在家庭生命运行之中，家庭成员完成人生任务，家庭得到延续，母家庭孕育了子家庭。我国家庭生命周期的划分因国情及家庭生活模式的特殊性呈现出不同于他国的特点：计划生育政策使我国家庭养育子女延续的时间有限；母子网络型的家庭特征明显，子家庭与母家庭界限不清，相互扶助，交叉性地发展。

我国家庭生命周期大致可以划分如下。第一阶段：新婚期，从结婚到生育第一个孩子。第二阶段：育儿期，从生第一个孩子至孩子上小学。第三阶段：教育期，从孩子上小学至孩子独立。第四阶段：向老期，子女相继离家。第五阶段：孤老期，夫妻中只剩一人，直至该家庭生命终结。

（二）家庭生命周期各阶段的任务

家庭生命周期各阶段有不同的任务。新婚期：婚姻系统的形成及整合，夫妻角色的认定，姻亲关系的协调。育儿期：父母角色的认定，家庭财政、家务劳动等分工或协作，职业与家庭间的精力分配。教育期：亲子关系的调整，夫妻情感的深化发展。向老期：接受子女离家的现实，婚姻关系的再调整。孤老期：面对自己及配偶的衰老与死亡，安排晚年充实的生活，体味人生的意义。

随着婚姻家庭形态的多元化发展，可能某些家庭不都具备这些阶段，如不生育子女的"丁克家庭"、离异后的单亲家庭、独身家庭等。当然，这些家庭也有各自的生命发展周期和需要面对的任务。

（三）应用与评价

家庭生命周期概念被运用于家庭社会工作时，工作者要与家庭讨论生命周期各阶段面对的不同生活内容，提示家庭清醒地调整自我认知能力与婚姻生活能力。家庭生命周期各阶段的转折与过渡最易导致家庭关系紧张、家庭成员焦虑。工作者可以提示转折期家庭，出现问题是正常的，要投入精力共同面对，促进家庭向更健康的方向发展。

三、家庭沟通理论

（一）家庭沟通的概念

沟通是彼此传递信息与分享信息的过程，可以看作两方的互动。沟通并非只用语言，表情、动作、声调都是信息的发送方式，因为它们都在表达信息。家庭沟通是家庭成员之间的相互交往与互动。一个人在家庭中，因与他人建立不同的联系方式而形成不同的角色，不同角色之下有不同的行为规范和特定的沟通模式。家庭结构复杂，人数多，家庭成员角色数量增加，会使家人间的沟通难度增加。

（二）家庭沟通的特点

沟通受多种因素影响：个人的价值体系、性别观念、知识的积累、个性、语言表达能力等。家庭的教育及环境直接影响这个人与他人的沟通模式。因家庭被认定为私领域，其中的沟通也常常表现出最真实的一面。认为家庭是自己的，随心所欲而不关注沟通对象的感受；无节制地在家庭中宣泄不良情绪或做出不当行为，使家庭成为消极情绪的"垃圾站"；以逃避、冷战处理家人之间的矛盾和误解等，都会使家庭无法承载负面压力而导致冲突升级，最终给家庭成员的关系带来更大的伤害。

（三）应用与评价

家庭沟通理论被普遍应用在家庭工作实务之中，如夫妻关系调适、亲子沟通等。一般来讲，家庭沟通理论适用于在相对平等的关系调整中使用，尤其是求助的家庭成员有意愿与需要时，工作者引导家庭成员学习正面地表达情感和爱，沟通效果更佳。因为家庭沟通理论较忽略权力关系及伤害，所以不适用于家庭暴力、虐待等侵权问题的处理。

四、家庭冲突理论

（一）家庭冲突的概念

冲突是普遍存在的社会现象，家庭中存在冲突也是正常的。家庭冲突是指家庭成员由于彼此间价值观念、兴趣爱好、行动目标存在差异，或由家庭资源（包括物质资源、情感和爱）有限而分配不均所引发的冲突。家庭冲突包括情境性的冲突、个性的冲突和权力的冲突。

（二）家庭冲突的特点

家庭冲突不同于社会冲突。家庭成员由婚姻和血缘连接在一起，家庭冲突一般表现得微妙而暧昧，并常常被"爱""温情"和"亲密无间"掩盖着。由此，冲突常常被合理化、正常化，这也会影响外界的介入。家庭冲突理论者注意到，具有较多资源的成员通常也有较多权力，弱势的一方常常以"爱"来换取强势一方较多的社会经济资源。

（三）应用与评价

工作者将家庭冲突理论应用于实践，可以对各类冲突进行分类辅导与干预。对于情境性的冲突，如家务分工、生活习惯等需要工作者协助家庭成员协商、妥协、退让，最终使其达成一致。对于个性的冲突，工作者可以促进家庭成员相互了解、接受、学习相处之道。对于权力的冲突，即家庭成员因权力、资源和地位不同导致的控制与依附关系，比如家庭暴力、虐待儿童等，应着力提升弱者的能力，增权于受害人，达到家庭权力的重新分配，使其境况得到改变。与此同时，工作者还要全力调动外部资源辅助受害方改变处境。

五、性别敏感的家庭社会工作

针对在社会工作、家庭治疗领域以男性价值评判为中心的局面，20世纪70—80年代先后出现了女性主义、性别敏感的家庭社会工作与家庭治疗流派。

（一）性别敏感的家庭社会工作的含义

性别敏感是指能觉察到在人的成长过程中，男女两性在行为、态度与社会化经验上的差别，特别是在家庭与社会中，权力、位阶、地位、特权的差异。性别敏感的家庭社会工作试图打破二元对立的思维，能够觉察由于家庭成员被指派为传统性别角色（对女性有害者）或两性间权力不平衡所导致的问题根源，从更深层面了解男性和女性的发展，打破两性的性别角色刻板印象，并将这些议题整合到治疗介入之中。

（二）性别敏感的家庭社会工作的特点

性别敏感的家庭社会工作挑战家庭治疗师责备母亲及神化女性的意识形态，认为其阻碍了女性发展自己的才干及自我身份认同。这种理论强调：注意体悟并改变刻板印象角色和期待的有害后果；避免助长女性和儿童的依赖状况；鼓励女性发展正向自尊，也鼓励男性积极参与照顾孩子和承担家务工作，以促进他们自身作为人（而非男人或女人）的全面发展。

（三）应用与评价

性别敏感的家庭社会工作鲜明的特点在于其批判性与挑战性。身处父权文化中，对这种理论的推展与使用需要有相当大的勇气和毅力。近年来，有研究者所做的婚姻咨询、单亲母亲支持小组、家庭治疗及社区反家暴项目中的"受害妇女支持小组"与"施暴者教育与治疗小组"，都注意将社会性别分析、性别敏感纳入辅导与干预行动中，促进弱势群体的自我意识觉醒、能力增长以及男性的反思与改变。工作者还需不断地探索与总结经验，使这一理论更具有可操作性。

第四节   家庭社会工作的方法

一、社会工作方法在家庭中的应用

在家庭社会工作实践中，工作者使用了多种方法，以下简要介绍各社会工作方法在家庭工作中的运用。

（一）个案工作方法应用于家庭

个案工作即针对个人的咨询与辅导。它已经被广泛地应用于高校心理咨询，公益机构的热线咨询和面对面的咨询，医院的心理门诊以及社区服务中。个案工作的目标是缓解和消除求助对象的困扰，帮助他们调整心态，提高社会适应能力。应该指出的是，相当高比例的个案工作服务对象是因恋爱、婚姻、家庭关系及家庭其他问题引起情绪及心理困扰来求助的。

（二）小组（团体）工作方法应用于家庭

小组工作通过小组内部面对面的互动，协助小组中的个人增强社会生活功能。小组可以使组员有"同在一条船"的感觉，通过组员们的互助带动小组成员改变，实现自助。小组工作越来越多地被运用于实务工作。如学校的"青少年学生成长小组""留守女童关爱小组"，社区的"妇女健康小组""婚姻成长小组""亲子互动小组""受暴妇女支持小组""施暴者教育与治疗小组"及"老年康乐小组"，教育机构举办的"家庭夏令营""家庭拓展训练"，医院开设的"艾滋病患家属关怀小组""白血病儿家长小组"等。

（三）社区工作方法应用于家庭

社区工作是一种理念，一个过程，一个有计划的行动。它意在培养社区居民的归属感和认同感，共同参与，共同解决，由此改善社区生活的质量。无论是政府机构还是非政府机构，都非常注重社区的资源与力量，倡导通过社区宣传、社区动员凝聚人气，将社区问题交还给社区居民自己解决。目前从城市社区向乡、镇、村发展的家庭社会工作、家庭服务项目正在推开，而在大中城市，有关家庭议题的社区活动丰富多彩、卓有成效，涉及幸福家庭建设、家庭生活教育、反对家庭暴力、对弱势群体（单亲、残障、失独家庭、孤寡老人等）扶助、社区义工组织能力建设等多个方面。

（四）整合性工作方法应用于家庭

任何社会问题用单一的方法都很难得到有效解决，而以整合性的家庭社会工作服务于家庭，会取得催化全局改变的工作效果。

社会工作者要全方位看待家庭的问题，认清问题的存在是由多因素制约的结果，问题的解决也需从多层次多角度入手。多层次多角度包括：微观（个人、家庭、群体）；中观（社区、部门机构）；宏观（政策、文化）。多层次多角度的家庭社会工作介入要求工作者介入前能够勾画出一幅家庭需求全景图，尝试运用个案/家庭、小组、社区及社会行政等方法做整合性的介入方案设计，回应求助家庭各层次的需要。

社会工作者一定要从家庭的问题及需要出发；了解家庭此前做过的努力及其效果，对家庭现有的资源进行评估；注重对机构专业能力进行评估，若有欠缺则需调动有可能补充的资源；对需服务的家庭做整合性的介入方案设计，以多元的工作手法回应不同层次的需求；注意对介入效果适时作出评估、总结和调整。

二、家庭治疗

（一）家庭治疗的概念与流派

1. 家庭治疗的概念

家庭治疗是一种治疗模式，以整个家庭作为治疗的单位，着重地聚焦在家庭成员间的互动关系和沟通的问题上，是处理人际关系系统的一种方法。家庭治疗作为一种治疗模式出现在第二次世界大战后的美国精神医学界，20世纪50年代被社会工作和心理治疗界认可，并运用于家庭社会工作服务。家庭治疗和家庭社会工作不同，通常在办公室（治疗室）场地进行，关注的是抽象模式、关系结构和家庭功能。中国大陆最早的家庭治疗培训是1997年中德心理治疗研究院"中德高级心理治疗师连续培训项目·系统式家庭治疗"为期三年的培训。之后，结构派家庭治疗、萨提亚家庭治疗、短程家庭治疗等培训持续不断，家庭治疗师在婚姻家庭工作领域的贡献也逐渐显现。

2. 家庭治疗的流派

半个多世纪以来，在不同心理治疗理论的基础之上形成了风格各异的家庭治疗流派。不同理论取向的家庭治疗亦有共通之处，即都以关怀家庭功能、强化家庭功能作为治疗的重心，也都将关注点投向调整与改变家庭系统的运作上。家庭治疗的主要流派如下：

（1）鲍恩（Murray Bowen）奠定的家庭治疗理论。鲍恩是家庭治疗领域的主要理论家，他在心理动力取向和系统取向间架起了桥梁。鲍恩的主要贡献有家庭系统理论、家谱图和八个连锁理论概念：自我分化、三角关系、核心家庭情绪系统、家庭投射历程、情绪截断、代际传递过程、手足位置和社会退化。

鲍恩的家庭系统理论在社会工作领域有广泛影响，它有两个基本假设：其一，家庭成员间过度的情感联系和家庭功能失调有着直接的联系，自我分化是家庭成员必要的成长目标；其二，上一代没有解决的问题会趋向于传给下一代，即多代传承理论。

家谱图是表现家庭成员关系和结构的图，可以用来分析家庭结构和家庭关系模式。

在八个连锁概念中，自我分化是指一个人的理智与情绪在心理上分离以及将自我独立于他人之外，它是个体的成长过程；三角关系是指当两个人的系统存在焦虑时，第三个人的参与或卷入能减少两个人之间的焦虑并形成稳定结构；核心家庭情绪系统指家庭系统中的某种典型性的情绪及情感互动模式，父母可能把这种模式传递给孩子；家庭投射历程是说父母的"自我分化"缺陷会通过曲折的过程传递给孩子；情感截断是人们处理代与代之间分化不良的一种方式，为了摆脱与父母过度亲密的关系依赖所造成的压力，一些孩子选择和父母彻底拉开距离；代际传递过程指严重的家庭关系功能失调被概念化，并在代与代之间复制放大；同胞手足位置是指一个人在兄弟姐妹中排序的位置，可能导致他或她发展出某些特定的人格特征；社会退化是用于描述社会情感过程的概念，认为社会的情感历程如同一个大的背景式环境，对家庭的情感历程构成影响，从而影响到所有的家庭成员。

（2）结构派家庭治疗。结构派家庭治疗致力于使丧失功能的家庭达到结构性改变，通过改变家庭的动力和组织去改变个人及家庭。创始人为心理治疗大师米纽秦（Salvador Minuchin）。他应用于治疗的基本概念如下：一是家庭结构，即家庭实现重要功能之运作规则的总和，其中反映了家庭的权力、沟通及其相互关系；二是子系统（次系统），其中配偶、父母、手足次系统是家庭最重要的次系统，三种次系统的运作应该是整合的；三是界限的渗透性，追求成员间既具有归属感，又具有分离性，彼此间界限既具有弹性，又十分清晰；四是权力和联盟，家庭应该有清楚的世代界限，双亲应该是同盟关系，并有权力和权威的规则。

（3）萨提亚家庭治疗。该模式由作为女性与社会工作师出身的美国心理治疗大师萨提亚（Virginia Satir）创立，注重心灵体验过程，特点是提高家庭成员的自尊，改善家庭沟通，建立人性化的家庭规则，使人活得更人性化。萨提亚的治疗模式有鲜明的人本取向。其治疗技巧包括：

人体雕塑：是一种将内心互动外显化的治疗与学习方式。在此过程中，家庭成员会通过现实体验促进相互间的理解和关系转化。

冰山理论：以此隐喻一个人的自我如冰山，能看到行为和应对方式仅是水面上的很小部分，水下不为人所知的是被压抑和忽略的"内在"：感受、对感受的感受、观点、期待、渴望、自我概念等。工作者应协助家庭成员不纠缠于对行为对错的评判，而去发现和理解行为背后的内心期待。

家庭沟通：沟通涉及自我、他人和情境三因素。萨提亚认为家庭的沟通反映了成员的自尊程度。她列举了五种常见的沟通形态：破坏人际间真实坦诚相处的"讨好型""责备型""电脑型""打岔型"与可以建立起真诚良好人际关系的"一致型"。

（4）系统式家庭治疗。家庭的"问题"系统之所以持续存在，是因为各部分在交流中形成了特有的规则和维持方式。治疗作为扰动，意在激发家庭发展因应问题的能力从而改变旧有系统。

治疗应遵循以下原则。一是假设，治疗师根据对家庭掌握的信息向家庭提出若干假设。假设是对家庭进行探索的出发点，也是对探索是否合适有效进行的检验，能使治疗师在了解家庭关系模式时有相对清晰的脉络，也会对原有的家庭关系系统作出扰动。二是中立，治疗师对家庭成员不偏不倚保持同等距离，仅对现有家庭的互动怀有兴趣，而不作道德意义上的评价。中立即治疗师以一种好奇的状态，引导家庭成员发现他们各自的不同立场与观点，思考和面对共同的困扰与问题。三是循环，治疗师向每个家庭成员发问，启发他们谈出感受，用以收集家庭的信息，也促进家庭成员间在倾听的过程中相互了解，引起多样化反应。

治疗中应注重正向解读，即对家庭的困扰，换一个角度重新定义，从积极的方面给予解释，亦称"资源取向"。对于不容易正向解读的事，也可使用"未来取向"的解释，启发家庭构想未来的计划，而不使家庭由于当前的行为感到难堪。

（5）短程家庭治疗。该模式的魅力在于它的实用主义取向，它从独特的思维角度出发，以鲜明的创造性与可操作性在家庭治疗界独树一帜。短程治疗一般以个人为单位，用隐喻、故事和行为，促进案主变化并将变化延伸到家庭中。当然如果需要，也可以邀请家庭成员一起来。短程家庭治疗发展出了诸如"矛盾处方""维持症状""奇迹提问"等以解决问题为焦点的治疗方法。

（6）叙事家庭治疗。由怀特和艾普斯顿提出并发展。它充满后现代主义精神。叙事疗法认为人们所有的知识都不是发现的而是建构的，由此人们组织起自己的体验，塑造了自己的行为。叙事家庭治疗发展出"问题是如何影响人"的新颖观点，聚焦于拓展来访者思维，从不同的角度看待自己和自己的问题，重建具有正向意义的生命故事。

该模式的治疗技术包括外化、解构和重写。工作者需尊重来访者，对他的故事有强烈兴趣，在故事中寻找他们的力量和资源；与来访者一起探索他们对问题的定义和影响；以尊重性提问鼓励新的故事产生，帮助他们挣脱已被内化的主流文化叙事，为更多新故事开辟空间，将其组合在一起成为自己独特的、被赋予新意的生命故事。

（二）家庭治疗的发展状况

家庭治疗理论认为每个家庭成员的行为都是与家庭其他成员互动的结果。

个人的问题可能是家庭的问题，个人有困扰可能是因为家庭有困扰。因此，个人的"问题"是家庭系统制造的。此外，家庭功能是否良好，又与家庭的价值观、关系组合、权力运作、生活规则以及家庭气氛等方面互相联系、不可分割。因此，家庭治疗者应着眼于系统的测评与调整。

家庭治疗的目标是：（1）广泛且深入地评量家庭中某特定个人的心理与行为困扰之家庭因素，即评量家庭人员之间的交互关系的素质；（2）了解与促进家庭人员之间的交互反应关系；（3）了解与促进家庭中每一分子的角色扮演与角色功能；（4）改善或解决家庭当前在交互反应关系上的难题；（5）促进家庭人员的发展功能；（6）充分发展现代家庭生活应有的功能。

家庭治疗对婚姻失和、儿童青春期困惑等家庭关系问题特别有效。此外，它还可用于家庭遭遇重大挫折困难，如家庭成员意外死亡、成员失业、家庭迁徙等造成的问题，它对家庭生命周期发展各阶段所产生的问题，如子女出生、离家独立等引起的特殊心理问题也很有效。

中国大陆的家庭治疗在精神卫生、医学心理及教育界取得比较显著的临床经验和治疗效果。在社会工作专业训练中，各流派家庭治疗技术也被越来越多的家庭社会工作者所重视。

家庭社会工作是一项整合性的专业社会工作。针对不同家庭及其需要，工作者可以选取一种或几种理论、方法与技术运用于家庭工作之中。社会变迁为中国家庭社会工作走向专业化提供了发展机遇，在实践社会工作独特价值观的过程中，家庭社会工作会带给家庭成长的正能量，展示出独特的专业服务风格。

【思考题】

1. 什么是家庭社会工作？试述家庭社会工作的重要性。
2. 社会变革使中国的家庭发生了什么变化？
3. 谈谈中国大陆目前家庭社会工作的发展状况及特点。
4. 试述家庭系统理论、家庭生命周期理论、家庭冲突理论和家庭沟通理论及其在家庭社会工作中的应用。
5. 什么是家庭治疗？试述各流派家庭治疗的共通之处。

【主要参考文献】

[美] M. A. 拉曼纳、A. 里德曼：《婚姻与家庭》，李绍嵘、蔡文辉译，巨流图书公司、世界图书出版公司1995年版。

［美］Salvador Minuchin：《结构派家族治疗入门》，刘琼英译，心理出版社 1996 年版。

周月清：《家庭社会工作——理论与方法》，五南图书出版公司 2001 年版。

李洪涛、齐小玉编著：《受害妇女的援助与辅导手册》，中国社会科学出版社 2004 年版。

［美］Michael P. Nichols、Richard C. Schwartz：《家庭治疗基础》，林丹华等译，中国轻工业出版社 2005 年版。

马丽庄：《打开家锁——中国家庭治疗与厌食症的临床研究》，龙迪译，高等教育出版社 2008 年版。

［加］唐纳德·柯林斯，［美］凯瑟琳·齐登，［加］希瑟·科尔曼：《家庭社会工作》，刘梦译，中国人民大学出版社 2018 年版。

佟新：《对中国城市发展家庭社会工作的思考》，《山西师范大学学报》2009 年第 6 期。

王思斌：《走向承认：中国专业社会工作的发展方向》，《河北学刊》2013 年第 6 期。

吴小英：《"离婚冷静期"争议背后的几个学术焦点》，《妇女研究论丛》2020 年第 4 期。

中共中央党史和文献研究院编：《习近平关于注重家庭家教家风建设论述摘编》，中央文献出版社 2021 年版。

第十七章

医务社会工作

在现代社会，医疗、卫生和健康成为越来越重要的社会问题，医务社会工作从人本主义的角度看待医疗和健康问题，对医疗卫生事业的发展作出贡献。本章介绍医务社会工作的概念与发展、价值与理论基础、介入领域与实务方法。

第一节　医务社会工作的概念与发展

一、医务社会工作与相关概念

长期以来，医务社会工作的概念随着实践的发展不断变化，时至今日，其内涵和外延还处于发展过程中。在这里，我们将介绍其相关概念和概念界定的发展趋势，并结合中国国情对其作以简单界定。

（一）医务社会工作的概念

医务社会工作是社会工作专业服务的基本领域之一。自 1905 年正式诞生以来，医务社会工作已有百余年历史。由于生活方式转变和人类需要结构层次的提高，健康照顾服务和医务社会工作逐渐成为社会服务和社会工作专业服务中最重要的领域之一，医务社会工作概念日益普及。与此同时，医务社会工作的百余年实践也导致其概念发生变化，内涵不断丰富，外延不断扩大。医务社会工作概念内涵和外延的发展变化来源于两个方面：一方面，社会工作专业不断发展，人们对社会工作专业的理解也随之不断深化；另一方面，医疗技术和健康照顾服务体系不断发展，人们对健康照顾服务体系的理解也随之不断深化。一般来说，人们通常从社会工作专业和健康照顾服务体系之间关系的角度界定医务社会工作，将社会工作专业和健康照顾服务有机结合起来，是跨越和整合了两个专业的新领域。在这种意义上说，医务社会工作泛指医药卫生和健康照顾服务领域中的社会工作专业服务。

（二）医务社会工作的相关概念

医务社会工作是医务与精神健康社会工作实务领域的核心概念，按照医务社会工作概念历史演变过程，最早出现的概念是"医院社会工作"（hospital social work），因为当时社会工作的服务对象和服务场所均限于医院病人和医院之中。1905 年，美国马萨诸塞州总医院卡伯特医生（R. C. Cabot）率先雇请一位社会工作者，并在医院创立名为医院社会服务部（Social Services Department）的专门机构。因为当时的社会工作主要以个人和家庭为服务对象，所以又被称作"医务社会个案工作"（medical social casework），凸显出医务社会工作的个案工作和"临床社会工作"（clinical social work）传统。20 世纪 20 年代，美国已有以"医务社会工作"（medical social work）为名的专业训练课程。到 40 年代，因为医务社会工作对象与内容普遍超出医院范围，"医疗处境中的社会工作"（social work in a medical setting）应运而生，"医院社会工作"遂成为历史概念。比较而言，法语中的"医务性社会服务"（英文为 medical social services）和"医务性社会服务工作者"（英文为 medical social services workers）是对医务社会工作和医务社会工作者的较好定义。

1948 年 4 月 7 日世界卫生组织成立后，健康社会工作成为最主要和最宽泛的概念。按照世界卫生组织对健康的官方定义，健康不仅包括身体无病，而且包括心理健康和社会生活健康。20 世纪 50 年代以来，随着"医疗处境"转变为"健康照顾处境"，"健康照顾中的社会工作"（social work in health care）、"健康照顾社会工作"（health care social work）、"健康照顾中的社会工作干预"（social work intervention in health care）等概念涌现，"医务社会工作"转变为"健康社会工作"的历史发展趋势明显。与此同时，鉴于身体健康与精神健康状态的社会文化建构特征明显，目前国际上通行做法是，将健康社会工作与精神健康社会工作并列起来。考虑到中国生物医学模式的转变，尤其是疾病谱、死因谱的历史发展和民众思想认识的现状，我们暂将"健康与精神健康"翻译为"医务与精神健康社会工作"，简称"医务社会工作"。

（三）医务社会工作概念界定的发展趋势

医务社会工作概念自诞生以来，内涵不断丰富，外延不断扩大，其概念界定呈现出引人注目的发展趋势，具体表现为：第一，医务社会工作概念内涵和外延的变化。这主要得益于人们对疾病、健康概念理解的深化，人们对生理疾病（身体健康）、心理疾病（心理健康）和社会病理学（健康社会）的认识决定着医务社会工作概念的内涵和外延。第二，医务社会工作概念的覆盖范围不断扩大。它的中心意涵由最初的医院社会工作，经由医务社会工作，转变为健康社会工作；它的关注重点由最初的医院环境和家庭状况，经由医疗处境，转变为广泛的健康处境。第三，医务社会工作概念的系统性、开放性和综合性色彩越来越浓厚。它由单纯关注疾病治疗转变为综合关注疾病的预防、治疗、康复过程中生理、心理、社会因素的相互作用，由单纯的医务社会个案工作发展为医务社会工作、精神医疗社会工作、公共卫生社会工作和康复社会工作等。第四，医务社会工作概念越来越多地反映为医院之外、非医疗性和综合性的社会工作干预措施，越来越多地强调健康与福利之间的密切关系和内在逻辑联系，福利成为医务社会工作的灵魂。

二、医务社会工作的发展

医务社会工作在国内外都已有百余年的历史，随着政治、经济、文化、科技等因素的变化，医务社会工作也不断发展。

（一）英国和美国医务社会工作专业发展的历史

医疗救助起源于英国等欧洲国家，它曾在英国等欧洲国家社会救助制度发展中扮演过重要角色，但是医疗救助并不等于医务社会工作。

制度化的医务社会工作和临床社会工作起源于美国，并在美国社会得到迅猛发展。1905 年，美国马萨诸塞州总医院聘用首位社会工作者，标志医务社会工作专业服务正式诞生。总体来说，以美国历史经验为中心，医务社会工作专业发展历史可以划分为三大基本阶段：1. 医务社会工作发展初期，即从 1905 年到 1945 年第二次世界大战结束。这一阶段的基本特征是医务社会工作主要受心理学和生物医学影响，服务对象侧重于微观层面的个人，由专业教育、专业组织（如 1918 年成立的美国医务社会工作者协会）、专业研究、分支领域以及服务机构等构成的医务社会工作体系初步建立。2. 医务社会工作迅猛发展时期，即从 1946 年世界卫生组织提出新的健康概念到 20 世纪 70 年代。这一阶段的基本特征是医务社会工作主要受社会学和社会医学影响，服务对象侧重于中观层面的社会群体和社会组织。医务社会工作的专业教育、专业组织、专业研究、工作场所和专业服务体系框架已经稳定确立，医务社会工作专业服务在"福利国家"体制和社会政策框架中得到较快发展，专业地位和专业权威确立。3. 医务社会工作转型和健康社会工作时期，即从 20 世纪 70 年代欧美等福利国家改革和医学模式转变至今。这一阶段的基本特征是医务社会工作受心理学、社会学、经济学等多学科影响，服务对象由微观层面的个人、中观层面的群体和组织扩大到宏观层面的社会环境与制度安排，医务社会工作专业教育、专业组织、专业研究和专业服务体系日趋开放多样。

（二）中国医务社会工作发展简况

中国医务社会工作的发展是伴随基督教会医院和西医进入中国开始的。1906年，伦敦会与英国、美国其他五个教会合作创办协和医学堂。1915 年，美国人洛克菲勒通过中华医学基金会，重新建立首个新型的协和医学院和附属医院。1921 年，浦爱德女士创办协和医院社会服务部，这是中国医学史和社会工作史上的标志性事件。协和医院社会服务部不仅培养了中国首批医务社会工作者，而且将医务社会工作模式传播到山东齐鲁医学院、上海仁济医院、中山医院和其他医院，开创了当代中国医务社会工作的历史。1952 年院校调整和专业合并之后，社会工作专业和医院社会服务部均被取消，医务社会工作在中国大陆也由此销声匿迹。改革开放以来，医务社会工作逐渐得到恢复和发展，一些学校开设医务社会工作课程，一些医院设立社会工作部。2006 年以来，专业性医院与医务社会工作迅猛发展，2012 年 11 月，国家卫生部医政司在青海西宁召开全国"医院社会工作工作会议"，标志着中国本土和专业化医务社会工作时代的来临。

三、医务社会工作的专业特征

（一）医务社会工作的专业属性

医务社会工作的基本专业属性是"跨学科""综合性"和"社会福利性"。"跨学科"说明医务社会工作的学科性质；"综合性"说明医务社会工作服务内容的基本特征；"社会福利性"说明医务社会工作的服务性质。三者共同构成医务社会工作的基本专业属性。

医务社会工作是在健康照顾领域提供的各种社会工作服务活动，涉及社会工作专业与健康照顾服务两个领域，是两个领域之间相互渗透和相互影响的结果。这意味着疾病预防、治疗、康复和健康照顾服务都属于社会工作实践的干预领域和具体社会处境。社会工作专业是一种理论视角、工作方法和助人技巧，而医务社会工作将它和健康照顾服务有机联系起来。这意味着在医务社会工作这一特定的服务领域中，社会工作者不但要从专业框架的角度看待自己，而且要习惯和善于同医护人员组成跨学科的专业工作团队。这也意味着医务社会工作者必须理解和展示他们既不同于健康照顾服务，又与健康照顾服务密切相关的社会工作专业贡献，以反映医务社会工作"不可替代"的独特价值和专业地位。与此同时，医务社会工作服务范围广泛，服务内容多样，覆盖每个人在整个生命历程中的健康需要，从疾病预防、医疗、健康照顾、社区康复和公共卫生到生理、心理、社会全面性健康，从安全分娩、妇幼保健、营养食品、预防接种到环境卫生，从儿童身心健康、青少年身心健康、中年人身心健康到老年人身心健康。医务社会工作领域宽广，涉及全人发展的生理、心理和社会方面，服务的综合性色彩浓厚。更为重要的是，医务社会工作的服务领域和人类健康需要满足的社会要求决定了这种服务是"社会福利"性质的。

（二）医务社会工作的专业地位与医务社会工作者的专业角色

1. 医务社会工作的专业地位

医务社会工作在发达国家和地区已成为社会工作专业服务体系中最重要和最具发展前途的领域之一，成为儿童福利服务、残疾人康复治疗、老年人长期照顾和家庭健康护理服务的重要组成部分。社会结构与福利体系结构变迁、健康照顾地位和社会工作专业地位的提高，共同推动了医务社会工作专业地位的不断提升，使之成为整合社会服务和统领社会工作的核心领域：第一，在健康社会化和社会健康化时代，特别是在衣食住行用等基本生活需要得到满足之后，身心健康就成为人最重要的需要，健康照顾服务成为社会福利制度框架中最基础、最重要和最有发展前景的领域。第二，在追求生活质量和以人为中心发展的社会背景下，专业社会服务越来越发达，社会工作专业地位会不断提高。这意味着医药卫生、社会工作专业和社会发展的规律共同提高了医务社会工作的专业地位。

2. 医务社会工作者的专业角色

自医务社会工作诞生以来，医务社会工作者承担着越来越大的责任，扮演着越来越多的专业角色，由最初的家庭访问者和家庭调查者、医护人员的助手、病人和医护人员之间的沟通联系媒介，转变为医院病人管理者、临床治疗师、医疗服务管理者、医疗服务组织者和健康宣传教育者，进而发展为健康照顾服务咨询者、疾病预防策划者、医疗服务和社会服务整合者，特别是公共卫生服务和普及性健康促进运动的规划、组织、协调、倡导者和服务提供者等。这就是说，医务社会工作者绝非只扮演直接服务提供者的角色，也绝非只扮演固定不变的专业角色。在复杂的健康照顾处境中，医务社会工作者可能扮演宣传者、教育者、组织者、管理者、决策者、代言人、健康照顾者、服务协调者、沟通交流者等多种多样的角色。医务社会工作者应以哪种角色为主，各种角色之间如何转变过渡和相互联系，这要取决于具体的状况。

第二节　医务社会工作的价值与理论基础

一、医务社会工作的基本理念与价值基础

（一）医务社会工作的基本理念

医务社会工作实践要遵循一些基本方针和基本原则，其核心是将病人作为一个整全的人来看待，并为病人提供更好的健康照顾服务。长期以来，医护人员通常从解剖学和病理学角度看待病人，解剖学通常只看到人的病变部位，或者是人的病变症状，从而将整体、全面的人人为地割裂开来；病理学通常将病人看作产生病变的物体，这种理念以不同方式广泛存在于世界各国医药文化之中，直接影响健康照顾服务发展。与这两种视角相比，医务社会工作专业强调从全人的角度看待病人。与此密切相关的是，医务社会工作者的职责和医护人员一样，都是为病人提供更多更好的健康照顾服务，让病人尽快恢复身心健康。

（二）医务社会工作的价值基础

医务社会工作的价值观是医护专业价值观与社会工作专业价值观的结合体。医疗和社会工作都是专业价值观和专业伦理主导的专业服务活动，专业价值观至关重要。医学之父希波克拉底认为，医学的专业价值观和最高的职业道德是为病人和服务对象谋福利，做自己有能力做的事情，绝不利用工作之便做缺乏道德乃至违法的事，要严格保守秘密，尊重个人隐私等。美国社会工作者协会的专业价值观承认个人在社会中拥有至高无上的重要性，社会工作者应尊重服务对象与自己的工作关系并保守秘密，尊重个人和群体的差异，维护社会正义和所有人的最大福利等。由此可见，医学和社会工作专业价值观具有较高的一致性。

二、医务社会工作的知识基础

（一）医务社会工作知识的基本构成

医务社会工作知识至少由三部分构成：一是医学专业知识；二是社会工作专业知识；三是其他自然科学和社会科学知识。掌握基本的医学专业知识是医务社会工作的必然要求，在医院治疗、健康照顾等服务中，疾病、症状、诊断、治疗、康复、健康照顾等方面的专业知识至关重要。除传统意义上的医务社会工作知识外，随着时代发展，不断有新的知识被纳入医务社会工作知识基础当中。在生物医学模式转变的社会背景下，心理和社会因素对疾病成因、健康状况的影响日益重要，平衡、正常成长与发育、生命周期、病理、社会压力、社会治疗、社会诊断、隔离、失能、弱势、预防、及时干预、连续服务、康复、应对、增权等概念被频繁使用。在医疗技术突飞猛进和社会科学日益繁荣的现代社会，特别是在社会健康化和健康社会化背景下，生态健康、国际健康等新知识大量涌现。

（二）医务社会工作的知识层次

医务社会工作的知识结构可分为多个层次，不同知识层次发挥不同作用，共同促进全人类的身心健康与社会福利。综观医务社会工作的知识体系，医学知识、社会工作专业知识和其他相关知识可以分为三个层次：微观层次、中观层次和宏观层次。微观层次为最基础、最直接和最具操作性的知识层次，包括有关个人身心健康和家庭生活质量的知识，如人类的生长发育、生理心理和社会需要、人类行为结构与规律、疾病与健康状况等；中观层次主要包括有关社区与组织的知识，如组织架构、社区处境等；宏观层次主要包括有关健康照顾体系、社会福利体系和社会政策框架等制度性问题的知识，虽然宏观层次的知识与临床医务社会工作服务没有直接的关系，但其常常对直接服务起到决定性的作用，因为宏观的健康照顾体系、社会福利制度和社会政策框架决定着中观、微观的医疗服务体系。

三、医务社会工作的主要理论

医务社会工作专业注重临床诊断治疗和医疗救助，注重病人的身心健康和家庭生活状况。这种专业传统也充分反映在医务社会工作的理论体系建构上。医务社会工作理论侧重于临床诊断治疗和社会病理学，侧重于心理健康和精神疾病治疗，侧重于医疗救助服务等。20 世纪 80 年代以来，美国、英国出现了新型医务社会工作模式。医务社会工作以多种理论作为自己的基础，以下对一些主要理论和视角做简要介绍。

（一）有关健康的理论

1. 生理—心理—社会健康观和生物医学模式的转型。疾病与健康观念是医务社会工作实践的理论基础，其变化直接影响医务社会工作实践。疾病和健康观念主要以临床医学为基础，其关注点是确定病因、疾病分类和临床诊断治疗。它强调探寻影响健康的因素，发现对改善健康状况最有贡献的因素，确定疾病和健康的测量标准等。传统上，健康状况主要是从单纯生理学的角度被界定的，心理、社会状况未被充分考虑，而新的疾病与健康观念则认为，健康状况不仅是指身体无病，而且是指心理健康和社会功能正常发挥的状态。这种三维立体的疾病观、健康观彻底改变了传统的生物医学模式，从而带来生物医学模式的革命转型。生理—心理—社会的综合系统健康观适用于各种不同的健康处境，是医务社会工作的理论基础。

2. 健康危机干预和压力管理的理论。如何避免健康风险，消除致病根源和改善健康状况是医务社会工作关心的基本问题。健康危机干预和压力管理是医务社会工作常用的理论框架，它主要从心理—社会因素的角度看待疾病与健康问题，以社会工作为其学科基础。这种理论的主要关注点是缩小医生与病人之间的距离，在健康处境中提供心理—社会型干预，以适应生理—心理—社会健康观和医学模式的转变，提高医疗服务和健康照顾服务的质量和效果。这种理论的主要观点是，生理—心理—社会健康观是理解疾病与健康状况的基础，健康危机干预是医务社会工作的基本职能，健康危机干预行为的核心是应对，应对健康风险的基本方式是压力管理、生活技能培训、认知能力康复、增权和病人自助等。这种理论适用于多种健康处境，特别适合于慢性病人、处于亚健康状况的群体和生活压力较大的群体。

3. 健康照顾或卫生保健的观点。照顾是西方福利文化的核心概念之一，如家庭、社区、院舍照顾和社会照顾等。健康照顾观点主要以医学为其学科基础，中国称之为卫生保健。健康照顾的主要关注点是对那些因各种原因处于健康风险，或处于不利状况的弱势群体给予人性化的特别关怀，照顾范围包含这些群体的身体、生活、情感和家庭等。健康照顾视角的主要理论观点是，身心健康状况是个人福利和幸福美满的家庭生活的物质基础，安全分娩、营养食品、预防接种、妇幼保健和环境保护等活动都有助于保持良好的健康状况，预防医学和公共卫生的发展、良好的生活方式、和谐的人际关系和优美的自然环境等因素对健康有重要贡献。健康照顾理论普遍适用于各种健康处境，各类群体的健康照顾问题应放在特定健康处境下考虑。

（二）社会性别与人文取向的理论

1. 女性主义和社会性别观点。20 世纪 50 年代女性主义思想复兴以来，社会性别为观察和理解妇女健康、家庭照顾、生育健康、妇幼保健、老年人医疗保障等问题提供了崭新视角。这种理论观点主要以妇女学和女性主义为基础。它的主要理论关注点是性别与健康状况，认为现有的健康照顾体系主要是以男性健康需要为基础来设计的，未考虑女性需要，而女性具有独特的健康需要，妇女健康状况直接关系儿童健康和家庭生活质量。这种理论观点适用于妇女健康、生殖健康、妇幼保健、家庭生活和企业女职工劳动保护等领域。

2. 人文关怀和人道主义观点。人文关怀和人道主义是现代文化的重要方面，社会工作专业是具体践行和发扬人文关怀、人道主义价值观念的专业服务。这种理论的主要观点是每个人都是平等的，所有公民都有权利要求国家提供基本健康服务和其他社会服务，以确保机会均等和人的发展。这种理论视角以社会工作专业为基础，主要关注点是尊重人的价值，维护人的尊严，尽可能满足人的健康需要，使人们过上体面的生活。

3. 消费主义、增权和生活质量的观点。这些观点是以消费主义理论、增权理论和社会现代化理论为基础的。消费主义主要从生产与消费的关系来看待及分析疾病治疗和健康照顾服务的关系。这种理论视角的主要观点是，卫生、福利服务和公共服务等都是社会消费服务的领域，健康照顾服务和其他商品一样，病人是健康照顾服务的消费者，医护人员是服务的提供者。增权观点认为病人应该参与健康照顾服务的决策和提供过程。生活质量观点认为健康照顾服务的质量直接影响生活质量。

（三）系统取向的理论

1. 生态学观点和人与环境相互适应理论。这些理论主要以生态学、社会生态学、社会医学和社会卫生学等为学科基础，主要关注社会环境与健康状况的关系，特别是健康状况空间结构的分布规律。生态学的主要观点是社会与自然界相互依存和相互依赖，特定的地理环境和社会空间结构产生特定的地方疾病，人与环境关系的变化会直接影响人的健康，因此，人与自然要维持和谐平衡。人与环境相互适应理论是社会生态学用以解释人类健康状况的理论。

2. 系统理论和人口学观点。这种观点主要以社会学、人口学等为学科基础。其主要关注点是社会结构因素与疾病和健康的关系，尤其强调人口结构（如年龄）变化对健康状况的影响。这种观点的主要思想是，社会和个人都是完整的体系，一旦某部分出现问题，就势必影响整个系统，社会和个人就会出现病理症状。人口结构变化、老龄化浪潮和生活方式医学化等现象表明了系统理论和人口学视角关于健康观点的重要性。这些观点主要适用于社会发展规划、卫生发展规划的制订和宏观层次的健康干预。

3. 结构功能主义和多视角系统整合。这种观点以社会学特别是医学社会学为学科基础。这种视角的主要理论假设是每种体系都有特定的结构关系，各部分结构均履行特定的功能和角色，公民身心健康状况由宏观取向的社会结构因素与社会制度安排决定，个人因素的作用有限。这种观点适用于改善群体和个人健康的实践，其精髓是将人放在结构关系中观察，实质是多视角系统整合。

第三节　医务社会工作的介入领域与实务方法

一、医务社会工作的介入领域

（一）健康照顾处境与医务社会工作的介入领域

健康照顾处境既是医务社会工作的背景与组织环境，又是医务社会工作干预、介入的服务领域。健康照顾处境是医学哲学与医药文化、社会环境与制度安排、政策模式与医疗服务的总和。它是医务社会工作实施健康干预的具体场所。健康照顾处境的历史、组织、结构、功能与特点直接影响着医务社会工作的范围与状况。反过来，医务社会工作的干预实践和其他社会服务活动又会直接影响、改变健康照顾处境。在横向结构上，个人健康照顾的过程或发展阶段分为预防保健、临床医疗和康复服务三部分；在纵向结构上，群体健康照顾分为个人和家庭、社区和组织、国家和社会健康政策三个层次。这些纵横交错的"发展阶段"和"干预层次"构成健康照顾处境的内在结构，是医务社会工作在介入时必须考虑的。

（二）预防医学、预防保健与医务社会工作的介入领域

现代医学可分为预防医学、基础医学、临床医学和康复医学四大部分。基础医学主要研究疾病机理，为医学实践提供基础理论。预防医学是预防和维护个人、群体健康的应用科学，其工作原理是"环境—人群—健康"模式，理论基础

是有关"生态健康"和自然和谐的理论。预防医学的基本范围和主要内容是预防疾病、保持和促进健康，基本特征是以预防为主，防患于未然。因为预防保健主要关注无疾病症状时期人群的健康状况，所以适用范围广泛，覆盖所有人。现代医学发展的普遍趋势是越来越注重预防保健，因此，虽然预防医学起源最晚，但它却是现代医学最重要的部分，这种发展趋势和社会共识为医务社会工作"提前"介入健康问题创造了条件。医务社会工作可以介入的预防医学领域十分广阔，如环境保护、食品营养、禁烟禁毒、健康教育、倡导文明健康的生活方式和提升健康意识等。

（三）临床医疗、医疗服务流程与医务社会工作的介入领域

现代医学的主体部分是临床医学，临床医学主要代表和反映现代医疗技术的发展状况，代表和反映人类社会的健康照顾能力。顾名思义，临床医疗是在医疗机构中，医护人员对患病者进行的临床诊断和治疗活动。临床医疗的工作模式是疾病诊断—临床治疗，实质是通过治疗解除生理疾病。临床医疗依靠医院的服务流程进行，一般包括从门诊、住院、治疗到痊愈出院等。医院中的社会工作干预和社会服务是医务社会工作的最早形式，也是最传统和最主要的服务，对医院的门诊部、妇产科、儿科、内科、外科、传染科、中医科等业务科室，医务社会工作均可介入。

（四）康复医学、康复服务与医务社会工作的介入领域

康复医学是医学中的新兴领域，在临床医疗服务过程和体系中，各类康复服务是病人出院或手术后的"后续性"健康服务，是决定临床医疗服务效果与患者功能恢复程度的重要因素。康复医学是指以恢复患者的身体、心理和社会功能为目标的健康照顾服务。康复服务主要包括医疗康复、教育康复、职业康复、社会康复、社区康复等。康复服务是医务社会工作介入的基本领域，特别是在疾病谱变化、慢性非传染性疾病成为主要疾病和社区照顾理念盛行的背景下，医务社会工作大有作为，患者也迫切需要医务社会工作的介入。

（五）个人卫生、家庭健康与医务社会工作的介入领域

个人卫生是健康照顾的最低层次，它通常是家庭健康的基础，个人卫生和家庭健康照顾是医务社会工作介入的传统领域。个人卫生是指个人身心健康状况；家庭健康是指家庭环境与家庭成员身心健康状况。个人、家庭健康涉及生

理、心理与社会因素，又涉及个人、家庭、社区、组织和宏观制度背景。这决定了个人、家庭健康照顾服务的多样性。个人、家庭健康照顾适用范围普遍，医务社会工作者应该做、可以做和能够做的空间广阔。

（六）社区健康与医务社会工作的介入领域

社区健康主要是指在社区范围内提供的健康照顾服务，社区健康的工作原理是群体健康、初级卫生保健和公共卫生的三维健康理论。社区健康包括预防、保健、医疗、康复、健康教育、健康促进、社区环境保护、职业病防治和社区公共健康，是健康照顾服务最多、最集中的领域。社区健康为医务社会工作提供了广阔的发挥空间，是新型医务社会工作介入的主要领域。

（七）健康政策、社会健康与医务社会工作的介入领域

健康政策和社会健康属于健康照顾体系的宏观层次。健康政策是国家与社会有关健康照顾的基本原则和指导思想，社会健康是全社会的健康状况。健康政策涉及健康需要的界定、健康资源的分配、医疗技术的发展和健康照顾体系的管理等事项；社会健康涉及经济发展、环境保护、人口政策、食品药品质量监督、住房政策和市政工程等内容。传统的医务社会工作主要局限于微观层次的病人照顾和在医院处境中的服务，社会工作宏观实务和政策倡导等方式为医务社会工作在宏观层次上的干预提供了机会，指明了其未来发展的方向。

二、医务社会工作实务

（一）政策与制度层面的医务社会工作

1. 健康需要评估。健康需要评估是健康照顾服务和医务社会工作理论、政策与实务的基础。健康照顾并非一项简单的工作，而是以需要为基础的专业服务。健康需要评估（health needs assessment）是探索社区健康问题，寻找可用于解决这些问题、实现预期目标的资源以及分析问题与资源之间关联的社会诊断过程。其主要内容包括：测量健康状况，寻找达到健康的最佳方式，评估健康资源。健康需要评估既是基本实务内容，又是健康照顾干预的基本手段，适用于健康照顾服务所有领域。

2. 健康促进和公共卫生社会工作。健康促进（health promotion）是国家、社会通过健康宣传教育等手段促进、维护健康状况的各种努力，健康促进的目的是以预防为主，努力将决定健康因素的不利影响降低到最低水平。健康促进的基本

内容繁多，如预防医学、三级预防策略、健康宣传教育和公共卫生服务等。健康促进和公共卫生社会工作适用于各种处境，它在经济欠发达国家和地区的健康效益最为显著，医学模式的转变预示着健康促进和公共卫生将是医务社会工作最有发展前途和效益最大化的领域之一。

3. 疾病预防和初级卫生保健中的医务社会工作。疾病预防和初级卫生保健既是健康照顾处境下医务社会工作的首要实务，又是健康照顾和健康干预过程的首要环节。疾病预防是以保护、促进和维护健康，预防疾病、痛苦、失能和夭折为目的的健康照顾活动，初级卫生保健、社区健康和公共健康则是实现疾病预防目标的重要途径。初级卫生保健（primary health care）是健康照顾体系中基础性、普及性、连续性和可负担性的健康照顾服务的总和。初级卫生保健的目的是为所有公民提供普及性和基本性的健康照顾，以预防疾病发生和维护健康。疾病预防和初级卫生保健可分为一级预防（病因预防）、二级预防（临床前期早发现、早诊断和早期治疗预防工作）、三级预防（对患病者防止病情恶化）、基本医疗服务和公共卫生等。疾病预防和初级卫生保健是健康照顾服务链的首要环节，也是最重要和健康收益最大的服务。

（二）在院和社区的医务社会工作

1. 急诊室、门诊部和医院病房医务社会工作。急诊、门诊和住院是医疗服务的主要内容，是健康照顾过程中传统生物医学模式和医疗服务的主体，也是医务社会工作的传统领域。急诊室是急症和突发性疾病的主要诊疗场所；门诊部是病人求诊问医的基本场所，门诊也是一道必要的筛查程序；住院病房是确诊病人进行药物、手术治疗的主要场所。急诊、门诊和住院治疗的主要目的是确诊疾病分类，并对疾病进行临床治疗，主要内容应包括急救（和抢救）、常规诊断和住院治疗三大部分。医务社会工作者可以在急诊室、门诊部和妇科、儿科、内科、外科等各类住院病房中工作。

2. 医患关系、医疗纠纷和医疗保险方面的医务社会工作。医患关系是医护人员和病人、病人家属之间建立的互动模式；医疗纠纷是由医疗事故和其他原因引发的医患之间的冲突；医疗保险是病人通过社会保险方式享受医疗服务的制度安排。医患关系、医疗纠纷和医疗保险医务社会工作的主要目的是确保医患沟通顺畅和提供有质量的服务。在医患关系方面，社会工作的主要内容是协助处理医护人员和病人、家属间的关系，加深相互信任和相互配合。在医疗纠纷方面，社会工作的主要内容是协助处理医疗事故和医患之间紧张对立的矛盾关系，保护双方的合法权益。医务社会工作者是医护人员和患者之间沟通的桥梁，可以为患者提供各类心理咨询和社会性服务。

3. 出院计划和愈后康复服务方面的医务社会工作。出院计划是病人顺利出院、继续康复治疗和恢复身心健康状态的重要步骤，是医务社会工作的传统领域。出院计划（discharge planning）是对病人痊愈和康复出院的规划安排，目的是帮助病人恢复健康，并确保病人出院后可以获得连续性、基本性的医疗康复服务和其他各式各样的支援性服务。出院计划的主要内容是评估病人的治疗方案和健康状况，规划设计未来的出院时间和方式，联系转诊医院和社区卫生机构，选择康复服务机构和专业人员，链接社区服务和支援服务等。出院计划和康复服务是医务社会工作者的基本职责，是联系医院治疗和康复服务的关键环节。

4. 家庭照顾服务和社区护理服务方面的医务社会工作。家庭照顾服务和社区护理服务是社区医务社会工作的核心部分，是以预防为主的健康照顾体系和新型医务社会工作中最具发展前途的领域之一。家庭照顾是指以家庭和家庭成员为基础的健康服务，社区护理是指以社区和社区中的组织为基础的护理服务，两者构成了社区健康服务、初级卫生保健和公共健康的基础部分。家庭照顾和社区护理的目标是在家庭、社区中照顾病人，使之享受人性化的健康服务。家庭照顾和社区护理适用于所有人，特别是老弱病残、慢性病患者，这是初级卫生保健、社区健康和新型医务社会工作的战略重点。

（三）面对弱势群体的医务社会工作

1. 医疗救助和弱势群体健康照顾服务。医疗救助是指对低收入群体、残疾人、老年人、长期病患者和其他弱势群体给予医疗费用减免的帮助。医疗救助和弱势群体健康照顾的目的是解决因病致贫问题，使这一群体得以公平地享受医疗服务。医疗救助和弱势群体健康照顾的主要内容是进行病人或目标人群的健康需要评估，开展家庭访问和社区调查，寻找社会资源，为目标群体减免医疗费用，以及其他支援性社会福利服务。在相当长的时间内，医疗救助和弱势群体的健康照顾将会是中国医务社会工作实务的重点。

2. 困弱群体的长期照顾服务。老年人、残疾人、精神病人、慢性病人、儿童和其他群体的长期照顾是新型医务社会工作的重点。这些人的共同特征是处于严重的依赖状态，长期处在家人、他人和专业人员的连续性照顾下。长期照顾是指对依赖群体和丧失能力的人提供长期性、连续性、专业性和全面性的照顾帮助，主要包括经济援助、医疗照顾、康复服务、心理辅导、日常生活照顾、认知康复、行为矫正和综合性照顾服务。在医学模式转变、疾病谱变化和老龄化的背景下，慢性非传染性疾病成为致死主要病因，老年人、残疾人、精神病人、慢性病人的长期照顾将是医务社会工作者面临的严峻挑战。

3. 临终关怀和善终照顾服务。临终关怀既是传统的医务服务，又是医务社会工作的新领域，在医务社会工作中占有越来越重要的地位。临终关怀（hospice）和善终照顾服务是指对行将结束生命的晚期病人、老年人和其他无法挽救生命的人提供的专门化照顾服务，目的是让他们无痛苦或安详地离开人世。临终关怀和善终照顾服务的主要内容是为服务对象提供全面、深度的照顾，它是健康照顾的最后环节。

三、医务社会工作方法

（一）医务社会工作方法的多样性

医务社会工作基本方法众多，实务工作模式多样化。医务社会工作的首要工作方法是个案取向的，包括个案治疗模式、个案管理、心理咨询和行为干预等方式，服务内容限于个人健康问题。个案治疗模式包括危机调适、行为治疗、人本主义心理咨询、理性情绪治疗、问题—解决等。个案管理（case management）是医务社会工作传统的工作方法，通常从个案干预过程的角度入手。心理咨询是解决服务对象心理问题的方法，心理咨询的具体方法多种多样。医务社会工作的其他工作方法包括：团队工作（team work），包括通过医疗团队、专业团队、社区团队和治疗团队开展工作等；家庭治疗和社会心理康复训练；健康教育宣传和健康促进，包括倡导健康生活方式、提升环境保护和健康维护意识等；资源动员和社区参与，包括广泛动员社会力量共同参与健康照顾服务等。

（二）医务社会工作方法视角的多样化

医务社会工作方法在视角上也呈现多样化特点。健康观念和医学模式转变之后，社会治疗（social treatment）和社会结构因素分析方法日趋流行。与此同时，医务社会工作由最初的单一方法或单学科视角转变为综合性方法和多学科视角。为了解决各式各样的健康照顾问题，医务社会工作者由注重提供直接的健康服务，转变为更加注重增加服务对象的权利和权力，提高他们掌握自己生活和身心健康状况的能力，这就是 20 世纪 70 年代以来日趋盛行的"赋权"或增权（empowerment）理念与策略方法。增权方法彻底改变了服务者与被服务者之间的关系，改变了单纯提供服务的做法，真正实现了"以人为本"和以服务对象健康需要满足为最高目标的健康照顾服务体系建设。增权方法也反映了健康照顾服务和医务社会工作干预目标和服务重点的转变，即由改变健康处境转变为改变服务对象，重新调整个人健康与环境影响因素间的关系。

方法的变化反映出人们更多地将健康议题放在特定时空环境下进行观察和分析的总体发展趋势，反映出真正从生理、心理、社会因素相结合的综合角度来解决个人、家庭和群体的健康照顾问题，反映出在健康照顾处境下社会工作专业、医学、心理学、社会学、人类学等专业方法的融合，反映出医务社会工作方法越来越多地关注使用疾病预防、社区健康、公共健康和国家健康促进等健康效益最大化的方法，反映出由消极被动的疾病治疗向积极主动的疾病预防和社会健康促进的转变。这意味着医务社会工作者可以运用的方法越来越多，对医务社会工作者的专业要求也越来越高。

第四节　中国医务社会工作的发展

一、中国的医务社会工作队伍

在中国，谁是社会工作者或医务社会工作者？这是个基本性问题，但在社会现实中却不易回答。总体来说，目前中国医务社会工作实务领域中存在五种一线"从业者或工作者"。第一种，最早出现的是拥有医护专业训练背景的医护人员，主要是退休的护士、护士长和医务人员。第二种，20 世纪 90 年代全国出现少量既接受医护专业训练又接受社会工作专业训练的医护人员。第三种，20 世纪 90 年代尤其是 21 世纪以来，一些社会工作专业的本科毕业生进入医疗卫生机构，其中以深圳、上海、广州人数最多。目前，他们已成为中国一线医务社会工作的主力军。第四种，在各类机构中尚有一定数量既无医护专业训练，又无社会工作专业训练背景的人员。第五种，在志愿服务进医院和构建和谐医患关系的背景下，目前全国各地存在大量的志愿服务者。

这种不同专业背景人员交叉混合的状况，反映了中国医务社会工作实务发展的现状。各类人员均有其优势，又有其劣势。无论是从医务社会工作专业性，还是从复杂的就医环境来看，没有任何专业背景的人员和单纯的志愿服务不太适合医疗卫生领域。关键问题是专业社会工作如何尽快"取代"医护专业背景人员，形成各类专业人员各司其职的格局。这种不同专业背景人员交叉混合的过渡状况应该在尽可能短的时间内转型。

2017 年，国家卫生计生委等 22 部委发布《关于加强心理健康服务的指导意见》，指出要积极培育医务社会工作者队伍，充分发挥其在医患沟通、心理疏导、社会支持等方面的优势，强化医疗服务中的人文关怀。中国的医务社会工作者队伍正在迎来新的发展。

二、中国医务社会工作的组织模式

目前，中国医务社会工作组织建设存在医院内部"增设"社会工作部，独立设置社会工作机构以承接各类机构所需的医务社会工作服务，医院和福利机构购买第三方社会工作服务三种模式。第一种模式，即在医疗机构和健康照顾处境中开展专业医务社会工作服务是未来的发展方向。这种内设机构的做法主要流行于上海，是"上海模式"的基本特征。第二种模式是独立设置的社会工作机构承接各类医疗卫生机构所需的社会工作专业服务，这种模式主要盛行于广东等地，是"广东模式"或"深圳模式"的典型特征。第三种模式与第二种模式类似，都是"政府购买服务"的思路，社会工作者被"外派"到医疗机构之中并按照院方要求提供专业服务。这种模式同样主要盛行于广东等地。三类组织模式各有优劣。但是从医院社会工作的历史经验、功能作用和发展规律等角度看，最佳模式是医疗机构内部增设"社会工作部"或"社会服务部"，并且按照科室配置而非按照床位配置专业社会工作者的模式。不言而喻，医务社会工作组织建设与管理体制建立是医务社会工作专业服务的基础。

随着卫生健康事业的发展，人民群众的医疗健康需求变得越来越迫切，中国政府也给予了积极回应。国家卫生计生委发布的《进一步改善医疗服务行动计划（2018 年—2020 年）》指出，自 2018 年起，医疗机构要建立医务社会工作和志愿者制度。医疗机构设立医务社会工作岗位，有条件的三级医院可以设立医务社会工作部门，配备专职医务社会工作者。

在实践中，设立医务社会工作部门已经成为考核三级医院的指标。在上海、深圳等城市，医务社会工作有了一定发展。北京市在 2020 年开始医务社会工作试点，2020 年至 2022 年逐步在全市医疗卫生机构推进医务社会工作，计划 2025 年实现全市医疗机构医务社会工作全覆盖和服务体系基本完善。其他大城市也在积极行动，发展医务社会工作。

三、中国医务社会工作发展方向

中国医务社会工作的发展方向是实务化、专业化、组织化、本土化，这反映了现代医务社会工作实务体系发展的普遍规律与中国特色的有机统一。实务化主要是指专业社会工作者越来越多地进入医疗卫生机构，并且扮演社会工作专业角色，为病人、家属和其他需要人群提供直接性、专业化与个性化的社会服务。专业化主要是指由专业社会工作者，按照社会工作专业价值观和专业伦理提供直接服务。专业化可以分成众多高低不同的层次，最基本和最原始的内涵是社会工作专业的学生毕业后从事专业对口的社会工作服务。这意味着没有接受过本科和正规社会工作专业训练的人员，客观上很难提供真正专业化的社会工作服务。专业社会工作服务的实质与核心不是外显的助人方法，而是"看不见和摸不着"的专业价值观。需要强调的是，由于现代临床医学的强专业性和医学教育的长周期，医务社会工作者的专业教育应该以社会工作硕士为主，而不应以社会工作本科生为主。组织化主要是指医务领域的社会工作者应该学习、借鉴医学专业团体建设经验，尤其是充分尊重已建立起专业权威的历史经验和普适规律，组建国家级和省级专业团体，为医务社会工作搭建专业交流平台，构建医务社会工作的"专业共同体"，以充分发挥医务社会工作专业发展"火车头"和"引路人"的作用。历史经验证明，组织化是专业化的最佳途径。

中国医务社会工作实务体系建设的本土化发展方向是，在各级医疗卫生机构（各级医院、社区健康服务中心等），各类疾病类型或病种（生理疾病、心理疾病、精神障碍、行为障碍等），各类主要服务人群（儿童、伤残人、老年人、病人等），各种不同医疗卫生领域（公共卫生、临床医疗、医疗保险、康复、社区健康、家庭健康、个人健康等）中，探索建立全国性和专门性社会工作服务标准，规范社会工作服务流程与程序，提高专业服务质量，彰显专业服务价值与权威，为国家医疗卫生和社会福利立法、政策制定和社会治理提供实践基础。

为了更好地满足人民群众的卫生健康需求，也受2020年以来新冠肺炎疫情等公共卫生事件的影响，中国对医疗健康、公共卫生事业的发展给予了更大关注。《健康中国行动（2019年—2030年）》指出，要重视发挥社会工作者的专业作用。《国民经济和社会发展第十四个五年规划和2035年远景目标纲要》指出，要构建强大公共卫生体系，完善心理健康和精神卫生服务体系。这些都势必会促进中国医务社会工作的发展。党的二十大指出，要推进健康中国建设，深化医药卫生体制改革，促进医保、医疗、医药协同发展和治理。要发展壮大医疗卫生队伍，把工作重点放在农村和社区，重视心理健康和精神卫生，创新医防协同、医防融合机制，健全公共卫生体系。社会工作者在上述领域都可以发挥积极促进作用。

【思考题】

1. 什么是医务社会工作?
2. 为什么医务社会工作向健康照顾取向的社会工作转变?
3. 医务社会工作者应该和能够扮演什么角色?
4. 中国健康照顾服务体系的基本内容和基本特征是什么?
5. 医务社会工作健康干预的基本范围与介入领域是什么?

【主要参考文献】

[美]威廉·科克汉姆:《医学社会学》,杨辉等译,华夏出版社 2000 年版。

[美] Roberta G. Sands:《精神健康——临床社会工作实践》,何雪松、花菊香译,华东理工大学出版社 2003 年版。

刘继同主编:《医务社会工作导论》,高等教育出版社 2008 年版。

[美]洛伊斯·A.考尔斯:《医疗社会工作:保健的视角》(第二版),刘梦、王献蜜译,中国人民大学出版社 2011 年版。

[美]格勒特、布朗主编:《健康社会工作手册》,季庆英译,北京大学医学出版社 2012 年版。

刘继同:《改革开放 30 年以来中国医务社会工作的历史回顾、现状与前瞻》,《社会工作》2012 年第 1 期。

中华人民共和国国务院新闻办公室:《中国的医疗卫生事业(2012 年 12 月)》,人民出版社 2012 年版。

国家卫计委、中医药局:《进一步改善医疗服务行动计划(2018 年—2020 年)》,2017 年 12 月 29 日。

健康中国行动推进委员会:《健康中国行动(2019 年—2030 年)》,2019 年 7 月 9 日。

Harriett M. Bartlett, *50 Years of Social Work in the Medical Setting: Past Significance, Future Outlook*, New York: National Association of Social Workers, 1957.

第十八章

工业社会工作

工业革命催生了社会工作，社会工作者也进入企业开展工作，由此形成了工业社会工作。工业社会工作在解决员工问题、促进员工发展、调节劳动关系方面发挥着重要功能。本章主要介绍工业社会工作的发展历史、理论、实务模式与工作方法。

第一节　工业社会工作概述

一、工业社会中的社会工作

（一）工业化改变了人类生活方式

我们今天正处在一个工业化社会，工业化代表了大范围运用技术手段、大规模利用自然资源来生产人类所需的各种物品的生产方式。工业化改变了人们的生活方式和包括家庭、社区、人际关系、阶级、阶层、政治组织、国家体制在内的社会关系与社会结构。以工业组织为核心的工业化社会不仅深刻影响了人类的政治、经济关系与制度形式，而且使现代人类社会成为一个高度组织化的社会。工业化把大量的人口与资源吸纳到工业体系中来，创造了一个个巨无霸式经济体系和超级城市体系，把大多数人变成了必须加入某个工作组织、依靠出卖劳动力为生的工薪阶级，而且使人们的职业生涯、生活方式、居住环境与行为习惯发生了根本性变化。由于工业化和城市化的发展，各种工业行为对人类生活、生态环境、社会秩序的负面影响也越来越成为现代社会关系冲突的源头。

19 世纪末期，为了消除工业行为对个人发展和社会福利带来的不利影响，减少社会问题的发生，解决工业化造成的失业、贫困、毒品和犯罪等方面的问题，引导家庭和社区的正向变迁，社会工作首先发端于西方工业化国家，并且在解决工业化社会问题方面发挥了积极作用。从这一点来看，社会工作是工业化的产物，是对工业化社会各种社会问题的回应。工业社会工作正是为应对工业化社会中人的困扰而形成的社会工作实务领域。

（二）工作与工作世界的问题

在人的各种社会功能中，工作是人类重要的社会功能之一，进入工作世界并在其中实现个人的生涯发展，构成了人类工作世界的最重要内容。构成工作世界的基本要素有三个：工作、工人和工作组织。对于个人来说，工作可能是他一生中最重要的活动，在现代社会，几乎每个人都必须从事一定的职业，进入一个工作组织（单位），扮演特定的工作角色（工作者），经历一定的工作过程（职业生涯），完成一定的工作任务，从而成为一个社会成员。

在工业化社会，工作不仅是人满足其基本生活需要的基本方式，也是人实现他的社会生活追求的主要途径。人们为了生存、地位和声望而工作，为了避免遭遇生活失败而工作。就人的一生而言，工作与生活始终存在既相互排斥又紧密结合的矛盾关系。工作需要人投入大量精力，需要占用人生命中最重要的时间；工作中人们常常会面对职业竞争、工作压力和经济效益的考量，并为此感到困扰。人们在工作世界中会遇到前工业时代未曾经历的复杂问题。

（三）工业社会工作是对现代人工作需要的回应

在工业化社会，人生命中大量时间与工作有关。工作与生活关系密切，处理好二者的关系对调动人的工作积极性、增进人们的工作福利有积极的意义。因此，关注工作世界中人的问题，关注人们在工业化社会或工业体系中的处境，探索解决工业化引起的人们工作与生活的矛盾，寻找消除二者间张力的方法，平衡人们在工业体系中工作与生活、职业活动与家庭生活之间的关系，促进人的全面发展，就成为工业社会工作所要面对并需解决的主要问题。

在一些社会工作发展较早的国家和地区，社会工作被运用到工业组织中，通过员工协助、职业生涯辅导、员工家庭辅导等方式为劳动者提供服务，具体途径包括：帮助工业组织中的员工协调其工作与生活之间的关系；对管理者与员工进行训练，指导他们应对工作压力，规划职业生涯；给予管理者关于企业人力资源发展、生产效率提高及工作环境改善等方面的建议。

二、社会工作介入工作世界的不同方式

（一）关于工业社会工作的不同表述

工业社会工作是将社会工作的方法和技巧用于工作社会及受工业行为影响的个人、家庭、团体（或群体）、社区，协助他们解决遇到的问题与困扰的一种服务。

人们关注的重点不同，对工业社会工作的服务方式和问题的认识不同，使得工业社会工作呈现出不同的表述方式，例如：工业社会工作（industrial social work）、职业社会工作（occupational social work）、工业社会服务（industrial social services）、工业社会福利（industrial social welfare）、工商社会工作（social work in business and industry）等。通过这些不同的表述，我们可以发现，工作环境所涉及的组织、工作、工作者等因素间互动形式的特殊性，以及工业组织的制度性质、历史文化和社会心理等因素的制约，使得社会工作者在介入时，对提供服务的理念、观察问题的视角、实务的切入点、工作的实施程序与具体内容产生了不同认知与思考。

（二）工业社会工作的三种主要形态及其定义

工业社会工作一般包括企业社会工作、职业社会工作、工业社会工作三种形态。

1. 企业社会工作

企业社会工作关注的是企业内部的问题，主张运用社会工作的方法去解决企业员工所面临的困境和各种矛盾冲突。它从协调人与工作机构（企业）之间的关系入手，运用专业知识和技术，发掘企业员工生活上、工作上的需求和困难，并运用企业既有的各种资源，来解决员工的各种调适问题，使之能安于工作而无挂虑，以稳定其生活、平衡其身心、发展其潜能，促进人力资源的高度发挥。

企业社会工作也针对企业文化、人力资源开发和员工关系管理等企业管理范畴的问题提供服务，以使企业善待员工，营造良好的工作氛围，促进企业生产力发展。换言之，企业社会工作不仅为员工提供工作适应与发展方面的服务，以维护其经济利益，满足其生活需求，也为企业及其管理层提供服务，通过发展人性化管理，使它在发展工作福利的过程中提高员工的工作积极性，提高生产效率，实现更好的发展。

2. 职业社会工作

职业社会工作是以职场人士的问题为焦点，将职业活动中人所面临的问题

当作主要的工作内容，为解决人们职业生涯中出现的各种矛盾提供协助。职业社会工作对从事职业活动的个人提供辅导和支持，以减轻他们在工作和生活、职业与家庭之间存在的矛盾，以及职业生涯中因职业变动、受挫或失败而产生的各种心理问题所带来的压力；同时，引导个人在职业生涯中成长，为其在平衡职业与家庭、职业追求与日常生活需要的关系方面提供支持，以促进个人的职业发展。

3. 工业社会工作

工业社会工作是在更广泛的工业社会关系的范畴内解决人与工作、工作机构、工作环境、工作关系的矛盾，以及处理由此产生的工作对个人行为、家庭生活、社区组织和社区结构、环境生态、人际关系的影响的专业社会工作服务。由此可见，工业社会工作的内容不仅涵盖了企业社会工作和职业社会工作的领域，而且把企业与社会的关系也包含其中。它关注人们的工业行为对人自己的生活安全造成的可能影响，力图通过专业化的服务，为身处复杂工业社会关系中的人提供支持与协助，更有效地解决其面临的问题。

综合起来，我们可以说工业社会工作是为工业体系中的个人、家庭、工作组织、社区和各种社会群体提供与工作 / 职业—家庭 / 社区有关的直接服务与间接服务的社会工作形式。它包括一套方法和技巧的运用，也包括政策和理念的实践。其目的是增进人们的工作与生活福祉，促进工业社会关系的和谐。

三、工业社会工作的历史

工业社会工作是伴随着工业社会福利发展而产生的专业社会服务。它经历了从福利秘书制度到员工戒酒方案，再到专业社会工作服务介入的发展过程。

（一）工业社会工作的前身：福利运动

福利运动是 19 世纪下半叶在西方企业内部发生的企业运动。其背景是当时日益高涨的工人运动和阶级斗争浪潮，以及人道主义思想家和社会改革家对工业领域大量存在的不人道的劳动压迫和恶劣的工作环境进行的揭露和批判，这对资本家和企业的经营管理形成了巨大的压力。为了避免劳资矛盾激化，安抚工人，减少工人罢工、伤病、生活困扰带来的生产力损失，英、美等国企业的经营管理者纷纷制订各种福利计划，为工人提供服务。由此，西方主要资本主义国家的工业企业内部形成了以改善劳动者的职业福利状况为目标的企业管理改良运动。这一运动也叫福利运动，其目的是：第一，消除工人的不满，培养他们的工作积极性和对企业的忠诚，以创造更高的劳动生产率；第二，让工人安于现状，不去组织工会、开展工人运动，以减少企业经营的风险和损失。

为了推行各种福利计划，在福利运动中，一种新型的企业管理职位——福利秘书出现。这是一个兼顾企业福利行政事务和社会工作服务的职务。具体来说，福利秘书的工作涉及四个方面：一是提供各种基础性福利条件，包括劳动的安全保护、医疗卫生、餐厅、宿舍、交通等；二是管理与工作有关的经济福利，包括工资、抚恤等；三是发展企业的文化福利，包括娱乐、教育等；四是为受家庭生活和各种情绪困扰的员工提供辅导、治疗和支持。福利秘书在改善员工的职业福利方面发挥了积极作用。然而，随着工业化和社会发展所引起的经济结构和政治结构的变化，福利秘书的作用变得越来越不重要，福利运动走向衰落。

进入 20 世纪，西方企业发生了以泰勒制为代表的管理革命，同时，工人运动和工会变得越来越强大，工会不仅具有法律地位，而且取得了独立的地位。从工人权利的角度，工会反对福利秘书，认为这种制度代表的是资本家的利益。在工会的反对下，大多数企业取消了福利秘书制度。20 世纪初，福利秘书制度比较发达的劳动密集型企业如纺织厂等逐渐衰落，工业福利计划也就逐渐被取消。

（二）工业社会工作的建立

19 世纪末 20 世纪初，福利秘书制度已然衰落，但是它为社会工作介入工业福利领域提供了经验。20 世纪 30 年代，哈佛大学教授梅奥（George Elton Mayo）在著名的"霍桑实验"中发现企业员工生产效率的提升，不仅仅取决于工作条件的改善和物质福利的提供，还取决于员工的情绪和人际关系。这一发现改变了单纯依靠控制人的行为来提高员工生产效率的理念，以及试图仅通过改善工作条件或增加福利来激励员工工作绩效的福利主义，为建立"以人为本"的现代企业管理制度提供了理论支持。

20 世纪 30—40 年代，美国企业中员工酗酒问题严重，对生产力产生了很大影响。在霍桑实验的启发下，美国的一些企业管理者在企业中推行"工业酗酒方案"，聘用社会工作者以专家的身份进入企业，对酗酒员工及其家庭进行辅导和治疗，帮助员工恢复其应有的工作表现，既避免员工因此失去工作，也保证了工作组织生产力的稳定。

第二次世界大战使许多为战争服务的员工与其家庭分离，为了对这些员工及其家庭提供援助，美国政府聘用了一批社会工作者，专门从事员工辅导，帮助员工摆脱工作和日常生活中的情绪困扰。20 世纪 70 年代，美国企业界在专家的帮助下发展出"员工协助方案"（Employee Assistance Programs，简称 EAPs），并广泛用于解决员工的工作适应和社会适应问题。至 90 年代末，许多世界级大企业均建立了 EAPs 项目。员工协助方案在企业的普遍推行，为社会工作介入工业福利领域提供了有效的途径，工业社会工作作为现代工业福利制度的重要专业方法正式建立起来。

（三）工业社会工作在中国的发展

中国最早的工业社会工作服务是出现在 20 世纪初的上海沪东公社的劳工服务。20 世纪初，沪江大学社会学系创办人葛学溥在上海杨树浦工业贫民区开展社会调查，发现这里居住条件差，生活环境恶劣，各种社会问题聚集，这引发了他创办社会服务事业的想法。他组织沪江大学师生成立"沪江社会服务团"，建立了中国第一个社会服务机构——杨树浦社区中心，并取名沪东公社。公社开展劳工教育、职业培训及文化体育休闲等服务。这一服务延续到 20 世纪 50 年代。

工业社会工作在当代中国的发展，开始于改革开放的前沿——"珠三角"地区。改革开放后，包括跨国公司在内的大量外资企业来到"珠三角"，使这一地区成为"世界工厂"。面对众多劳动关系方面的问题，工业社会工作发展起来。各种服务机构开展了包括劳动权益保护、企业社会责任稽查、职业技能培训、工业园区员工生活辅导和休憩娱乐服务等方面的服务，形成了改革开放以后工业社会工作的初步形态。后来，工业社会工作从"珠三角""长三角"等沿海地区，逐步扩大到了中西部地区。工业社会工作开始聚焦于企业员工福利和企业社会责任，具有中国特色的企业社会工作实务经验与模式逐渐形成。比如，浙江省嘉兴市嘉善县围绕打造"幸福企业·社工同行"的主题，以"内置式"的方式为员工、企业和社会提供专业化、品牌化、多样化企业社会工作服务，助力企业发展、提高员工福利和企业内部社会责任的落实，从员工个人发展和企业与员工关系协调两个方面助推企业履行内部社会责任，形成"嘉善实践"。又如企业社会工作的"工会模式"，借助中国工会组织完备的组织体系，实行产业和地方相结合的原则，将工会工作与企业社会工作衔接起来，既促进了中国工会向维权型、服务型工会转变，推进了工会工作的改革步伐，也扩展了企业社会工作的活动空间，获得了合法性服务授权，这一模式还发展出了具有中国特色的企业社会工作领域——工会社会工作。此外，一些地区将企业人力资源管理与社会工作相结合，用社会工作方法推动员工协助方案实施，开展了辅导职业生涯、协调员工关系、关爱员工健康等福利，协助企业在促进员工发展和企业管理水平提升等方面进行探索，为企业社会工作在中国的发展提供了一系列具有创新意义的经验。

第二节   工业社会工作的理论

一、工业社会工作的哲学基础

工业社会工作的实践建立在一系列哲学理念的基础上，具体包括人道主义与人权理念、社会正义理念和全人发展理念等，这些哲学理念决定了工业社会工作的服务目标。

（一）人道主义理论与人权理念

工业社会工作的哲学理念，首先是基于人道主义的信念。人道主义是人类追求真、善、美及发扬人性的一种哲学与价值观念。按照哲学人类学的解释，人道主义是关于人性的道德学说，它主张人类的自由、平等、博爱，把同情和合作精神当作实现这种社会道德目标的主要依据，强调人是平等的、自主的个人，人有权利得到社会平等的关心和尊重。从这种关于人性需要的观点出发，人道主义把安全、体面、有尊严的生活当作人的基本需要，把帮助人实现这些需要当作道德目标来追求，并形成一系列关于人和人性需要的理论。

社会工作把维护社会的公平正义看作自己的根本使命，关注社会中的弱势群体，以人道主义的情怀去帮助那些陷于不幸或失能状态的个人或群体恢复正常功能。遵循着这样的人道主义理想，工业社会工作把促进工业环境中的人的工作与生活福祉，发展基于他们基本人性需要的职业福利，保护他们的工作权、职业发展权、休息权和家庭生活权等基本权利不受侵犯，使他们在组织体系内得到公平对待当作自己的职责，努力为员工及其家庭提供服务，为企业及其管理者和拥有者善待员工、创造人性化的工作与管理环境提供服务。

在人道主义思想的基础上，工业社会工作把人权理念引入工业福利服务过程中。在工作情境中，社会工作所理解的人权具体指处在工业环境中的员工个人和群体应有的工作权、休息权、工作环境权，以及他们的生理、心理和社会需要得到满足的基本权利。工业社会工作致力于提供这些方面的服务。

（二）社会正义理念

社会正义涉及在公共生活领域中，社会的各种权利、义务、资源分配以及相关的社会制度与社会结构建立的合理性问题。罗尔斯指出，正义的主要问题是社会的基本结构，或更准确地说，是社会主要制度分配基本权利和义务，决定由社会合作产生的利益之划分的方式。社会工作理解的社会正义是一种分配正义。其要点是："所有的社会价值、自由和机会、收入和财富、自尊的基础等都要平等地分配，除非对其中的一种价值或所有价值的一种不平等分配合乎每一个人的利益"（钱宁，2013：221）。对现代社会来说，分配正义是社会福利的基础。分配正义也对社会制度及其设置提出要求，它要求各种法律、经济和政治组织建立起合理的秩序来公平地分配利益与负担，使每一个社会成员在这样的制度与组织关系中能得到平等的对待。

工业社会工作运用分配正义的原则，为处于工作世界中的个人及其家庭提供福利服务，具体表现为促使企业在满足劳动者的基本利益或基本需要方面，有一个公平的制度和一套落实这种制度的机制，以保障处于工业关系中的每一个人都能够分享工业进步带来的成果。由于工作组织内的员工处在组织分层结构的下层，属于被支配的群体，因而，帮助他们满足其工作和生活的需要，充实他们的能力，减轻他们在工作过程中的脆弱性，就成为工业社会工作追求社会正义的必然使命。

（三）全人发展理念

所谓全人发展是指完整的人的发展。在工作世界中，劳动者不仅需要工作、需要获取报酬、需要在职业上不断成长，也需要友谊、尊重、体面和情感上的满足。我们不能仅仅将他看作一个创造绩效的"经济人"或"工作机器"，驱使他完成企业的利润指标，也要将他看作一个受情感、意志支配的"社会人"，让他得到合理的对待。

运用全人发展理念来指引工业社会工作的实践，必须从正常人需要的各个方面关照员工的活动。把员工的个人职业成长、工作绩效、追求报酬最大化的需要同其家庭、家人的生活需要联系起来，以保持他们职业与家庭、工作与生活的协调一致。同时，也要引导他们关心自己周围的人和社区，关心自身利益以外的他人利益、集体利益，使其人格健全、精神健康。除提供对员工个人的服务外，工业社会工作还用全人发展的理念来处理工业关系中的组织行为，协助各种工作机构管理者创造健康、安全的工作环境，用人性化的方式处理员工的诉求，改革不合理、非人性的制度和政策。

概而言之，全人发展理念要求把员工看作有正常生活需要的完整的人，他的个人生活应该得到重视，职业生涯应该得到发展，家庭应该得到关怀。工业社会工作要帮助员工平衡工作和家庭，工作职责和个人兴趣，纪律、服从、效率与创造性、尊严、个性之间的关系，使工作者在身体和精神两方面都得到满足和发展。

二、工业社会工作的实务理论

工业社会工作落实其价值理念需要依靠一系列实务理论，具体包括公司治理与利益相关者理论、行为科学理论、职业生涯理论、企业社会责任理论等，这些实务理论为工业社会工作提供了具体的服务方向和介入途径。

（一）公司治理与利益相关者理论

公司治理（corporate governance）的概念最早是 1932 年由美国学者伯利（Adolf Berle）和米恩斯（Gardiner Means）提出的。20 世纪 70 年代，随着西方国家企业改革的发展，公司治理作为改革企业与其利益相关者关系的主要任务，变得越来越重要。20 世纪 90 年代，公司治理作为改革企业治理机制的政策问题，变成一个普遍的热门话题，一系列有关公司治理的理论在这一时期形成。其中，以利益相关者理论为基础的多边治理理论在解决公司治理问题中发挥了积极作用。

所谓利益相关者理论是指在公司的法人治理结构中，企业的股东和经营者不仅代表自身的利益，也代表员工、消费者和社区的整体利益。因而，企业作为一个组织，实际上是由多个利益相关者组成的契约共同体。在企业决定其经营战略和发展策略的过程中，既要考虑自身的利益，也要考虑其他相关者的需要。

利益相关者理论对发挥所有利益相关者，特别是处于弱势地位的普通员工的利益主体作用提供了重要依据。正是基于这一理论，工业社会工作将平衡公司和社会的利益，企业所有人与经营管理者的利益，企业与员工的利益等作为自己服务的出发点，把确立和增强普通员工在企业运行中的主体作用当作自己的目标，发挥自己对组织和员工及其家庭两方面的服务功能，推动工作福利的发展。

（二）行为科学理论

从较为宽泛的意义上讲，行为科学是指所有有关人类行为研究的科学，而严格意义上的行为科学是指研究在特定的社会组织系统中个人和群体的行为的一门综合性学科。

行为科学作为一种组织管理理论，起源于著名的霍桑实验。梅奥以霍桑实验为基础发展出人际关系理论的三个重要结论：一是认为员工是"社会人"，是复杂社会系统中的成员；二是发现企业并不完全是一个正式组织，其中也存在许多非正式群体，并且非正式群体对生产效率的提高有重要影响；三是揭示了提高生产率的关键是员工的工作态度和他在工作环境中的人际关系。

当代的行为科学理论在人的行为的复杂性上做了更细致深入的研究。这些理论包括关于人性假设的理论、需要层次理论、行为改造理论、过程分析理论等，它们在组织管理上得到广泛应用，深刻地改变了工作组织管理的理念、方法和管理者的行为方式，使以"事"为中心的管理转变为以"人"为中心的管理，以靠绩效考核和行政控制为唯一手段的管理转变为重视员工的多种需要、注重员工参与的管理等。

借助行为科学理论，工业社会工作介入工作组织、为其员工提供服务，主要从两个层面展开：一是针对员工的工作适应性、职业心理健康和人际关系层面的问题，帮助员工个人发展；二是针对组织的管理理念、管理制度和管理方式层面的问题，最终为企业发展生产力提供服务。

（三）职业生涯理论

职业生涯（career）是指一个人在工作体系中经历或在事业上取得成就的总的过程或进程。简单地说，职业生涯就是一个人一生中与工作有关的经历与体验。职业生涯也称组织内的生涯发展。职业生涯有两方面的含义：一是指组织的结构及其制度安排所规定的个人职业发展的可能性与条件；二是指个体按照组织的结构和职位体系而在其中经历的职位结构上的移动与变化的过程。根据上述两方面的情况，我们将职业生涯定义为具有结构与过程双重特征的个人在组织内的生涯发展。它通常以一个持续的过程和一定的模式来体现人们在工作中的职位移动，表现为制度性结构和个体有序地改变自己角色与地位的双重性质（谢鸿钧，1996：45）。

从组织结构方面来看，制度性的结构常常规定组织内的职位数量和序列，并将这些职位限定在一定数量和范围之内，从而使员工在组织内的流动表现为一个有明确目标的过程。从个人成长的过程来看，个人可根据组织的结构与职位序列的要求，通过自己的努力来实现其在组织内的向上流动，也可能因为达不到科层体系的要求而停留在平行位置或产生向下的流动。个人的职业生涯规划，正是在组织结构与个人目标的基础上产生的。

个人的职业生涯会受到社会、组织环境、个人心理与生理等方面因素的影响。人们可能产生职业倦怠、职业枯竭和生涯中断等问题，并影响组织的人力资源管理。这些问题的存在为工业社会工作的介入提出了要求，运用专业理论和方法去解决员工职业生涯中面临的生涯规划、生涯发展和生涯转换等方面的问题，就构成了职业生涯服务的主要内容。

（四）企业社会责任理论

企业社会责任（corporate social responsibility）是指企业经营过程中在追求利润最大化的同时，对社会应承担的责任或对社会应尽的义务。对于企业应承担什么样的责任，理论界有不同的看法。自由主义经济学家弗里德曼（Milton friedman）认为，企业唯一的社会责任就是追求利润，而美国学者里基·格里芬（Ricky W.Griffin）则认为企业社会责任是在提高自身利润的同时，对保护和增加整个社会福利所承担的责任。被誉为"企业社会责任之父"的霍华德·博文（Howard Bowen）将企业社会责任看作商人有义务按照社会所期望的目标和价值观来从事经营和采取某些行为。这些不同的观点表明企业社会责任的具体内涵在学术界存在争议。20世纪90年代，全球范围内的企业社会责任运动兴起，参与者认为企业应当承担经济责任和社会责任，履行社会责任成为企业内部和外部的要求。

具体来讲，企业社会责任包括法律责任和道德责任两方面。从法律角度讲，企业社会责任可分为法定和非法定的企业社会责任。法定的企业社会责任是指国家有关法律、法规及相关法律性条文规定企业必须承担的社会义务。例如，缴纳税金，保证产品质量，为员工提供合理的报酬和工作福利、劳动安全，保护环境，等等。非法定的企业社会责任是指除国家法定的企业社会责任以外的，企业愿意自主承担的社会义务，如社会慈善、参与公益活动等。

企业社会责任理论的发展，对工业社会工作发挥其协调工业关系、减少工业关系冲突，开展为员工的服务和为组织（企业）的服务提供了理论依据。通过企业社会责任理论，工业社会工作发展了介入工业福利的新领域，获得了为工作组织及其行为提供服务的新途径，明确了为工作组织提供服务的具体内容。倡导企业公民行为，为企业履行社会责任提供服务，这构成了工业社会工作又一基本的实务领域。

第三节　工业社会工作的内容、方法与实务模式

工业社会工作是针对受工业行为影响的个人和组织而开展的社会服务，本节主要阐明它的对象、内容、方法和实务模式。

一、工业社会工作的对象

工业社会工作的服务对象包括员工及其家庭和组织。

（一）对员工及其家庭的服务

以员工及其家庭为对象的工业社会工作服务包括四个方面：第一，协调劳动关系、维护员工权益，保护并促进员工的工作福利；第二，协助员工适应工作内容与职业环境，规划个人职业生涯发展；第三，发展职业福利，倡导企业集体福利，为发展员工福利提供协助；第四，疏导员工情绪，为员工及其家庭提供辅导和支持。

在为个人提供服务的过程中，社会工作者关注的重点是帮助员工平衡工作与家庭、个人需要与组织目标、心理健康与工作压力等方面的关系，增加个人权能，使员工通过工作获得收入和职业成就，提升其抵御生活压力和职业风险的能力，为其疏导工作压力、人际关系不适和生涯受挫等带来的不良情绪，激发其潜能和工作效率，更好地达成其职业生涯目标。工业社会工作者在对员工服务时起到咨询辅导、关系协调、赋权增能和资源链接等治疗与发展的作用。

（二）对组织的服务

以组织为对象的工业社会工作服务包括四个方面：第一，为企业的人力资源发展提供服务；第二，为塑造企业文化提供服务；第三，协调劳动关系，提高劳动生产力，促成企业组织目标实现；第四，倡导企业公民行为，推动企业履行并发展社会责任。

在对组织服务的过程中，工业社会工作关注的焦点是在保证工作组织提高劳动生产力、实现利润目标的同时，帮助它发展员工福利，改善工作条件和管理方式，关注员工作为"组织人"和"社会人"对工作和生活多方面的需要，营造和谐劳动关系所需要的组织环境和文化氛围，为提升组织效能、培育和发展企业承担社会责任的能力，并最终为提升组织的管理水平和盈利能力发挥作用。工业社会工作对组织的服务角色主要有关系协调人、咨询者、培训者、福利方案策划和落实的推动者、问题评估和分析师、政策倡导者等。通过对这些角色的扮演，工业社会工作已成为组织管理的有机组成部分。

二、工业社会工作服务的内容

从工作世界中个人和组织的需要来看，工业社会工作的服务领域可分为对个人及其家庭、对组织、对社区和消费者等，具体内容主要包括员工福利服务、职业生涯服务、员工情绪管理、员工闲暇服务、劳动关系协调、企业社会责任等。

（一）员工福利服务

员工福利是劳动者工资收入以外的各种福利，是基于劳动者作为企业组织一员的身份而得到的奖励或优待，与员工个人的工作绩效不直接挂钩。员工福利大多以非金钱报酬形式由企业提供，如带薪休假、退休保障、各式保险、旅游休养等。员工福利可以分为国家强制提供部分和企业自愿提供部分。前者包括国家法定节假日休息，养老、医疗、意外等相关保险的购买；后者包括企业提供的年终奖金及各种学习机会等。企业组织推行员工福利的目的是通过员工福利达到对员工基本生活的保障与改善，同时提升员工的心理满足感，激励员工士气，提升员工生产力，留住人才，增加企业的竞争力。

（二）职业生涯服务

个人的职业生涯发展与企业发展和社会发展密不可分。帮助个人发展其职业生涯，实现其职业生涯目标是职业生涯服务的基本任务。同时，通过做好员工的职业生涯开发与管理，把企业的人力资源最大限度地转化成人力资本，企业才能最终实现其愿景。在这个意义上，企业应该为员工提供职业生涯辅导，帮助员工进行职业生涯设计，促进员工职业生涯的发展。

（三）员工情绪管理

在某种意义上，员工情绪是企业的一种资本，它同其他资本一样，对企业生产力有重要影响。若不适时疏导员工的不良情绪，会对其工作起阻碍作用；积极的情绪则会激发人们工作的热情和潜力。管理并调整员工的情绪，使其发挥积极作用，是企业管理和工业社会工作共同的责任。情绪管理要求工作者辨认情绪、分析情绪和管理情绪。使员工保持士气并快乐地工作是情绪管理的目标。工业社会工作者要善于识别员工的不良情绪，对存在不良情绪的员工提供情绪疏导以达到缓和其不良情绪，改善其心情的目的。

（四）员工闲暇服务

闲暇时间是劳动者工作之余可自由支配的时间，即劳动者为了满足个人精神文化需求以及自我发展所花费的时间，包括学习科学文化知识、阅读书刊、体育锻炼、休息及进行其他娱乐活动等的时间。合理地利用闲暇时间，可以使人们得到愉悦和休息，发展丰富多样的兴趣，促进智力、体力和心理上的全面健康，激发劳动者的活力。为员工提供闲暇服务是工业社会工作服务的重要内容，对发展职业福利、保护员工身心健康、平衡其工作与家庭的关系有重要帮助。工业社会工作应促使企业制定保护劳动者休息权利的政策，规划闲暇活动，引导员工开展健康娱乐活动、学习文化知识、拓展眼界等来丰富他们的职业生涯内涵，不断提升他们的工作福利和生活福祉。

（五）劳动关系协调

劳动关系是在一定形式的生产资料所有制的基础上，人们在社会劳动过程中所形成的社会经济关系的总称。工业社会工作所关注的劳动关系是企业或企业所有者与其雇员之间形成的劳动合同关系。它以法律的形式规定了劳动者与生产资料所有者或劳动力使用者（用人单位）之间的关系，即通常所指的劳资关系。在具体的生产过程中，员工与管理者、员工与企业之间常常会因为双方对劳动关系认知差异、沟通问题、组织内部的亚文化、外部的经济环境变化等多方面因素的影响，而产生各种劳动关系摩擦和冲突。这些摩擦和冲突会不同程度地破坏企业生产力，使劳资双方受到不同程度的负面影响。因而，建立劳动关系协调机制，发挥社会工作的专业优势去解决劳动关系冲突，就成为工业社会工作服务的又一重要领域。

（六）企业社会责任服务

履行企业社会责任是现代企业或公司在其生产或经营活动中应遵守的公民行为准则。一般认为，企业社会责任是指企业在自愿的基础上，将对社会和环境的关注融入其商业运作以及企业与其利益相关方的相互关系中。工业社会工作与企业社会责任工作相互交集，工业社会工作者所开展的工作内容在很大程度上属于企业社会责任的工作内容。工业社会工作与企业社会责任的最大差别是出发点不同：工业社会工作的出发点是通过社会工作专业服务来帮助工业企业中有困难的目标群体解决问题，提升其生活品质，实现社会正义；企业社会责任工作的目标则是促进企业履行相关社会责任，以维护其长远发展。

三、工业社会工作的方法

工业社会工作需要综合运用社会工作的基本方法去解决工业过程中所发生的问题，从微观和宏观两方面预防和处理各种因个人情绪、工作压力、管理制度、社会变迁等因素造成的矛盾冲突或危机。具体来讲，工业社会工作的基本方法包括个案辅导、小组（团体）工作、社区组织与社区计划、社会行政和社会工作研究等。它们分别从不同层面为员工及其家庭、各种工作群体及非正式群体、管理者和企业组织提供解决问题的方法。

（一）微观工作方法

1. 咨询与个案辅导

这是针对员工个人及其家庭的问题而采用的治疗性和发展性的个案工作方法，主要包括：针对个人行为，如酗酒、赌博、药物依赖、行为异常等的个案辅导和治疗；针对由于工作、人际关系和职业生涯问题而产生的心理压力、工作不适、同事和上下级关系紧张、生涯危机与职业倦怠、婚姻家庭危机等，为个人提供的咨询、评估和治疗等方面的服务；针对员工个人心理环境、生涯发展、家庭关系、人际关系等方面需要的支持性和发展性服务。

在运用咨询与个案辅导的工作方法解决问题的过程中，工业社会工作者通常要与服务对象一起讨论、分析其所面临的问题，共同探讨可能的解决方案，并选择双方都认同的方式去解决其面临的困难和问题。社会工作者要注意将促进个人的改变与家庭、同事、上下级和组织的工作规范及要求等方面的微观环境的改善结合起来，以达到有效解决问题的目的。

2. 团体辅导与小组工作

将小组工作方法运用于工业关系中的个人或团体问题的解决，是小组工作在工业社会工作中的具体运用。早在20世纪60年代，人们就将团体辅导方法用于员工个人成长、企业干部训练、上下级之间的沟通、员工活动积极分子培训、团体教育等工业关系问题的解决，以促进工业组织内部的关系协调和组织正常运转。从个人的社会关系属性来看，团体辅导和小组工作对解决员工关系紧张、工作和生活压力、职业生涯发展受挫、不良情绪与行为偏差、人际沟通障碍等影响员工工作表现和生活质量的问题有着独特的作用。

工业社会工作中的小组工作也分为治疗性、发展性和功能维持性等不同类型。针对员工在工作和日常生活中面临的具体问题，制订相应的服务方案，对处在问题情境中的个人、团体和组织开展服务，解决个人成长、团队合作、组织管理和人际关系问题，是团体辅导和小组工作的主要任务。工业社会工作运用小组工作方法，能够对工作环境中的个人、团体和组织发挥治疗、支持、激励的作用。

（二）宏观工作方法

1. 社区组织或社区发展

工业组织既是一个工作机构，也是一个职业群体。从功能社区的角度来看，工业组织是由具有共同需要、经历和职业关系认同等的员工构成的利益共同体，这是从社区组织和社区发展角度开展工业社区工作的前提与假设。

依据这一假设，工业社区工作把工作组织中的群体关系协同、共同利益发展当作社区组织和社区发展的主要目标，运用社区工作的需求评估、社区组织、社区能力建设等方法，通过对组织内部和外部的资源调查、对组织内正式团体和非正式团体关系的分析、对员工和管理者在组织中面临的问题情境和困扰原因的梳理和澄清，建立与相关机构和部门的联系，帮助员工和管理者获取资源、信息，建立两者之间的沟通渠道和信任合作关系。同时，要对组织提供服务，帮助企业及其管理者了解员工和组织本身的问题，以有组织的或集体的行动去解决问题。

2. 社会行政和社会政策

工业社会工作的社会行政和社会政策方法是针对工作组织的特点和需要而形成的。在运用社会行政和社会政策的方法解决组织和个人面临的问题时，它需要将社会工作的价值观和专业方法与工作组织的制度、政策和运行方式结合起来考虑，运用行政技巧将政策和制度所提供的资源、福利输送到员工当中，制订相关的员工协助方案，组织相关服务，督促组织履行法律、政策、制度和道德所要求的企业责任。同时，社会工作者也要协助工会和其他职工组织了解、落实有关员工的权利和福利的政策法规，将政策转化为具体的服务。社会工作者在工业社会工作服务过程中还要发挥其政策倡导功能，使工业组织获得更好的制度环境。

3. 社会工作研究

工业社会工作者在运用社会工作专业技能解决问题的过程中，也要针对其发现的一些重大问题，按照社会工作研究的程序开展研究，在理论上找到解决问题的方法，并对其应用价值与范围进行阐述和澄清，帮助工作组织通过政策调整、制度创新来预防类似问题的再次发生。工业社会工作的实务研究将实务经验转变为共享的知识，起到知识积累和更新的功能。工业社会工作者开展的研究也包含针对企业管理中存在的特定问题研究，如企业离职率过高的问题等。此类研究的研究结果对企业改善管理、改善员工的工作生活条件也具有一定的意义，能促使企业在解决管理问题的同时增进员工福利。

四、工业社会工作的实务模式

在探索针对员工及其家庭的服务和针对组织的服务的过程中，工业社会工作形成了员工协助和企业社会责任服务两种基本的实务模式。

（一）员工协助的实务模式

员工协助是一种为帮助组织成员克服其在工作环境中面临的个人、家庭生活困难和职业生涯困境而建立起来的综合服务模式，目的在于改善和提高员工的工作适应性，并发展他们的工作福利。

1. 员工协助方案的内容

员工协助方案包括三个相互关联的内容：个人辅导方案、生涯发展方案和健康福利方案。

个人辅导方案是关于员工个人工作适应与生活适应的服务。它为员工在其工作和家庭生活中遇到的困扰提供短期的协助与服务，其目标是评估和治疗个人困扰，使员工的问题得到即时的缓解或彻底的解决。个人辅导的范围包括：为与员工相关的管理者和行政人员提供教育培训，使他们能配合社会工作者开展工作，解决员工的问题；对员工和与他关系密切的人进行个案或团体辅导，使他们能够通过自我努力改善自己的状态。个人辅导包括一系列环节：对问题进行评估；对问题作出诊断；根据诊断制订相应的服务方案；组织各种资源开展服务；结案并评估；最后是结案后的跟踪。

生涯发展方案是针对个人职业生涯发展中的困扰，提供评估、咨询及相关的教育培训，协助个人作出职业生涯决策与规划，帮助他摆脱职业生涯困境，实现职业生涯发展的职业生涯服务。实际的生涯发展方案是在个人与组织两方面的配合中实现的。社会工作者要提供相应的信息和相关的资料来帮助员工了解组织，了解工作职务，帮助他明确职业生涯目标，制订职业生涯计划，同时对他的能力、技术、知识和需要接受的训练等进行分析评鉴，提出建议。组织则要通过职业生涯管理对员工进行各种训练或培训，为他们提供机会，对他们提出要求。

健康福利方案是组织和社会工作者为员工个人及其家庭提供工作福利与生活福祉方面的建议和规划，帮助其整合相关福利资源，促成其健康和谐的生涯发展的服务。健康福利方案的目标有两个：其一是协助个人与组织共同承担健康责任，增进个人生活幸福；其二是促进公司生产力提升，保障人力资源的有效利用。健康福利方案的主要内容包括：有关职业环境和工作安全的教育与培训；职业病的防治、个人健康教育；康乐活动计划、身体健康检查；心理健康教育与工作减压计划；医药知识培训和某些特殊疾病的防治；不良嗜好和成瘾行为的矫治；家庭生活安全培训和意外灾害的预防与处理；等等。

2. 员工协助的对象

员工协助的对象主要包括以下几种类型：第一，需要获得某些信息与资源来进行生涯决策的员工；第二，受困于特定问题情境而需要协助的员工；第三，某些个人行为需要改善与发展的员工；第四，遭遇危机或意外而需要援助的员工；第五，需要改善与其家庭成员关系的员工。

3. 员工协助的实务方法

员工协助主要涉及解决问题的策略、行为改变技术、危机处理原则、家庭辅导方法这四个方面的方法和技巧。

解决问题的策略是指当员工或其家庭陷入某种问题情境时，需要运用一些策略来分析问题产生的主观和客观原因，并将其过程化为若干阶段性问题，帮助员工获得必要的信息和资源来进行职业生涯决策，并按照一定的结构性过程采取行动，使问题逐一得到解决。

行为改变技术是运用行为科学的学习理论来帮助员工达到他们所期望的行为改变，使他们摆脱问题困境。这种技巧是一种基于学习理论的行为管理方法，也是一个心理治疗的程序。它的基本假设是：个人学习到某种行为或改变某种行为，与他在特定环境中受到的刺激有直接关系，对个人进行特定的环境刺激有助于增强其正向行为。受到激励的行为会不断被重复，受到惩罚的行为会减少次数与频率，甚至消失。

危机处理原则是指当人们的生活或工作受某些外部因素的干扰或影响，无法正常进行的时候，需要通过社会工作者的协助来获得有关危机产生原因的信息，帮助他们摆脱危机。在这个过程中，社会工作者要帮助服务对象认识危机及其产生的原因，鼓励他们用自我行动来克服危机，帮助他们寻找相关资源或社会支持。

家庭辅导方法是指当员工因为来自家庭的压力或困扰而无法正常工作时，员工协助应该向其家庭成员开放，为改变其与家庭关系的异常表现，恢复其家庭与工作之间的健康关系提供协助。在服务过程中，社会工作者首先要明确指出家庭成员具体的不协调行为，然后从各种替代行为策略中选择一种适合具体家庭的行为，最后引导家庭成员接受这种行为，并按照这种行为模式的要求来改变其不协调行为，从而改善其家庭关系。

（二）企业社会责任的实务模式

工业社会工作介入企业社会责任服务领域，主要的任务就是帮助企业发展公民行为，协助其履行社会责任。

1. 企业社会责任服务的实务方法

工业社会工作在企业社会责任履行过程中提供的服务是一种针对组织的服务，其内容和方法主要包括以下一些方面。

第一，协助组织开展组织内部的社会责任宣传，帮助经营者和管理者树立企业社会责任意识，确认其经营管理行为不会对员工的基本利益造成损害，不会对社区居民及环境造成过多的影响，并采取措施降低企业行为带来的不利影响。

第二，协助监督企业所生产的产品具有较高的安全性和可靠的质量，协助企业建立健全产品的安全生产制度和质量监督机制，从制度上保证产品符合国际质量标准和国际质量认证体系的要求。

第三，运用社会政策工具和社区动员方法对员工开展产品生产和质量安全的教育，让员工也成为企业社会责任的主体，并在生产过程中以认真负责的工作态度对待自己所生产的产品，避免因为工作态度或个人私利造成产品质量安全问题。

第四，协助组织发展员工福利，使员工在获得工作报酬的同时，也获得组织对个人的健康关怀、社会保险、家庭支持、子女照顾、休闲娱乐和心理抚慰福利，增强其工作成就感和荣誉感和通过劳动不断提高工作福祉的信念。

第五，积极倡导并组织企业对社区和社会的志愿公益服务，为社区和社会的弱势群体、困难群体提供力所能及的帮助，使企业承担起应有的社会道德责任。

2. 工业社会工作者在企业社会责任服务中的角色

工业社会工作者在企业内部和外部都可以扮演协助企业履行社会责任服务的角色。具体来讲，在企业内部，工业社会工作者可以扮演的企业社会责任服务角色主要有：支持者、教育者、推动者、协调者、倡导者、方案设计者、管理者和评估者等。

在企业外部，工业社会工作者作为企业履行社会责任的协助者，要通过宣传教育来改变和提升企业社会责任实施的社会环境和公众意识。同时，作为企业社会责任的推动者，工业社会工作者要发挥其专业优势，组织社会力量为企业履行其社会责任提供服务，并对各种违背社会责任的行为进行劝阻和批评。工业社会工作者还是政策法规和制度措施的制定和完善过程中的监督者和建议者，要发挥专业优势，积极参与这一过程，呼吁政府及各种社会组织关注企业社会责任的发展，制定科学有效的政策法规，使企业社会责任的落实既符合公众利益和社会规范，又无损企业自身合理利益的实现，为其提供可持续发展的空间。

总之，企业社会责任服务是一个复杂的社会过程和利益分配过程，扮演好各种角色来推进企业社会责任的履行和发展，既是工业社会工作的专业使命，又是它在实务过程中必须解决的问题。通过介入企业社会责任服务这一实务领域，工业社会工作将会得到进一步的发展。

【思考题】

1. 试述工业社会工作的含义。
2. 试述工业社会工作服务的内容。
3. 试述社会工作者在员工协助方案中的角色。
4. 试述社会工作者在企业社会责任服务中的角色。
5. 试述中国发展工业社会工作的现实意义。

【主要参考文献】

苏景辉：《工业社会工作》，桂冠图书股份有限公司1989年版。

谢鸿钧：《工业社会工作实务：员工协助方案》，桂冠图书股份有限公司1996年版。

黄晓鹏：《企业社会责任：理论与中国实践》，社会科学文献出版社2010年版。

钱宁主编：《现代社会福利思想》（第二版），高等教育出版社2013年版。

陈建胜：《企业社会工作助推企业履行内部社会责任的本土实践——以嘉善为例》，《浙江学刊》2015年第6期。

彭秀良：《葛学溥的社会工作实践》，《中国社会工作》2017年第22期。

王晓慧：《工会与社会工作的关系变迁及启示——基于美国历史经验的分析》，《中国劳动关系学院学报》2018年第2期。

钱宁：《面向新时代的企业社会工作：实践困境与发展思考》，《西华大学学报（哲学社会科学版）》2020年第3期。

第十九章

农村社会工作

中国已全面建成小康社会，开启全面建设社会主义现代化国家新征程。在全面实施乡村振兴战略的过程中，农业、农村和农民都会面临前所未有的挑战。农村社会工作是中国特色社会工作的重要组成部分，本章对农村社会工作的含义、特点、价值观、理念、方法、实务及中国农村社会工作的发展情况做概要介绍。

第一节 农村社会工作的含义与特点

一、农村社会工作的含义

（一）农村社会工作的概念

农村社会工作也称乡村社会工作，目前学界存在对农村社会工作概念的多种阐释。

张乐天指出，农村社会工作是一种社会服务，它的根本目的在于预防和解决农村中出现的社会问题，增进整个农村的社会福利，促进农村的社会进步。张和清指出，农村社会工作就是专业社会工作者和实际农村工作者合作，以村庄为基础，持守社会公正、社会关怀和真诚信任的伦理情怀，以重建政府与农民之间的信任关系和农民自信心、自尊心和权益意识为根本宗旨，通过与村民的同行、鼓励村民广泛参与和增强村民能力、倡导政府的社会政策更符合农民的真实需要来减少社会冲突，维护社会稳定；通过村民合作组织的发育，促使村民团结互助，以共同应对市场压力；通过非正规教育和医疗保健项目的推行，使村民获得与其生活相关的知识，提高他们应对社会变迁的能力；通过对村民提供个人、家庭、小组等直接支持服务，改善他们的人际关系和沟通能力，以适应社区重建的需要，最终实现可持续发展能力建设的目标。钟涨宝认为，农村社会工作是专业社会工作者与其他农村工作者合作，以农村社区为基础，在社会工作专业价值观指导下，运用专业方法，发动村民广泛参与，增强农民个人和社区的能力，在预防和解决农村社区问题的基础上，提高农民福利水平，最终实现农村社区的稳定与可持续发展的过程。

以上概念阐释的共同点在于：农村社会工作者由专业社会工作者和实际农村工作者构成；农村社会工作的工作场域是农村社区（乡村）；农村社会工作以社会工作价值观为指导；农村社会工作的工作方法是社会工作专业方法、社区组织、社区参与、社区项目；农村社会工作的最终目标是提高农民福利水平，实现农村社区稳定和可持续发展。

基于社会工作专业的基本特征，结合中国的乡村振兴战略，农村社会工作可以被看作是社会工作者以社会工作专业价值为理念，以社会工作方法为手段，以农村社区为服务场域，根据农村个人及家庭、群体和社区的基本需要和社会问题，与农村社区居民、乡村干部和其他专业人员一起，通过激发个人内在动力和塑造社区凝聚力、提供专业技术、提升集体合作应对社会变迁的能力，通过社会福利政策实践和乡村治理实践，提升居民福祉，化解不平衡不充分发展的矛盾，促进农村社区可持续发展的活动和过程。

（二）农村社会工作的要素

农村社会工作有四个基本要素，分别为：农村社会工作者；农村社会工作价值观；农村社会工作服务对象；农村社会工作服务目标。

1. 农村社会工作者：农村社会工作者一是指专业的农村社会工作者；二是指农村社区基层政府中从事民政工作、农村救助工作、农业工作等领域的工作人员。二者彼此合作，共同成为农村社会工作者。

2. 农村社会工作价值观：农村社会工作以社会工作价值观为基础，坚信社会公平、尊重，相信服务对象的潜能，倡导集体责任和多元发展，追求社会和谐、公平。

3. 农村社会工作对象：农村社会工作以弱势群体、困难群体、边缘群体乃至整个村庄为对象。弱势群体主要是指农村残障人士、儿童、妇女和老人。

4. 农村社会工作目标：农村社会工作目标由长期目标和短期目标构成。长期目标是实现农村社会可持续发展、增进农村居民社会福祉；短期目标是提升个体、群体及农村社区应对社会变迁的能力，落实社会福利政策，促进乡村治理。

二、农村社会工作的任务与特点

（一）农村社会工作的任务

农村社会工作的任务涉及个人、家庭、组织、社区等多个层面，可以概括为以下四点。

1. 社会救助和缓解困难

在全面建设中国特色社会主义现代化国家的新时代，农村社会工作的核心任务是全面参与巩固精准扶贫成果、做好基层民政对象兜底保障服务和实现城乡公共服务一体化工作，具体体现为做好社会救助和缓解困难。例如，农村社区居民因遭遇突发灾害、家庭成员患病、农业投资失败等原因可能再度贫困，这将直接影响这些家庭美好生活的实现，在这种情况下，农村社会工作者就要帮助农村返贫家庭脱贫。首先是政策实践，即提供社会救助、开展扶贫项目，让陷入贫困的家庭获得基本的生活保障；其次是针对贫困的原因，与服务对象一起设计反贫困方案，农村社会工作者通过整合社会福利资源、乡村振兴资源，协助服务对象增强脱贫能力，促使其通过自己的努力走出贫困。

2. 发展生产和培育互助合作组织

农民的工作主要是农业生产，其生产的农产品的销售情况将直接影响他们的经济收入。这就要求农业生产者必须提升农产品的市场占有率、竞争力、抵御风险的能力。为此，农村社会工作者要帮助农民选择适销对路的品种、提升其销售能力，组建适合当地经济和社会条件的新型农村经济互助合作组织，通过组织化的方式，增强农产品的市场竞争力。

3. 服务农村特困人群

农村社区的特困人群主要指农村孤寡老人、困境儿童、残障人士、长期病患者等人群。农村社会工作者有责任帮助其摆脱因生理、心理、社会原因带来的痛苦和困扰。农村社会工作者一方面，链接社会福利资源，如大病救助和其他救助金，保障其基本的生活需要，维护其基本权益；另一方面，应用专业方法，通过社区康复、社区陪伴、社区等照顾等服务，满足其心理、社会等方面的需要，从而提升其社会福祉水平。

4. 农村社区建设和乡村治理

参与农村社区建设和乡村治理是农村社会工作者的重要任务。农村社会工作者要发挥专业优势，开展社区经济建设、社区社会组织建设、社区文化建设、社区生态建设等多样化的农村社区建设活动，同时通过农村社会工作服务，助力乡村治理的源头治理。

（二）农村社会工作的特点

农村社会工作在工作对象、工作关系、分析问题的视角、服务提供方式等方面都有显著的特点。

1. 以农村居民和社区为工作对象

农村社会工作以农村处于困境的个人及家庭、群体和社区为对象来开展工作。农村社区与城市社区相比具有生产受自然环境影响大、生活节奏缓慢、公共服务水平低、社会保障薄弱等特点。农村社会工作者要充分认识这些特点，因地制宜地开展服务。

2. 工作关系的专业性

农村社会工作者与农村社区居民建立的关系是平等、尊重、信任的专业关系。农村社会工作者不是农村居民发家致富的主体，而是帮助维护农村居民正常的社会功能、提升居民获取社会福利资源的能力，维系其与社会环境的良好关系的支持力量。农村社会工作者要帮助陷入困境的人士发展能力，特别关注其获得应对危机及化解困难的能力。

3. 分析问题视角的综合性

农村社会问题产生的原因是多方面的，因此，无论是解决农村社区整体面临的问题，还是农村社区个人面临的问题，农村社会工作者均须从"人与环境"的多维角度去分析。如农村贫困问题，宏观原因有历史原因、制度原因、地理环境原因；微观原因有个人权利及资源意识、获取及使用资源的能力、解决问题的能力等。农村社会工作要开展反贫困服务，必须综合分析干预对象陷入贫困的原因，才能制订更加契合的脱贫服务方案。

4. 服务提供的整合性

农村家庭和社区具有异质性特征，其面临的困境与社会问题常常是复杂多元的，这就要求农村社会工作者需要跟其他专业人士合作。如在乡村治理中，农村社会工作者需要跟农村经济经营人才、法律人才、村干部等合作；又如在开展农村社区经济工作时，需要跟农业生产、社区发展、文化工作等方面的人才一起合作，协力解决问题。

三、农村社会工作发展简况

（一）国外农村社会工作

受第一次世界大战、第二次世界大战的影响，西方的乡村社会工作曾一度受到重视。

1. 美国的乡村社会工作

20 世纪初期，美国为解决农业危机，鼓励专业的社会工作者进入乡村，应用专业社会工作知识和方法改善农民生产及生活环境，回应急剧的社会变迁给农民带来的不适感和诸多新的需求。为了制定切合农村实际的社会政策，一些社会工作者在政府部门担任行政职务，同时，政府作出财政预算，支持社会工作者在农村开展社区发展、社区建设等社会发展计划项目。社会工作介入乡村实践，很大程度上改善了农民的生产、生活水平，取得了良好的效果。

美国社会工作学界认为乡村社会工作要重视以下几个方面：一是要充分认识农村社区的人口特征、地域特征、文化特征、组织特征；二是要回应农村社区民众的卫生保健、心理健康、贫困、家庭、社会福利等方面的问题或需求；三是在应用社会工作核心的方法之外，要发挥农村社会工作者的想象力，增强其开拓创新能力、资源整合能力。

2. 国际援助项目中的农村社会工作

20 世纪 60 年代，在传统发展主义的影响下，西方国家在发展中国家和地区开展了许多发展项目，这些项目的实施在一定程度上提升了发展中国家的经济水平，但也带来了许多诸如环境污染、贫富差距拉大等社会问题。为改善这一处境，21 世纪初，许多开展国际援助项目的机构对传统发展主义的局限性进行批判反思，并结合发展中国家和地区的实际情况，实施了以参与式发展、能力建设为本，以赋权、文化视角、优势视角、环境保护和性别视角等为理念的农村社会工作项目。其工作特点可总结为四个方面：一是农村社会工作要结合农村社区生产季节性强、生活节奏缓慢的特征；二是农村社会工作为农村社区的个体、群体、社区提供服务；三是农村社会工作要立足农村可持续发展和社会公平正义；四是农村社会工作要重点发展生计项目、社区重建项目。

国外农村社会工作的经验可为中国农村社会工作提供借鉴。但中国的农村社会工作必须结合本土社会经济和文化特点，寻找一条合适的道路。

（二）中国农村社会工作的发展

中国农村社会工作从 20 世纪 20 年代开始发展，但这一时期开展的活动并未被冠以"农村社会工作"之名。这一时期的乡村建设运动就具有农村社会工作实践的特征，其中晏阳初先生在河北定县推动的平民教育运动具有鲜明的农村社会工作特征。改革开放以来，在扶贫开发，尤其是精准扶贫时期，有大批专业社会工作者在农村开展反贫困社会工作实践。进入新时代后，在全面实施乡村振兴战略时期，农村社会工作人才被纳入乡村治理人才队伍，民政部全面推动乡镇（街道）社会工作站建设，中国农村社会工作进入全面发展阶段。

第二节　农村社会工作的价值观、理论和方法

一、农村社会工作价值观

价值观是农村社会工作的灵魂。农村社会工作的价值观包括：以人为本、团结合作、公平正义和可持续发展。

（一）以人为本

1. 平等。在欠发达农村地区，受性别、年龄、教育、宗教信仰、种族等因素的限制，不平等现象大量存在。农村社会工作者不仅要相信更要践行平等理念，具体表现为在服务中努力建构平等的服务关系，消除不利于平等关系建立的各种负面因素；坚持多元视角，摒弃非此即彼的二元对立视角；坚持优势视角，摒弃病态视角。

2. 尊重。在农村社会工作实践中，社会工作者要尊重当地的生活方式、文化习俗、宗教仪式等。因为每一种生活方式、文化习俗、宗教仪式均有一定的社会功能，每一种文化均有其价值，农村社会工作者要正确看待服务对象与自身之间的文化差异，并理解和尊重服务对象。

3. 参与。参与是形成社会正义、社会民主的基础，参与权是社会正义、社会民主建设的保障。农村社会工作者要鼓励农村居民积极参与，建设他们的参与能力，从而不断推进民主和社会正义。

4. 增权。针对服务对象的无权感、无力感、压迫感，农村社会工作者要从增权视角出发，与农村社区居民协商、共同决策、共同行动，从而让农村社区居民重建、获得或行使自己的权利，增强其应对困境的能力。

（二）团结合作

社会工作要促成所服务社区的团结合作。农村社会工作致力于农村社区居民生活质量的改善。生活质量不仅包括物质层面，而且包括社会关系层面。农村社会工作者要协同农村社区应对过度市场化带来的人与人、人与生活、人与自然环境之间关系的碎片化、工具化挑战，重建以团结合作为核心价值的人与人、人与生活、人与自然环境的共融关系。

（三）公平正义

实现农村社会公平正义是农村社会工作者的专业追求。历史、制度等方面的原因造成了当前城乡之间发展不平衡的矛盾，因此，在新时代国家全面实施乡村振兴战略，加快推进城乡公共服务一体化的背景下，农村社会工作者要主动担当，积极投身到实现农村居民基本民生保障、基本社会服务和基本社会保障事业中，最大限度地推进农村社会公平正义。

（四）可持续发展

可持续发展的内涵包括生活与社会环境的和谐、生产与自然环境的和谐、人与社会的和谐。当前中国农村发展仍存在严重的不可持续性，农村社会工作要用专业行动解决这一问题。可持续发展价值观在道德层面对农村社会工作实践提出了较高的要求，农村社会工作者的一言一行都要彰显这一价值观，并以此影响周边人群。

二、农村社会工作的理论

（一）反贫困理论

反贫困理论源于 18 世纪英国人口学家托马斯·马尔萨斯提出的人口理论。受这一理论影响，人们认为贫困的根本原因是资本的缺乏，解决贫困的出路是大规模地增加储蓄、扩大投资并促进资本形成。此后，各国学者相继发展了反贫困理论，1943 年英国伦敦大学的保罗·罗森斯坦 – 罗丹（Paul Rosenstein-Rodan）提出了著名的大推进理论；20 世纪 60 年代，美国芝加哥大学教授西奥多·W. 舒尔茨（Theodore W. Schultz）提出了人力资本理论。

在反贫困理论方面，最富有创新意义的是 20 世纪下半叶印度经济学家阿玛蒂亚·森（Amartya Sen）提出的理论，他将贫困与能力剥夺概念引入贫困问题分析中，认为贫困不仅仅是收入低下，而必须被视为是一种对基本能力的剥夺。

农村社会工作者在开展农村反贫困工作时，不仅要增加贫困者的收入，更要关注对贫困者基本能力的建设。

（二）社会支持理论

社会支持概念于 20 世纪 70 年代被正式提出。索茨（Peggy A. Thoits）认为社会支持指重视他人如家庭成员、朋友、同事、亲属和邻居等为某个人提供的帮助对他的积极影响，他人提供的帮助包括社会情感帮助、实际帮助和信息帮助。科恩和威尔斯对社会支持做了进一步界定，他们将社会支持界定为四个层面的支持，即尊重的支持、信息的支持、社会成员身份的支持和工具性支持。后来社会支持理论得到了较为充分的发展，对社会支持机制、社会支持网络的研究都取得了丰富成果。一些机构和学者也将社会支持理论用于地区发展和对弱势群体的服务。社会支持理论为农村社会工作者提供了分析问题和介入工作的视角。农村社区的留守群体、特殊人群在经济上、政治上均处于弱势。农村社会工作者可从社会支持理论出发，帮助服务对象建设正式和非正式的社会支持网络，切实帮助他们解决困难。

（三）社会资本理论

社会资本理论兴起于 20 世纪 60—70 年代。社会学家布迪厄（Pierre Bourdieu）认为，当一个人拥有某种持久的关系网络时，这个由相互熟悉的人组成的关系网络就意味着他实际或潜在所拥有的资源，也即社会资本。詹姆斯·科尔曼（James S. Coleman）指出，社会资本有两个共同特征：社会资本由人际关系结构中的各个要素组成，它不依赖于独立的个人；社会资本只为结构内部的个人行动提供便利，并且具有不可转让性。政治学家罗伯特·普特南（Robert D. Putnam）从政治学角度解释社会资本，他指出，社会资本是社会组织的特征，诸如信任、规范及网络，它们能够通过促进合作行为来提高社会的效率。像其他形式的资本一样，社会资本也是产生性的，它使得某些目标的实现成为可能，而在缺乏这些资本的情况下，上述目标就无法实现。以上界定虽不统一，但指出了社会资本的共同点：第一，社会资本是一种分析问题的概念工具，这个概念工具具有积极功效；第二，社会资本有多种表现形式，包括关系网络、信任、规范以及社会声望等。

社会资本理论对农村社会工作实践具有重要的启发意义，农村社会工作者要致力于建设农村社区的互帮互助系统，要善于利用当地社区的社会关系和信任资源，重建农村社区约束和合作机制。

（四）现代化理论

现代化现象指18世纪英国工业革命以来在世界范围内出现的一系列客观现象的统称，主要包括经济的工业化、政治的民主化、居住方式的城市化、管理的科层化、重视科学技术的作用和人的理性化等。不同学者对现代化现象作出了不同角度的解释，从而提出了不同的现代化理论，主要包括现代化道路、现代化模式、现代化后果等内容。现代化的影响是复杂多样的，它对社会工作提出了新的要求。中国已开启全面建设中国特色社会主义现代化国家新征程，农业现代化、农村现代化是农村社会的时代特征，在农村社会工作实践中，农村社会工作者要充分了解现代化的逻辑，特别是理解中国特色的农村现代化、农业现代化，这对理性开展农村社会工作大有裨益。

（五）后现代理论

后现代主义兴盛于20世纪60年代的西方社会，其涉及范围较广，目前还没有形成比较普遍的定义。从某种意义上讲，后现代理论主要是对现代化理论的"理性化"反思。它对农村社会工作的启发主要包括：1.后现代理论强调个体和社会关系的多元性，强调个体主体性、参与性和自我意识的提升，农村社会工作者在实践工作中要重视服务对象的主动性和对其潜能的激发，放下"专家"身份，与服务对象同行，共同致力于农村发展；2.后现代主义强调对"知识"、"权力"和"真理"的解构，话语权和书写权的分配状况直接影响人与人之间的权力关系，为此，农村社会工作者想要改变农村不平等、不公正的社会现象，改变话语权是重要的策略；3.后现代主义十分关注"社会排斥"和"弱势群体"的生存现状、社会地位和角色的劣势。农村社会工作服务对象面临着诸多"社会排斥"的困境，结合后现代主义理论，农村社会工作者可以从社会批判和解构出发，重新塑造农村社会在现代社会制度、权力关系中的地位，提高其话语权，重新书写其形象，从而达到服务农村的目的。

三、农村社会工作的实务模式和方法

（一）农村社会工作的实务模式

农村社会工作的实务模式有地区发展模式、社会策划模式、社区照顾模式等。

1. 地区发展模式

地区发展模式主要是指依靠农村社区居民自身能力、整合农村社区资源，在行动过程中不断提升农村社区居民组织、策划、协调、参与等能力，最终解决农村社区面临的问题的实务模式，其具体策略如下（表 19-1）。

表 19-1　地区发展模式

基本构成	
工作任务	解决农村社区居民面临的共同问题
工作目标	整合社区资源；建立社区自助能力
工作策略	农村居民广泛参与；农村不同类型的组织共同参与
具体内容	
问题	策略
缺少公共服务	提供服务 ● 利用专业技能，提供社区教育、社区活动、社区宣传等服务 ● 整合社区资源，发展互助性网络
公共设施单一	解决问题 ● 倡导集体参与，对内整合社区资源，对外争取体制内资源
对基层工作人员的不信任	社区参与 ● 探索有效的信息沟通渠道 ● 寻找有效的情绪宣泄途径
缺乏群众组织	培育社区组织 ● 培养社区组织领袖 ● 增强社区组织的行动能力
缺乏社区意识	社区教育、社区活动、社区记忆 ● 搭建平台，开展形式多样的社区活动 ● 重塑社区记忆

农村社会工作者应用地区发展模式，可以营造农村社区良好的社区气氛、建立多元化社区网络、提升社区居民参与能力，进而推动农村社会治理。

2. 社会策划模式

社会策划模式认为，社区变迁必须依靠专业人员通过技术的运作来推动。农村社会工作者可应用社会策划模式，通过设计各种与农村社区变迁相关的计划与政策，运用专业方法，做好新时代农村社会政策实践和乡村治理等工作。社会策划模式的具体策略如下（表 19-2）。

表 19-2　社会策划模式

工作任务	解决农村社区居民面临的共同问题
工作目标	应用科学的设计，解决农村问题
工作策略	● 收集与社区问题相关的资料 ● 拟订解决问题的可行性方案并预测其后果 ● 决定解决问题的优先次序 ● 确定方案并实施
工作步骤	● 确定工作机构的使命及目标 ● 分析社区面临的问题，并收集相关资料 ● 界定及分析问题 ● 基于可用的资源，建立目标及量化指标 ● 选择可行的方案 ● 测试方案 ● 实施方案 ● 评估结果

3. 社区照顾模式

社区照顾模式是农村社会工作者动员社区资源，应用正式的和非正式的照顾网络，对农村社区困境人群实施帮助的实务模式。农村社会工作者可运用社区照顾模式解决农村老年人养老、残疾人照顾等问题。社区照顾模式的具体策略和步骤如下（表 19-3）。

表 19-3　社区照顾模式

工作任务	解决社区个人或群体性问题
工作目标	依靠个人非正式资源、社区资源解决问题
工作策略	(1) 在社区照顾 ● 专业人员进入住所提供照顾服务 ● 小型机构、幸福大院等提供照顾服务 (2) 由社区照顾 ● 由家庭、亲友、邻里、志愿者等提供照顾服务 ● 建立直接网络、互助网络、支援网络

（二）农村社会工作的工作方法

农村社会工作包括进入社区、建立专业关系、与基层政府和社会组织建立关系、评估社区等环节，每一步骤都有相应的工作方法。

1. 进入农村社区的方法

（1）行政途径进入。农村社会工作者以指导者、组织者等身份进入农村社区，如"大学生村官"、驻村工作队员、"第一书记"等。其优点是：工作员的身份很明确，村民对工作员的认同很容易形成；工作员以农村社区组织的专业身份介入，在许多有关农村社区组织发展的工作中可以得到村民的认可和积极参与；工作员开展社区组织的建设和发育名正言顺。缺点是：村民很容易对工作员产生依赖，不易达到村民能力建设的目标；工作员和村民的不对等关系，容易减弱村民的自信心。

（2）农村社区问题介入。农村社区问题包括农村社区留守儿童和老人照顾、家庭暴力、农村青少年犯罪等，农村社会工作者可以以解决这些问题为切入点，进入农村社区。其优点是：工作员以直接解决农村社区问题为工作目标，工作员的身份是专业人士，村民也希望通过工作员的服务来解决社区问题，因此其身份得到肯定；工作员通过解决这些社区问题，为继续在此农村社区开展工作提供了可能；工作员的服务能提升村民对农村社会工作的认同。缺点是：工作员如果不能完全解决这些社区问题，可能会影响村民对农村社会工作的认可度；很大程度上，农村社区问题的解决，需要多方面的资源，这就要求农村社会工作者拥有获取不同资源的渠道，如果不能寻求到解决这些问题需要的资源，就无法在当地继续工作。

（3）农村服务项目介入。农村服务项目都有一定针对性，如农村残障人群服务、留守儿童服务、长期病患者服务等，工作员服务的开展容易赢得直接服务人群的认可。但工作员要获得服务直接受益群体之外的其他社区群众认可，则存在一定困难。另外，农村服务项目具有很强的周期性，在一定程度上会影响农村社会工作开展长期服务。

（4）乡镇社会工作站进入。2020年，民政部召开了加强乡镇（街道）社会工作人才队伍建设推进会，提出力争"十四五"期间，实现乡镇（街道）都有社工站，村（社区）都有社会工作者提供服务。这样，乡镇社会工作站将成为农村社会工作者的主要就业领域，农村社会工作者将以乡镇社会工作站工作员的身份进入农村社区开展服务。其优点是：进入渠道较易被认同、服务内容相对清晰、工作管理规范。缺点是：乡镇社会工作站主要以基层民政对象为服务对象，以基本民生保障和基本社会保障为工作内容，服务对象的发展性需要很难被满足；乡镇社会工作站主要使用民政职能部门的资源，但服务对象的基本需要满足和生活质量提升还需要其他职能部门资源，如何联动其他政府职能部门资源将是农村社会工作者的新挑战。

2. 专业关系建立的方法

（1）田间地头工作。农村社会工作者与服务对象在共同劳动中开始建立关系，这样可以引发服务对象对农村社会工作的好感，有利于双方信任关系的建立。

（2）上门家访。家是比较私人化的领域，农村社会工作者能够赢得服务对象家庭的接纳，说明农村社会工作者与服务对象已经建立了良好的信任关系。与农村社区家庭建立关系，可以先从与家庭某个成员建立联系开始，比如通过课业辅导，与家庭中的儿童建立关系，再通过儿童与家庭中的其他成员建立关系。

（3）召开村民代表会议。召开村民代表会议，一方面是为了讨论、计划、决定开展农村社会工作服务项目；另一方面，通过多次召开村民代表会议，农村社会工作者与服务对象可以探索有效的沟通方式和矛盾处理的规范。

（4）绘制社区图。绘制社区图是农村社会工作者与服务对象建立专业关系的重要技巧之一。如何绘制社区图？第一，邀请农村社区中有一定威信、身份的人参与绘制；第二，邀请绘制成员一起社区行，踏察社区情况；第三，邀请其他村民参与最后的绘制过程。

3. 与基层政府和社会组织建立关系的方法

基础政府既能够帮助农村社会工作者获取"合法"身份，也能够链接社会福利资源。另外，当地的社会组织是农村社会工作者重要的合作伙伴。因此，农村社会工作者一定要与基层政府和社会组织建立良好的关系。具体方法有：及时拜访、定期汇报交流；多请示、多邀请，促进共同参与；涉及核心利益的事情多协商、多沟通；坚持"共赢"的服务策略。

4. 农村社区评估的方法

对农村社区进行评估较为典型的方法是参与式农村评估（Participatory Rural Appraisal，简称 PRA）方法。社会工作者可以通过直接观察进行评估，也可以运用以下工具：绘制社区分布图、绘制大事表、绘制农事历、绘制每日活动安排图、绘制贫富分级图、进行问题排序、绘制资源分析图和问题树。这些工作要尽力吸引当地干部和群众一起参与完成。

第三节　中国的农村社会工作

一、中国农村社会工作发展简史

（一）民国时期知识分子开展的乡村建设工作

20世纪二三十年代，以乡村教育为起点，以复兴乡村社会为宗旨，一批从海外学成归国的学者和国内一些有识之士发起了声势浩大的"乡村建设运动"，乡村建设运动是各种乡村建设活动的总称。据统计，当时先后有600多个团体和机构参与，在各地设立的实验区有1 000余处，历时十几年之久。其中代表人物有晏阳初、梁漱溟、卢作孚、陶行知等，他们在河北定县、山东邹平、重庆北碚、南京晓庄学校等地进行了乡村建设实验。

各路乡村建设运动参与者改变乡村社会时采用的方法不同，但都坚持从教育入手，并将发展经济作为乡村建设的重要组成部分，在此基础上发展乡村公共事业。在工作方法和价值观方面，晏阳初后来总结了以华北平民教育运动为代表的乡村建设的经验和做法，称之为"乡村改造运动信条"，包括：1.民为邦本，本固邦宁；2.深入民间，认识问题，研究问题，协助平民解决问题；3.与平民打成一片；4.向平民学习；5.与平民共同商讨乡村建设工作；6.不持成见，当因时因地因人制宜；7.不迁就社会，应改造社会；8.乡村建设是方法，发扬平民潜伏力，使他们能自力更生是目的；9.言必行，行必果。可以说，这些信念在如今的乡村振兴中仍不过时。乡村建设运动的经验产生了世界性的影响，对于当前中国推动农村社会建设和乡村治理，解决不平衡不充分发展的矛盾，开展农村社会工作实务依然具有很强的借鉴意义。

（二）中国共产党开展的农村工作

在革命战争时期，中国共产党在根据地和解放区开展了土地改革、生产发展、农村教育、医疗卫生、妇女解放等领域的农村工作，为新中国成立后的社会建设积累了大量宝贵的经验。新中国成立初期，党和政府部门在农村社会的实践主要有农业生产互助合作社运动、农村卫生合作医疗运动、农村"五保"供养和农村文化的移风易俗。

改革开放以来，中国农村社会工作实践主要由三部分组成：一是以政府部门为主导，以解决农村贫困问题为核心的"扶贫"工作以及以社会保障和社会救助为核心的民政工作；二是以专业的社会工作者为主体的农村社会工作探索；三是以研究农村社会的知识分子为主体的农村社会工作探索。

（三）专业农村社会工作的发展

专业农村社会工作伴随着中国社会工作学科和实践的不断发展而逐步发展，2000 年，香港理工大学和云南大学合作，招聘专业社会工作员到云南平寨开展农村社会工作项目，开启了专业农村社会工作实践先河。2003 年，长沙民政职业技术学院在湖南湘西建立农村社会工作服务中心。2008 年"汶川大地震"后，大批社会工作者深入地震灾害社区，开展农村社会工作服务，建立了许多灾后农村社会工作服务机构。2013 年，民政部推动实施首批边远贫困地区、边疆民族地区和革命老区社会工作专业人才支持计划，对全面推动中国农村社会工作发展奠定了坚实基础。2017 年，广东省民政厅推动实施"双百计划"，社工立足街镇、深入村居，为有需要的群众、家庭、社区打通民政服务"最后一米"。2018 年，湖南省民政厅启动"禾计划"，用不到两年的时间建成乡镇（街道）社会工作站1 940 个，实现湖南全省乡镇（街道）社会工作站全覆盖。2020 年，民政部提出力争"十四五"期间，全国实现乡镇（街道）社会工作站基本全覆盖。由专业力量自力更生到政府部门全面支持农村社会工作发展，中国农村社会工作进入全新的整合性发展时期。

二、中国农村社会工作的领域和任务

（一）农村减贫工作

中国已全面消除绝对贫困，但巩固拓展脱贫，攻坚成果、防止返贫等任务依然艰巨，农村社会工作要发挥专业优势，积极参与减贫工作。

1. 政府主导的减贫工作

2021 年 4 月，国务院新闻办公室发布《人类减贫的中国实践》白皮书，全面系统地总结了中国特色反贫困实践，其核心是实施精准扶贫方略。部分政府主导的减贫活动属于行政社会工作，具有本土社会工作的特点。社会工作者要以自己的专业优势，积极参与政府主导的减贫行动。

2. 资产为本的减贫工作

针对单一强调经济指标的减贫理论之不足，农村社会工作者可以借助资产理论，在农村社区推动资产为本的反贫困工作，即对贫困地区和贫困人口所拥有的社区文化资产、社区生态资产、社区社会资产、社区经济资产、社区人力资产等有形和无形的资产进行挖掘，奠定减贫脱贫的资产基础。在资产为本的减贫模式中，要遵循三个原则：一是大资产观原则，农村社区的非物质文化遗产、和谐的人际关系、自然生态环境、社区社会组织等都是可以利用的资产；二是重能力建设原则，即重视居民自身寻找资产、获取资产、使用资产的能力建设；三是重视集体责任与合作原则，要充分培育社区团结，激活社区内在动力，通过挖掘社区资产，培育社区组织，提升贫困人口和贫困地区自身反贫困的主体意识。

（二）乡村振兴战略下的乡村治理服务

基层社会治理是全面建设中国特色社会主义现代化国家的重要组成部分，农村社会工作人才要全力以赴参与乡村治理，开展乡村治理服务。王思斌认为，社会工作在创新社会治理体制中承担着"基础—服务型"社会治理的任务，即面向基本民众，关注基本民生问题，运用最接近基层民众的方法为困难群体和困境人士服务，将社会服务与政策倡导相结合，将基本民生问题的解决与人的发展和良性社会秩序的建构相联系（王思斌，2014）。农村社会工作介入乡村治理的实践服务主要有三种形式：

一是开展整合性服务治理。农村社会工作者要与乡村治理的其他专业人才合作，要与行政社会工作合作，整合政策资源、社会福利资源、社会救助资源，开展农村社区经济、文化、生态和发展方面的服务。

二是开展链传动服务治理。根据机械学链传动原理，针对农村社区居民就业、住房、卫生健康、照顾等基本社会需要的服务可被视为服务链。农村社会工作者通过扮演教育者、咨询者等角色，连接和启动满足服务对象多重需要的链条，从而满足服务对象的基本社会需要和发展需要。

三是开展综融性服务治理。农村社会工作者要具备对复杂具体情境进行干预的能力，综融性社会工作实务要充分考虑到实践情境的复杂性。农村社会工作者开展综融性服务，主要的路径有：全人视角，即服务开展综合考虑服务对象生理、心理和社会的多层次需要；全域视角，即服务开展综合干预微观、中观、宏观环境。

（三）农村特困人群服务

农村特困人群主要包括农村孤寡老人、困境儿童、残障人士、长期病患者等。农村社会工作者运用专业知识和方法为他们提供的服务主要包括：第一，进行社会救助服务，通过实施社会福利政策，解决他们的基本生活困难，并提供人文关怀。第二，对脆弱人群提供社区康复与照顾服务，培育农村社区康复和照顾组织，争取农村社区康复和照顾资源，与康复师、护士等相关专业人士合作，有针对性地开展康复和照顾服务。第三，发展互助网络，一方面增强服务对象使用正式社会支持网络的能力，另一方面协助建设服务对象的非正式支持网络。

（四）农村留守群体服务

农村留守群体主要是指农村留守儿童、留守老人和留守妇女，农村社会工作者要充分认识他们的基本权益保障需要和生活中面临的具体困难，有针对性地提供专业服务。

1. 农村留守儿童服务。留守儿童主要面临生活、学习、心理、品德和安全等方面的问题，农村社会工作者可针对性地为他们提供如生活照料、学业辅导、心理疏导、人际交往、行为矫正、预防犯罪等服务。

2. 农村留守妇女服务。留守妇女主要面临情感、劳动安全、心理等方面的问题。农村社会工作者可针对性地开展如情绪支持、婚姻辅导、技能培训、团结经济等服务。

3. 农村留守老人服务。留守老人主要面临生活照料、健康、心理、居家安全等方面的问题。农村社会工作者可针对性地开展社区照顾、助医、社区食堂、临终关怀等服务。

三、中国农村社会工作发展策略

农村社会工作发展是一个系统工程，包括农村社会工作教育发展与人才培育、农村社会工作实务机构建设、体制内的农村社会工作岗位设置、农村社会工作发展政策制定等内容。中国特色的农村社会工作发展需要政府和社会多主体、多层次地共同建构。

（一）加大政府部门购买农村社会工作服务的力度

政府购买服务是国家治理能力现代化的具体体现之一。在全面实施乡村振兴战略时期，政府部门可以直接拨款或公开招标的形式，购买就业、住房、健康、照顾等领域的社会工作服务。目前，民政部门通过购买乡镇社会工作站服务，实现民政领域的社会救助和基本社会保障的落实，教育、人力资源和社会保障等部门也可以参考这一模式，推动学校社会工作服务等的购买。

（二）加快农村社会福利领域中农村社会工作岗位开发

县级政府部门、乡（镇）政府部门要积极开发农村社会工作岗位，将原有相关部门政府工作人员转型和引进专业农村社会工作人才相结合，是解决目前中国农村社会工作就业岗位少、服务渠道窄的出路之一。专业农村社会工作者要积极参与基层政府部门农村社会工作岗位开发工作，积极探索农村社会工作岗位责任等的认定，为全面推动农村社会工作岗位设置提供经验参考。

（三）推动农村社会工作的继续教育工作

当前，中国农村专业社会工作人才远远不能满足需求。除了高等学校要加快培养专业人才、动员支持现有人才服务农村，政府职能部门也要加快农村社会工作人才培训和继续教育工作，保障职业化与专业化不脱节。

（四）完善农村社会工作者考核激励机制

农村社会工作者长期在农村社区开展服务工作，需要付出比城市社会工作者更多的努力，承担更多的压力。为此，建立健全有利于农村社会工作者自身发展的保障体系是吸引大批社会工作者进入农村社区开展服务的先决条件。国家从2003 年起开始实施"大学生志愿服务西部计划"，其中包含了很多对计划志愿者的政策优惠和资金保障，有利于吸引大批高素质人才深入农村，为当地农村社区发展贡献力量。此外，政府相关部门还需要建立健全保障农村社会工作者自身发展的激励机制，以保证农村社会工作的持续发展。

（五）切实建设好乡镇社会工作服务站

建立乡镇社会工作服务站是党和政府做好农村基本社会保障、提供基本社会服务和加强基层社会治理的重要举措，是解决好"三农"问题、促进乡村振兴的战略部署。乡镇社会工作服务站以服务农民和农村为基本职能，扮演农村社会服务指导中心的角色，提供重要服务，发挥向村庄辐射社会服务和促进村庄社会发展的功能。健康发展的乡镇社会工作服务站将会在做好基本社会服务的基础上，链接党和政府在农村基层的多种资源，促进整合性社会服务，坚持专业方向和本地化发展思路，培养本土社会工作人才，持续推进农村社会工作的发展。

（六）加强农村社会工作行动研究

农村社会工作有其复杂性，需要进行行动研究。行动研究既是研究方法也是干预策略。张和清等总结了"广东双百"计划的做法，认为其行动研究包括社区评估行动研究、服务过程的反思性行动研究和社会工作者及其团队从业历程的反身性行动研究。社会工作者借助行动研究不仅可以准确识别个体及社区存在的问题，而且可以参与识别社会政策干预的社会需求，评估社会政策显性及隐性目标达成的程度，并在既定目标未实现时确定可行的纠偏行动。社会工作者扮演了社会政策分析者及评估者、社会政策输送者、社会资源整合者、社区网络组织者及社区参与平台搭建者等角色，使兜底民生保障政策能够精准分配与输送到位（张和清等，2021）。古学斌提出，行动研究与传统研究最大的差异在于前者不是为了研究而研究，而是研究、教育和行动结合的三位一体。研究不仅是知识生产的过程，也是教育、意识提升和行动发展的过程（古学斌，2018）。农村社会工作教育要加强对行动研究的教育，农村社会工作者要锤炼自己行动研究的能力。

　　我国党和政府一直十分重视"三农"工作。进入新发展阶段以来，农村社会工作也越来越得到重视。党的二十大明确指出，全面建设社会主义现代化国家，最艰巨最繁重的任务仍然在农村，要扎实推动乡村产业、人才、文化、生态、组织振兴，巩固拓展脱贫攻坚成果，增强脱贫地区和脱贫群众内生发展动力。《中共中央　国务院关于做好 2023 年全面推进乡村振兴重点工作的意见》指出，要举全党全社会之力全面推进乡村振兴，加快农业农村现代化。要扎实推进乡村发展、乡村建设、乡村治理等重点工作；推动基本公共服务资源下沉，深化农村社会工作服务；加快乡镇区域养老服务中心建设，推广日间照料、互助养老、探访关爱、老年食堂等养老服务；实施农村妇女素质提升计划，加强农村未成年人保护工作，健全农村残疾人社会保障制度和关爱服务体系，关心关爱精神障碍人员。在加强乡村人才队伍建设方面，要加强乡村人才队伍建设，实施乡村振兴人才支持计划，组织引导社会工作等领域人才到基层一线服务，支持培养本土急需紧缺人才。可以预见，我国的农村社会工作会得到较快发展，切实助力乡村振兴和农村现代化事业。

【思考题】

　　1. 什么是农村社会工作？谈谈开展农村社会工作服务的重要性。

　　2. 试述农村社会工作价值观的内容。

　　3. 农村社会工作者如何助力乡村治理创新？

　　4. 在乡村振兴战略实施过程中，社会工作者可以承担哪些角色？

【主要参考文献】

史铁尔:《农村社会工作》,中国劳动社会保障出版社2007年版。

袁小平:《中国农村社会工作职业化推进与思考》,《社会工作(实务版)》2008年第10期。

张和清主编:《农村社会工作》,高等教育出版社2008年版。

王思斌:《社会工作在创新社会治理体系中的地位和作用——一种基础—服务型社会治理》,《社会工作》2014年第1期。

王思斌:《我国农村社会工作的综合性及其发展——兼论"大农村社会工作"》,《中国农业大学学报(社会科学版)》2017年第3期。

古学斌:《农村社会工作理论与实践》,社会科学文献出版社2018年版。

张和清等:《中国特色社会工作实践探索——以广东社工"双百"为例》,《社会建设》2021年第2期。

《中华人民共和国乡村振兴促进法》,2021年4月29日。

Armnando T. Morales, Bradford W. Sheafor. *Social Work: A Profession of Many Faces*. Boston: Allyn and Bacon, 2001.

第二十章

反贫困与社会工作

　　贫困是一种全球性问题。无论是发达国家，还是发展中国家，都无法回避贫困问题。减少贫困人口，缓解贫困程度，乃至消灭贫困，始终是世界各国共同面临的主题。本章主要介绍贫困的含义、贫困问题的现状、反贫困与社会工作的关系以及反贫困的中外实践。

第一节　贫困问题概述

一、什么是贫困

（一）贫困的含义

　　贫困是全世界各个国家和地区长期存在的问题，各国学者从不同角度理解和定义贫困。

　　1.绝对贫困与相对贫困

　　贫困是一种经济现象，同时也是一种社会现象，它通常被划分为绝对贫困和相对贫困。绝对贫困的概念最早由英国的朗特里（Seebohm Rowntree）和布思（Charles Booth）提出，即认为一定数量的货币和服务对于个人和家庭的生存和福利是必需的，缺乏获得这些物品和服务的经济资源或经济能力的人和家庭的生活状况，即贫困。朗特里对贫困的定义极具代表性，他认为如果一个家庭的总收入不足以取得维持仅仅是物质生活所必备的需要，那么该家庭就是处于贫困状态。因此绝对贫困又称生存贫困，是指收入难以维持最低限度的生活水准的状况。

　　相对贫困是指一个人或家庭的收入比社会平均收入水平少到一定程度时所维持的那种生活状况，它不是根据某一固定标准，而是根据低收入者与社会其他成员收入的差距来定义贫困的。如有些国家把收入低于平均收入 40% 的人口归为相对贫困人口。世界银行的专家认为，收入低于平均收入 1/3 的社会成员便可被视为处于相对贫困状态。相对贫困的定义基于两个理论假设：一是价值观念上的，认为人的需要不仅限于物质方面的需要，而且也包含精神文化方面的需要；二是物质上的，认为生活必需品的数量和质量标准是不断变化的。这一定义包含着与其他社会成员的比较，它讨论的是差距，是社会不同成员之间的不平等。

2. 社会剥夺与社会排斥

英国学者汤森（P. Townsend）关于"相对剥夺"（relative deprivation）的概念常被用于定义与度量贫困。按照他的解释，"相对剥夺"是指社会上一般认为或风俗习惯认为应该享有的食物、基本设施、服务与活动的缺乏与不足，即因为缺乏资源而被剥夺了享有常规社会生活水平和参与正常社会生活的机会和权利。英国学者 J. 斯科特（John Scott）在汤森的基础上引入"公民权"概念，对社会剥夺做了更深入的阐述，认为达到社会常规生活水平和参与基本的社会生活是现代社会公民权的基本内容之一，如果部分社会成员因缺乏资源而达不到公众认可的一个公民应该具备的生活方式和生活水准，或由于他人排斥丧失了对公共事务的参与机会，即被剥夺了基本的公民权。阿玛蒂亚·森也指出剥夺是权利不足，而不是财货不足的结果。

可见，收入不是界定贫困的唯一因素，住房、工作保障、教育，以及参与的机会和权利等也被用于界定贫困。马尔科姆·吉利斯（Malcolm Gillis）在其《发展经济学》中指出，贫困不完全是就绝对意义上的生活水平而言的，它的真正意义在心理上。穷人指的是那些自认为是社会中的一部分但又感到被剥夺了与社会中另一部分人同享欢乐权利的人。

社会排斥概念承继了剥夺概念的多元内涵，指某些个人、家庭或社会群体因缺乏参与一些社会普遍认同的社会活动的机会，而被边缘化或隔离的系统性过程，它是一个由劣势地位导致某些排斥，这些排斥又导致更多的劣势和更大的社会排斥，最终形成持久的多重劣势的动态过程。它同时涉及政治、经济、社会、文化、心理等诸方面的长期匮乏。

欧洲共同体在 1989 年也从"社会排斥"的角度阐释贫困，认为贫困应该被理解为个人、家庭和群体的资源（物质的、文化的和社会的）如此有限以致他们被排除在他们所在的成员国可以接受的最低限度的生活方式之外。

社会排斥概念将社会地位、权利、机会等非经济因素引入贫困问题的界定，强调其破坏社会整合的负面作用，这一概念认为弱势群体缺乏与他人平等的社会地位与权利，缺乏足够的社会参与，从而导致社会整合与社会团结遭到破坏。它在很大程度上丰富了贫困概念的社会内涵。

（二）贫困的测量

贫困的测量可以在两个层次上进行。一是划定贫困线或设定贫困"门槛"，用以判别社会中哪一部分人是穷人。二是测量贫困程度，包括以下方面：测定一国的贫困程度，如贫困发生率与贫困缺口率；对收入不均等的测量，如基尼系数、收入不良指数等；评价各国贫困程度和社会发展水平的指标体系。这里介绍几种国际通用的衡量贫困的指标体系。

1. 恩格尔系数

恩格尔系数是人们根据德国经济和统计学家恩格尔（Ernst Engel）提出的"恩格尔定律"确定的衡量贫困的数量指标，即饮食费用在家庭的全部收入中所占的比例。联合国应用恩格尔系数确定贫富的标准是：恩格尔系数大于60%为绝对贫困；50%～60%为勉强度日，类似温饱；40%～50%为小康水平；20%～40%为富裕；小于20%为极富裕。由于经济结构、生活习惯、个人消费支出习惯的不同，仅用恩格尔系数还不能准确反映一国（一地）人民的实际生活水平和一部分人的贫穷程度。

2. 人均国民生产总值

国民生产总值（Gross National Product，简称GNP）作为划分各国经济水平的主要分类标准，既用来衡量各国的经济发展水平，也用来衡量一部分国家的贫穷状况和比较发展中的低收入国家和工业发达的高收入国家之间的差距。如联合国对国家综合国力的评价标准之一就是人均国民生产总值。

3. 实际生活质量指数

实际生活质量指数或称有形生活质量指数（The Physical Quality of Life Index，简称PQLI），是一个衡量各个国家人民实际生活状况（包括贫困状况）的综合指标，其目的在于克服单纯用国民生产总值来衡量某一国家人民生活状况可能存在的局限性。它由三个基本指标组成：一国的人均预期寿命，婴儿死亡率和识字率。通过这一指数，人们能较为准确地判断一个国家的教育、卫生设施的普及程度以及人们的营养状况，从而了解其就业、工资、保障、福利等情况。

4. 人文发展指数（Human Development Index，简称HDI）

1990年，联合国开发计划署创立了人文发展指数（HDI），将预期寿命、教育程度和人均国内生产总值这三大反映人民生活质量的要素指标合成为一个综合指数，以此衡量各个国家的国民发展水平。

二、贫困的全球背景与中国的贫困问题状况

（一）贫困的全球背景

世界多极化和经济全球化为人类社会发展创造了更多的机会，但世界范围内的贫富差距也在扩大。发展中国家的贫困问题经过多年努力虽已获得大幅度缓解，但其减贫与发展的任务依然十分艰巨。消灭一切形式的贫困依然是关系全球稳定与发展的重大历史课题。

在发达国家，贫困一般是指相对贫困，其贫困人口的绝大多数集中在城市。通常来说，在发达国家，有 7 组人被认为比其他人更容易处于低收入或贫困状况之中：老年人、失业者、低收入者、妇女、儿童、移民、乡村的贫困人口。根据美国人口普查局的数据，2019 年美国贫困率为 10.5%，降至历史最低水平。2020年，受新冠疫情影响，其贫困率有所上升。

在发展中国家，贫困人口数量比发达国家多得多，而且绝大多数集中在农村。这些贫困人口 90% 集中在南亚、撒哈拉以南的非洲、东南亚、蒙古、中美洲、巴西和中国。伴随全球反贫困进程，尤其是中国的脱贫攻坚战，全球贫困人口数量大幅度下降。

全球的减贫成就得益于各国自身及国际社会的强力推动。世界上很多国家都把逐步消除贫困作为本国主要发展目标。联合国更是将消除贫困作为多年来的重要议题，不遗余力地推进世界反贫困进程。1995 年，联合国在丹麦哥本哈根召开会议，通过《哥本哈根社会发展问题宣言》，把 1997 年—2006 年确定为联合国第一个消除贫困十年。2000 年，联合国召开的千年峰会通过了《千年宣言》，提出了要在 15 年内将世界贫困人口减少一半的发展目标。2015 年，联合国可持续发展峰会通过了《2030 可持续发展议程》，致力于 2030 年在全球消灭一切形式的贫困。

（二）中国的贫困状况

1. 农村的贫困

贫困与落后伴随了中国农村漫长的年月。20 世纪 80 年代以来，随着农村经济的发展，特别是 80 年代中期之后，国家在全国范围内开展了有组织、有计划、大规模的扶贫工作，农村的贫困问题得到明显缓解，中国在反贫困方面创造了举世瞩目的成就。

经过多年的努力，中国农村绝对贫困人口迅速减少。国家第一次确定扶贫标准是在 1985 年，划定绝对贫困线是年人均纯收入 206 元，对应的贫困人口是 1.25 亿人，这一时期，农村实行家庭联产承包责任制改革所焕发出的经济发展动力使贫困人口从 1978 年的 2.5 亿大幅度降至 1985 年的 1.25 亿；1994 年—2000 年，政府实施了"八七扶贫攻坚计划"；到 2003 年年底，绝对贫困人口数为 2 900 万，贫困发生率从 1978 年的 30% 下降到了 3% 左右，农村贫困人口的温饱问题基本解决。

2001 年《中国农村扶贫开发纲要（2001 年—2010 年）》实施后，政府有关部门经过测算提出了人均纯收入 865 元的扶持标准，对应贫困人口是 9 422.8 万人。2011 年，农村贫困线调整为人均纯收入 2 300 元，对应的贫困人口为 1.22 亿人。这一部分贫困人口集中分布在自然条件相对恶劣的地区，这些地区交通闭塞，人口素质低，因此缓解贫困及发展农村的任务十分艰巨。2013 年，政府开始实施精准扶贫政策，通过建档立卡确定贫困人口，开展贫困户识别工作，2015 年建档立卡人数为 5 575 万人。通过脱贫攻坚，到 2020 年年底，现行标准下 9 899 万农村贫困人口全部脱贫。

2. 城市的贫困

20 世纪 90 年代以来，随着市场化改革的进一步深化，城市新贫民问题日渐凸显。2022 年 1 月，全国共有城乡低保对象约 4 224 万人，特困人员 470 多万人。中国城市贫困带有明显的转型期特点，表现为制度性贫困，即贫困主要是体制和政策原因造成的。制度连续性的断裂造成以国有企业下岗失业工人为主体的城市贫困人口增多。提前退休、买断工龄等政策使部分企业工人失去工作，成为边缘化群体。

城市贫困亦表现出地域和行业分布集中的特点，主要表现为贫困人口集中于中西部欠发达地区、传统产业为主的老工业城市及中小城市。此外，城市贫困人口还包括相当一部分退休人员、没有工作的年轻人等。

从群体分布来看，城市贫困人口主要由以下七类人员组成：（1）因企业不景气而拿不到工资或所拿工资严重不足的职工及家庭人员；（2）下岗、失业及待业人员；（3）部分退休职工；（4）长期从事低收入工作的居民；（5）社会救济及优抚对象；（6）因物价上涨导致相对收入下降而低于贫困线的居民；（7）流入城市的待业农民工。在这些群体中，第一、二类已构成城市贫困人口的主体。

第二节　反贫困的国际经验回顾

一、反贫困的主要武器

从世界各国的经验来看，反贫困的武器除经济增长的益贫效应之外，主要有两个：一是福利制度；二是直接针对穷人的缓贫计划。

（一）福利制度

在西方发达国家，福利制度作为一张社会安全网，在为贫困者及贫困家庭提供基本生活保障方面，起着非常重要的作用。

英国是最先兴起的资本主义国家之一，其反贫困政策以《济贫法》为原始形态。1601年，伊丽莎白女王颁布《济贫法》，确认国家有解决贫民问题的责任，由官方划定了一条贫困线，在全国普遍设立收容贫民的济贫院，主要收容和救济老人、孤儿与残疾人等。1765年5月，议会通过斯宾汉姆兰制度，大大扩充了济贫的范围，使低工资收入者获得了最低限度的生活保障。1944年，在贝弗里奇报告的基础上，英国政府发布了社会保险白皮书，1948年，《国民保险法》和《国民救济法》同时生效，至此，英国的反贫困政策由原来零散的济贫措施走向一套系统稳定的社会福利制度。其他西方国家和英国一样，都经历了一个从实施零星分散的济贫法案到逐步建立完整系统的福利制度的过程。

福利制度确保了穷人能够维持最基本的生活水准。在美国，医疗补助项目为生活在贫困中的穷人支付大部分的住院费、手术费和其他卫生保健费用；住房补助项目为在城乡购买房屋的低收入家庭提供补贴；食品营养补助中的"食品券计划"使低收入家庭可以低价买到，食物并保持一定的营养水平。另外还有其他救济项目，包括公共救助项目，其中包括对老年贫困人口及有未成年儿童的贫困家庭提供救助。

然而，福利制度作为一种消费补贴，只能帮助穷人维持一种"过得去"的日子，但不能彻底改变他们的生活状况，无法为其提供摆脱困境、永不陷入贫困的机会，这也是福利制度在反贫困实践中明显的局限性所在。此外，福利制度也导致政府的财政包袱越来越沉重，使其在福利问题上陷入"骑虎难下"的窘境。

（二）直接针对穷人的缓贫计划

福利制度只是防止穷人更贫穷，而直接针对穷人的缓贫计划则是为了消灭贫困。20 世纪 50 年代以来，一些发达国家根据本国贫困的分布情况，先后制订了以消灭某一特定贫困群体为目的的反贫困计划。需要说明的是，在发达国家，福利制度是其最经常、最习惯应用的，并有一套规范处理贫困问题的完整办法的基本手段，而反贫困计划则是小型的、不经常的、用以临时应急处理特殊贫困问题的补充手段。因此，反贫困计划不管是在规模上、作用上还是时间的持续性上均无法与福利制度相比。反贫困计划一般包括增加穷人收入机会的特别计划和以解决穷人某个社会特征为目的的社会计划。

1. 增加穷人收入机会的特别计划

20 世纪 50—60 年代是强调 GNP 增长的年代，几乎所有人都认为经济总增长是与贫困作斗争的最有效的方法。然而，一些发展中国家在经历了长期空前的经济增长后，国内的大众贫困却没有得到应有的改善。20 世纪 70 年代，亚洲一些发展中国家在世界银行、联合国粮农组织等一系列国际组织的帮助下，对 GNP 增长战略进行了调整，以求在经济总增长的效益缓慢地渗透到特定贫困群体的长时间里，有一些特别计划作为补充。印度、泰国、印尼、韩国等国，都先后兴起了以"农村综合开发"为中心的缓解贫困计划。除此之外，这些国家还实施了种类繁多的就业计划，以增加穷人的就业机会。

2. 以解决穷人某个社会特征为目的的社会计划

这些特别计划着重解决穷人的生计来源问题，能够以间接的方式提高穷人的生活质量，但它需要较长时间的传递过程，因此在穷人收入普遍增加之前，仍需在营养、卫生、教育等基本需求方面给予其保障，以直接提高其生活质量。社会计划即以解决贫困人口面临的一系列社会问题为目的，这类措施可以直接改善贫困人口某个最严重的社会贫困特征，制止其继续恶化。社会计划通过公共机构提供一些免费服务以期改善那些生活在贫困线以下的穷人的生活环境，主要内容包括提供初等教育，进行成人教育，加强公共服务设施建设，改善饮水系统，修建乡村公路，村庄通电等。社会计划的资金来源是国家财政，它通过转移支付的方式改善社会的不平等状况，由于国家财力的限制，很多国家都把这方面的计划放在农村综合发展计划的辅助地位。

二、西方社会福利政策的转向——资产建设理论与社会投资理论

在西方发达国家，传统社会福利模式未从根本上为社会弱势群体摆脱贫困、实现可持续发展提供条件。20 世纪 80 年代以来，反贫困领域出现了新的理论，反映了福利政策的某种转向。

（一）资产建设理论

资产建设理论是美国社会福利学者迈克尔·谢若登（Michael Sherraden）在其著作《资产与穷人》中提出的。该书指出，贫困者之所以难以打破贫穷的恶性循环，根源在于其难以积累起资产。所谓资产建设，是指政府有组织地引导和帮助穷人进行资产积累与投资，而非简单地直接增加其收入与消费。发展是通过资产积累与投资而实现的。资产为人们提高长期的物质投资水平提供了保障与资源。如果家庭想要长久地改善其生活条件，就必须在教育、住房、产业等方面进行积累和投资。资产具有消费之外的重要福利效应，例如，促进家庭稳定，培养心理上具有希望的未来取向，刺激其他资产如人力资本的投入，增加个人效能、政治参与及社会影响等。人们有了资产便可以追求长期的目标，更重要的是积累资产本身对穷人的心理促进、意识提升以及行为方式的改变等具有巨大的潜在作用。

该书提出了一个资产建设的政策方案——个人发展账户。个人发展账户实质上是"资产（资本）账户"，即建立在个人名下非强制性的、有增值收入和税收优惠的账户，政府对穷人的存款提供配给款或补贴。目前，美国大部分州已经采用了某种形式的个人发展账户政策。个人发展账户作为一种社会政策工具正在成为一种全球现象。

（二）社会投资理论

1995年，美国社会政策学家米奇里（James Midgley）出版了《社会发展：社会福利视角下的发展观》一书，阐述了发展性社会福利的观点。在之后发表的论文中，他在社会发展理论的基础上进一步提出了社会投资理论。社会投资理论的要义是强调经济政策与社会政策的融合，将以再分配与消费为导向的社会政策转变为以生产和投资为导向的社会福利政策。他认为社会福利的功能之一是促进国家的经济发展，社会福利应以社会投资为导向。应通过将社会福利开支重点用于对福利服务对象和经济增长具有投资性的项目上，提高人们参与经济和社会生活的能力，促进贫困群体及个人的自立自强，从而以一种积极的方式达到社会福利的提升。

这一理论的主要论点包括如下内容：将成本—效益方法应用于社会福利政策中，提升社会福利的成本效益；在社会福利政策中加强人力资本的投入；加强对低收入社区的投入，通过强化社区合作关系促进其发展；鼓励资产积累，鼓励低收入者建立个人发展账户；促进积极的生产就业；消除经济参与的障碍；创造良好的社会发展环境，以利于福利对象的社会参与。社会投资理论是一种发展性取向的福利理论，代表了美国社会福利政策由消极的社会消费向积极的社会投资的转向。

三、反贫困领域的社会工作

直接针对困难群体的福利服务是社会福利制度中很重要的一方面，社会工作便在其中承担了服务实施者的重要角色。各国反贫困计划的实施也有社会工作者参与其中。社会工作运用各种工作方法参与反贫困，发挥了独特的作用。

（一）相关理论视角

反贫困领域中的社会工作除了运用一般性社会工作理论，在实务工作中也采用了以下理论视角：

1. 参与式发展理论

参与式发展理论起源于对传统发展观及发展实践的反思。参与式发展追问的主要问题是：什么是真正的发展？发展的主体是谁？参与式发展研究强调目标群体应全面地参与发展项目和发展活动的规划、实施、监测和评估的整个过程中。其核心理念包括：（1）将目标群体视为主体，即受助群体作为发展的主体要参与发展项目的决策规划、管理实施、监测评估的全过程。（2）赋权，即对发展项目全过程权力的再分配，注重受助群体在发展项目中的发言权和决策权。（3）信息共享，即看重当地人的智慧，施助方和受助方在实践中共同学习、共同受益。（4）利益分享，即参与者参与分享发展的成果。（5）自我组织及自立，即受助者建设并参与组织，在组织中实现参与、民主、合作。

参与式发展使用一套特有的工具与方法：工具包括资源图、生态剖面图、社区图、时间曲线趋势图、季节历、因果关系图、大事记等；方法包括分类、排队、讨论、半结构式访谈等。

2. 资产为本的社区发展理论

克雷兹曼（John P. Kretzmann）和马可尼特（John L. McKnight）在《社区建设的内在取向：寻找和动员社区资产的一条路径》一书中提出资产为本的社区发展理论，主张以社区资产或社区优势 / 能力作为介入重点，强调不要用"需要镜片"（needs lens）去看待社区，而应该用"资产镜片"（assets lens）或"能力镜片"（strengths or capacity lens）去了解社区。

资产为本的社区发展理论的核心理念包括：注重建设和加强社区的资产价值，以社区资产为出发点来激活社区发展的内在动力；以内部为焦点，重视社区自身资产实力而非其不足，重视社区内部的所有资源和关键力量；将人际关系网络作为驱动力量，不断建立和重建社区居民、协会和机构之间的关系；以社区优势为核心，积极发展而非消极应对。该理论把社区资产划分为个人资产、社区组织资产、社区团体和部门资产以及自然资源和物质资产等。其实践策略是：欣赏性的寻访；以社会关系为焦点的社区网络发展；社区经济发展；等等。资产为本的社区发展分为几个步骤：绘制资产地图；建立关系；经济发展与信息共享；长远规划和支持。

3. 可持续生计分析框架

可持续生计分析框架由英国国际发展署提出。它是建立在跨学科视角下的一种整合性方案，由脆弱性背景、生计资本、结构和制度的转变、生计策略和生计结果五部分组成。脆弱性背景指个体、家庭、社会所面临的风险性环境；生计资本指生计选择的基础，是贫困人口维持生存、谋求发展的各类资本的总称；结构和制度的转变指与生计相关的组织机构及相关制度、政策的完善；生计策略指家庭为缓解贫困状况，利用生计资本选择的系列性生计活动；生计结果指生计策略的成果和产出，它包括收入、家庭福利的增加，脆弱性的降低，食物安全性的提高以及自然资源的可持续利用等。

可持续生计分析框架认为，个人在一个脆弱性的环境中生存或谋生，这一环境影响着个人的生计策略即配置与使用资产的方式，以使个人获得有益成果，实现其生计目标。

（二）个案辅导与团体工作

社会服务部门通过社会工作者为贫困者提供直接的个人服务，这些服务是多层面的，其中包括个案辅导和团体工作。

社会工作者在对贫困者进行个案辅导与服务时应特别注意以下几方面：1. 要尽可能地设法接触贫困者，并对其说明何以要接受专业人员的帮助，说明这种帮助的性质与程序如何；2. 注重对服务对象的引导，从与贫困者接触开始，要向他们说明他的问题、所处的情况以及应努力的方向；3. 要正视贫困者的实质需要，即对贫困者的一些生理、物质以及精神方面的实质需要及时作出回应；4. 注重资源协调，贫困常由多种因素造成，因此工作人员要联络、调动、协调有关的社会资源，通力合作。

除了直接为贫困者提供个人服务，用团体工作方式为贫困者提供服务也是经济、可行和有效的。比如，运用团体工作程序可使贫困者子女在互相接纳、彼此支持的活动中，发展出积极的生活态度、良好的社会人际关系，以及健全的人生理念，这也是比较有效的"治贫"办法之一。将贫困家庭的妇女组织起来，共同讨论其面临的问题与需要并组织生产，对缓解贫困会起到非常重要的作用，孟加拉乡村银行的脱贫计划在这方面提供了成功的经验。

（三）贫困社区的社区发展工作

贫困社区的社区发展工作可追溯到19世纪末的慈善组织会社与睦邻运动，前者以协调合作的方式征募捐款，救济贫民，统筹区内的济贫工作；后者通过外来工作人员与社区成员相结合，设立各种服务设施，旨在充分利用社区的人力、物力资源，培养其成员的自治与互助精神。后者对于贫困社区的改建与福利服务方案的实施有着更深远的贡献。

第二次世界大战结束后，许多发展中国家面临贫穷、失业率高、经济发展缓慢等一系列问题。要解决这些问题，仅仅依靠政府的力量是远远不够的，在这种情况下，一种运用民间资源发挥社区自助力量的构想应运而生。联合国成立后，在全世界范围内推行了社区发展运动，即以乡村社区为单位，开展全面的地方建设运动，由政府有关机构同社区内部的民间团体、合作组织、互助组织等通力合作，发动全体居民自发地投身于社区建设，由此加快落后地区的经济、社会发展。之后，社区发展计划开始在城市社区和发达国家实施，以解决城市化带来的一系列社会问题。

社区发展强调参与、合作、社区自助、领袖培训等主题，强调经济、社会协调全面发展，在方法上注重教育与组织的双重作用，在许多发展中国家的缓贫项目中占有重要地位。美国学者柯林纳德（M. B. Clinard）在其所著的《贫民区与社区发展》一书中，以其在印度担任德里市社区发展顾问的经验，指出社区发展的原则和方法有助于城市贫民区问题的解决。他主张推行低收入社区自助教育，培育当地人才，创立新组织，给予贫民荣誉，并掌握急难时机，唤起其自力更生的愿望。社区发展在运作上强调以下四点：唤起社区意识；促成社区自助；训练当地人才；配合政府援助。

总之，社区发展的理念与方法在贫困或低收入社区中被广泛运用，对从根本上解决贫穷问题、谋求社区的全面发展发挥着重大作用。

（四）参与设计并实施缓贫计划

各种反贫困计划特别是社会计划的各种项目中，多有社会工作者参与设计和实施，一些非政府组织在缓贫计划中发挥了格外重要的作用。

1. 项目规划

在许多亚洲国家的实践中，特别是一些以社区为单位的综合发展项目中，多有社会工作的参与。社会工作者深入社会底层，了解社区与村民的问题与需要，甄别贫困家庭，确定扶持对象，与村民共同讨论并逐渐形成方案。在这一过程中，社会工作者十分重视村民的认识与感受，根据他们的切实需要，确定改进与发展的方向。在项目的实施过程中，工作人员还会与村民一起不断发现新问题，并根据实际情况，对方案加以修订与改进。

2. 目标群体的参与与贫困者的能力建设

在社会工作理念中，贫困者是缓贫活动的落脚点，也是最重要的资源。因此，缓贫活动必须以人为基础，以人为中心。这一思想使得社会工作者能深入贫困者之中，恰当地提供他们所需要的帮助，同时，也使得他们在工作中极为重视目标群体的参与，这也是目前各国缓贫活动的共同趋势。社会工作者不把贫困者简单地看作被救济的对象，而是鼓励与激发他们的自信心，为其创造条件，使之主动地参与缓贫活动的各个过程。这种主动的参与机制是以不断加强贫困者的能力建设为前提的。

首先，建立贫困者的主体意识。激励贫困者，令其觉悟，使其认识到造成贫困的原因不是天命，自己才是自己命运的主宰。社会工作者作为来自外部的鼓动者、使能者和推动者，与目标群体相互作用，促成贫困者能力的启蒙和内在动因的形成。其次，建立参与组织。有组织的活动有利于贫困者集体意识和民主观念的形成，也有利于训练领导人，因此，社会工作者在缓贫实践中把建立贫困者的参与组织作为工作过程的重要环节，并在组织中帮助成员学会相互信赖，共同作出决议，逐渐养成自我管理、自我发展的能力。最后，贫困者生产生活以及各方面活动技能的培养也是能力建设的重要内容。社会工作者直接面向贫困者，向其传授诸如识字、管账、家庭卫生、农林牧副渔生产等多方面的实际技能，以增强贫困者改善现实生活的自信心与能力。

3. 培训

培训是保证反贫困努力取得成功的主要手段，在缓贫计划的实施中占有极为重要的位置。培训活动的对象包括规划人员、项目官员、执行人员、社会工作者、贫困人口等多个层面。社会工作者所承担的主要是针对贫困人口的培训，在进行培训之前，先要做培训需求的评估，旨在确定培训对象，选择培训内容与形式。对贫困者的培训内容要根据其改善生活状况的需要制定，最好由贫困者自己提出。培训的具体方法可采用授课、小组讨论、案例研究、角色扮演、实地考察等多种形式。

第三节 中国的反贫困与社会工作

一、对基本需要的保障——社会救助

（一）传统的城乡社会救助

中国传统的社会救助制度是于 20 世纪 50—60 年代在计划经济体制下形成的。

中国城镇社会救助主要针对三部分人。一部分是三无孤老。对其的救助一般都是终生长期救助，分为两种方式：一是集中供养，即通过区、街道办的敬老院，把老人集中起来供养，社会救助部门直接把救济金拨给敬老院，由敬老院全面负责老人的基本生活和医疗卫生等；二是分散供养，老人住在自己家里，社会救助部门逐月发放救济金，一般免交房租、水电费，医疗实行实报实销，并由社区通过开展社区服务照顾其生活。另一部分是困难户救助。对其的救助多为补助性的，不定期不定量的救助以保证其能维持最低生活为限度。还有一部分是精简退职老弱残职工。

中国农村社会救助的对象主要是孤老残幼和贫困户。对三无孤老的救助也分为在乡敬老院集中供养与在家分散供养两种形式，在家供养主要实行五保供养，即保吃、保住、保穿、保医、保葬。从社会工作的角度来看，上述工作基本上是通过国家兴办福利院、敬老院以及基层社区提供服务来实现的，街道办事处、居委会（村委会），有时包括贫困职工的单位通常作为社会救助的实施主体，多方面关心贫困者的生活，根据实际需要，提供具体的帮助。这些服务虽然在内容与质量上多有局限，然而依然较好地满足了贫困者的需求，起到了维护社会稳定的作用。

（二）城乡最低生活保障制度的实施

20 世纪 90 年代以来，随着城市新贫困层的出现及贫困问题的加剧，新的反贫困政策陆续出台。1993 年 6 月 1 日，上海市城市居民最低生活保障线制度出台，拉开了城市社会救助制度改革的序幕。1999 年 10 月 1 日，国务院颁布的《城市居民最低生活保障条例》正式施行，使这项工作步入规范化、法制化管理的轨道。从 2004 年开始，国家着手探索和建立以城市低保制度为主体，以优惠政策和临时救助制度为补充，以医疗救助、教育救助、住房救助等相配套的综合性社会救助体系。2007 年，农村最低生活保障制度在全国推行。2012 年，民政部颁布《最低生活保障审核审批办法（试行）》，使低保受益者的审批更具规范性和操作性。最低生活保障制度是建立在家庭收入调查基础上的收入补差制度。计算补差额所依据的收入，是共同生活的家庭成员的全部货币收入和实物收入。

目前，城乡一体的最低生活保障制度逐步完善，农村最低生活保障制度尽管发展晚、标准低，但已在全国普遍推行并不断完善。最低生活保障制度成为保障城乡贫困人口的最后一道安全网。

（三）社会救助体系的建立

2014 年 2 月，国务院颁布《社会救助暂行办法》，对最低生活保障和特困人员供养等作出规定，从而使社会救助制度走上更加系统化、规范化的轨道。社会救助制度的基本内容包括：

1. 最低生活保障。这是国家、政府针对难以维持基本生活的贫困家庭所制定的一项社会救助制度，是社会保障体系中的托底网。

2. 受灾人员救助。主要解决灾民的生产和生活方面的问题。

3. 医疗救助。该制度是国家为贫困家庭及其他困难群众提供医疗费用补助的救助制度，它以多种方式筹集资金，其救助标准因各地经济发展、救助基金形式等条件的差异而有所不同。

4. 教育救助。这是通过减免学杂费、免费提供教科书、提供助学金、给予生活补助等方式，帮助贫困学生完成特定阶段的学习，以最终解决其可持续生计为目标的一项救助措施。

5. 住房救助。该制度的救助对象主要是困难家庭、特殊家庭等，救助形式在城市主要是提供廉租房，在农村主要是帮助住房的修缮、搬迁、新建以及恢复重建。

6. 就业救助。国家对最低生活保障家庭中有劳动能力并处于失业状态的成员，通过贷款贴息、社会保险补贴、岗位补贴、培训补贴、费用减免、公益性岗位安置等办法，给予就业救助。

7. 临时救助。临时救助制度主要针对由于交通事故、火灾和重大疾病等特殊原因造成生活暂时困难的家庭。

二、农村扶贫政策的演变与开发性扶贫

（一）扶贫政策的演变

从 20 世纪 50 年代到 80 年代中期，中国政府一直坚持以生活救济为主的扶贫方针，这种输血式的扶贫方式未能培植和增强贫困地区的造血机制和功能，无法帮助贫困者长期摆脱贫困。从 80 年代中期开始，政府对扶贫工作进行了一系列重大改革与调整，由单纯生活救济为主转向以经济开发为主解决贫困问题。1994 年，政府实施《国家八七扶贫攻坚计划》，要求用 7 年左右时间，到 2000 年基本解决 8 000 万贫困人口温饱问题。进入 21 世纪，政府先后颁布了《中国农村扶贫开发纲要（2001 年—2010 年）》《中国农村扶贫开发纲要（2011 年—2020 年）》，提出以发展为核心的扶贫理念，强调以提升贫困人口自我发展能力为重点，同时把扶贫开发纳入国民经济和社会发展计划。这一时期，国家把贫困人口集中的特困地区作为扶贫开发的重点，确定扶贫开发重点县，以县为扶贫单元、以贫困乡村为基础，反贫困的瞄准目标逐渐转向贫困村，转向直接瞄准贫困人口的"到村到户"模式，同时引入参与式扶贫模式。党的十八大以后，中国实施精准扶贫政策，农村反贫困进入脱贫攻坚阶段。

（二）扶贫攻坚的方略及中国特色反贫困理论

精准扶贫思想由习近平首次提出并在中央扶贫开发工作会议上进行了系统阐述。之后《中共中央 国务院关于打赢脱贫攻坚战的决定》颁布，确立了精准扶贫、精准脱贫的方略。精准扶贫的目标为两不愁（不愁吃、不愁穿）、三保障（义务教育、基本医疗和住房安全），要达到"六个精准"，即扶持对象精准、项目安排精准、资金使用精准、措施到户精准、因村派人精准、脱贫成效精准。为达到精准扶贫的目标，实施"五个一批"，即发展生产脱贫一批、易地扶贫搬迁脱贫一批、生态补偿脱贫一批、发展教育脱贫一批、社会保障兜底一批。

经过各级党和政府、社会力量和贫困地区群众的共同努力，中国打赢了这场脱贫攻坚战。通过这一过程，一整套行之有效的政策体系、工作体系、制度体系被构建起来，中国特色的反贫困理论形成，它主要包括如下内容：坚持党的领导，为脱贫攻坚提供坚强政治和组织保证；坚持以人民为中心的发展思想，坚定不移走共同富裕道路；坚持发挥我国社会主义制度能够集中力量办大事的政治优势，形成脱贫攻坚的共同意志、共同行动；坚持精准扶贫方略，用发展的办法消除贫困根源；坚持调动广大贫困群众积极性、主动性、创造性，激发脱贫内生动

力；坚持弘扬和衷共济、团结互助美德，营造全社会扶危济困的浓厚氛围；坚持求真务实、较真碰硬，做到真扶贫、扶真贫、脱真贫。

到 2020 年年底，中国农村绝对贫困问题已经解决。未来我们需要面对的是相对贫困的挑战，边远落后地区长期发展的任务依然艰巨，区域间贫富差距依然显著，城乡间贫富差距依然突出。同时，我们还需要应对脆弱环境下的返贫现象。中国将在共同富裕的理念下迎接这些挑战。

（三）开发性扶贫的基本运作方式

1. 以县为单位的区域性扶贫开发

1986 年，我国成立了第一个正式的反贫困机构——国务院贫困地区经济开发领导小组，专职负责开发性扶贫工作。贫困面较大的省、区和地、县也相继成立了对口机构，配备了专职人员。在从上到下建立起的完整的工作体系基础上，国家以人均收入低于贫困线的县为单位，实施以区域经济发展带动缓贫为目标的扶贫开发。

2. 资金投入与扶贫开发的主要内容

扶贫资金的来源主要有两项：财政资金与扶贫贷款。从 1980 年开始，中国政府设立并逐年增加财政扶贫资金以帮助贫困地区的发展。1986 年以来，在原有扶贫资金的基础上，国家又先后增加了中央财政拨款、扶贫专项贴息贷款、牧区专项贴息贷款、贫困县县办企业贷款、以工代赈资金。各种扶贫资金都有明确的使用范围和要求：财政拨款和以工代赈资金主要用于水电路等基础设施建设和文教卫生公益事业发展；信贷资金以项目立项的方式主要用于生产性项目，特别是种植业、养殖业和劳动密集型产业的发展。

扶贫贴息贷款主要用于贫困地区经济发展项目。以项目立项的方式，由扶贫办和农业银行管理，发展扶贫经济实体、劳动密集型企业、农产品加工企业，支持农户发展种植业、养殖业和小型加工以及其他增加收入的项目，这是开发式扶贫的核心部分。

以工代赈计划是以支持贫困地区基础设施建设为核心的扶贫计划，它要求救济对象通过参加必要的社会公共工程建设而获得赈济或资金。这一计划帮助贫困地区修建乡村公路、建设人畜饮水工程、建设基本农田、治理生态环境、改善通信设施落后和缺电的状况，极大地提升了贫困人口的生产和生活条件，促进了贫困地区经济发展的能力。

易地移民是一种通过人口迁移的方式摆脱贫困的方式。中国部分贫困人口生活在生态条件极为恶劣的地区，从 20 世纪 80 年代起，各级政府采取多种形式帮助他们迁移安置到自然条件和生产条件相对较好的地区。移民的效果极为显著，大多数移民可在第一年解决温饱，第二、三年稳定脱贫，移民所带来的生态与社会效益也十分显著。

3. 社会动员

扶贫开发工作在组织实施中采取了广泛的社会动员，1986 年开始，从中央到地方，各级部门以及社会各界陆续派出工作团、工作组，分片联系贫困地区，帮助开发当地经济。社会各界包括民主党派、科研单位、大中专院校和人民解放军等都对扶贫开发工作给予了大力支持，每年都有大批志愿人员包括教师、医生、科研人员、工匠、企业家等深入贫困地区，帮助制订发展规划、培训人才、传授技术，并帮助解决经济开发中的有关问题。

在政府动员社会力量参与扶贫行动的同时，民间组织也开展了许多声势浩大的反贫困行动，如"希望工程""春蕾计划""幸福工程""光彩事业"等，取得了良好的社会效果。

（四）扶贫开发的问题与反思

随着贫困人口的大幅度减少，开发性扶贫的局限越来越明显。在扶贫实践中，扶贫工作者对这一模式的问题围绕以下几点进行了反思。

1. 目标瞄准机制

以县为单位的扶贫瞄准机制造成扶贫资金的稀释和遗漏。有的县用扶贫资金发展与县域经济增长和财政收入增长关联大的项目，而这些项目与扶贫目标并非完全一致，不能吸收更多的贫困者就业并从中受益，从而造成扶贫成果无法真正抵达贫困者。后来的精准扶贫便在这一问题上有所改进，从而提升了扶贫效果。

2. 扶贫的参与主体

农村脱贫的主体是贫困者，没有贫困者自觉、自主的参与，就不能真正实现脱贫。由于以往的扶贫计划是按项目下达，并通过建设批量生产的、商品化的支柱产业进行的，贫困者必须按统一的模式组织生产，在这种条件下，如何鼓励农民群众主动参与并保证农民的决策权，就成了一个必须处理好的问题。这也是后来参与式扶贫方式被引入的主要原因。

3. 地区发展的推动方式

社区发展应该是内生的，源自贫困地区自身的动力与主动性，这就要求贫困者及其所组成的社区应成为贫困地区开发进程的发起人、主人公和管理者，而外来者，无论是政府官员、技术干部，还是专家、社会工作者，都应成为开发者的朋友和开发进程的"催化剂"。扶贫开发是政府实施的一项自上而下的，主要靠行政力量推动的工作，无论是扶贫动议的产生、政策的制定、制度的建立、资源的筹集还是具体的组织实施，大多由行政力量推动。如何将其转化成贫困地区的一种自下而上的发展动力与能力，实现自上而下与自下而上的结合，这一点从社会工作专业介入的角度看值得反思。

三、社会工作在反贫困领域的介入

中国在全国范围内开展了大规模的反贫困行动，社会工作在中国反贫困领域扮演了重要角色。

（一）城市贫困与社会救助领域社会工作的介入

2014 年 2 月，国务院颁布《社会救助暂行办法》，明确提出县级以上地方人民政府应当发挥社会工作服务机构和社会工作者的作用，为社会救助对象提供社会融入、能力提升与心理疏导等专业服务，凸显了社会工作在社会救助领域介入的重要性及其重要角色。社会救助领域在以下三个层面急需社会工作的介入。

1. 政策倡导层面

长期以来，中国政策制定程序中缺乏适切的公众参与渠道，自上而下的政策制定及实施有可能与基层实际脱节，衍生很多问题。最低社会保障制度虽实施多年，但仍有待完善，在制度设计、执行及监督层面存在诸多问题。社会工作者工作在社区第一线，最了解基层实际及政策落实中的问题，了解基层工作者实际操作中的困难，了解低保受益者的需求，因此，应充分发挥政策倡议及社会改革的角色，反映贫困群体和基层工作者的呼声，为低保制度本身的完善作出贡献。政府应建立必要的公众参与机制，保证社会工作在政策制定、实施监督诸环节的有效参与。

2. 管理与执行层面

最低生活保障制度实施过程涉及申请、受理、审核、审批、公示等诸多环节。其中，对救助家庭经济财产状况的调查和审核是一项关键性的工作，工作人员需以此确保受益资格的准确认定，因此这项工作急需社会工作者作为专业人员从事家户探访、调查审核、协调各有关部门等工作。此外，这项工作的监督与评估也十分重要。政府需开设专门的社会工作岗位，以帮助社会救助工作的执行与管理更加高效和专业。

3.服务提供层面

社会工作者在反贫困过程中可以提供多种服务。第一，帮助贫困者解决生活困难，协调各方资源为其解决实际生活中的难题，如子女教育、病人照顾、家庭矛盾、职业介绍等。第二，对贫困者进行生活与就业技能的训练，包括家庭预算、生活安排、协调家庭与人际关系、应对危机等基本的生活技能。第三，建立贫困者的自信心与良好的心理状态，与贫困境遇相伴随的通常是贫困者心理上的焦虑不安、失落感和不满情绪，他们可能会对前途感到心灰意懒、困顿迷茫，因此需要适时开导、引导，帮助其重塑生活的信心，建立积极进取的心理状态。第四，协助开拓非正规就业渠道，帮助有劳动能力的贫困者重建其生产方式与生活方式，实现可持续生计。

社会工作者可采用个案辅导、团体技巧、社区资源调动、咨询、培训等多种介入方式，针对贫困者的问题和状况，制订具体的工作策略。城市扶贫可与社区建设相结合，在社区发展的同时，实现贫困者个人福利的提升，在这一领域，社会工作大有可为。

（二）农村扶贫领域社会工作的介入

长期以来，在农村扶贫领域，社会工作发挥了重要作用，推动了贫困社区的可持续发展。近年政府实施精准扶贫以来，全国高校社会工作专业积极参与精准扶贫，丰富多彩的项目遍地开花，为推动贫困地区发展作出了积极贡献。

1.贫困者主体性的确立与参与式发展

从参与式发展理论和社会工作理念来看，经济增长并不是扶贫的真正目标，扶贫的最终目标应是人的全面发展与社区自主能力的提高。在摆脱贫困、谋求发展的过程中，贫困者是发展主体，不能把扶贫仅仅当作政府的主观努力，也不能采取行政嵌入式的组织方式强制性地"开发"贫困地区。摆脱贫困要求贫困者和政府通力合作。在农村参与式发展与整村推进工作中，要特别践行参与式理念，在问题认定、村级规划、项目实施中确保贫困群体的参与，提升其主体意识及能动性。美国国际小母牛项目组织等非政府组织及国内高校、社工机构在贫困地区实施的诸多项目采用参与式发展的理念和方法，从培育贫困者的主体性、促进贫困者的参与意识与参与能力等方面出发，策划综合性的社区发展规划。

2.贫困者的能力建设、社区增能与贫困地区可持续发展

确立贫困者的主体性，需要把人的发展，即贫困者的能力建设作为重要的发展目标。只有贫困者自身的潜能被开发，能力得到增长，其所在社区的可持续

发展才有可能。很多扶贫项目的失败源于贫困者信息缺乏、技术缺失，一些小额信贷项目因为贷款者经营能力不足而失败亏本的现象也屡见不鲜。因此，在贫困地区发展中，对贫困者进行培训、赋权、自组织建设，促进其在参与中学习与成长都十分重要。社会工作在贫困地区的专业介入中，以贫困者的赋权增能及社区增能为主要目标，致力于培养贫困地区的内生发展能力及可持续发展能力。

3. 资产为本的社区发展及基层社区组织的建设与培育

社会工作介入贫困社区的不少项目采取资产为本的社区发展视角，不看社区的匮乏与问题，而是看它的资产与优势，从利用社区现有资产出发，实现社区的生计及发展。此外，贫困地区自下而上的发展、主观能动性的发挥必须有一定的组织依托，组织资产是社区资产的重要部分，社区发展十分强调组织的手法，而中国有现成的社区组织——村民委员会和村党支部。因此，贫困地区社区发展的入手点应是发展和强化这些社区组织的功能。在社区组织之外还有民间合作组织，其决策权掌握在农民手中，是农民自己解决在走向市场过程中出现的各种矛盾和问题的最好形式。其他各种形式的农民自助组织或自助小组的建立与发展，都对贫困者的参与和各种能力的成长起着至关重要的作用，都是组织建设和培育的重要内容。

4. 加强社会组织在扶贫中的作用

在中国的扶贫工作中，政府部门工作人员承担着大部分工作，这要求他们下到最基层，了解农民需求、发现社区问题、发动组织农民，而这恰恰暴露出政府体制在消除贫困方面的局限性。国际经验表明，非政府组织在扶贫中具有不可替代的优势，中国一些社会组织在农村扶贫中就发挥了重要作用。例如，中国扶贫基金会为贫困地区、贫困家庭提供资金和物资，并实施了大量扶贫项目；中国青少年发展基金会于 1989 年开始实施"希望工程"，解决贫困家庭儿童的入学教育问题。另外，一些社会组织运作的小额信贷项目也取得了明显成效，如中国人口福利基金会、世界宣明会、美国国际小母牛项目组织、联合国儿童基金会等。在这些项目中，社会工作发挥了重要作用。

除了社区层面综合发展的介入，社会工作在农村贫困地区针对特殊人群的服务也成效初显，如留守儿童服务、留守老人服务、残障人士服务、贫困家庭服务等都取得了创新性进展。

（三）发展社会工作促进欠发达地区和低收入人群的可持续发展

在国际上，社会工作是从反贫困起家的，虽然中国农村绝对贫困问题已解决，但解决相对贫困问题，促进欠发达地区可持续发展仍然是社会工作的重要工作领域。中国社会工作有望在阻滞已脱贫地区返贫，实现脱贫攻坚成果与乡村振兴有效衔接方面有更大作为。实际上，在长期的反贫困实践中，一些基层干部和项目成员在不同程度上扮演着本土社会工作者的角色，在已脱贫地区走向新的发展的进程中，他们还要进一步提高自己的能力。

当前，实现巩固拓展脱贫攻坚成果同乡村振兴有效衔接成为关系中国经济社会可持续发展的重大问题。为此，政府确立了相应的制度和政策，包括：建立农村低收入人口和欠发达地区帮扶机制，接续推进脱贫地区发展；健全防止返贫监测和帮扶机制，做好易地扶贫搬迁后续帮扶工作；健全农村社会保障和救助制度；在西部地区脱贫县中集中支持一批乡村振兴重点帮扶县，增强其巩固脱贫成果及内生发展能力；坚持和完善东西部协作和对口支援、社会力量参与帮扶等机制。在这些方面，社会工作都应该积极参与，发挥自己的专业优势。

【思考题】

1. 什么是贫困？试述中国贫困问题的发展变化。

2. 从国际经验来看，反贫困的主要武器是什么？社会工作在反贫困中的作用如何？运用了哪些方法？西方国家反贫困福利政策有哪些新的发展取向？

3. 试述参与式发展与资产为本的社区发展的核心思想及其对中国落后地区社区发展的启示。

4. 试述中国实施扶贫开发和精准扶贫的主要经验。

5. 试析社会工作在中国反贫困中发挥的作用及其发展方向。

【主要参考文献】

周彬彬：《向贫困挑战——国外缓解贫困的理论与实践》，人民出版社 1991 年版。

康晓光：《中国贫困与反贫困理论》，广西人民出版社 1995 年版。

关信平：《中国城市贫困问题研究》，湖南人民出版社 1999 年版。

李小云主编：《参与式发展概论理论—方法—工具》，中国农业大学出版社 2001 年版。

樊怀玉等：《贫困论——贫困与反贫困的理论与实

践》，民族出版社 2002 年版。

唐钧等：《中国城市贫困与反贫困报告》，华夏出版社 2003 年版。

[美]迈克尔·谢若登：《资产与穷人——一项新的美国福利政策》，高鉴国译，商务印书馆 2005 年版。

张和清、杨锡聪等：《社区为本的整合社会工作实践——理论、实务与绿耕经验》，社会科学文献出版社 2016 年版。

向德平、刘风、向雪琪：《中国减贫行动 1978 年—2018》，武汉出版社 2018 年版。

方劲：《内源性能力建设：农村减贫的社会工作实践模式研究》，中国社会科学出版社 2020 年版。

习近平：《在全国脱贫攻坚总结表彰大会上的讲话》，人民出版社 2021 年版。

P. Alcock, *Understanding Poverty*, London: Macmillan, 1993.

J. Midgley "Growth, Redistribution, and Welfare：Toward Social Investment," *Social Service Review*, vol.73, no. 1(March 1999), pp. 3–21.

第二十一章

矫正社会工作

矫正社会工作是一个较具挑战性的社会工作实务领域，它将社会工作的服务理念运用于罪犯改造，是司法领域的一个创新。本章介绍矫正社会工作的含义、发展历史、理论与实务方法，并对正在兴起和发展的中国矫正社会工作做初步介绍。

第一节　矫正社会工作的含义与起源

一、什么是矫正

（一）矫正的含义

矫正，也称矫治，原是医学上的专门用语，指通过手术或药物治疗，使身体部位的形状或功能发生畸变的患者得到康复，重新过上正常生活的过程，如矫正口吃、矫正斜视、矫正牙齿、矫正脊柱等。后来，"矫正"概念被引入社会领域，成为司法方面的专门用语，指国家司法机关和工作人员通过各种措施和手段，使犯罪者或具有犯罪倾向的违法人员得到思想上、心理上和行为上的矫正治疗，从而重新融入社会，成为正常社会成员的过程。

"矫正"概念在司法领域有较广泛的适用范围和较高的使用频率，例如：从制度的层面讲，它可用于概指刑罚和监狱制度及其功能，谓之"矫正制度"或"矫治制度"；从机构的层面讲，它可用于概指对罪犯实施刑罚的机关或实施场所，谓之"矫正局"或"矫正所"；从理论的层面讲，它可用于概指刑法的指导思想或学说，谓之"矫正原则"或"矫正主义"；从实践的层面讲，它可用于概指国家司法机关为预防罪犯再次犯罪而进行的活动，谓之"矫正工作"或"矫正措施"。

总的来看，"矫正"是针对罪犯或有犯罪倾向的违法人员所确立的司法制度和司法手段。

（二）司法矫正制度和措施的功能

司法领域的矫正制度和矫正措施有以下几方面的功能：

1. 惩罚。矫正作为一种刑罚执行过程，通过给受刑人造成一定的损失和痛苦，使其对加害于他人或社会的行为付出代价，这是矫正制度和措施所固有的基本属性。这种损失和痛苦包括：物质性的损失，如特定权益被剥夺或被限制；非物质性的损失，如名誉、地位受到损害。

2. 隔绝。矫正作为监狱制度的实施过程，起到了把受刑人与外部社会隔绝的作用，它表现为对受刑人自由权利的剥夺或限制，大大减少了罪犯对整个社会和公民的威胁，同时也为实施各种矫正措施提供了前提条件。

3. 威慑。矫正制度和措施对于受刑人所起到的惩罚和隔绝的作用，反映到社会一般成员的心理上，会产生威慑、警戒的作用，使人们因对惩罚和隔绝的恐惧而不敢违法犯罪。

4. 改造。矫正制度和措施的最终目的是为了改造罪犯，使罪犯通过一系列思想和行为的矫正治疗，最终成为无害于他人、有益于社会的新人。

二、什么是矫正社会工作

（一）矫正社会工作的定义

矫正社会工作也称矫治社会工作，是社会工作在司法矫正体系中的运用。它是指专业人员或志愿者，在专业价值观的指引下，运用专业理论、方法和技术，为罪犯（或具有犯罪危险性的违法人员）及其家人，在审判、监禁处遇、社会处遇或刑释期间，提供思想教育、心理辅导、行为纠正、信息咨询、就业培训、生活照顾以及社会环境改善等服务，使罪犯（或具有犯罪危险性的违法人员）消除犯罪心理结构，修正行为模式，适应社会生活的过程。

（二）矫正社会工作的含义

依照上述定义，"矫正社会工作"一词包括以下四方面的含义：

1. 矫正社会工作是一种社会福利服务。社会工作作为一种职业，在社会福利制度体系内提供各种专业化的服务，是社会福利的发放渠道和实现环节。矫正社会工作也具有社会工作的基本属性，它同儿童、妇女、老年、残疾人等领域的社会工作一样，是通过组织和动员社会资源，改善陷入困难处境中的社会成员的生活状况，使之适应社会生活的一种带有福利性的社会服务。它同其他领域的社会工作相区别的只是服务的对象不同。

2. 矫正社会工作是为特殊社会弱势群体——罪犯或具有犯罪危险性的人提供的福利服务。罪犯或具有犯罪危险性的人的行为对社会和他人的利益造成了损害，从这个角度来讲，他们是社会安全和公众利益的加害者。而实际上，这些人之所以违法犯罪，很重要的原因是其社会化过程的阻断或弱化造成社会适应能力的降低甚至消失。他们很可能无法通过社会公众所认可的途径和方法来维持其在社会中的正常生活。所以从这个角度来讲，他们是社会的弱者。尤其当他们的行为被社会判定为违法或犯罪，受到社会的制裁和惩处时，其社会地位更处于与社会主流背离的不利层面，是社会中的一个特殊弱势群体。

3. 矫正社会工作是司法矫正体系中的社会福利服务。首先，矫正社会工作提供社会福利服务有法律上的依据，许多国家和地区对于此类服务都有立法方面的规范。其次，矫正社会工作贯穿于对罪犯进行司法矫正的各个方面以及整个过程，包括审判、监禁处遇、社会处遇以及刑释等各个环节。最后，矫正社会工作的目的与司法矫正工作的目的相一致，即预防犯罪、维护社会安全。所以说，矫正社会工作是司法矫正体系的有机组成部分。

4. 矫正社会工作是一种专业化的社会福利服务。对罪犯的矫正是一个复杂的、长期的、系统的工程，需要由各方面的专业人士共同合作才能达到目的。矫正社会工作者是矫正团队中的重要成员，与其他成员的区别在于：他是在社会工作专业价值观的指引下，运用专业理论、方法和技术，为罪犯（或具有犯罪危险性的人）及其家人提供服务的。在任何一种处遇方式中，个案辅导都是最普遍的服务模式，社会工作者通过与受助人之间建立专业关系，使矫正的目标在个案工作过程中得以实现。如果将相同类型的罪犯组成一个团体，则小组工作也是经常被采用的服务方式。至于在社区处遇中，社会工作者要运用社区资源以帮助罪犯及其家庭，则必须将社区工作方法作为主要手段。因此，社会工作的专业服务在矫正过程中发挥着重要作用。

三、矫正社会工作的起源与发展

（一）人类刑法思想和刑罚制度的历史变迁

矫正社会工作是在人类刑法思想和刑罚制度发展过程中产生的。

在古代氏族社会，犯罪往往被认为是行为者对于神的意志的冒犯，因此必须受到神的制裁。国家产生以后，君主被认为受到神的委托，有惩罚罪犯的权力。古代国家的法典往往从维护"神意"出发，具有强烈的复仇色彩。法律公开确认复仇是判刑的法则，且认为被害人或其亲属有执行刑罚的权力。

在中世纪，西方社会认为犯罪行为是冒犯了上帝的意志，应该受到上帝的惩罚，而有权作出判罚决定的是教廷。当时的刑罚手段十分野蛮残忍，烙刑、火刑、绞首、溺刑、活埋、车裂等方法常被用来处罚被封建教廷宣判有罪的人。

资产阶级革命在确立资本主义政治和经济制度的统治地位的同时，也将"自由、平等、博爱"的信条融进了刑法思想和刑罚制度之中，对犯罪行为人的报复不再被看作是刑罚制度的主旨，通过刑罚预防犯罪以保全社会才被认为是刑罚制度的真正目的。在此理论的指导下，人们主张用"威吓""心理强制""杀一儆百"等方法来预防犯罪，这虽是刑法思想的历史性进步，也在较大程度上改善了服刑罪犯的境况，但在很多情境中也难免出现严刑峻法、罪罚失当的现象。

19世纪后期，以龙勃罗梭（Cesare Lombroso）为代表的实证主义犯罪学创立，为刑法思想的发展提供了新的视角，教育刑主义思想应运而生。这一派理论认为，对犯罪人适用刑罚的目的在于教育改造犯罪人，使其不再犯罪，以达到保卫社会之目的，因而主张广泛适用保安处分和预防措施，反对短期监禁，提倡缓刑、不定期刑、罚金、假释等制度，帮助犯罪人尽早回归社会。

20世纪以来，西方犯罪学理论和刑罚政策出现一种非刑罚化和非监禁化的发展趋势，即主张对某些罪犯不用判服刑罚的方式予以处置，而改用刑罚以外的方式如保安处分、罚金、训诫等途径进行感化改造。即便是被判刑罚，司法机关也不用剥夺自由的监禁方式予以执行，而改用缓刑、假释、社会监督、社区服务等措施予以处罚。

矫正社会工作就是在刑法思想和刑罚制度越来越顾及罪犯的合法权益，越来越注重社会防卫的历史性变革过程中产生和发展起来的。

（二）矫正社会工作的起源

现代矫正社会工作起源于美国，其创始人是一位家居波士顿的名为约翰·奥古斯特斯（John Augustus）的制鞋匠。

1785年奥古斯特斯出生时，美国取得独立战争的胜利还不久。当时，殖民地统治时期残酷对待犯人的刑罚如鞭挞、截割、手枷等虽然还普遍地存在于各个监狱中，但要求人道地对待人犯的正义呼声已时有所闻，以革新狱政为主要目标的美国波士顿监狱协会也于1825年率先成立。

　　1841 年，华盛顿全民禁酒协会在波士顿成立，奥古斯特斯参加协会并成为其中最热心的成员之一。他常常到监狱去探望囚犯，对那些因酗酒而被判刑者深表怜悯，屡次恳请法官对此类犯事者暂缓处分，由其保释出狱并进行感化教育。在历时数周的保释期间，奥古斯特斯运用个案工作的辅导方法改善受保者个人及其周围的环境状况，到这些人返回法庭重新受审时，一般都会因为行为大有改观而获得宽大处分。后来，奥古斯特斯承保的案件越来越多，他干脆放弃制鞋本行而以全部时间从事感化罪犯的工作，其帮助对象也不再局限于因酗酒而犯事者。从 1841 年开创这项工作到 1859 年去世的 18 年中，奥古斯特斯保释人犯近两千名。奥古斯特斯认为，自己的工作如果能使十分之一的人犯有改善也是值得的，因为把一个人从错误中扭转过来，等于把他从死亡中拯救出来。当时，虽然有人对奥古斯特斯的行为不理解甚至怀疑和反对，但他确实开创了一个全新的工作领域。他的精神和业绩为后人所称颂，他也因此获得了"感化工作之父""世界上第一位伟大的观护人"的美誉。

　　奥古斯特斯逝世数年后，美国马萨诸塞州制定了一项法案，授权波士顿市设置专任矫正社会工作者（观护人）一名，参与法院刑事管辖权的审议，负责犯罪嫌疑人、判决犯、轻罪犯及接受"观护处分"者替代刑罚的建议工作。多年后，该项制度延伸到州高等法院，马萨诸塞州因此成为美国第一个在全州范围内设置矫正社会工作相关制度的州。其后，密苏里州、佛蒙特州、伊利诺伊州、新泽西州等陆续制定了类似的法律。1925 年，美国《联邦观护法案》在国会通过，美国全国范围内的矫正社会工作制度由此得以建立。

　　（三）世界上一些国家和地区矫正社会工作制度的建立和发展

　　英国早在 1887 年就已制定了《初犯法》。该法确立了"感化精神"，但其适用范围十分狭小。1907 年通过的《感化犯人法》第一次在全英国范围内认可感化犯人制度并制定了具体措施。该法案规定：由一个由有关机构指派并于必要时在公共基金下支薪的观护人全体来代表法院负责被判以感化处分的人在释放后的监督、咨询、协助以及与之交往等有关事宜，由此改变了英国以往以志愿方式为基础提供感化矫正服务的发展方向，确立了由法院任命的专职人员以公共服务方式推进矫正社会工作的格局。1925 年，英国制定《刑事裁判法》，规定按各承审法院的管辖范围设立"司法裁判区"，每一个司法裁判区设立一个"感化委员会"，专门负责辖区内矫正社会工作者的任命、薪酬支付和其他一切行政事务，从而在体制上保证了矫正社会工作的进一步开展。

日本的矫正社会工作是在吸收了英国、美国经验的基础上于第二次世界大战之后建立发展起来的。1947 年和 1949 年，日本分别制定了《恩赦法》和《犯罪者预防更生法》，由此开始了有关预防和感化矫正罪犯的法律建设的新时期。在日本的现行法律中，除上述两部法规外，其他的《更生紧急保护法》《保护司法》《刑法》《刑诉法》《少年法》《少年院法》《妇女辅导院法》《儿童福利法》《轻犯罪法》等法规中，都有与犯罪矫正有关的规定，形成了一个多层次的法规网络体系。在组织架构和机构设置上，日本既有更生保护委员会、保护观察所等国家机关，又有更生保护会等民间团体，既有刑务所、少年院、妇女辅导院等司法矫正机构，又有商谈所、教养院等儿童福利机构；在矫正措施上，既有日益社会化的设施内处遇，又有如更生保护、保护观察、中间处遇等社会处遇；在人员配置上，既有由国家支付薪酬的专职工作人员，又有不领工资的志愿工作者。日本在借鉴别国经验基础上发展起来的适合本国情况的矫正工作制度，是当代资本主义国家中较为成功有效的。

中国香港的矫正社会工作发展主要借鉴英国的经验。20 世纪 30 年代，香港引入感化制度，对罪犯的判刑除了考虑其罪行的性质和程度，还加入了对其背景的考量。1938 年，香港在监狱署属下增设感化部；1948 年，成立承担感化工作的社会局；1950 年，设立"首席感化主任"职务，矫正社会工作得以开展，逐渐为不同年龄的犯人提供服务。20 世纪 80 年代中期起，"社区为本"的精神被引入司法矫正领域，香港进一步确立起一套用"社会服务令"等非监禁形式对罪犯进行矫正的制度体系。

中国台湾于 1962 年颁布《少年事件处理法》，创立少年观护制度，开启了矫正社会工作的发展进程。

第二节　矫正社会工作的理论与实务

一、矫正社会工作的理论基础和价值理念

（一）人道主义是矫正社会工作的哲学基础

人类社会对罪犯的惩罚，从"以牙还牙"到"杀鸡儆猴"的观念转变持续了数千年，到 18 世纪末，人们才开始采用感化的方法来对待罪犯，而不再以残酷的刑罚惩治罪犯而后快。

引起这一巨大变化的是起源于欧洲文艺复兴时期的人道主义思想的广泛传

播。人道主义提倡关心人、尊重人、以人为中心，深信人性具有高度的可塑性和丰富的潜能，只要给予人适当的机会并善加引导，必能使其改变与发展，即使有人偶尔失足犯事，也绝不能轻视和唾弃他，只要重新给予他机会，定能使其改过自新。人道主义思想在刑罚观上反对封建主义残酷野蛮的刑罚制度，主张改善监禁条件，给犯人以人道的待遇和改过自新的机会。这便成为矫正社会工作的哲学基础。

（二）新社会防卫论为矫正社会工作的发展提供新的理论依据

19 世纪末，德国刑罚学家李斯特（Franz von Liszt）等人倡导社会防卫论，强调以预防犯罪和保护社会为目标来改革刑事政策。继承这一理论，法国犯罪学家安塞尔 (Mark Ancel) 于 20 世纪 50 年代提出新社会防卫论，其基本观点为矫正社会工作迅速发展提供了坚实的理论依据。新社会防卫论的基本内容可以归纳为以下五个方面：1. 同犯罪作斗争的目的是保护社会和社会成员，而不是惩罚个人；2. 通过使个人和社会分离和隔绝的方法，或者通过对个人采取矫正措施和教育措施的方法，把犯罪者变成守法的公民；3. 刑罚的"人道化"应成为一种发展趋势，其内容要以恢复犯罪者的自信心和责任感为前提；4. 刑事政策的着眼点是对犯罪的个人预防，而不是对犯罪的一般预防；5. 刑事司法体系应是一个注重罪犯品格研究的人道化的过程。

（三）矫正社会工作的基本价值理念

社会工作的价值伦理是一个完整的体系，在社会工作的不同领域中，这些价值伦理都是社会工作者思想和行为的指引和规范。在矫正社会工作领域中，基本的价值理念主要包括：

1. 接纳。社会工作最基本的信念就是相信每一个人都有与生俱来的价值和尊严，而这种价值和尊严带给个人不可剥夺的社会权利。因此社会工作者对待受助者的基本态度应该是接纳。这一价值理念在矫正社会工作领域显得尤为重要。矫正社会工作的受助对象是一些曾对社会和他人造成过伤害的人，他们的行为在法律和道德的范围内是应当受到惩罚和谴责的。但是在社会工作专业视角中，他们同样可以成为受助者。不管他们过去的行为多么严重地损害了社会和他人，现在他们只是一个需要予以矫正治疗的个体。就像需要诊治的病人一样，医生决不能因为病人身上有烂疮肿瘤而将其拒之门外。社会工作者同样应该接纳受助者本身连同他过去的犯罪事实，然后才能以客观的心态，在平等的、安全的气氛中与受助者深入讨论问题，选择解决问题的办法。

2. 可塑性。社会工作对人的一个基本看法就是：相信每一个人在一定条件下都是可以改变的，也即相信人具有可塑性。在这样的信念指引下，社会工作者相信可以运用专业的方法和技巧，帮助受助对象改变其与社会生活不相适应的思想观念、生活态度、行为方式等，达到恢复其社会功能、使其重新成为正常社会成员的目标。这一价值理念在矫正社会工作领域十分重要。矫正社会工作的对象是一些曾对社会和他人造成过伤害的犯罪者，其中有些还是屡犯和惯犯，因此社会上有许多人是用"江山易改，禀性难移"等观念来看待犯罪者的。但是在矫正社会工作者看来，犯罪者首先是一个人，具有人所共有的可塑性。

3. 个别化。社会工作者确信，任何人都是一个独特的个体，都有其独特的生理、心理特质和生活经验。此外，每个人在环境、信仰、个性、兴趣、天赋、动机、目标、价值观、情绪和行为模式等方面都有极大差异。因此，社会工作者要把每一个受助者都当作拥有不同特质和需求的"个人"，而不是当作一种"类别"来对待。"个别化"原则在矫正社会工作领域十分重要。每一个接受矫正的罪犯，不管他们的犯罪性质和程度是否相同，他们被判处的刑罚是否相同，但因为其家庭背景、所处环境、个性特质及实施犯罪行为的原因各不相同，其接受矫正的生理、心理条件也各不相同，所以，不能用先入为主的观点和态度来判断他们所面对的问题，也不能用一成不变的方法来实施矫正。矫正社会工作者要能敏感地觉察并纠正自己对服务对象的偏见，倾听和观察矫正对象的一言一行，真正进入其内心世界，了解其问题产生的原因和处境，并运用不同的方法来协助矫正对象解决其问题、满足其需求，以重建和提升其社会适应能力。

二、矫正社会工作的介入途径

（一）司法审判前提供的服务

1. 针对犯罪嫌疑人的社会工作介入

矫正社会工作者在案件审理过程中的主要工作职责是通过与受助者（犯罪嫌疑人）及其家属和周围社区的接触，写出一份有关犯罪嫌疑人背景的调查报告，提交给法庭做审判参考。调查报告的内容包括犯罪嫌疑人的社会背景（如家庭、经历等）和性格特征，以及犯罪行为的成因和性质等。矫正社会工作者在司法审判前提交调查报告的目的不是像律师一样为被告做无罪或轻罪辩护，而是在承认犯罪事实的基础上，为法庭判决提供参考。在一些国家和地区，法庭对矫正社会工作者的调查报告是十分重视和尊重的，因为法庭调查一般注重犯罪事实本身，以此作出是否有罪和罪行严重程度的判断。而矫正社会工作者的调查报告所提供的犯罪嫌疑人的社会背景和性格特征等资料，有助于法庭作出适用何种刑罚处置的判定，有利于当事人的改过自新。例如，许多免于处罚、缓刑、社会服务等判决，都是法庭在充分考虑矫正社会工作者的建议基础上作出的。这就是矫正社会工作者在司法审判前可以为犯罪嫌疑人提供的服务。

2. 针对犯罪嫌疑人亲友的社会工作介入

犯罪嫌疑人被拘押等待审判期间，其家人亲友会因此受到冲击和拖累，尤其是犯罪嫌疑人家中年迈的父母和年幼的子女，其生活会因犯罪事件的发生而陷入困境。矫正社会工作者此时的介入，主要是为这些陷入困境的犯罪嫌疑人的家人提供帮助，这些帮助主要包括：（1）为因犯罪事件发生而陷入经济困难的犯罪嫌疑人的家人寻找社会资源以维持生计。如帮助申请社会救济，帮助寻找暂时性工作等。（2）为因犯罪事件发生而失去依靠的少年儿童安排生活照料。如寻找替代家庭或收养机构，与学校老师联系以关注其学业情况等。（3）为因犯罪事件发生而产生心理困扰的家庭成员提供心理辅导服务。

（二）监狱处遇中提供的服务

监狱是对罪犯判处自由刑或生命刑以后的执行或待执行场所，是司法矫正体系的重要组成部分。因为监狱兼有惩罚、隔绝和威慑的功能，所以会对服刑犯人的心理产生震慑作用。这种震慑可能造成两种相反的导向：抗拒或改过。

社会工作者为在监服刑人员提供的服务，主要是调动罪犯自身的潜能以及社会资源，引导罪犯向积极的方向转化，以达到帮助其改过自新、回归社会的目的。由于监狱环境造成罪犯与社会和他人的隔绝，在监狱中又存在各种罪犯混杂居住、容易互想影响的危险，所以针对在监服刑人员开展的社会工作应以减弱或消除罪犯思想和行为上的负面因素，加强其与社会的联系沟通，恢复重建其社会功能为主要目标。具体工作内容包括：

1. 个案辅导。通过接待受助者，与之面谈，一方面了解其过去行为的性质、原因及当前思想状况；另一方面使其不满情绪得以宣泄，能较冷静地面对现实。对收集到的罪犯有关资料进行分析判断，找出问题的原因所在，并制订矫正方案，再根据个别化原则对不同对象施以不同的矫正方法。

2. 团体治疗。组织具有相同经历、问题与困难的罪犯集合成一个小组，通过经历和感受的分享，来认识自己思想和行为上问题的症结，并发现改变现状的途径与方法，达到再社会化的目的。

3. 联系社会。通过开通电话、组织家属探访、走访罪犯家庭、倡导放假制度等方式，尽可能扩大罪犯与外部社会的联系沟通，避免因监狱封闭环境而造成罪犯社会化过程阻断现象的发生。

4. 职业辅导。组织服刑罪犯参加各种职业技能培训，为其刑满释放后就业谋生做好准备。

5. 评估报告。用科学的指标体系和方法，对服刑罪犯的心理、行为状况进行测量评估，随时注意罪犯改善的情形，若发现其有所改善，及时向监狱报告，使改过自新的罪犯的累进处遇能获得升级甚至获得假释。

（三）社会处遇中提供的服务

社会处遇也称社区处遇或设施外处遇，是指以社区为基础的矫正、治疗罪犯的措施，包括缓刑、假释、社会服务、中途宿舍等各种在社区执行的、非监禁性的刑罚制度。社会处遇是矫正社会工作者最主要的工作领域。其工作内容主要包括：

1. 社会服刑人员的观护

法院或司法行政部门对于处以社会服刑的人员都附有观察保护的相关规定，要求缓刑、假释和监外执行人员在观护期内遵守规定，不得违反。司法部门一般聘用专职社会工作者或志愿人士执行对缓刑、假释和监外执行人员的观护。观护人要督促被观护者在观护期做到：（1）保持良好品行，不得与品行不端者来往；（2）服从检察官和观护人的命令；（3）接受观护人的辅导；（4）及时向观护人汇报工作、生活和居住状况，不经批准不得离开居住地；等等。

2. 院舍训练的组织管理

院舍服务是矫正社会工作领域中一种重要的服务模式，指通过向受助者提供住院或寄宿等训练机会，使受助者掌握正常生活的技能，从而顺利回归社会。矫正社会工作领域中的院舍训练通常是为违法犯罪人员，尤其是违法犯罪青少年而设置的，在不同国家和地区有不同的名称，如中途家庭、寄养家庭、教养院、感化院等。

3. 社会服务计划的实施

社会服务也称社区服务或社区劳役，是近年来西方国家较为盛行的一种替代短期自由刑的非监禁化的社会处遇措施，是通过规定罪犯在社区中的社会福利机构从事规定时间的无偿劳动或服务，以此赎罪悔过的刑罚措施。其长处是能够通过从事公益劳动和服务以培养罪犯的劳动习惯和社会责任感，使其在服务过程中学会生产、生活技能以增强就业能力，在社会交往中锻炼处理人际关系的本领以增强社会适应能力。这种处遇方式最大限度地避免了监禁刑罚造成的隔绝和恶习交叉感染的弊端。在社会服务计划的实施过程中，社会工作者及志愿人士的督促和引导是计划取得效果的重要因素。

（四）对刑满释放人员提供的服务

刑满释放人员虽已不是罪犯，但也属于社会中的特殊人群。尤其是刚从监狱获释的人员，往往缺乏社会适应能力，又面临社会歧视、家庭拒绝、同伴疏远、就业困难、学习中断等多重压力和困扰，所以，这部分人能否顺利度过释放后的最初阶段，对于其今后的生活和社会安定关系重大。

矫正社会工作者对刑满释放人员提供的服务也称更生保护，这是一项起源于美国费城、面向刑满释放人员的社会福利措施，其方法主要有：提供住宿场所、提供就业就学辅导、提供生活辅导和医疗保健转介服务、提供物质援助等。

（五）对违法青少年提供的服务

青少年违法行为虽不同于犯罪行为，却与犯罪行为有极密切的关联。如何对这部分青少年的思想和行为进行矫正，受到矫正社会工作机构和人员的特别关注。这种服务主要包括：

1. 院舍辅导

院舍是经司法或社会福利行政机关认可的，专为违法青少年设立的感化矫正机构，如中国香港的男童院、女童院等。院舍辅导通过文化学习、工艺训练、社群活动训练、个案及小组辅导、社会服务参与等形式的服务，使入院违法青少年改过自新。

2. 街头辅导

街头辅导也称外展社会工作，是指社会工作者有组织、有计划地在繁华街道、车站、公园、网吧、球场、快餐厅、台球厅等容易出现青少年违法和不良行为的场所进行巡视，发现并辅导有违法和不良行为的青少年，防止他们进一步滑向犯罪的深渊。

三、矫正社会工作的机构和人员

（一）矫正社会工作的组织机构

合理的组织架构和机构设置是有效推进矫正社会工作的重要保证。由于矫正社会工作是国家司法体系中的社会福利服务，其政策性强、工作难度大，需要协调社会有关部门齐抓共管，所以各国各地区的政府及司法部门往往在其中起主导作用。诸如机构设置、人员任用及培训、经费预算及管理、工作监督与评估等行政与业务，多由当地政府或法院进行统管，从而形成政府部门或法院牵头推行的矫正社会工作体系。

矫正社会工作是一种专业化的社会福利服务，专业化的机构是不可或缺的重要环节。如美国的"观护及假释协会"，英国的"国家观护人协会"，日本的"更生保护会"，中国香港的"善导会"和台湾的"更生保护会"等，均是专司矫正社会工作的专业化民间机构。这些机构的工作包括：新型服务模式的探索和推广，对分支机构和一线工作人员的指导、监督，专业会议的举办和人员的培训，相关刊物的编印、发行等，对于矫正社会工作制度的推行起到了基础性的作用。

（二）矫正社会工作人员

矫正社会工作人员按工作性质及薪金报酬的不同可分为专职人员和志愿人员两种类型。

1. 矫正社会工作专职人员

矫正社会工作专职人员在不同的国家或地区以及不同的机构场所有不同的称谓。如有的称"感化主任"，有的称"个案工作员"，有的称"专职观护人"，有的直接称"社会工作员"或"社会工作师"。称谓虽然不同，但它们的实质是一样的，就是指从政府部门、法院或专门机构领取薪金、专门从事罪犯或违法人员矫正工作的社会工作者。矫正工作是政策性强、涉及面广、工作难度大的职业，非具有一般学识和经历的人士所能胜任，故政府或专门机构对其工作人员的任用与管理有特别的要求。

（1）矫正社会工作专职人员的资格。在奥古斯特斯开创矫正社会工作专业领域的时期，此项工作对从事人员并无特殊的学历和培训的要求，只要有善心、有耐心者即可为之，当时也没有专职人员和志愿人士之分。随着矫正社会工作越来越发育成为一个专门化的职业，对其专职人员的资格认定也就越来越严格。美国选择矫正社会工作者时偏好具有社会工作或社会学及心理学学科背景的人员。

1931 年，全美法律观察及执行委员会的报告中指出，只有具备足够的技术训练与经验者，才有资格被遴选为观护人。

中国香港特区法例规定，感化主任须由持有大学学位的专业社会工作者担任，上岗前还须经过严格的有关法律知识方面的专门培训。

中国台湾的观护人任用资格是获法律、教育、社会或心理等学科大专以上学历者，或是参加观护人高等考试并及格者。

（2）矫正社会工作专职人员的职责。矫正社会工作专职人员有明确的工作职责和工作定额。其工作职责包括：改变犯罪者的思想观念和心理结构，帮助其重建健康的社会人格；协助犯罪者认罪服罚，并增强其自新向上的动机；疏通犯罪者的情绪，消除其负面心理反应；协助犯罪者作出正确选择，找到适合其个人特点的行为模式；运用社会资源帮助改善犯罪者的周围环境，帮助犯罪者解决生活、学习、工作中遇到的实际困难；等等。其工作定额一般以个案数作为指标要求。对于长期完不成工作指标以及完成质量不高的矫正社会工作专职人员，其受聘组织会做出相应的处分。

2. 矫正社会工作志愿人员

不以矫正社会工作为专门职业，不从政府或相关机构领取薪酬，利用空余的时间兼职从事矫正社会工作的人员谓之"志愿人员"。在犯罪现象尤其是青少年犯罪现象日益严重的年代，矫正社会工作并非政府部门和专职工作人员所能完全承担，需要动员社会人士广泛参与，才能达到期望的目标。

（1）矫正社会工作志愿人员的遴选条件。志愿人员任用资格不似专职人员那样有严格的学历和经历要求，但志愿人员从事的毕竟是一项艰难的工作，其选用委任也须符合一定条件：首先要有信誉，志愿人员在社会上须有良好口碑，公认为善良正直之士；其次要有热忱，志愿人员须是热心公益，尤其对矫正社会工作有兴趣，能不怀偏见、富有同情心地与矫正对象接触并予以帮助者；再次要有时间，志愿人员从事的矫正服务虽任务量不太大，但须与矫正对象保持密切的联系，所以在工作之余或生活之余应有较多时间可供支配；最后是要健康，志愿人员本身须身心健康，如自身体弱多病或心理素质较差，纵有信誉、热忱和时间，也难以胜任工作。

（2）矫正社会工作志愿人员的管理。矫正社会工作志愿人员在不同的国家和地区以及不同的机构场所也有不同的称谓，如有的称"兼职导师"，有的称"荣誉观护人"，有的直接称"志愿工作者"。其任用也有较严格的程序，一般是由自己报名或他人推荐，经专门机构审查和培训后方可出任。有的国家对志愿人员的聘用还设有任期，如日本的矫正社会工作志愿人员任期为两年，不称职者不会获准连任。志愿人员属于业余性质，其工作是义务奉献，除执行矫正职务而支出的费用可以得到政府或机构的补偿外，不领取任何薪金报酬。由于志愿人员在专业知识和技能方面均不如专职人员那样受过严格的训练，所以他们所承担的一般是较易完成的、辅助性的工作任务，如就业、就学或生活方面的辅导等，较少承担思想、心理和行为方面的辅导，即便从事这些方面的辅导，也要在专职人员的督导下进行。

第三节　中国矫正社会工作的实践

在中国，矫正社会工作也称司法社会工作，内容涉及对于成年罪犯监禁处遇和社会处遇中的专业服务，对于违法犯罪未成年人的司法保护，以及对于涉毒人员的矫正服务等，其中较为普及和成效显著的服务领域包括：对于罪犯的社区矫正服务，对于违法犯罪未成年人的司法保护服务，以及对于涉毒人员的社区康复服务。

一、社区矫正中的社会工作专业服务

（一）社区矫正制度在中国的试点与确立

所谓"社区矫正"，是指与在监狱执行的"监狱矫正"相对的刑罪方式，它是将符合社区矫正条件的罪犯置于社区内，由专门的国家机关，在相关社会团体和民间组织以及社会志愿者的协助下，在判决、裁定或决定确定的期限内，矫正其犯罪心理和行为恶习，并促使其顺利回归社会。社区矫正作为一种理念和一种制度化的刑罚措施，成熟于20世纪六七十年代的欧美国家。

相对于欧美国家而言，"社区矫正"在中国起步较晚，但其正在实践中不断推进。2002年8月，上海市正式在普陀区曹杨新村街道、徐汇区斜土街道、闸北区宝山路街道启动社区矫正试点工作。2003年6月，北京市决定在东城区、房山区和密云区的47个街道、乡镇大范围开展罪犯社区矫正试点工作。2003年7月，最高人民法院、最高人民检察院、公安部、司法部联合发出《关于开展社区矫正试点工作的通知》，并确定在北京、天津、上海、江苏、浙江、山东等六省市范围内开展社区矫正的试点工作。2005年1月，河北、内蒙古、黑龙江、安徽、湖北、湖南、广东、广西、海南、四川、贵州、重庆这12个省（区、市）被列为第二批开展社区矫正工作试点的地区。社区矫正工作的试点规模和范围已经扩大到全国省级行政区的一半以上。2009年10月21日，最高人民法院、最高人民检察院、公安部、司法部联合召开了全国社区矫正工作会议，会议提出在全国全面试行社区矫正工作。2012年1月10日，最高人民法院、最高人民检察院、公安部、司法部下发《关于印发〈社区矫正实施办法〉的通知》。2012年

3月1日，《社区矫正实施办法》正式施行。2019年12月28日，《中华人民共和国社区矫正法》经十三届全国人大常委会第十五次会议表决通过，于2020年7月1日开始实施。在此期间，上海等地的社区矫正工作取得了显著成果，社会工作者在其中发挥了重要作用。

（二）社区矫正工作的主要内容

1.社区矫正工作的适用范围

按照《中华人民共和国社区矫正法》第二条的规定，社区矫正的适用范围包括四类人员，即被判处管制、宣告缓刑、假释和暂予监外执行的罪犯。

2.社区矫正工作的主要任务

最高人民法院、最高人民检察院、公安部、司法部《关于开展社区矫正试点工作的通知》指出，社区矫正工作的任务主要是：

（1）按照我国刑法、刑事诉讼法等有关法律、法规和规章的规定，加强对社区服刑人员的管理和监督，确保刑罚的顺利实施。

（2）通过多种形式，加强对社区服刑人员的思想教育、法制教育、社会公德教育，矫正其不良心理和行为，使他们悔过自新，弃恶从善，成为守法公民。

（3）帮助社区服刑人员解决在就业、生活、法律、心理等方面遇到的困难和问题，以利于他们顺利适应社会生活。

《中华人民共和国社区矫正法》第四章、第五章将上述任务概括为监督管理和教育帮扶。

3.鼓励社会工作在社区矫正中发挥作用

2014年11月14日，司法部、中央综治办、教育部、民政部、财政部、人力资源社会保障部联合印发《关于组织社会力量参与社区矫正工作的意见》，要求鼓励热心于社区矫正事业的社会组织参与社区矫正工作，为社区服刑人员提供社会工作专业服务。司法行政部门通过建立完善社会组织参与社区矫正工作的机制和渠道，及时提供需求信息，为社会组织参与社区矫正创造条件、提供便利。

《中华人民共和国社区矫正法》第十一条更明确指出：社区矫正机构根据需要，组织具有法律、教育、心理、社会工作等专业知识或者实践经验的社会工作者开展社区矫正相关工作。

（三）社会工作介入社区矫正的主要内容

1. 参与对社区矫正人员的接收

《社区矫正实施办法》规定，社区矫正人员应当自人民法院判决、裁定生效之日或者离开监所之日起 10 日内到居住地县级司法行政机关报到。县级司法行政机关应当及时为其办理登记接收手续，并告知其 3 日内到指定的司法所接受社区矫正。

在法律允许范围内及司法行政机关支持下，社会工作者参与对社区矫正人员的接收，可以通过查看法律文书和接触社区矫正人员，提前了解服务对象的历史和现状，为其后的服务做好准备。

2. 协助对社区矫正人员的监督管理

《中华人民共和国社区矫正法》第二十三条规定：社区矫正对象在社区矫正期间应当遵守法律、行政法规，履行判决、裁定、暂予监外执行决定等法律文书确定的义务，遵守国务院司法行政部门关于报告、会客、外出、迁居、保外就医等监督管理规定，服从社区矫正机构的管理。

作为社区矫正机构成员的社会工作者，可以在法律的授权之下，协助对社区矫正人员的监督管理，根据社区矫正人员个人生活、工作及所处社区的实际情况，有针对性地采取实地检查、通信联络、信息化核查等措施，及时掌握社区矫正人员的活动情况。重点时段、重大活动期间或者遇有特殊情况时，社会工作者应及时了解、掌握社区矫正人员的有关情况，可以根据需要要求社区矫正人员到办公场所报告、说明情况。社区矫正人员脱离监管的，应当及时报告县级司法行政机关组织追查。社会工作者应定期到社区矫正人员的家庭、所在单位、就读学校和居住的社区了解、核实社区矫正人员的思想动态和现实表现等情况。对保外就医的社区矫正人员，社会工作者应当定期与其治疗医院沟通联系，及时掌握其身体状况及疾病治疗、复查结果等情况，并根据需要向批准、决定机关或者有关监狱、看守所反馈情况。发现社区矫正人员有违反监督管理规定或者人民法院禁止令情形的，社会工作者应当及时调查核实情况，收集有关证明材料，提出处理建议。

3. 主导对社区矫正人员的教育帮扶

矫正社会工作是司法领域的社会工作实践，对社区矫正人员进行教育帮扶，是矫正社会工作者的主要职责。这一工作的内容包括：

（1）根据需要，对社区矫正人员进行法治、道德等方面的教育，增强其法治观念，提高其道德素质和悔罪意识。对社区矫正人员的教育应当根据其个体特征、日常表现等实际情况，充分考虑其工作和生活情况，因人施教。

（2）协调有关部门和单位，依法对就业困难的社区矫正人员开展职业技能培训、就业指导，帮助社区矫正人员中的在校学生完成学业。

（3）引导志愿者和社区群众，利用社区资源，采取多种形式，对有特殊困难的社区矫正人员进行必要的教育帮扶。

（4）为社区矫正人员在教育、心理辅导、职业技能培训、社会关系改善等方面提供必要的帮扶。

（5）根据社区矫正人员的个人特长，组织其参加公益活动，修复其社会关系，培养其社会责任感。

（6）按照国家有关规定，帮助社区矫正人员申请社会救助、参加社会保险、获得法律援助。

4. 做好对社区矫正人员的考核与档案管理

这一部分工作的主要内容包括：及时记录社区矫正人员接受监督管理、参加教育学习和社区服务等的情况，定期对其接受矫正的表现进行考核，根据其在接受社区矫正期间的表现、考核结果、社区意见等情况作出书面鉴定，并对其安置帮教提出建议；为社区矫正人员建立社区矫正执行档案，包括适用社区矫正的法律文书，以及接收、监管审批、处罚、收监执行、解除矫正等有关社区矫正执行活动的法律文书；建立社区矫正工作档案，包括司法所和矫正小组进行社区矫正的工作记录，社区矫正人员接受社区矫正的相关材料等，同时留存社区矫正执行档案副本。

二、未成年人司法保护中的社会工作专业服务

（一）未成年人司法保护的含义及内容

未成年人司法保护是中国新颁布的未成年人保护法的重要内容之一，是指国家司法机关在其司法活动中，应尊重违法犯罪的未成年人的人格尊严，保障其合法权益不受侵害。

在1991年颁布的《中华人民共和国未成年人保护法》中，就有对于未成年人司法保护的明确规定：（1）已满十四周岁的未成年人犯罪，因不满十六周岁不予刑事处罚的，责令其家长或其他监护人加以管教；必要时，也可以由政府收容教养。（2）公检法机关办理未成年人犯罪的案件，应照顾未成年人的身心特点，并可根据需要设立专门机构或指定专人办理。（3）十四周岁以上不满十六周岁的未成年人犯罪的案件，一律不公开审理。十六周岁以上不满十八周岁的未成年人犯罪的案件，一般也不公开审理。（4）人民检察院免予起诉、人民法院免除

刑事处罚或宣告缓刑以及被解除收容教养或者服刑期满释放的未成年人，复学、升学、就业不受歧视。（5）家庭和学校及其他有关单位，应配合违法犯罪未成年人所在的少年犯管教所等单位，共同做好违法犯罪未成年人的教育挽救工作。（6）对违法犯罪的未成年人，实行教育、感化、挽救的方针，坚持教育为主、惩罚为辅的原则。

在 2006 年、2012 年和 2020 年，《中华人民共和国未成年人保护法》又经三次修订，根据时代的发展，对司法保护作出了更为细致的规定。

（二）社会工作介入未成年人司法保护的法律依据

2020 年 10 月 17 日，经第十三届全国人民代表大会常务委员会第二十二次会议第二次修订后的《中华人民共和国未成年人保护法》颁布，其中第九十九条规定："地方人民政府应当培育、引导和规范有关社会组织、社会工作者参与未成年人保护工作，开展家庭教育指导服务，为未成年人的心理辅导、康复救助、监护及收养评估等提供专业服务。"第一百一十六条规定："国家鼓励和支持社会组织、社会工作者参与涉及未成年人案件中未成年人的心理干预、法律援助、社会调查、社会观护、教育矫治、社区矫正等工作。"

2020 年 12 月 26 日，《中华人民共和国预防未成年人犯罪法》由第十三届全国人民代表大会常务委员会第二十四次会议修订通过并颁布。其中第六条提出，社会工作者可以参与专门教育指导委员会的相关工作，研究确定专门学校教学、管理等相关工作；第九条规定："国家鼓励、支持和指导社会工作服务机构等社会组织参与预防未成年人犯罪相关工作，并加强监督"；第二十一条规定："教育行政部门鼓励和支持学校聘请社会工作者长期或者定期进驻学校，协助开展道德教育、法治教育、生命教育和心理健康教育，参与预防和处理学生欺凌等行为"；第三十一条规定："社会工作者可参与对不良行为学生的心理辅导和行为干预。"

（三）社会工作介入涉罪未成年人司法保护的服务内容

1. 涉罪未成年人审前社会调查

社会工作者通过调查，全面分析涉罪未成年人的家庭情况、成长环境、犯罪原因，回归社会的有利和不利因素，对其再犯风险进行分析与评估，以决定是否对其采用社区矫正的处理方式，其主要目的是使涉罪未成年人能够更好地改过自新，顺利回归社会，成为对社会有用的人。

2. 充当附条件不起诉涉罪未成年人的监管人

附条件不起诉又称暂缓起诉，是指人民检察院以暂时不起诉为条件，规定犯罪嫌疑人在一定期限内履行一定法定要求，犯罪嫌疑人如果不履行要求，则要追究其刑事责任。社会工作者受相关部门授权，可以充当附条件不起诉涉罪未成年人的监管人，督促其在一定期限内履行法定要求，重新做人。

3. 充当涉罪未成年人的合适成年人到场应诉

合适成年人制度，是指在未成年人刑事诉讼中，其法定代理人不能或不愿意到场的情况下，为保障未成年人的合法权益，为未成年人挑选符合一定条件的成年人，作为其合适成年人行使刑事诉讼中的相关权利。矫正社会工作者因为早期介入涉罪未成年人的社会调查，熟悉和了解涉罪未成年人的情况，又与其建立了良好专业关系，可以接受挑选并充当到场应诉的合适成年人。

4. 监管和帮扶社区服刑未成年罪犯

对于在社区服刑的未成年罪犯进行监督管理和教育帮扶，是矫正社会工作者介入涉罪未成年人司法保护的主要内容，其策略和方法与介入社区矫正成年罪犯相似，但在服务中要始终遵循未成年人保护的理念和原则。

三、社区戒毒社区康复中的社会工作专业服务

2017 年初，国家禁毒办、民政部等十二部门联合印发了《关于加强禁毒社会工作者队伍建设的意见》（以下简称《意见》），要求到 2020 年，禁毒社会工作者总量达到 10 万人，建成一批有影响力的禁毒社会工作服务机构，实现禁毒社会工作服务在城乡、区域和领域的基本覆盖，禁毒社会工作者队伍的专业作用和服务成效不断增强。

《意见》明确提出，社会工作介入社区戒毒社区康复的主要工作内容包括：

（一）提供戒毒康复服务。调查了解戒毒康复人员行动趋向、生活状况、社会关系、现实表现等情况，开展戒毒康复人员心理社会需求评估；为戒毒康复人员提供心理咨询和心理疏导、认知行为治疗、家庭关系辅导、自我管理能力和社会交往能力提升等专业服务；帮助戒毒康复人员调适社区及社会关系，营造有利于戒毒康复的社会环境。开展有利于戒毒康复人员社会功能修复的其他专业服务。

（二）开展帮扶救助服务。为戒毒康复人员链接生活、就学、就业、医疗和戒毒药物维持治疗等方面的政府资源与社会资源。组织其他专业力量和志愿者为戒毒康复人员及其家庭提供服务，协助解决生活困难，提升生计发展能力，改善

社会支持网络，促进社会融入。

（三）参与禁毒宣传教育。参与组织禁毒宣传活动、普及毒品预防和艾滋病防治等相关知识、宣传禁毒政策和工作成效，增强公民禁毒意识，提高公民自觉抵制毒品的能力。倡导禁毒社会工作理念，减低并消除社会歧视与排斥。

（四）协助开展有关禁毒管理事务。协助开展吸毒人员排查摸底工作；协助建立相关档案资料，做好工作台账，对工作对象的戒毒康复情况进行定期评估。协助做好强制隔离戒毒人员出所衔接，督促、帮助社区戒毒社区康复人员和戒毒药物维持治疗人员履行协议，努力减少现实危害。发现社区戒毒社区康复人员拒绝报到或严重违反协议的、参加戒毒药物维持治疗人员严重违反治疗规定的，向乡镇（街道）禁毒工作机构报告，协助收集提供有关材料。

【思考题】

1. 什么是矫正社会工作？它与矫正工作有何联系和区别？

2. 矫正社会工作的理论基础和价值理念主要有哪些？

3. 矫正社会工作通过哪些途径为受助者提供服务？

4. 简述中国矫正社会工作的发展历程。

【主要参考文献】

郭建安、郑霞泽主编：《社区矫正通论》，法律出版社2004年版。

［意］贝卡里亚：《论犯罪与刑罚》，黄风译，中国法制出版社2005年版。

张昱、费梅苹：《社区矫正实务过程分析》，华东理工大学出版社2005年版。

最高人民法院、最高人民检察院、公安部、司法部：《社区矫正实施办法》，2012年1月10日。

国家禁毒办、民政部等：《关于加强禁毒社会工作者队伍建设的意见》，2017年1月20日。

《中华人民共和国社区矫正法》，2019年12月28日。

第二十二章

民政工作与社会工作

在中国，社会工作与民政工作是密切地联系在一起的，一些民政工作是中国本土社会工作的重要组成部分。本章主要介绍中国社会工作的"民政模式"，以及民政工作中的社会工作实务。

第一节　中国社会福利制度与民政工作

一、民政工作的含义

"民政"一词是指有关人民的一切行政事务，即政府处理有关人民的行政事务的活动。承担和履行这种行政事务的部门是民政部门。民政部门的工作被称作民政工作。在不同的历史发展阶段和经济社会背景下，民政工作包含大致相同又有所差异的内容。在 1983 年召开的第八次全国民政工作会议上，时任民政部部长的崔乃夫曾将民政工作概括为"三个一部分"——政权建设的一部分、社会保障的一部分和行政管理的一部分。这一界定包含了两重内涵：其一，民政工作包括政权建设、社会保障和行政管理三部分内容；其二，民政工作职责范围内的政权建设、社会保障和行政管理都只包含了各自领域中的一部分，而不是全部。随着社会经济的发展与改革的逐步深入，民政工作的具体职责和工作任务也发生了变化。2013 年的全国民政工作会议将民政工作的基本职责概括为：保障基本民生、创新社会管理、促进国防建设、强化社会服务。根据第十三届全国人民代表大会第一次会议审议通过的《国务院机构改革方案》，民政部门的基本职能是基本民生保障、基层社会治理、基本社会服务等。

根据国际经验，社会工作是国家实施社会福利制度的主要手段之一。在中国，社会工作的发展与社会福利制度的改革和完善也是分不开的。民政部门是政府实施社会福利制度和推进社会工作实务的行政管理部门。因此，民政工作与社会福利、社会工作是紧密联系在一起的。中国的社会福利制度和社会工作的发展又有其特殊性。20 世纪 50 年代以来，中国的计划经济体制造就了一个无所不包的政府行政管理体系。在这种体制下，以"为人民服务"为宗旨的政府将解决社会问题、增加人民福利视为己任，于是就有了一个直接以行政手段来推行社会福利或社会服务的政府部门——民政部门。

改革开放以来，中国走上了经济体制改革之路，但社会福利或社会工作在相当长的一段时间内仍然需要靠行政手段去推行。因此，在讨论中国的社会福利或社会工作时，就不能不讨论民政工作和民政部门/系统。为厘清中国民政工作与社会福利制度以及社会工作之间的关系，需要对中国社会福利发展的历史进程及思想脉络进行简要回顾。

二、中国社会福利的思想脉络

（一）古代中国的福利思想与实践

在古汉语中虽然没有"福利"和"社会福利"的词汇，但社会福利思想在中国古已有之。追溯历史，中国古代有丰富的关于社会福利的论述。

1. 儒家的"民本""仁政"和"大同"思想

《尚书·虞书》有"德惟善政，政在养民"之言。《周礼·地官》提出"以保息六养万民：一曰慈幼，二曰养老，三曰振穷，四曰恤贫，五曰宽疾，六曰安富"。《礼记·礼运》提出大同社会之理想，曰："大道之行也，天下为公。……故人不独亲其亲，不独子其子，使老有所终，壮有所用，幼有所长，矜寡孤独废疾者皆有所养。"孟子说："恻隐之心，仁之端也"（《孟子·公孙丑上》），"出入相友，守望相助，疾病相扶持，则百姓亲睦"（《孟子·滕文公上》）。在社会福利方面，儒家主张政府积极介入（"民本""仁政"），提倡民间互助互济。

2. 墨家的"兼爱"思想

墨子主张"兼相爱，交相利"，提倡"天下之人皆相爱，强不执弱，众不劫寡，富不侮贫，贵不傲贱，诈不欺愚"（《墨子·兼爱中》），"有力者疾以助人，有财者勉以分人，有道者劝以教人。若此，则饥者得食，寒者得衣，乱者得治。……此安生生"（《墨子·尚贤下》）。墨家"兼爱"思想的重点是民间的互助互济，是古代最具"社会性"的早期福利思想。

3. 道家的"无为"思想

道家主张"无为而治"。老子说："故圣人言：我无为，而民自化；我好静，而民自正；我无事，而民自富；我无欲，而民自朴。"（《道德经·五十七章》）庄子则说："上必无为而用天下，下必有为为天下用，此不易之道也。"（《庄子·外篇·天道》）在社会福利方面，道家主张政府不要干预，宁愿以天地为宗，听其自然。

在中国数千年的封建社会历史中，儒家思想长时间处于正统地位，因而对古代社会福利制度产生了深刻影响。早在汉朝，政府就设置了由朝廷兴办、名为"常平仓"的仓储制度，之后的封建王朝还设置了以地方劝募为主的"义仓"和主要由村社管理，带有一定社会保险意义的"社仓"等。中国古代的济贫、养老和育幼等慈善事业，最早可追溯到南北朝的"六疾馆"和"孤独园"，更为著名的则是唐宋年间的"悲田养病坊"。元朝出现了由官方普遍设置和管理的"惠民药局"。完全由民间乃至个人兴办的，世俗的慈善事业最早出现在宋朝，最著名的有范仲淹的"义田"和刘宰的"粥局"。前者是以庇护和造福宗族为宗旨的家族慈善事业；后者则以街坊邻居为对象。明朝出现了以民间互助为主的慈善社团——"同善会"。

上述种种社会福利思想和实践反映了国家干预和民间互助并举的特点。

（二）近代中国的福利思想与实践

清末民初，西方剩余型社会福利思想传入中国，与儒家传统思想相结合，逐渐形成了一种独特的福利理念。孙中山的"三民主义"是对中国古代传统福利思想的超越，他说："欧美经济之患在不均，不均则争；中国之患在贫，贫则宜开发富源以富之。惟富而不均，则仍不免于争，故思患预防，宜以欧美为鉴，力谋社会经济之均等发展，及关于社会经济一切问题，同时图适当之解决。"但孙中山的思想在当时并没有得到贯彻。民国时期，中国的社会事业得到了一定发展，社会福利制度逐渐建立，主要集中在济贫、救孤等方面。20世纪40年代，国民政府还发展了社会行政和社会工作。

中国共产党从建立之初就将劳动人民的福利放在重要地位。在1922年—1948年间，中国共产党领导召开的历次全国劳动大会，都将社会福利作为党的重要政策提出，这些政策在当时的根据地、解放区得到贯彻落实。在战争环境下，虽然这些政策法规只能部分实现，但也体现了社会的进步。

（三）现代中国的福利思想和实践

新中国成立之初，社会问题频仍，不但威胁民生，也给新政权带来挑战。

在当时贫弱群体占多数的背景下，"剩余型"社会福利成为最切合实际的选择。政府接收、改造了国民党政府或地方社区举办的救济院、慈善堂以及接受国外津贴的宗教的或世俗的救济福利机构。当时主管福利救济的内政部设立了一批旨在组织灾民、难民生产自救的救济福利单位。进入社会主义建设时期后，各项制度的建设均被纳入了计划经济的轨道。中国的社会福利制度分为"职业福利"和"社会福利"两大块，另由内政部承担"剩余型"的社会福利工作，政府从中央到地方建立了以"三无（无依无靠、无劳动能力、无生活来源）对象"和伤残军人为主的社会福利事业单位，来安置和保障这些人员的生活与生产。中国的社会福利呈现出城乡二元结构特征，城市困弱人群可以依靠就业保障，而农村的社会保障福利措施很少，主要是家庭和社区的自我保障。

改革开放之初，民政部门主管的社会福利工作面临进退维谷的尴尬局面。民政部门认识到，光靠国家投资兴办福利事业单位远远满足不了日益增长的社会福利需求。身处困境而思改革，这就导致了20世纪80年代中期以来社会福利的改革热潮。

三、中国社会福利制度与民政社会福利实践

20世纪90年代以来，中国形成了一整套具有中国特色的社会保障和社会福利制度，政府将这一类制度安排定义为社会保障制度，包括社会保险、社会救助、社会福利三个主要制度和慈善事业、商业保险两个补充制度。在上述界定中，社会福利的概念是狭义的，其含义是：由国家或社会为法律或政策范围内的所有对象普遍提供在一定的生活水平基础上尽可能提高生活质量的资金和服务的社会保障制度。

中国式的社会福利可从四个方面来理解：

1.社会福利主要是社会福利服务，或称社会服务。这与联合国有关机构的社会福利定义是吻合的：社会福利是社会服务与机构间的有组织联系，在于协助个人和团体，在契合其家庭和社区需求的原则下，获取生活、健康及人际关系各方面的满足，使其能充分发挥潜能并增进福祉。

2.社会福利是为法律或政策范围内的所有公民普遍提供的。只要公民属于法律和政策划定的范围，就能按规定得到相应的津贴和服务。

3.社会福利在社会保障体系中处于更高的层次，它着力在保障其服务对象一定生活水平的基础上，尽可能地提高他们的生活质量。近年来，国家强调社会福利要向"适度普惠型"和发展型迈进。

4.社会福利偏重于向人们提供福利设施和福利服务，而向人们提供资金保障则主要由社会保险、社会救助及其他形式的社会保障制度来完成。

随着改革的深化，中国社会福利改革、企业转变经营机制与政府转变职能相结合，形成了中国社会福利服务的四个支撑点：政府、企业、社区和社会组织，这四个支撑点有三个在民政的职责范围之内。与社会福利和社会工作相联系，民政工作在上述四个方面的职能是：

第一，政府。政府制定以培养、评价、使用、激励为手段促进社会工作专业服务发展的一系列政策，在现有的社会福利事业单位中设立社会工作岗位，推行向社会组织购买社会服务和建立基层社会工作站的政策，提供社会工作进入社会服务的平台与渠道。

第二，社区。城镇和农村基层社区正在成为提供和实施社会工作专业服务的重要平台。

第三，社会组织。社会组织（包括社会团体、基金会和民办非企业单位）在社会福利服务，尤其是对社会弱者的福利服务方面承担着提供专业服务的角色。

第四，企业。企业福利服务与企业社会责任挂钩，发展社会企业也是这一服务的重要方面。

总而言之，当前中国的社会福利制度呈现出多元性、整合性的趋势，为社会工作的发展提供了机遇。社会工作既可以进入体制内的民政社会福利事业单位，也可以在社会组织、社会工作站和社区中发挥作用。

第二节   中国社会工作的"民政模式"

一、中国社会工作发展中民政部门的角色和功能

改革开放以来，民政部一直大力推动社会工作教育的恢复和发展，持续开展理论研究，支持专业组织建立，组织国际交流，促进职业制度的建立。

（一）推动社会工作的恢复发展

1978 年—1988 年是社会工作教育的恢复期。在 20 世纪 80 年代初高校社会学专业恢复重建后，社会工作被归入"应用社会学"。民政部门从提高干部队伍素质的愿望出发，积极探索与高校专业教育的合作。1984 年，民政部派出了一个赴香港社会福利（社会工作教育）考察团。1987 年，民政部在北京组织召开

作为社会工作教育恢复标志之一的"社会工作教育发展论证会"（又称"马甸会议"），签署了民政部拨款 100 万元与北京大学联合培养社会工作硕士研究生的合作协议。这些都有力地促进了高校系统社会工作专业教育的发展。

（二）推动社会工作的组织建设

1989 年—2003 年是社会工作的组织建设期。1991 年，民政部发起成立了中国社会工作协会并加入了"国际社会工作者协会"。该协会与香港社会服务联会合作，连续召开有中国大陆和港台地区学者、政府工作人员参加的社会福利研讨会。协会组织编写的首部《中国社会工作百科全书》于 1994 年出版。1994 年 12 月，中国社会工作教育协会由民政部批准成立。

（三）推动社会工作的基层实践

2003 年—2006 年是社会工作的实践探索期。1998 年，国家机关进行机构改革，民政部的职能有部分调整，加强社会管理成为主要工作职责。之后的近十年间，民政部门在基层推动社区建设和社会组织的发展，并开始探索在民政社会福利单位设立社会工作岗位。

（四）推动社会工作职业制度建立

2006 年以来是社会工作的快速发展期，尤其是专业人才队伍建设得到了长足发展。2006 年，民政部会同人事部推出了全国性的社会工作者职业水平评价制度；2008 年，面向社会组织了首次社会工作者职业水平考试。2009 年，民政部颁布了《社会工作者继续教育办法》。2011 年，为贯彻《国家中长期人才发展规划纲要（2010 年—2020 年）》中的社会工作人才队伍建设的相关条文，中组部、民政部、财政部等 18 部委、社会团体联合发布了《关于加强社会工作专业人才队伍建设的意见》，这是中央各部委、社会团体联合发布的第一个系统建构社会工作制度、推进社会工作专业人才队伍建设的专门文件。2012 年，中组部、国家发改委、民政部等 19 部委和社会团体又联合发布了《社会工作专业人才队伍建设中长期规划（2011 年—2020 年）》，这是中国第一个关于社会工作专业人才队伍建设的中长期规划，制定了今后一段时期中国社会工作专业人才队伍建设的路线图。2018 年，人力资源和社会保障部、民政部制定和公布了《高级社会工作师评价办法》，并于 2019 年举行首次考试。至此，作为国家制度的社会工作人才职业水平评价制度基本建立。

二、民政工作中的社会工作实践

经过长期发展，民政工作中的社会工作形成了其自身的特点，包括它的理论基础、方法与技巧，以及被称作"民政模式"的运行方式。

（一）民政工作中的社会工作理论基础

1. 人道主义

人道主义是把人的价值、尊严、权利、自由和发展放在首位的社会思想和哲学思想。它发端于文艺复兴时期的人道主义思想，经过几个世纪的发展，至今已经成为一种世界性的社会思潮，是世界各国制定社会政策的一般原则之一。

建立在马克思主义理论基础上的人道主义，即关于人的尊严以及人的解放、自由和全面发展的科学理论更强调社会的整体性，核心是突出集体主义或集体人权，亦即人类命运共同体的主张，强调平衡不同层面上的人道主义，具体表现为：（1）既强调社会对个人的尊重和满足，又强调个人对社会的责任和贡献；（2）既强调法律和政治上的平等，又强调经济和社会上的平等。

2. 需要理论和分配、再分配理论

马克思认为，人的需要是人的本性，是人作为生产者的素质。一般而言，人的需要体系或需要结构，包括四个方面：（1）自然需要，主要指衣食住行等基本需要；（2）社会需要，主要指社会生产引发出来的需要和对支付能力的需要等；（3）一般需要或经济需要，是指对货币的需要；（4）精神需要，是指人发展自己才能以及对文化成果享用的需要。

在社会发展现阶段，满足人的需要主要是通过社会初次分配和再分配来实现的。在社会主义初级阶段，分配原则是按劳取酬，同时，个人资本投入也参与分配。因此，这一阶段的个人分配实际上停留在形式平等，未达到结果平等。对此，马克思提出了"公平分配"的观点。为了防止两极分化，再分配的问题就被提到了议事日程上。再分配的形式包括累进税和财政转移支付、社会保障、慈善捐助、社会服务等。再分配领域强调按需分配，但这里的"按需"受当时当地社会生产力水平和实际供给能力的影响，大部分情况下只能满足较低层次的生存需要和安全需要。

3. 社会福利社会化

社会福利社会化是20世纪90年代民政工作为实现自身改革提出的、与社会福利改革和社会工作发展有关的命题。提出这个命题的背景是社会上日益增长的福利需求与满足这些需求的供给能力不足之间的矛盾。改革开放以来，中国出现了人口结构老龄化、家庭规模小型化等大量新的社会问题，人们在生活水平提高的同时生活压力也在加大，要求提供更多社会福利服务的呼声日益高涨。民政部门希望动员社会力量发展社会福利。

（二）民政工作中常用的社会工作方法与技巧

1. 社会政策方法

社会政策是政府为预防和解决社会问题而制定的基本原则、行动计划和工作方针的统称。社会政策的出发点是社会公平，它以各种规划和政策手段去调整人际关系，缓解社会矛盾，维护社会稳定。社会政策是社会管理和社会行政的计划，是社会福利的指导原则，也是社会工作的基本方针。作为政府社会福利行政管理职能机构的民政部门，最主要的职能就是制定和实施社会政策。20世纪80年代以来，民政部门采用社会学和社会工作的调查研究方法，为社会政策的决策提供科学依据，取得了显著的成绩。同时，在制定社会政策的过程中，民政部门强调群众参与，尤其是社会政策对象的参与，以扩大社会政策的民主基础。

2. 社区工作方法

社区工作是指社会工作者以社区为单位，为全体社区成员提供的社会福利服务。社区工作大致分为两部分——社区照顾服务和社区发展服务，前者属于传统的社会工作，主要内容是帮助困弱者；后者则是社会工作和社区工作在当代的新发展，它面向广大社区成员，是摆脱思想束缚，从传统剩余型福利走向发展型福利的努力。在当代，社区发展被认为是最具根本性的社区工作。近年来国家提出的社会治理，进一步推动了社会福利向发展型迈进。

3. 小组工作方法

在民政所属的社会福利机构的日常工作中，小组工作方法被广泛使用。例如，干休所、老年福利院、未成年人保护中心和儿童福利院等机构中，社会工作者会组织各种文艺、体育活动和治疗性小组；社会上也有一些在邻里街坊之间组织起来的帮助孤寡老人的社区社会组织和互助互济的志愿者协会等。街道或乡镇的敬老院（室），为弱智者与精神病人服务的工疗站、"温馨之家"等，以及为失业下岗工人服务的"增能型"的各类培训班等，都是基于社会小组工作的理论进行策划和开展的。

4. 个案工作方法

个案工作是指以个别帮助的方式，对在生活上遭遇困难或失控失调的个人或家庭提供精神支持或物质帮助等社会福利服务，以增强其社会适应能力的方法。20 世纪 80 年代初，民政部门在扶贫工作中首先引入了个案工作方法，如要求对所扶持的贫困户建档立案，强调"扶贫先扶志"，民政工作者与贫困户共同讨论其致贫原因、制订扶贫措施，并在扶贫实施过程中持续给予精神和物质的帮扶直至其脱贫。之后，在社区服务、社会福利事业、社会福利企业、优待抚恤和退伍安置等工作中，这种方法都曾被采用。20 世纪 90 年代，最低生活保障制度的建立过程中，个案工作方法逐渐被普遍运用。政府在向社会组织购买服务提供给低保家庭和困境儿童时，多以个案管理和个案服务的价值观、程序与方法作为基本的服务要求。

（三）社会工作的"民政模式"

改革开放以来，民政工作不断进行改革，逐渐发展出一种较为特殊的社会工作运作模式，可以称之为社会工作的"民政模式"。如果依据 F. 埃伦·内廷（F. Ellen Netting）等学者在《宏观社会工作实务》中对微观实务与宏观实务的划分，在宏观层次上开展工作的社会工作者一般从事的是所谓的"政策性工作"。民政工作的这种模式具有一定意义的宏观社会工作特点。

1. 关注困弱群体需要

民政部倡导适度普惠的社会福利理念，逐步扩大了国家负责的儿童服务对象，建立了初步的困境儿童关爱体系，具体措施包括：促进了未成年人保护制度的贯彻落实，建立全国性的孤儿补贴制度，将艾滋病病毒感染儿童纳入基本生活保障范围，等等。

民政部门有一个从中央、省（自治区、直辖市）、地区（自治州、地级市）、县（自治县、县级市）、乡镇（街道）直至村、居民委员会的遍布全国的行政网络以及从上到下或从下到上的信息渠道。在民政系统中，中央、省两级的主要工作是制定法律法规和社会政策；地、县两级的部分工作是结合具体情况贯彻、实施法律法规和社会政策，部分工作是直接面对社会特殊群体的实际社会工作；而街道、乡镇和村（居）民委员会的主要工作则是面对社会特殊群体的实际社会工作。

2. 关注制度调整与政策倡导

民政系统由于其职责所在，对于负面的社会状况关注尤甚，与基层、社会困弱群体也有着一种特殊的联系。长期以来，民政部门以"上为中央分忧，下为群众解愁"为宗旨，更以发挥社会稳定机制的作用为己任。因此，民政部门对社会问题较为敏感。民政部门通过各种信息渠道——系统内逐级上报、汇总的情况，从其他系统转过来的资料，自身组织的调查研究以及群众的来信、来访等，获得来自基层的信息，然后将这些信息加工整理并经过进一步调查研究，提出相应的对策。

民政部门各项重大的改革措施和社会政策的出台，要经过党中央、国务院或全国人大的批准，同时也要依靠各部门和地方各级政府的支持。各项工作的最终落实往往要通过纳入各级政府的考核体系才能实现。在此过程中，民政部门要协调与上下级部门及其他部门的关系，取得各方面的支持。

指导基层政权和群众自治组织建设是民政部门的职责之一，因此，它与基层社区有着天然联系，它通过倡导社区服务和社区建设，推动社区发展。社会组织登记和管理也是民政部门的职责之一，所以民政部门与社会组织的关系往往非常密切，在促进社会组织参与社会福利服务方面取得了一定成绩。社会救助、社会福利服务和优抚安置工作是民政部门的主要职责，在第一线工作的大批民政工作者所从事的就是实际的社会工作实务。

20世纪90年代以来，民政部门在中国社会工作的发展中承担的角色有着特殊意义。中国社会工作的发展从以行政推动为主转变为以政府、社会工作专业力量、社会组织互动发展为主。在这个转变过程中，中国社会工作有一个从政府到"半政府"再到"非政府"的变化过程。这个过程可能需要一些时间，因此，社会工作的"民政模式"仍将发挥其特殊作用。

第三节　民政工作中的社会工作实务

一、民政部门的组织结构及其与社会工作的关系

中国当前的社会保障制度与社会服务体系中，民政部门是负责以行政手段实施社会福利制度和推行社会工作的主要政府职能部门之一。2018年，国务院实施政府部门新的"三定"方案，其中民政部的职能、内设机构及各自的职能相比之前有较大改变。调整后民政部的职能定位更加聚焦于最底线的民生保障、最基础的社会治理、最基本的社会服务和专项行政管理职能，其业务部门都与社会福利和社会工作直接相关。

（一）与社会工作有直接联系的民政职能部门

2018年调整后民政部各部门与社会工作有直接联系的职能部门主要如下：

1. 儿童福利司

儿童福利司是为了发展、促进和规范困境儿童的福利而设立的，其主要职能是：拟订儿童福利、孤弃儿童保障、儿童收养、儿童救助保护政策、标准，健全农村留守儿童关爱服务体系和困境儿童保障制度，指导儿童福利、收养登记、救助保护机构管理工作。

2. 养老服务司

人口老龄化已成为中国必须面对的重大社会问题，政府有责任推进养老事业的发展。养老服务司主要负责拟订老年人福利补贴制度和养老服务体系建设规划、政策、标准，协调推进农村留守老年人关爱服务工作，指导养老服务、老年人福利、特困人员救助供养机构管理工作。

3. 社会救助司

随着城乡低保工作的试点与全面开展，民政部成立社会救助司。该司主要负责拟订乡居民最低生活保障、特困人员救助供养、临时救助等社会救助政策和标准，健全城乡社会救助体系，承办中央财政困难群众救助补助资金分配和监管工作。参与拟订医疗、住房、教育、就业、司法等救助相关办法。

4. 社会事务司

社会事务司的主要职能是：推进婚俗和殡葬改革，拟订婚姻、殡葬、残疾人权益保护、生活无着流浪乞讨人员救助管理政策，参与拟订残疾人集中就业扶持政策，指导婚姻登记机关和残疾人社会福利、殡葬服务、生活无着流浪乞讨人员救助管理机构相关工作，协调省际生活无着流浪乞讨人员救助事务，指导开展家庭暴力受害人临时庇护救助工作。

5. 基层政权建设和社区治理司

2018 年进行的机构调整中，原来的基层政权建设和社区建设司改为基层政权建设和社区治理司，反映了中国加强社会治理特别是基层社会治理的迫切要求。该司负责拟订城乡基层群众自治建设和社区治理政策，指导城乡社区治理体系和治理能力建设，提出加强和改进城乡基层政权建设的建议，推动基层民主政治建设。

6. 社会组织管理局

社会组织的发展和规范管理是社会治理的重要组成部分，社会组织管理局负责拟订社会团体、基金会、社会服务机构等社会组织登记和监督管理办法，按照管理权限对社会组织进行登记管理和执法监督，指导地方对社会组织的登记管理和执法监督工作。2018 年的机构调整后，该局的职责更加明确，有利于激励第三方组织共治、共享，积极培育社会组织、社会工作者等多元参与者主体，推动搭建基层社会治理和社会公共服务平台。

7. 慈善事业促进和社会工作司

该司的设立说明了政府对发展慈善事业和专业社会工作的重视。该司负责拟订促进慈善事业发展政策和慈善信托、慈善组织及其活动管理办法。拟订福利彩票管理制度，监督福利彩票的开奖和销毁，管理监督福利彩票代销行为。拟订社会工作和志愿服务政策，组织推进社会工作人才队伍建设和志愿者队伍建设。该司的正式成立对中国社会工作事业的发展具有重大意义。

（二）与社会福利、社会工作间接相关的民政职能部门

2018 年调整后民政部部门中与社会福利、社会工作间接相关的职能部门如下：

1. 办公厅（国际合作司）

该部门负责机关日常运转，承担信息、安全、保密、信访、政务公开、新闻宣传、国际交流合作和与港澳台交流合作等工作。其中的交流合作工作与社会福利、社会工作有部分或间接的联系。

2. 政策法规司

该司负责起草相关法律法规草案和规章，承担民政行业标准化工作以及规范性文件的合法性审查和行政复议、行政应诉等工作。其中的标准化工作、规范性文件的合法性审查等与社会工作立法、社会福利和社会工作事业的发展有部分或间接的联系。

3. 规划财务司

该司负责拟订民政事业发展规划和民政基础设施建设标准，指导和监督中央财政拨付的民政事业资金管理工作。拟订民政部门彩票公益金使用管理办法，管理本级彩票公益金。承担民政统计管理和机关及直属单位预决算、财务、资产管理与内部审计工作。事实上，它具体承担了民政部有关社会福利和社会工作发展规划、统计公布和部分政府购买服务的资源使用审核等方面的工作。

按照中共中央、国务院 2023 年 3 月印发的《党和国家机构改革方案》，中央社会工作部划入民政部的指导城乡社区治理体系和治理能力建设、拟订社会工作政策等职责，统筹推进党建引领基层治理和基层政权建设。

二、民政部门社会工作的主要内容

民政部门社会工作的主要内容包括社会福利事业与企业发展、城市社区服务、慈善事业促进、社会救助及城市流浪乞讨人员的社会救助管理等方面。

（一）社会福利事业与社会福利企业发展

1. 社会福利事业

社会福利事业是指政府和社会对特定的社会福利对象提供的、旨在满足他们基本生活需求的供养性社会福利服务，主要包括由县级以上政府部门兴办的社会福利院、儿童福利院和精神病院，以及由社区创办的敬老院等。根据现行政策法规，国家办的社会福利事业单位主要收养城市中的"三无"人员，它们提供的服务包括以下内容：（1）对老人以养为主，妥善安排他们的生活，适当开展一些文娱活动和力所能及的生产劳动，以丰富生活内容，增进身心健康。（2）对学龄儿童教养结合，使他们德智体全面发展，至少要让他们接受中等教育，有培养前途的应该让他们深造。（3）对婴幼儿以保育为主，使他们健康成长；对智力健全但肢体残疾的婴幼儿，养治教结合，尽可能给予矫治和康复；对智力发育不健全的婴幼儿，要尽可能训练他们的生活自理能力。（4）对精神病人养治结合，通过药物治疗和鼓励其适当参加劳动和文娱、教育活动进行综合治疗。

2. 社会福利企业

社会福利企业是指政府和社会为安置有劳动能力的残疾人就业而设立的企业。社会福利企业可从事工业、商业或服务业等方面的生产经营并享受税收优惠。社会福利企业源于新中国成立初期为组织城市贫民和烈军属生产自救而创办的手工业或小型工业生产单位。20 世纪 80 年代以来，尤其是提出"社会福利社会办"的新思路以后，社会福利企业发展很快。

根据现行政策法规，城镇中有劳动能力的残疾人可通过在社会福利企业就业获取劳动收入的方式来满足他们的基本生活需要并参与社会。政府对社会福利企业采取了一系列保护政策。1986 年，国家计委、民政部等有关部委联合颁发《关于进一步保护和扶持社会福利生产的通知》，规定凡以安排残疾人就业为目的的社会福利企业可以享受减免税优惠，鼓励企业安排残疾人就业。《国务院关于加快推进残疾人小康进程的意见》对残疾人按比例就业和稳定发展集中就业提出新要求，制定了优惠措施；倡导社会力量兴办以残疾人为服务对象的公益性医疗、康复、特殊教育、托养照料、社会工作服务等机构和设施。

（二）城市社区服务

城市社区服务是指在政府的倡导下，以一定层次的城市社区组织为主体和依托，以自助—互助的广泛群众参与为基础，既突出重点对象，又面向全体社区成员的，以服务设施和服务项目来提高城市居民生活质量的社会福利服务。

2012 年以来，城市社区工作的重点是构建基本公共服务、便民利民服务和志愿互助服务等相衔接的社区服务体系。目前，全国大多数城市已开通社区服务热线，多省市建成全省社区信息化平台，全面实现"一站式"社区服务。

（三）慈善事业促进

慈善事业促进主要从两个方面着手：1.对社会组织进行登记管理。目前重点培育和优先发展行业协会商会类、科技类、公益慈善类、城乡社区服务类社会组织，成立时直接依法申请登记；加强对社会组织和在华境外非政府组织的管理，引导它们依法开展活动。2.指导部管社会组织的发展。对中华慈善总会、中国社会工作协会、中国 SOS 儿童村协会、中国社会福利基金会等部管机构的发展进行指导监督。

（四）社会救助

2014 年 2 月，国务院颁布《社会救助暂行办法》，其中第五十五条明确了社会工作在社会救助领域中的角色与作用："县级以上地方人民政府应当发挥社会工作服务机构和社会工作者作用，为社会救助对象提供社会融入、能力提升、心理疏导等专业服务。"社会救助主要包括四类：

1.最低生活保障

国家对共同生活的家庭成员人均收入低于当地最低生活保障标准，且符合当地最低生活保障家庭财产状况规定的家庭，给予最低生活保障。对获得最低生活保障后生活仍有困难的老年人、未成年人、重度残疾人和重病患者，县级以上地方人民政府应当采取必要措施给予生活保障。

2.特困人员供养

《社会救助暂行办法》第十四条规定，国家对无劳动能力、无生活来源且无法定赡养、抚养、扶养义务人，或者其法定赡养、抚养、扶养义务人无赡养、抚养、扶养能力的老年人、残疾人以及未满 16 周岁的未成年人，给予特困人员供养。工作内容包括：（1）提供基本生活条件；（2）对生活不能自理的给予照料；（3）提供疾病治疗；（4）办理丧葬事宜。

"五保"工作是民政部门的重要工作，是指由农村社区（集体）负责保证无劳动能力、无生活来源且无法定赡养、抚养、扶养义务人的老年人、残疾人和孤儿基本生活需求的社会援助，即对他们"保吃、保穿、保住、保医、保葬"，简称"五保"。目前的"五保"供养方式有五种：（1）网络供养。网络供养是指以乡镇敬老院为"五保"服务中心，统一管理全乡镇的"五保"工作。（2）统供分养。统供分养是指以乡镇或村统一制定供养标准，统一筹集分配供养款物。"五保"对象在原有家中生活，村中设立保护服务组提供日常的生活服务。（3）承包供养。承包供养是指由"五保"对象与其亲属或邻居自愿协商，签署供养协议或遗赠协议，在建立了供养关系后，供养者承担全面供养的义务。（4）集中供养。集中供养是指由乡、镇、村集体或个体经营者开办敬老院、福利院等，集中供养"五保"对象。（5）合作养老保险辅助供养。合作养老保险辅助供养是指通过由集体交纳保费，乡、镇、村的养老保险理事会或养老保险基金会为"五保"对象提供的特殊照顾。

3. 受灾人员救助

《社会救助暂行办法》第二十条规定，国家建立健全自然灾害救助制度，对基本生活受到自然灾害严重影响的人员，提供生活救助。自然灾害发生后，政府或应急综合协调机构应及时为受灾人员提供必要的食品、饮用水、衣被、取暖、临时住所、医疗防疫等应急救助。灾害危险消除后，受灾地区人民政府民政等部门应当及时核实本行政区域内居民住房恢复重建补助对象，并给予资金、物资等救助。

4. 临时救助

国家对因火灾、交通事故等意外事件，家庭成员突发重大疾病等原因，导致基本生活暂时出现严重困难的家庭，或者因生活必需支出突然增加超出家庭承受能力，导致基本生活暂时出现严重困难的最低生活保障家庭，以及遭遇其他特殊困难的家庭，给予临时救助。

2020年9月，民政部、财政部起草的《中华人民共和国社会救助法（草案征求意见稿）》全文公布，征求社会各界意见，其中对社会工作参与社会救助有更明确的要求。

（五）城市流浪乞讨人员的社会救助管理

2003年8月正式实施的《城市生活无着的流浪乞讨人员救助管理办法》，标志着中国原有的强制性收容遣送转变为关爱性的社会救助管理，体现了政府对于解决社会困难群众生活问题所采取的工作职能和方法的转变。全国大部分省市制定了统一的救助工作制度规范。2005年8月，全国救助管理信息系统正式开通，对救助管理站工作程序、工作人员行为、岗位职责等进行了规范。根据这项工作的特点，财政、公安、城管、卫生等救助管理工作相关部门的协作机制形成，各部门共同协商救助流落在街头的危重病人、精神病人。大部分救助站设立了社会工作站，对服务对象提供专业服务。

为了方便生活无着的流浪乞讨人员求助，一些城市运用社会工作的专业方法，对流浪乞讨人员开展街头救助，设立街头全天候救助点和"类家庭"救助保护模式。基于对流浪乞讨人员按特点区分的思路，一些救助站同时设立了未成年人救助保护中心，改变了原来流浪儿童救助保护机构与救助管理站合一的做法，针对儿童发展需要与流浪儿童的特殊性，强化特殊教育功能。

三、民政工作与社会工作的发展

党的十八大以来，积极改善人民生活、推进国家治理体系和治理能力现代化成为突出的任务，2019 年召开的第十四次全国民政工作会议明确提出，要充分发挥民政在改善民生和社会治理中的作用，进一步推动民政事业科学发展。这次会议贯彻了党中央、国务院对民政工作发展的指示精神，对民政工作和社会工作的发展具有重要意义。

（一）新时代民政工作的重要任务

第十四次全国民政工作会议指出，民政系统要力保基本兜底线，织密扎牢民生保障"安全网"。服务打赢脱贫攻坚战，做好低保和特困人员包括生活困难的老年人、重度残疾人、重病患者、困境儿童等的基本生活保障工作；着力发展基本社会服务，解决好群众关切的"为难事"。要更好地发挥社会力量的作用，积极发展社区养老托幼等服务，丰富生活服务供给；要大力发展社会工作和慈善事业，弘扬志愿服务精神，多做雪中送炭、增进民生福祉的事，促进经济持续健康发展和社会和谐稳定。

习近平对民政工作高度关注，指出民政工作关系民生、连着民心，是社会建设的兜底性、基础性工作。各级民政部门要加强党的建设，坚持改革创新，聚焦脱贫攻坚，聚焦特殊群体，聚焦群众关切，更好履行基本民生保障、基层社会治理、基本社会服务等职责，为全面建成小康社会、全面建设社会主义现代化国家作出新的贡献。

2020 年中国消除了绝对贫困，完成了全面建成小康社会的历史任务，现在已经进入全面建设社会主义现代化国家的新阶段。面对社会转型和现代化建设中的民生改善和社会治理问题，做好民政工作尤为重要。

（二）民政系统推动社会工作发展的着重点

近年来，发展社会工作已经被写入多个政府文件，中国社会工作人才队伍建设和社会工作事业得到较快发展，但仍存在发展不平衡的问题。在国民经济和社会发展第十四个五年规划期间，中国社会工作应该得到高质量发展。党的十九届五中全会指出，要畅通和规范社会工作者等参与社会治理的途径，推动社会治理重心向基层下移，加强城乡社区治理和服务体系建设。2021年《政府工作报告》要求，加强和创新社会治理，夯实基层社会治理基础，健全城乡社区治理和服务体系。民政部门在这方面负有重要责任，民政系统推动社会工作发展的重点任务包括：

1. 完善专业社会工作政策制度，拓展社会工作参与改善民生和社会治理的途径。研究制定相关政策，在更多领域推动社会工作的发展，加强已出台政策和规划的贯彻落实；健全政府购买社会工作服务制度，研究出台社会工作服务评估、督导等方面的政策；加快社会工作立法进程，制定社会工作专业人才激励保障、岗位开发、人才使用等方面的政策，切实提高社会工作从业人员的薪酬待遇与职业地位。

2. 提升专业社会工作服务水平。继续实施社会工作相关人才工程，完善社会工作人才培养体系，推进社会工作专业人才培训基地建设；加大相关事业单位、城乡社区、社会组织社会工作专业岗位开发力度；加强民办社会工作服务机构孵化基地建设，积极培育和发展民办社会工作服务机构；继续提高社会工作的专业化、本土化水平，促进社会工作专业人才发挥作用；支持社会工作者科学和创新性地实施民生政策，解决服务对象生活困难，提高人民群众的获得感；促进多领域合作，提高社会服务水平和社会工作的社会认知度；促进研究专业社会工作与中国本土实践、国家发展密切结合的经验，建构符合中国实际需要、有中国特色的社会工作理论和实践模式。

3. 指导和规范社会工作事业的发展。推动各地民政部门建立健全社会工作专业人才队伍行政管理机制；开发应用社会工作者职业水平考试登记与继续教育管理系统；加强社会工作标准化建设，加强社会工作行风建设，继续有力推进社会工作的专业化、职业化和本土化。

4. 推动乡镇（街道）社会工作服务站建设。2020年年底，民政部为了落实党中央、国务院的指示，改善民政工作，决定加快构建以基层社会工作服务站为基础的社会工作服务体系，不断提升基层养老育幼、扶贫济困、社区治理等工作水平，更好解决群众的"急难愁盼"问题，让群众切身感受到党和政府的温暖。国家决定到"十四五"末，实现乡镇（街道）社会工作服务站全覆盖，实现乡镇（街道）都有社会工作服务站，村（社区）都有社会工作者提供服务。

民政部指出，要坚持和加强党对社会工作的领导，坚持专业化发展方向、本地化发展思路，因地制宜分类指导乡镇（街道）社会工作服务站建设，将乡镇（街道）社会工作人才队伍建设作为各级民政部门促改革、强基础、提质量的重点工程，加强部门沟通协调，形成推进工作合力；要建立协同高效、运转顺畅的推进机制，有力地推进乡镇（街道）社会工作人才队伍建设；要发挥乡镇（街道）社会工作服务站的专业优势，在基本民生保障、基层社会治理、基本社会服务方面取得创新性进展。现在，各地已经行动起来，上级民政和相关部门应该对之加强指导，促进城乡基层社会工作积极稳妥、有较高质量的发展。

【思考题】

1. 试述中国古代的社会福利思想和中国社会福利体制的内容。

2. 简述中国民政工作中的社会工作的理论基础。

3. 怎样理解社会工作的"民政模式"及其意义？

【主要参考文献】

陈良瑾主编：《中国社会工作百科全书》，中国社会出版社 1994 年版。

崔乃夫主编：《当代中国的民政》，当代中国出版社 1994 年版。

王思斌、解战原主编：《雷洁琼的学术思想及教育活动》，中国政法大学出版社 2005 年版。

［美］F. 埃伦·内廷等：《宏观社会工作实务》（第三版），刘继同、隋玉杰等译，中国人民大学出版社 2006 年版。

王思斌：《社会工作本土化之路》，北京大学出版社 2010 年版。

［澳］Jim Ife：《人类权利与社会工作》，郑广怀、何小雷译，华东理工大学出版社 2015 年版。

黄树贤主编：《民政改革四十年》，中国社会出版社 2019 年版。

民政部、国家发展和改革委员会：《"十四五"民政事业发展规划》，2021 年 5 月 24 日。

第二十三章

社会工作教育

    社会工作教育是社会工作专业制度体系的一个重要组成部分。20世纪早期，社会工作教育开始在大学里取得立足之地。社会工作在成为一个学科的同时，也成为社会科学学术制度体系的组成部分。它接受社会科学学术制度规范的规约，也影响着社会科学学术制度规范本身。一方面，这标志着社会工作走向专业化发展阶段；另一方面，社会工作教育又成为推动社会工作专业化的重要机制。社会工作专业与社会工作教育的发展是相辅相成的。本章将讨论社会工作教育、社会工作专业化、社会工作教育与社会工作专业化的关系以及中国社会工作专业教育发展和社会工作本土化进程。

第一节　社会工作教育的发展与性质

    社会工作教育发展的每一步都反映了社会对社会工作专业的需求，反映了社会工作专业对专业教育的需求。而直接影响社会工作教育发展的因素是多方面的，社会的因素、政府的因素、学术制度的因素与社会工作专业本身的发展都对社会工作教育的发展具有重要影响。

一、社会工作教育的发展

（一）社会需求与专业需求

    社会工作教育在欧美国家的早期发展源于志愿服务组织对志愿者的训练。早期的志愿服务组织为了保证服务水平而对志愿者进行训练，以适应社会问题的复杂性和多变性。社会工作教育的发展是对社会工作服务发展的直接反映。当社会要求服务提供者以群体智慧提供服务时，就产生了超越于个体经验总结之上的教育和训练的需求，一般意义上的专业教育和训练就开始了。当社会服务要求服务提供者在抽象的、普遍的意义上去理解其所服务的个人与社会时，群体智慧就必须以更高形式——系统的理论展现在服务过程中。当个体的能力不足以掌握群体经过长时间积累的智慧结晶时，正规的、制度化的教育训练就成为必然。社会工作教育的产生也不可避免地会经历这一过程。与此同时，相关社会科学的发展也为社会工作教育提供了教育理论与方法上的支持，甚至直接决定或改变了社会工作教育发展的方向。

最早的社会工作教育可以追溯到英国社会服务先行者奥克塔维亚·希尔（Octavia Hill）19 世纪中后期对"工作伙伴"（fellow workers）所开展的"培训"。希尔最初的服务内容是为贫困者提供廉价的房屋服务，服务的提供者是招募来的志愿者。随着房屋管理项目不断扩大，志愿者在工作中需要接受慈善组织的价值观，这促使她对工作伙伴进行培训。希尔的培训形式是给志愿者写信、举办周末聚会等。她训练志愿者的目的在于使他们学会面对服务对象，学会理解他们所生活的环境和改善环境的途径，并熟悉能够为人们提供帮助的各种不同的机构。不过，希尔所做的还属于个人经验的传递，不具备明确的教育性质。

19 世纪末，随着社会的发展，社会服务的规模和范围不断扩大，服务内容不断发展和深入，有组织的慈善服务机构以及受薪社会工作者开始取代志愿组织和志愿者。慈善服务机构开始雇佣专门人员开展社会服务，这就开启了社会服务的职业化，也同时推动了社会工作教育的发展。

（二）社会工作教育的起步与发展

19 世纪末，英国的慈善组织为志愿者举办了一个讲座项目，随后这个项目被纳入了伦敦社会学和经济学基金和利物浦大学社会科学院。两所大学分别为慈善组织提供实践课程，这是最早的志愿机构与大学的合作。两所大学为社会工作者提供的实务课程不同于一般的职业训练。这项讲座一直开办了十年，直至伦敦政治经济学院接纳了这个项目，并将其改设为社会科学与管理学院的一个系，标志着社会工作教育正式进入大学，成为高等教育的一个组成部分。

1898 年，美国纽约慈善组织会社提出了一项 6 个星期的夏季训练项目。1904 年，这个训练项目被扩展为一年，这就是纽约慈善学院的前身。1903 年至 1907 年间，社会工作学院逐渐由独立学院转变成为综合大学的组成部分。1919 年，美国成立了专业社会工作训练学院协会，1927 年改为美国专业社会工作训练学院协会。1952 年，该协会与国家社会行政学院协会一同提出了社会工作学院标准。社会工作学院标准的提出，促进了专业教育共同体的形成。

20 世纪 20 年代，美国出现了两年制的社会工作硕士学位课程。20 世纪 50—60 年代，社会工作教育得到了迅猛发展。由于当时社会服务对专业社会工作者的需求量很大，所以公立大学也纷纷设立社会工作系、成立社会工作学院，开始设立学士课程，同时还在研究院增设了博士班，授博士学位。至此，美国社会工作教育体系基本建立起来。与社会工作作为一种社会制度得以确立其在社会结构中的地位相对应，社会工作作为一个学科确立了其在高等教育体系中的地位。

目前，世界各国社会工作教育的发展都比较迅速，专业教育体系也日臻完善。

（三）社会工作教育发展的教学理论与课程理论

社会工作教育的发展，除受到社会工作专业发展的影响之外，还受到教育理论与课程理论发展的影响，甚至受到教育理论、课程理论背后的哲学思想的影响。

现代教育发展的直接推手是工业革命。统一的科学知识基础和长时间的重复训练，是培训适合现代工业要求的劳动力的基本途径。这既对教育提出了现代化的要求，同时也为现代教育的产生提供了可能性，而实证主义哲学思想则为现代教育提供了直接的理论支持。社会工作教育正是在这种理论范式下发展起来的。工业革命、实证主义哲学以及普及教育思想不仅为社会工作教育的产生和发展提供了支撑，也为其确立了规定性，即在理论和实践上，遵循实证主义范式，强调知识的科学性，在技能传授上强调规范性和统一性。这种发展倾向的重要标志就是玛丽·里士满所著的《社会诊断》一书。在这部著作中，里士满借用医学的概念体系和社会病理学的理论框架建立起社会工作的概念框架，为社会工作教育提供了适用于现代教育体系的一套知识体系，为社会工作教育的发展提供了前提条件。同时，这也成为社会工作教育进入现代高等教育体系的必要条件。后来，精神分析理论成为社会工作专业的重要理论支撑，促使社会工作实务领域展开社会改革与微观治疗之争。时至今日，在社会工作专业课程体系中，里士满所建立的社会工作知识框架体系仍然占据着不可替代的基础作用。然而，正是在实证主义理论范式的统治下，社会工作教育形成了理论与实践分离的现象。

为了弥合社会工作教学与实务之间的鸿沟，人们不断进行理论和实践的探索。社会工作教学强调学生的主体性地位，强调学生对教学过程的参与，特别强调对学生使命感和批判性的培养，以期这种在课堂中培养起来的主体意识延续到学生未来的专业实践中。另外，有学者批评社会工作教育对服务对象的忽略，主张将社会工作服务对象从一开始就纳入社会工作教育的考虑之中。社会工作教育者必须从一开始就意识到，我们所培养的专业社会工作者首先应该是一个具有公民意识的人。美国社会工作教育协会 2015 年提出了社会工作学生能力的三个方面：运用实践经验和理论指导科学调查和研究的能力；运用批判思维分析量化和质性研究结果的能力；运用和转化研究结果以改善实务、政策和服务传递的能力。美国社会工作教育协会提出的社会工作学生的三方面能力，对中国社会工作教育也是一个重要的参考。

二、社会工作教育的特性

社会工作是一门直接作用于社会，使社会发生某种改变以使之更有利于人与社会的发展的应用性学科。同社会工作专业一样，社会工作教育也具有独特的属性。

（一）社会工作教育是一种职业训练

社会工作教育是一种职业前的预备，是一种职业教育。社会工作从志愿服务转变为一种职业，也就决定了社会工作的从业者必须接受相应的教育训练。一方面，从社会工作专业的立场来看，要想保证服务的质量，就必须提高服务提供者所掌握的知识技能水平；另一方面，社会工作作为一个职业共同体，也需要通过教育训练培养具有高度认同感的共同体成员。在现代社会，社会工作专业服务已经成为一种必不可少的社会制度，社会工作教育也就相应地成为训练青年人从事社会工作专业的制度设置。社会工作专业的应用性和实务性特征又进一步决定了社会工作教育的内容中职业技能训练所占据的重要地位。

（二）社会工作教育是一种价值观训练

社会工作是一个强调价值的专业，社会工作实践是一种道德实践。在社会工作实践中，一方面，社会工作专业要在实践中贯彻专业价值信念；另一方面，社会工作专业在为服务对象提供服务时，要作出道德选择。社会工作教育作为职业社会工作者的训练过程，首先必须保证社会工作专业学生在价值观上认同专业的追求。社会工作专业的服务对象主要是在社会生活中处于弱势地位的人群，社会工作者的价值观将会直接影响专业服务目标的实现。弱势人群既是脆弱的，又是敏感的，如果服务者不能秉持社会工作专业价值观，服务的开始就可能变成对服务对象进一步伤害的开端。因为在不平等的专业关系之下，服务者是不可能帮服务对象形成独立的自我，从不利境况中走出来的。所以，社会工作教育首先必须完成对学生价值观的训练。这是社会工作专业目标的要求，也是社会工作专业学生个人成长的要求。

（三）社会工作教育是对实践经验和方法进行总结的过程

社会工作教育是对社会工作专业实践的总结过程，是对实践经验和方法的提炼过程。这种总结和提炼体现于对教学内容的选择和对教学方法的使用过程中。在教育过程中，教育工作者需要将实践经验、方法乃至实践的发生过程上升为理论之后传授给学生。这需要教育者和受教育者一同对实践中所产生的经验和方法进行研究和总结。社会工作教育作为高等教育，同时还具有研究和实验功能，它针对社会对社会工作专业的需求进行研究，提出新的工作方法，并经过实践验证，将其应用于社会工作实践中。

（四）社会工作教育是以实践为目标的对社会工作专业理论的诠释

社会工作专业的理论可以分为两类，一类是借用理论，是相关学科对社会现象和社会问题所作的解释，对于社会工作专业来说，这些理论对社会工作专业过程的实施具有直接的指导作用；另一类是在社会工作实践中发展出来的社会工作专业自身的理论，是关于社会工作专业行为的理论。前者并不具有直接的操作性，要在社会工作专业实践中应用这类理论，就必须将抽象的理论形式转化为具体操作过程，落实在社会工作专业的方法和技能的使用过程中。因此，社会工作专业的教学过程，应是一个教育者和受教育者共同将不可直接操作的理论转化为能够直接作用于实践过程的专业方法和专业技能的过程，这一过程通过对学生的教育和训练，使理论得以在社会工作专业实践中被合理应用。

（五）专业教育是促进学生专业成长的过程

社会工作专业是一个强调价值观的专业，它对从业人员在专业实践过程中的价值选择有着严格的要求，要求从业人员遵守社会工作专业基本价值原则。这就要求社会工作在教育过程中训练学生接受社会工作专业的价值观，将专业价值内化为其个人的价值观。如果一个从业人员的个人价值观长期不能与专业价值观保持一致，就会导致二者不断冲突，使从业人员自己长期生活在矛盾冲突中。这不但会影响服务的有效开展，而且不利于学生的成长。专业教育的一个重要任务就是教育学生接受专业价值观，避免专业实践中个人价值观与专业价值观的强烈冲突。

三、社会工作专业中的教育与训练

教育和训练是教育过程中两种不同的取向。教育主要是指知识传授、信念确立和个性养成的过程；训练则是指学生通过练习而达到熟练运用实践技能和技巧的过程。

（一）社会工作教育的取向

社会工作专业教育的内容包括两部分：一是专业理论和专业价值观；二是专业方法和技能。社会工作专业要求社会工作者不仅要有深厚的知识基础，还要有熟练的实践技能。专业理论和专业价值观作为观念形态的知识，需要教师在教育过程中循序渐进地传授给学生，而专业的方法和技能的掌握则需要让学生经过实践的训练。前者是一个知识积累和价值观养成的过程；后者则是一个技能逐渐熟练的过程。这就注定要求社会工作教育过程中有教育和训练两种取向。

（二）不同教育层次对教育和训练的不同要求

社会工作专业是一个以一套系统理论为基础的专门职业。在不同层次、不同方面工作的专业人员，其知识技能的结构会有所不同。不同教育层次对教育和训练的要求也有所不同。一般来说，教育层次高的，其教育目标就更偏重于培养学生创新、发展社会工作专业知识体系的基础和能力；教育层次相对较低的则偏重于训练学生的实践能力。但是，一个专业社会工作者的成长过程必然要经过教育与训练两个过程，单纯的教育或训练都不可能培养出合格的专业社会工作者。

四、学院教育与继续教育

学院教育与继续教育的结合是现代教育的重要特征，也是现代社会对教育的根本要求。社会工作教育也面临着同样的社会要求。

（一）社会工作者的专业知识必须与社会同步发展

社会工作专业是以人与社会的发展为目标来解决人与社会在发展过程中所遇到的各种问题的。社会的发展和新问题的出现，要求社会工作者所掌握的专业知识也要不断充实。学校教育为受教育者提供的知识是有限的，专业社会工作者要适应社会发展的要求，就必须不断地接受再教育，不断地掌握新知识。

（二）继续教育是社会工作专业的要求

继续教育是现代教育发展的共同趋势，也是社会工作专业发展的要求。社会工作专业的发展要求社会工作者不断更新知识和技术；社会问题不断变化，新的社会问题不断出现，也要求社会工作者必须不断更新知识，不断学习新方法、新技能。因此，社会工作教育必须将学院教育与继续教育结合起来，形成一个综合的教育体系。

第二节　社会工作教育的目标与课程

一、专业目标和专业教育目标

（一）社会工作的专业目标

社会工作专业的目标是通过助人活动使人与社会摆脱困境而获得发展。人与社会的发展是多种因素共同作用的结果，社会工作专业作为一种社会调节机制，并不能直接促进人与社会的发展，它的作用在于帮助个人或群体充分调动内在或外在资源以获得充分发展。因此社会工作专业通过调动人的潜能、促成各种社会资源合理配置来实现其专业目标。

（二）社会工作教育的目标

社会工作教育的目标可以分为两个层次：首先是为社会输送合格的专业社会工作者，这是社会工作教育的直接目标；其次是推动社会工作专业理论的发展和专业技能的创新。掌握了专业理论和技能的社会工作者队伍是社会工作作为一个专业存在的必要条件，只有通过专业教育培养出合格的社会工作者，才能保证社会工作专业的发展。社会工作教育还必须发挥其作为高等教育体系的一部分的应有职能，不断地总结经验，促进专业理论的发展，研究新的专业方法和技巧以实现专业的发展。要做到这一点，教育就必须与实践紧密结合。

二、社会工作教育目标的内容

（一）基本文化素质和专业价值观的培养

社会工作的工作对象是人，这就要求社会工作人员要有较高的个人素质和文化修养。在服务过程中，社会工作者对服务对象的影响不仅仅来源于专业知识和技巧，作为专业助人活动的载体，其个人的人格力量也是影响社会工作专业进程的重要因素。同时，社会工作专业要求其工作者在价值观上与专业价值观保持一致。因此，社会工作教育目标的一个重要组成部分就是提高受教育者的文化素质，使专业的价值观内化为每一个受教育者的价值观。

（二）基本知识与基本技能的传授

传授知识与训练技能是社会工作教育目标的主体部分。专业目标的实现是以专业知识和专业技能为前提和手段的。没有专业知识和技能，就不可能实现专业目标。因此，专业教育的主要目标是传授专业知识和技能。约翰逊（L. C. Johnson）提出，社会工作者应该掌握四个层面的知识：广泛的人文学科和社会科学基础；有关个人、个人间互动以及他们发挥社会功能的社会环境条件的知识基础；关于助人互动的性质、助人过程以及针对不同情境和系统的介入方法的理论；针对特殊情境中特殊工作对象的专门知识。社会工作专业面对的是一个完整文化系统下的个人，这就要求社会工作者掌握所在文化系统从抽象理论、价值体系、宏观的制度结构，到微观社区环境、个人需求相关的知识。

三、社会工作教育目标与课程

（一）课程是实现教育目标的基本手段

在现代教育中，课程是实现教育目标的基本手段。社会工作专业课程是专业社会工作者所应掌握的知识和技能的一种存在形式，这种形式是促进受教育者有效掌握专业知识和技能的最佳组织形式。课程以及课程群的有效安排能使教育过程的效率大幅度提高，并缩短教育周期。为了实现社会工作专业教育目标，不论是形式还是内容，课程都必须与专业教育的目标相一致。甚至可以说，课程是专业教育目标的另外一种表现形式，是教育目标的具体化。课程与教育目标的一致性不仅体现在内容上，而且体现在水平和范围上。

（二）课程设计的依据

影响课程设计的因素有很多，但是最直接的因素如下：

1. 专业教育目标

课程设计必须以专业教育的目标为依据。课程作为专业教育目标的具体实施形式，能够直接影响教育目标的实现，因此课程的内容和形式必须符合实现教育目标的需要。

2.学生的经验与背景

在教育过程中，受教育者的经验和背景对教育目标的实现有着巨大的影响。受教育者作为掌握知识和技能的主体，其原有的知识经验既可能成为掌握新知识的基础，也可能成为障碍。在现代社会工作教育体系中，受教育者既可能是没有社会生活经验的学生，也可能是有过一定工作经历的成年人。所以，专业课程的设计必须符合不同教育对象的具体要求。

3.教学内容的内在逻辑规律

社会工作的专业知识和技能有其内在的逻辑联系，因此在课程的编排上要遵循专业知识体系的内在逻辑规律。社会工作专业知识的内在逻辑规律的主要特征是：以有关人与社会的理论为基础，以介入理论为中介，以专业方法和技巧为实施手段，这构成了一个完整的社会工作专业知识技能体系。

四、社会工作课程的层次结构与评估

（一）课程的层次结构

1.社会工作教育的层次

社会工作专业课程分为不同的教育层次。目前各个国家的社会工作专业训练课程基本上分为四个层次，即大专（文凭）课程、本科（学士）课程、硕士课程、博士课程，不同层次的教育课程培养各级各类专业人才以适应社会的不同需求。

2.社会工作专业课程的基本构成

一般来说，社会工作专业课程应包括以下几方面的内容：

（1）传统文化与社会基础价值观教育。社会工作发挥社会功能的根基是特定社会的传统文化与现实社会的主流价值。因此，社会工作专业课最基本的层次就是传统文化与社会主流价值观的教育。

（2）训练基本思维能力和基础研究能力。社会工作对于从业者来说是一个富于挑战和创造性的职业，每一项工作的完成都有赖于从业者对具体事物的认识和判断，每一次服务都是一个独特的事件过程。因此，社会工作者必须具备灵活的思维、创造性以及研究问题的能力，这是对社会工作教育课程的一项基本要求。

（3）传授专业理论和知识。如果说前两项课程是训练社会工作者的基础课程的话，那么传授专业理论和知识的课程则是使受教育者成为社会工作者的核心课程。专业理论和知识是近百年来社会工作实践经验的科学总结，是受教育者成为一个合格的专业社会工作者所必须掌握的基本知识。

（4）训练专业服务技能技巧的课程。专业技能技巧是将社会工作专业的理论、价值观付诸实施的基本手段，是专业功能得以发挥的保证。

（二）社会工作专业课程的评估

一个课程是否有效和成功，可以从两个途径进行检验：一个是实践的途径，即对其所培养的学生在社会工作实践中的实际表现进行评估；另一个是就课程发展过程中的具体表现进行评估。关于后者，一般有以下几种评估方法：

1. 实现教学目标的程度。教学目标是对教学过程所应达到的要求的具体规定。在完成了一个具体的教学周期后，对实现教学目标的程度进行评估就可以确定课程的教学效果，发现课程的问题，及时进行调整。

2. 成本—效益分析。教育需要有一定的资金投入，每一份投入都应有相应的效益。当然，这种效益不一定直接表现为经济效益，教育投入也是可以用效益来计算的。每培养一个合格的社会工作专业毕业生所需要的投入越低，学生越合格，也就意味着成本越低，相对效益就越高。

3. 满足社会对专业人才需求的程度。从理论上讲，一定社会条件下，社会对专业人才的需求是确定的。相对于这种确定的社会需求，专业教育能够在多大程度上满足社会的需求也是评估专业教育的一个重要指标。对于一个学校来说，其所培养的学生对社会需求的满足包括两个方面：一方面是量，另一方面是质，其中最主要的是质的满足。

第三节　社会工作专业化与社会工作教育

在社会工作专业化过程中，社会工作教育发挥着至关重要的作用，或者说它是社会工作专业化的制度性保证。社会工作教育的发展水平在很大程度上影响着社会工作专业的发展水平。

一、专业与专业化

（一）专业

专业是社会分工的结果，使社会中一部分人业有专攻、术有专能，形成特定的职业范围和相对稳定的职业群体。专业是由一群人共同掌握的一套系统的价值、技巧、技术、知识和信念，它被用以满足特定的社会需求。从表面来看，专业的形成直接与从业人员的谋生需要联系在一起，因为在一定职业范围内可能获得的物质回报和精神回报能吸引一批有才能的人士去从事这种职业，客观上可以起到推动专业发展的作用。

　　随着经济的发展和社会形态的演变，各个专业也会随之或产生发展或衰落消亡。保罗·威尔丁（Paul Wilding）在其书中将社会工作者与医生、律师、教师等专业相提并论。他认为工业社会的特征之一就是专门职业日趋增多，并且此类专门职业对于公共事务的决策、社会需要的评估、社会问题的认定以及社会资源的分配等均具有重要的影响和分析能力。国家需要专业人才提供专业知识并发挥社会功能，专业人才亦需要国家的认可与保障，以巩固其专业地位。社会工作专业也是遵循这一规律产生和发展的。

（二）专业化

　　专业化是一个由在经验指导下的个人行为的集合向在一套系统的理论指导下的从业人员的群体性共同行为发展的过程。专业化是一个动态过程，是专业不断发展的过程。社会工作专业化包含两个方面的意义：一方面，在社会工作发展的初期，社会工作由完全处于经验指导下的助人活动向处于理论指导下的专业活动发展；另一方面，专业经历着一个将经验上升为理论的过程。社会工作作为一个助人的专业，其所依据的理论基础、知识体系都要在实践中不断更新与发展。

二、不同范式下的专业

　　社会工作专业化之初恰好是实证主义、技术理性在社会科学中占据统治地位的时期。因此，社会工作要成为一个专业就要直接面对技术理性范式的检验。弗莱克斯纳（A. Flexner）于1915年撰文认为社会工作还不具备专业的特质，因为社会工作并不构成一个独特的工作范畴，而只是不同范畴里的个别工作。第二次世界大战之后，受帕森斯的影响，社会学家对专业的研究都倾向于归纳专业的特质，并以之衡量不同专业的专业化程度。后来的林德曼、格林伍德（Ernest Greenwood）都以同样的范式来衡量社会工作的专业化水平。格林伍德提出了五个专业特质流传甚广。他提出了专业的五个基本标准：系统的理论、专业权威、社区认可、伦理守则、专业文化。在这样的范式之下，社会工作的专业标准是客观的，是可以超越具体情境的。

　　20世纪60年代之后，帕森斯的结构功能主义受到挑战。在专业研究方面，许多学者则对特质论的范式提出质疑。芝加哥大学的休斯（E. C. Hughes）就批评特质论者提错了问题。他认为不应该问"这个职业是不是一个专业？"而应该问"在什么情况下某行业的从业者会争取其专业地位并使自己成为专业人士？"贝克（H. Becker）否定了专业的客观性，他认为专业并不是一个中性和科学的概念。弗雷德森（E. Freidson）则直接指出，所谓专业最好被视为一种具有特别职业组织的职业，它们能够以独特的知识和操守说服别人，但是这些知识和操守却不应被看作是客观的事实，它们只是一些主张。

不同的理论范式对专业有不同的理解。但是，一旦社会中形成了对一个专业相对一致的评价，这种评价就会成为该职业群体的执业标准并保持其稳定性，从而被认定为专业的标准。目前，社会工作作为一个专业已为世界各国所承认，而且各个国家的社会工作从业者都在努力提升自己的专业地位，促成专业共同体的形成。对于不同的国家来说，社会工作专业的发展应达到什么水平，其根本的标准是该国家社会发展对专业的具体要求如何。专业的发展既不能超越社会的要求，也不能总是落后于社会的要求。

三、社会工作教育对社会工作专业发展的意义

社会工作教育是社会工作专业发展的一个重要前提，这就决定了教育在专业发展过程中具有不可替代的作用。

（一）社会工作教育是社会工作职业体系的入口

社会工作是一个专业，同时也是一种职业。从目前许多发达国家的情况来看，接受专业教育已经成为社会工作专业人员入职的必要条件。因此，社会工作教育已成为社会工作职业体系的入口。社会工作教育作为入口一方面可以起到控制专业水平的作用，保证社会工作专业所提供的服务真正切合服务对象的需要，切实帮助其走出困境；另一方面也具有保护专业共同体利益的作用。前者保证了职业社会工作者能依靠专业的知识技能提供服务，而后者则保证了专业共同体对特定服务领域的垄断性。

（二）专业教育模式与专业的发展

社会工作教育与社会工作专业的发展主要受两种思潮的影响，即社会治疗派和社会改革派。社会治疗派受社会达尔文主义和个人主义的影响，视贫穷为个人原因所致，认为社会工作专业服务应以帮助个人为主。他们认为社会工作是对有困难的个人的一种照顾和对其生活的重建，而社会工作教育的主要任务是训练具有帮助个人的能力的社会工作者。社会改革派受自由主义和集体主义的影响，

视贫穷为制度问题，认为专业服务应以改造社会为目的。他们认为社会工作是一种促进公共福利的工作，而社会工作教育的主要任务是培养社会工作者应对社会变迁的能力。

专业教育的作用是为专业的发展提供人才。以何种观点和方法发展专业教育，对专业的发展具有直接的影响。从美国的社会工作专业发展过程可以看到，社会治疗派和社会改革派这两种学派以及对应的两种教育模式在社会工作专业及教育的发展过程中互为消长。在实务上，慈善组织和志愿服务属于前者，睦邻运动和社会安全制度属于后者；在专业教育方面，哥伦比亚大学的社会工作学院接近前者，而芝加哥大学的社会行政学院倾向于后者。

四、专业权威与服务对象及专业人员的利益

专业的存在需要有其权威性，这种权威是通过发挥专业作用、解决人与社会所面临的问题来建立的。如果专业的权威不是建立在其社会功能的基础上，或者极端夸大专业的作用，就会导致专业主义。专业主义是一种为了保护专业及专业人员的利益而牺牲服务对象利益的专业发展倾向。

（一）专业权威对专业化水平的保证作用

权威是人们对具有某种特殊技能和地位的人的一种信任和遵从。专业权威的存在有利于专业服务水平的保障，它是使专业取得社会广泛认可的重要条件。专业权威的建立是一个双向的过程：一方面是专业人员通过自身的专业活动满足了服务对象的需求；另一方面是服务对象对专业人员活动的认可与信任。权威的建立不仅要求专业人员具有较高的专业水平，而且要求专业人员所掌握的专业知识与专业技能能够满足服务对象的需求。

（二）服务对象利益、专业人员利益与专业目标

社会工作专业的目标是帮助服务对象，保护服务对象的利益，同时，专业人员的利益也是在这个过程中得以实现的，因此，社会工作要处理服务对象的利益与专业人员的利益关系。二者既有一致的一面，也具有冲突的可能。专业人员在工作过程中获得的利益即社会附加在社会工作专业过程中的物质回报和精神回报。专业人员希求取得利益本身是正当的，但当专业人员仅将社会的回报作为其追求的目标时，服务对象的利益就可能成为专业人员获得自身利益的牺牲品。所以，服务对象的利益和专业人员的利益只有统一在专业目标之下，才能保证专业

的正常发展。社会工作专业的发展应该避免专业主义。

五、社会工作学科体系的专业化与工作体系的制度化

社会工作作为一个直接服务于人的专业，不仅需要一个完整的专业体系，而且需要一个完整的专业实施体系。对于专业体系来说，重要的是在完整的理论体系基础上的内在一致性；对于专业的实施体系来说，重要的是建立一套严密的工作制度作为约束实际工作的规范。社会工作专业的发展，必须实现专业的内在一致与工作制度外在规范的协调与配合。

专业化与制度化既相互制约，又相互补充，二者最终在服务对象身上实现统一。实现社会工作的专业化，就是要求专业行为的内在一致性，也就是要求专业社会工作者在一套系统的理论、统一的专业价值和专业伦理守则的约束下进行助人工作。这种一致性是对专业价值一致性的要求，并不是对具体的专业活动的统一要求。制度化则要求专业行为模式和活动在外在制度约束下进行。制度化可以在一定程度上保证专业服务质量的稳定性和具体工作的规范性。

第四节 社会工作本土化与中国社会工作教育

发展中国社会工作既要借鉴国际经验，又要面对具体的国情社情。国际化和本土化是社会工作专业发展必须面对的一个问题的两个方面。

一、共同的趋势：全球化

当今世界以经济全球化为先导的社会生活的全球化大趋势不可逆转。在这一趋势之下，社会工作不可避免地要面对两个问题：专业本身的国际化和专业所面对的社会问题的国际化。

对于社会工作专业本身来说，其发展道路会呈现国际化趋势，这意味着社会工作的专业知识体系必须是开放的，必须能够不断地吸纳来自不同文化、不同国家、不同发展水平的知识。不同文化体系之间能够实现沟通与交流的基础则在于人类社会发展具有共性。共性使沟通交流成为可能，差异使沟通交流成为必要。社会工作专业的发展是一个因差异而走向沟通和交流，因共性而走向国际化的过程。

在全球交流合作的大趋势下，各国所面临的很多社会问题呈现出相似性。社会工作必须面对许多具有共性的社会问题，比如生态恶化、战争、贫困、公共

卫生问题等。共同面对的问题或面对问题的共同特征，促使各国社会工作者必须依赖共同的智慧。上述两个方面共同构成了社会工作专业的国际化趋势。

二、共同的挑战：本土化

对于许多国家来说，社会工作专业是舶来品。要使社会工作专业在不同的国家中实现其应有的社会功能，就必须完成其本土化过程。

（一）历史文化与现实基础的差异对社会工作专业的挑战

尽管目前世界范围内的交流与合作日益加强，但是各个国家的历史文化和现实社会的差异也是根深蒂固的。历史文化与现实社会的差异对社会工作专业充分发挥作用带来挑战。社会工作要解决具体的实际问题，要面对现实，特别是本国、本地的现实。这就要求社会工作专业立足本国、本地实际，适应社会的需要来发挥作用。

（二）社会工作专业本土化与本土性社会工作

本土化是一个涉及两种文化制度体系之间关系的话题。产生于西方国家文化传统之下的社会工作专业在进入非西方文化传统国家时会遇到不适应的情况，甚至遭到本土文化的抵抗和排斥。一方面，外来文化的进入有强势文化向弱势文化扩张的倾向；另一方面，本土文化也存在着引入外来文化解决本土问题的需求。但是，扩张的倾向、引入的需求并不能掩盖文化的差异。所以，引入社会工作专业就必须要经历本土化的过程，以使之能切实在本土社会发挥作用。

对于社会工作专业本土化问题，王思斌提出了社会工作本土化与本土性社会工作的概念。社会工作本土化指的是外来的东西进入另一社会文化区域（"本土"）并适应后者的要求而生存和发挥作用的过程（王思斌，2001）。曾家达等指出要在中国发展本土化的社会工作，在吸收西方的社会工作理论、知识和实践的同时，亦需要判别其社会根源和意识形态基础（曾家达等，2001）。这一方面反映出学者冷静的观察与思考；另一方面也反映出学者内心源自中国文化的对外来文化引进的谨慎态度。因为社会工作本土化过程实际上也是一个文化权力冲突的过程。因此，王思斌在讨论社会工作本土化的同时，提出了本土性社会工作的概念。本土性社会工作要求对某种助人模式（包括理念、过程和方法）进行判断和认定，那些生长于本土的，与其政治、经济和社会制度以及文化传统相适应的有效的、制度化的助人模式可称为本土性社会工作（王思斌，2001）。引进西方社会工作理论只是社会工作专业发展的后起国家专业化的道路之一，要想真正发挥社会工作解决本国的社会问题的作用，就必须在引进西方社会工作理论的同时发展本土性社会工作。

本土理论对于本国社会有着天然的适应性，而且是深入社会问题核心的唯一途径。本土理论的来源包括历史文化传统和现实社会基础。一个国家现实社会的发展结果是纵向的本国历史发展过程与横向的全球社会发展交合的结果。同样，国家所面对的社会问题也是二者交合的结果。所以，社会工作作为解决社会问题的专业调节机制，必须在吸收国外先进理论的同时，发展本土社会工作的价值、理论与方法。

三、中国社会工作教育的发展

社会工作专业是与社会工作教育相伴而生、携手发展的。在中国特定时期、特定社会环境下，在社会工作还没有被认定为一种职业的情况下，社会工作教育首先在高等学校里得以恢复，这成为中国社会工作专业发展的开端。按照西方社会工作专业的发展经验，中国社会工作专业的发展道路似乎是不合常理的，而这恰恰是由中国社会发展的特殊性所决定的。

（一）1949 年之前的社会工作教育

20 世纪 20 至 30 年代，欧美传教士和一批自欧美留学归来的学者在一些大学开设了社会学和社会工作专业课程，并同时直接开展社会服务，当时社会工作教育的发展已经形成了一定规模。民国政府在社会立法和社会救助方面也做了大量工作，同时民间也开办了各种福利院。在一定意义上来说，1949 年之前，社会工作专业在中国已经开始形成。但是，长期的战争使当时的中国处于混乱状态，社会工作作为职业并没有发育起来，社会工作教育的发展也同样受到抑制。由于历史原因，1949 年之前的社会工作对 20 世纪 80 年代后期社会工作教育的发展并没有直接的影响。

（二）社会工作专业的取消和重建

1949 年中华人民共和国成立后，所有社会工作的职能都由政府来承担。在其后几十年里，中国社会被高度政治化、组织化，社会工作作为一个专业，在中国社会一度失去了生存空间。1952 年下半年，政府开始进行高等院校的院系调整，在这次院系调整中，社会工作专业连同社会学专业等一起被取消，使得社会工作教育与社会工作专业一样一度在中国消失。

1985 年，国家教育委员会在广州召开"全国高校系统社会学专业建设与发展工作会议"。在这次会议上，社会工作作为社会学的应用学科被初步确定为社会学专业（课程）的发展方向之一，这成为改革开放后中国社会工作教育重建的开端。1987 年 9 月，民政部为了推动社会工作的发展，在北京马甸举行了"中国社会工作教育发展论证会"，促进了社会工作教育的发展。1988 年，国家教育委员会同意北京大学、中国人民大学、吉林大学开始招收社会工作与管理专业本科生，这标志着社会工作教育在中国的重建。1994 年，中国社会工作教育协会正式成立，标志着中国社会工作教育走上了组织化的发展道路。1999 年以前，教育部批准设立社会工作专业的院校有 28 所，应该说这是一个艰难的起步阶段：一方面，社会工作专业还仅限于在高校内传播专业知识，政府以及社会对社会工作专业还缺乏深入的认知；另一方面，当时社会工作在中国还没有成为一个职业，专业发展方向还不明确。

（三）社会工作教育的新发展

1999 年以后，教育部批准或备案设立社会工作专业本科院校的数量大幅增加，中国社会工作教育进入高速扩张的时期。根据中国社会工作教育协会统计，截至 2020 年，教育部备案招收社会工作专业的本科院校超过 340 所。

在社会工作本科招生迅速扩张的同时，2009 年国务院学位委员会决定试办社会工作硕士（Master of Social Work，简称 MSW）专业学位，并设置全国社会工作硕士专业学位教育指导委员会。到 2022 年，全国获准招收社会工作硕士专业学位研究生的院校达 183 所，国务院学位委员会、教育部发布《研究生教育学科专业目录（2022 年）》，决定从 2023 年起增设社会工作博士专业学位，全国高校社会工作或社会政策的博士点（方向）已有 22 个。高等院校不仅担负着培养合格社会工作专业毕业生的职责，同时也在一线社会工作者的培训中发挥着不可替代的作用。高等院校已经成为中国社会工作专业建设的中坚力量。

随着中国高等教育从学术型模式转向理论与国家建设实践相结合、积极回应现实问题的模式，以理论与实践相结合为显著特点的社会工作专业越来越得到重视。但是中国的社会工作教育培养体制、学科体系的发展还不能完全适应国家发展和社会的要求，教育培养的评价体系还有待完善。社会工作教育要坚持提升学科能力的质量标准，着眼于提升中国社会工作的知识创新能力、服务实践能力和人才培养能力，促进中国社会工作教育的高质量发展。

【思考题】

1. 怎样理解社会工作教育是社会工作专业体系的重要组成部分？

2. 社会工作专业目标和社会工作教育目标是怎样统一的？

3. 在社会工作专业过程中，如何处理服务对象利益与专业人员利益的关系？

4. 社会工作专业化过程中如何处理普遍性与特殊性的关系？

5. 应该怎样确定中国社会工作专业发展的道路？

【主要参考文献】

陈良瑾主编：《中国社会工作百科全书》，中国社会出版社 1994 年版。

雷洁琼：《雷洁琼文集》，开明出版社 1994 年版。

孙立亚：《中国社会工作之理性发展》，《中国社会工作》1996 年第 1 期。

［美］艾尔·巴比：《社会研究方法》（第 8 版），邱泽奇译，华夏出版社 2000 年版。

王思斌：《试论我国社会工作的本土化》，《浙江学刊》2001 年第 2 期。

曾家达、殷妙仲、郭红星：《社会工作在中国急剧转变时期的定位——以科学方法处理社会问题》，《社会学研究》2001 年第 2 期。

王思斌、阮曾媛琪、史柏年：《中国社会工作教育的发展》，北京大学出版社 2014 年版。

国务院学位委员会、教育部：《专业学位研究生教育发展方案（2020 年—2025）》，2020 年 9 月 25 日。

Ernest Greenwood, "Attributes of a profession," *Social Work*, vol.2. no.3 (July 1957), pp. 45–55.

Louise C. Johnson, *Social Work Practice: A Generalist Approach*, Boston: Allyn and Bacon, 1983.

Katherine A. Kendall, *Social Work Education*: *Its Origins in Europe*, Alexandria: Council on Social Work Education, 2000.

第二十四章

社会工作实习与督导

　　社会工作实习与督导在社会工作专业教育与专业养成及提高专业素质方面占有十分重要的地位。社会工作实习与督导关系到专业教育目标的实现，也直接影响到专业训练和专业服务的质量。本章将介绍社会工作实习的含义、目标、模式、过程及实习督导的相关知识。

第一节　社会工作实习的含义与目标

一、社会工作实习的含义

（一）什么是社会工作实习

　　社会工作是一门应用性的学科，是实务性、操作性取向的专业。社会工作教育与训练中的一个重要环节就是提供机会，使学生亲身实践课堂上所学习的专业知识、理论和价值原则，这不仅有利于学生在认识层次上加深对概念的理解，而且有利于学生艺术化地将知识、价值与技巧运用于提供实际服务的工作过程中，也就是有利于学生将在课堂上所学的"知识"转化为实际工作中的"服务行动"，把它"做"出来。这种艺术化地运用知识、价值与技巧来提供服务的能力需要经过特别安排的学习与训练养成，这个过程就是社会工作实习。

　　曾华源认为，在社会工作教育中，实习与其他课程一样是达成教育目标的一种手段，是一种较为特殊的学习模式，它有别于学校课堂上的知识传授，而是将学生"安置"到社会工作服务机构，使其有机会接触未来可能服务的情境，在实际服务提供过程中学习运用知识和技巧。廖荣利则更详尽地阐述了社会工作实习的含义：旨在为学生提供发展实务技巧之机会，在专业性督导下，使其能整合课堂上的理论架构与实地工作经验，透过模塑技术（modeling techniques）的运用，协助学生发展助人行为与独立工作能力。

因此，社会工作实习具有社会工作实务的特性，即学生要从事实际的社会工作实践活动；同时，它又主要是教育取向的，即学生可以通过从事实际社会工作活动学习运用社会工作的知识、技巧及适当的态度，并且在实际服务提供过程中学习与发展新的知识，尝试体验社会工作者的角色，检视自己的价值与态度，促进专业意识与自觉，从而发展自己的专业自主能力并逐步成为人格成熟的社会工作者。

（二）社会工作实习的内涵与特性

社会工作实习是社会工作教育的有机组成部分，在专业训练中占有十分重要的地位，它的内涵与特性主要有以下几点。

第一，社会工作实习是一个持续的学习过程。社会工作服务提供过程通常要经过四个阶段，即评估（assessment）、计划（planning）、介入（intervention）和总结（evaluation）。学生在进行社会工作实习时要经过这整个工作过程才能体验到社会工作知识、技巧在不同阶段的运用，实践社会工作的价值与原则。社会工作的过程一般来说要持续较长时间，走马观花式的观察不能达到实习的目的，学生必须经过亲身实践才能达到社会工作教育的培养要求。这种亲身实践的实习必须是重复的过程，即在为不同服务对象服务的过程中，体验社会工作实践的原则。例如，社会工作实务的原则之一是个别化原则，强调每个服务对象都是独特的。社会工作实习为学生提供了接触不同服务对象的机会，使他们能够从中体验这一原则，相比之下，一次性的服务过程则不能达到这一效果。

国际社会工作学界一般认为，社会工作的实习时间至少为 800 个小时。英国社会工作文凭（Diploma，从事社会工作职业的专业资格执照）证书课程训练中，实习占全部课时的 50%。这在一定程度上体现出，持续的实习过程是社会工作专业养成所必需的。

第二，社会工作实习是一种"临床"实习。所谓"临床"实习指的是：将学生安排到机构中去，作为机构的工作者去履行一个专业社会工作者应有的角色行为，在实际工作过程中学习并掌握各种助人工作的技术与能力。社会工作专业的特性不但要求社会工作者掌握有关人类社会、人类需求、人类行为的生理、心理与社会环境互动关系的知识，而且要求社会工作者具有洞察感悟和理解人与环境互动过程的能力，具有与服务对象一起工作的实际操作技术与能力。这些都需要在真实的实践工作中逐步培养。因此，社会工作实习具有与医学、教育等专业实习相同的性质，即通过不断重复的工作过程模塑专业"诊断—评估"、"处方—计划"、"治疗—介入"以及总结的技术，从而使学生成为一名具有独立工作能力的实务工作者。

第三，社会工作实习是一个有目的、有计划的教学过程。社会工作实习的目标是为了培养能够胜任服务工作的实务工作者，因此，实习的内容要有详细的计划与教学方案。实习计划包括：实习目标、实习准备、实习方式、时间安排、实习机构选择、实习内容、实习督导与评估等。社会工作实习的教学方案要明确规定学生实习的内容。例如，英国在两年制社会工作文凭训练课程中就明确规定了实习课程的内容，对每一次实习要掌握的能力都有明确的规定与衡量指标，要求学生通过实习获得：社会工作的核心知识、价值观和技巧，评估、计划、介入与总结的工作能力，与个人、家庭、小组、社区、组织建立工作关系的能力，发展知识的能力。有目的、有步骤的学习过程能使学生练习将理论、知识、技巧内化到为服务对象提供的服务中去，学习正确的态度与价值观，深化对课堂所学知识的认识，验证和丰富既有的理论与概念。

第四，实习教育不同于志愿服务。为增加对社会服务和社会工作的了解与认识，学校应鼓励学生参加各种志愿服务，但志愿服务不能代替社会工作实习。因为志愿服务以服务为导向、以任务为中心，服务内容单一，基本没有以学习为导向的训练和督导。虽然某些时候，志愿组织也会为志愿工作者提供训练，但这种训练的目的在于使志愿者能够有效地完成工作，而不是为了工作者的专业成长，它不能满足社会工作学生专业学习的要求。社会工作实习是社会工作教育训练中的重要环节，它的主要目的是在机构中为学生提供学习的机会，使学生在工作中学习成长，而不以追求工作量为目的。因此，实习是一种特殊形式的学习，学习是实习的本质特性。并且，为达到学习的目的，使学生获得学识与才干的进步，实习是在专业督导的指导下进行的。督导根据学生学习的需要制订详细的学习计划，并伴随定期的督导会谈，随时评估学生的学习进度，根据学习需要调整安排不同种类的工作，使学生尽可能在不同情境下学习工作技巧。

从上述讨论中，我们可以明确知道社会工作实习教育有其特定的内涵，而不同于一般社会科学专业通常所说的"实习"。社会工作实习是一个结构化的教学过程，是专业养成所必需的教育训练过程。

二、社会工作实习的目标

社会工作实习的目标是通过使学生了解机构的功能，在实务工作情境中提高专业素质，包括专业知识与实务能力、专业自主与专业自我、专业意识与专业价值观、反思和批判精神。具体如下。

（一）整合所学理论与实务，增长专业知识与实务工作能力

实习教学的本质是协助学生把理论与实务结合起来，通过实务工作，将理论以专业化的操作过程具体地呈现出来。这就是说，要协助学生通过实习将课堂所学的理论转换到实务情境中去运用，分析和评估服务对象的需要与自己的专业工作情况，从而加深对理论的认识，体会如何在实务工作情境中运用理论，进而能够在实践中运用理论提供服务。实习的一个重要目标就是将理论与实务整合起来，否则就会出现只懂理论而不会实践的工作者，或只讲实践而不知理论的工作者。理论与实务整合的过程，不是简单的"理论＋实务"的过程，而是一个新的学习过程。在实习过程中，学生逐步体会、消化课堂所学知识，从而将价值、理论、技巧内化到自己的行为中去，提高专业素养。实习情境提供了丰富的资料，刺激、启发学生的思考，一方面可以加深学生对理论与知识的印象，另一方面可以促使学生反思学过的理论与知识、修正已有的理论并重新审视与建构有关社会结构、社会政策与社会需要的理论，发展专业知识。

（二）发展专业自主能力

所谓专业自主能力指的是，一位在专业上独立自主的实务工作者，不仅能有计划地安排工作和解决问题，而且能有其内在动机和以社会工作专业独特的思考与判断方法去发现问题、解决问题的能力。社会工作者有一种专业的观察问题与解决问题的思维方法，这种思维方法是超越个人习惯性思维形态的，是一种具有敏锐眼光的、以专业价值与理论为指导的专业上独立的创造性思考方法。社会工作专业是以解决问题、满足需要为己任的，这就要求社会工作者具有敏锐的眼光与专业判断能力，以发现社会中未被满足的需要（因为未被满足的需要是出现问题的潜在因素）与问题，在一定的社会处境中寻求解决问题的策略，以便能有效地对不断变化的社会作出回应。因此，有专业自主能力的专业人员应该是一个具有专业知识与判断能力的、有灵活性的、以建设性方式解决问题的社会工作者。凡斯通认为，实习教育不是为了"制造门徒"，而是为了着重发展学生的自主能力并使其认同专业。这种专业认同过程应该是经过思考选择的，是通过在实习过程中为学生提供批判性思考和独立行动的机会而完成的。实习的重要目标即在于提供机会让学生在实践中验证他们在课堂中学习到的观念形态的价值、理论

和技巧，鼓励学生进行批判性思考，提出问题，从具体的服务过程中自主地寻求答案，而不是一味地遵从教条。因此，为了发展学生的专业自主能力，一定要尽可能让他们获得充分足够的实习机会，以验证与发展知识，积累经验。

（三）增进专业自我

所谓专业自我是指，社会工作者在为服务对象提供服务时所表现的恰当的自我态度、情绪和专业价值观。社会工作者在为服务对象提供服务时，常会带入"自我"——自己个人的态度、情绪、偏好及独特的价值观。很多时候，如果不是有意识地进行内省，这些态度、情绪、偏好和价值观常不为社会工作者自己觉察，但却会带入与服务对象的互动过程之中。如果学生在工作过程中坚持自己的价值观，自己却未觉察，那么当这些价值观与服务对象的行为有抵触时，个人就会感到不适，甚至作出不当行为。一位专业社会工作者在实务工作中不能只是盲目地去做，而是必须明白自己在做什么，为什么这样做。也就是说，要了解自己及自己对工作过程的影响，这就要求社会工作者既要以专业知识作为行为的指引，又要探索个人内在心理方面可能对自己的行为产生影响的因素，特别要明白自己在工作过程中的态度和情绪。社会工作实习的一个重要目标是提供机会，使学生在为服务对象提供服务的过程中反省与了解自己的价值观、态度与偏好，提高"自我知觉"（self-awareness），有意识地运用"专业自我"，保持客观性，表现出了解、接纳等专业素质，并增进专业自我。

（四）培养专业意识与专业价值观

社会工作是一门价值导向的助人专业。社会工作的全部活动都反映出社会工作的价值取向，这些价值取向是由社会工作专业的哲学基础与社会理想所决定的，也是社会工作作为专业对社会所作的承诺。每一位社会工作者的实务活动都必须体现社会工作的专业理想，遵从社会工作专业的伦理守则。培养专业意识、树立专业价值观是社会工作教育中重要的一环。相对于知识与技巧而言，价值观教育常被置于首位，只有认同专业价值，社会工作专业的学生才能有意识地使自己的行为符合专业的理想和伦理守则。许多研究表明，社会工作实习提供了具体生动的机会让学生体认社会工作的价值观，正是通过实习中遇到的具体案例，学生才会在真实经历中感受社会工作价值观的实际意义。课堂教学教予学生有关社会工作专业价值观及专业理想的概念，实习过程则使学生将理论转化为实践，亲身体验社会工作价值观与理想的生动、丰富及其社会意义，由被动接受价值观教育到主动探索、思考其意义，承诺担负起实现专业价值与理想的责任，并逐渐将价值观内化，达到言行合一。社会工作实习的一个重要目标是提供真实的工作环境，帮助学生在学习为服务对象提供服务的过程中，认识、分析自己的价值观、社会价值观与专业价值观之异同，逐步内化社会工作专业的价值观与专业理想，自觉地以专业价值观指导自己的实务工作，树立起专业意识与专业价值观。

（五）培养反思、批判精神，促进专业成长

所谓专业成长是指两方面：一是指由于社会发展变化，社会工作的专业知识——有关服务对象系统与社会系统的理论、服务的技巧与价值也不断发展；二是指社会工作者不断追求自我完善，追求知、觉、行三方面的结合，不断提高专业知识与实务能力，促进专业自我的成长。从前专业化的慈善助人活动到专业化的助人活动，社会工作一直紧扣社会发展的脉搏，回应社会发展的需要而更新理论、知识和技巧。只有这样，社会工作才能在社会变动与发展中保持生命活力，同时保持其独特的专业位置。社会工作教育的重要任务就是要教授学生具有自我反思、批判的精神，不断追求个人人格的成熟与完善；同时还要教授学生一种思维方法，使他们具有不断学习的能力，培养学生独立思考问题、解决问题的能力。这样，学生才能在面对不断发展变化的社会时，发展社会工作的专业知识与专业自我，不断获得成长。

社会工作实习教育是促进学生获得专业成长的一个重要途径。实际的工作情境提供了机会，使学生体会到精深的工作理论、精致的工作技巧与精诚的工作态度是影响社会工作服务成效的重要因素，激发学生用批判的眼光反思现有的服务传递系统及社会工作知识体系与服务需要的差距，积极主动地追求专业知识与专业自我的成长。

第二节　社会工作实习的模式与过程

社会工作实习模式与过程安排是进行社会工作实习教学时需要考虑的重要方面。本节将介绍几种主要的实习模式和过程。

一、社会工作实习的模式

社会工作实习模式是指有关影响社会工作实习教学的各种因素间的结构、组织和安排方式。按实习导师的来源划分，社会工作实习模式可以分为机构为本、学院为本和学院、机构合作等不同模式。

（一）机构为本的实习模式——以英国为例

英国社会工作的发展历史久远，1950 年前后，英国的社会工作教育与专业化基本形成。社会工作者在院舍照顾、司法感化、社区照顾、医务社会工作、精神病院服务、个人服务（包括老人服务、儿童服务等）和特殊弱势群体服务领域工作。社会工作教育与训练被纳入高等教育体系，由国家拨款，实习导师的训练及工资薪酬也由政府负责。社会工作实习课程与时间占全部课程的 1/3 以上。实习导师来源于社会工作机构，他要同时具有社会工作文凭证书和社会工作督导资格证书。包括实习课程在内的全部课程由社会工作训练学院与政府社会服务部、社会工作机构共同审核制订。这样一来，机构便不是一个社会工作毕业生及社会工作实习学生的被动接收者，而成为社会工作教育训练的积极参与者，主动为实习学生提供实习训练和实习导师。接收社会工作实习学生的机构也必须接受评审，评审合格才具有成为社会工作学生实习机构资格。

英国的社会工作实习模式可称为机构为本的模式。学院有专门老师负责学生的实习安排，老师的职责是了解学生对实习的期望，然后负责与机构联系，接下来的实习教学就由机构实习导师负责，整个实习教学全部在机构中实施。这种模式的显著优点在于由于实习导师来源于机构，同时又具有丰富的实际工作经验，因此能够根据机构的工作状况与实习学生的学习需要安排适当的工作，为学生提供充分的学习机会及切实有效的督导，帮助学生获得专业成长。同时，机构工作者经过督导训练和督导实习学生提高了自身的工作水平，相应也提高了整个机构的服务水平。

（二）学院为本的实习模式——以中国香港为例

香港的社会工作起源于 20 世纪 40 年代，至 70 年代，专业的社会工作开始形成。社会工作教育被纳入高等教育体系，经费来自政府，它是通才取向的。大多数学院实习教学的时间安排是同步式的，且每个学院都有专门负责实习安排的老师和负责实习督导的导师，后者属于学院教学人员，他们都拥有至少二至三年的一线社会工作经验，并受过督导训练。

这种模式的优点在于督导来自学院，能够贯彻学院的教育理念与目标。一方面，这可以控制实习教学的质量，使学院训练与实习教学保持连贯性与一致性；另一方面，学院导师了解学生的学习基础，能够根据实习学生的学习需要安排合适的工作给学生，循序渐进，帮助学生整合理论与实务。此外，学院导师经常到机构进行督导，使得学院与机构的关系更加密切，学院能够及时了解实务工作对教学的需要，使教学不脱离实际，而且能够带领实习学生开展创新性、实验性的服务项目。

（三）在实习进行中构建机构与学院的伙伴关系

机构与学院的伙伴关系是指社会福利机构、社会服务机构、民间志愿机构等与社会工作训练学院为发展社会工作专业及社会工作教育而结成的互助合作关系。在伙伴关系之下，社会工作机构为学院提供实习教学所必需的条件、实习岗位与机会，社会工作训练学院则以学生实习为契机，借学生所做服务和项目在为学生提供督导的同时，为机构社会工作者提供训练，进行项目研究，帮助提高机构的服务水平，发展创新性服务。以实习教学为桥梁所建构起的学院与机构的这种伙伴关系体现了社会工作实习教学的目标，即理论与实践相结合。社会工作训练学院的教学人员通过接触、了解社会工作机构的服务与需要，使社会工作训练课程具有针对性；机构则为学院提供社会工作训练的实际素材。学院与机构的这种伙伴关系能使社会工作教育避免盲目性，避免教学脱离实际，从而使社会工作教育更符合实际社会工作服务对人才的要求，保障社会工作教育所培育的人才符合社会的实际需要。社会工作机构是社会工作学生未来的雇主，实际工作岗位需要什么样的社会工作人才，他们应具有什么样的素质与能力，这些问题都可以通过实习过程及伙伴关系及时反馈给社会工作训练学院。

应该指出，任何社会工作实习模式都需要社会工作机构对学院社会工作实习的支持和配合，这体现了学院与机构的伙伴关系。伙伴关系是社会工作实习教学得以开展的基础。英国社会工作院校与机构的伙伴关系非常紧密，英国有相关政策对此进行了规定，不仅社会工作课程需要由学院和机构双方共同制订，机构需要为学院提供实习教学人员，而且双方人员交流相当深入广泛。社会工作机构的督导和资深社会工作者常是社会工作学院长期讲授机构实务社会工作的教学人员，学院教师也常为机构社会工作者提供短期与在职训练。香港社会工作学院与机构的伙伴关系建立在社会工作专业理想与使命的基础之上，是双方自觉承担社会工作实习教学的体现。机构的承诺与支持是社会工作实习教学的基本条件，而学院对机构的贡献常表现为对机构的服务做学术研究，发展、提高其服务品质。

（四）建构中国社会工作实习模式

社会工作学院与社会工作机构之间伙伴关系的原则和精神为中国社会工作实习模式提供了经验借鉴；学院与机构的伙伴关系在本质上是社会工作专业共同体为实现社会工作专业对社会的承诺所进行的合作。据此我们可以发展出以伙伴关系为基础的机构与学院合作的社会工作实习模式。

机构与学院合作共担社会工作实习基于如下现实：社会工作机构受过专门训练的社会工作者和实习导师人手不足，而学院社会工作教育者相对来说比较缺乏实际工作经验。在这种情况下，由学院导师和机构导师共同督导实习学生，可以发挥双方各自的优势。学院老师大多都受过社会工作专业训练，掌握现代社会工作的理论知识、技巧和价值，可以侧重指导学生探讨学理，学习如何将理论应用于实践。机构导师则具有丰富的实际工作经验，可以在指导学生总结、探索中国社会工作的理论与经验方面作出努力。而实习教学的过程为机构与学院之间的相互了解提供了条件，双方可以在社会工作研究、服务创新、建立和发展中国社会工作的理论与实践方面共同努力。

学院与机构合作共同督导实习学生的模式，要求学院实习导师在选取适当的实习机构后与机构建立良好的沟通关系，以确保实习学生有实习的机会；要求机构导师在行政与服务支援方面给予配合，提供尽可能充分的实习机会，以使实习教学富有成效。发展机构与学院合作督导的实习模式是符合中国社会工作与社会工作教育发展实际的选择，它的成功运作也有赖于双方对发展中国社会工作的共识与责任担当。

二、社会工作实习的过程

社会工作实习是一个包括一系列安排的过程。在整个实习安排中，需要考虑机构的选取、实习的时间安排、实习前的准备、实习中期和结束时的评估。社会工作实习安排的每一个环节都会影响实习的成效。

（一）确定实习时间安排

实习时间安排有两种：一种是同步式；另一种是集中式。这两种实习时间安排方式各有其特点，每个院校可根据自己的教学计划、实习导师资源、实习机构的工作特点作出安排。

1.同步式实习

所谓同步式实习是指学生在机构的实习时间与其在校的课程安排时间一致，

实习与课程的学习同时进行。这种实习时间安排可以使学生边上课边实习，一个星期中有一部分时间在学校上课，　部分时间在机构中实习。这种不脱离课堂学习的实习使学生可以随时将在实习中遇到的问题带回学校，及时获得老师的指导，减少挫折感。但同步式实习的缺点也很明显，即学生在机构中的实习工作在时间上是不连续的。很多时候，实习所安排的工作要求学生有一定的持续时间去为服务对象服务，但学生同时要完成学校的课程学习可能导致服务不能保持连贯性。同步式实习常使机构在安排学生工作时感到困难，学生也会有实习时断时续的感觉。

2. 集中式实习

所谓集中式实习是指实习时间与其他课程学习的时间分开，单独集中一段时间进行实习。这种实习时间安排可以使学生集中时间和精力在实习上，使实习具有连续性，从而增加其学习兴趣，提高实习效能；同时，机构也便于安排学生的实习。在目前国内各院校专业实习督导教师缺乏的情况下，集中实习也使学院老师能够集中精力与机构导师共同计划学生的实习教学，使学生的实习有目的、有结构、循序渐进地进行，使课程教学与实习教学不会顾此失彼，从而也能提高实习教学的质量。同时，集中式实习也使学院导师可以兼顾多个机构学生的实习教学，提高工作效率。

（二）选取实习机构

在国内社会工作发展的现阶段，机构选取的恰当与否是决定学生实习成效高低的重要因素之一。在选取实习机构时，要考虑以下条件：

1. 机构提供实习机会的数量与层次

机构实习是为了达到社会工作专业训练的目标，让学生将课堂所学的理论知识付诸实践，因此，机构所能提供给学生实习机会的数量和学生能够参与的工作层次就直接影响实习目标的实现。根据国内社会工作发展的实际状况，应尽可能让学生有机会亲身体验社会工作的理论、原则、技巧与价值如何与实务工作相结合。选取实习机构的标准应是：该机构必须具有社会工作性质，并承诺为学生提供学习和参与机构工作的机会。这样的机构大致可以分为六类：第一类是具有社会工作行政性质的部门和机构，如民政、工会、共青团、妇联、残联等部门；第二类是院舍照顾机构，如老人福利院、儿童福利院、精神健康福利院、少年劳动教养所等；第三类是社区服务中心；第四类是个人辅导及家庭服务机构，如向不同服务对象提供服务的热线、辅导中心、精神健康机构、医务社会工作机构、学校服务中心、家庭服务中心等；第五类是发展性的社会工作服务机构，如少年宫、青少年活动中心、城市农民工子弟学校等；第六类是近年来新建的社会工作服务机构。这里只大致指出一个方向，实际上可供社会工作专业学生实习的领域很多，需各院校根据自己的教学目标去挖掘、发展。

2. 机构实习督导员的素质

机构实习督导员的素质是影响学生实习成效的非常重要的因素。学院在选定实习机构后，通常会对机构督导员进行培训，说明机构工作内容与社会工作的相互关系及社会工作的概念，学生实习的目的与内容，督导的基本理论与技巧，帮助学生成长的方法等。在社会工作专业迅速发展的现阶段，机构督导员开放的态度、提供帮助的意愿、关于社会工作的专业知识和实践经验对于实习学生来说都同等重要。所以，学院在选择实习机构时要同时考察机构是否有合适的人选作为实习学生的督导员。

3. 机构的工作环境与组织配合

甄选实习机构时要考虑，机构是否能够给学生提供学习和工作的基本条件，如固定的工作地点、适宜的办公条件等，以使学生有稳定的学习、工作与思考、阅读的环境，有归属感，以达成实习目标。这需要机构的行政主管及周围的同事给予积极的配合，接纳实习学生，并给予他心理与精神上的支持。学院在选择实习机构时，一定要考虑以上几个基本条件，具备了这些基本条件的机构才可能使实习达到预期目标。

（三）实习过程

1. 实习前的准备

要使实习富有成效，在实习开始前应该让学生做好心理及其他方面的必要准备。实习前的准备包括向学生讲解实习的目的、实习课程的基本要求、评估的方法等；向学生介绍国内社会工作机构的概况并介绍实习机构，以供学生选择。

2. 学生选择实习机构

由学生根据自己的学习兴趣和未来职业取向选择实习机构。这时老师要与学生共同讨论，以协助学生明确自己的学习意愿并决定选择何种机构去实习。

3. 实习前会谈

学生确定实习意愿后，负责实习的老师要安排机构与学生进行会谈。会谈的主要目的是协助机构与学生相互认识、了解，以决定机构是否愿意接受学生实习，学生是否愿到该机构实习。会谈的主要内容包括：（1）学生实际了解实习的环境及未来实习服务的对象，做好思想准备；（2）机构了解学生的期望和学习需要，以考虑是否接受学校的实习安排；（3）机构实习导师了解学生的个人兴趣、选择此机构实习的原因、学习能力及人格特征，实习学生了解实习导师的专业特长、督导风格。

4.进入机构实习

在做好上述准备之后，学生就可以根据已有约定进入机构实习。在实习过程中，还可能会出现一些实习准备阶段没有预料到的问题，这就要求相关方面进一步协商。实际上，学生进入机构实习后，学校也会派人督导、与机构交流实习情况等，以保障实习顺利进行。

（四）实习评估

评估是实习教学过程中重要的一环。评估的目的包括：第一，指导学生的学习，使他清楚自己在实习中的收获与不足，协助学生成长；第二，分析教学上的得失，找出学生学习上的问题及问题存在的原因，以寻求适当的补救措施并在今后改进教学；第三，收集学生的有关实习文件，如实习记录、实习报告、导师评语等作为评定学生实习成绩的根据。

实习评估可分为诊断性评估、过程评估和总结性评估三类。诊断性评估的目的是了解学生学习的起点、特点及学习上的困难，以便有针对性地进行实习教学，通常在实习开始前和学生有学习困难时进行。过程评估是在实习过程中进行的评估，由督导员对学生在实习工作中的表现与学习情况进行观察、记录。一段时间以后，采用正式的评估指标对学生进行评估，收集学生的实习表现资料，从而掌握、了解学生实习的进展情况及不足之处，并提出改进的措施。在整个实习过程中，一般要进行多次过程评估。在实习进行一半后要进行中期评估，中期评估可以是正式的评估会议，由机构督导员和学院督导老师共同参加，根据实习教学大纲所拟定的评估指标进行评估。总结性评估是在实习结束时进行的，主要评估实习教学方案、实习督导过程、实习成果及学生的实习成绩，并作出书面报告。需要说明的是，评估标准应是事先拟定的，以使学生和督导有章可循。

第三节　社会工作实习督导

社会工作实习督导是社会工作实习教学中重要的一环，它是促成有效实习的催化剂。

一、什么是社会工作实习督导

社会工作实习督导是资深社会工作者对实习学生的专业指导和督查，其目的在于使被督导者能够学习专业社会工作者的行为、角色，将社会工作的理论知识、价值与技巧内化，并学习按照专业社会工作者的职责高效率地完成工作，提供高质量的社会工作服务。督导通过定期进行的督导会谈进行。被督导者在督导过程中不是被动接受教导的角色，而是一个积极主动的学习者。

二、督导的功能

社会工作实习督导具有行政性、教育性和支持性三方面的功能。

（一）督导的行政性功能

社会工作者以社会工作机构为依托，通过一定的行政程序将社会工作服务传递给服务对象。对于社会工作实习学生来说，认识社会工作机构的行政管理功能在传递服务中的作用，是实习的内容之一，同时也是实习得以顺利进行的必要条件。社会工作督导的一个重要功能就是给实习学生以行政支持，必要时通过机构行政主管协调有关行政部门，使实习学生能够使用机构的设备及行政程序，在行政架构配合下顺利进行专业实务学习。督导的行政功能还包括安排实习学生的工作、分派工作任务，根据学生的学习需要挑选适当的工作内容，使学生的实习在行政安排配合下富有成效。

（二）督导的教育性功能

教育性功能是督导最重要的功能。督导并不是简单地告诉学生或者社会工作者做什么，而是要根据学生的学习需要、社会工作者的工作需要，通过促进教与学的互动，有计划、按步骤引导学生的学习。这要求督导员事先制订、准备好详细的教学方案，选择适合学生学习需要的实务工作；事先准备好督导会谈时的教学内容，以便提供给学生新的知识。督导教育功能的发挥，取决于教与学的互动。督导关系开始时，督导员要鼓励学生去反思自己的学习状态，而督导员也要明白自己的教学风格并了解学生的学习状态。督导员要采用富有创造力与想象力的方法和形式去教授实习的内容，同时要求学生做一个积极的学习者，积极参与督导过程，发挥主观能动性。要做到这些，督导员在督导开始时就应该做好以下工作：1. 了解学生的学习需要，并根据这种需要调整教学风格；2. 为学生制订一个学习计划，包括怎样学、怎样教，与学生分享价值观，讨论学生所喜爱的理论和实务方法；3.与学生共同制订督导计划及督导时间，包括多长时间及什么时候进行督导等。

（三）督导的支持性功能

督导的支持性功能是指督导员对于实习学生的接纳，即承认学生的优点与弱点，乐见学生的发展进步，并为这种发展进步创造必要的条件。督导的支持性功能是促进学生有效学习的催化剂，对学生的专业素养和能力的培养至关重要。

第一，学习没有支持不能顺利进行。在督导员赞许与支持的情形下学习，被督导者能够比较开放地反思并讲述自己学习的收获。督导员支持的态度能促使学生乐于评估自己的实践，思考新的路径和可能选择的方法，从而积极主动地学习而不是被动接受。

第二，社会工作的特性要求督导员对被督导者给予情绪及心理上的支持。社会工作者经常与遭受痛苦和遇到问题的人一起工作。当服务对象的问题很棘手时，作为"社会工作者"的实习学生经常会感受到压力，这时候就需要督导员给予支持。这种支持可以通过督导会谈过程中鼓励被督导者讲述自己的感受、回顾思考过去的经验来进行，此时督导员应给予他理解并分享自己的感受。

第三，督导员的支持是保持被督导者的工作客观性及保证服务质量的重要条件。社会工作实践中保持客观性是一个很重要的问题。当服务对象的经历与工作者的经历相似时，工作者很容易失去客观性。这时，督导的支持非常重要。督导员一方面要给予被督导者以情绪支持；另一方面要帮助他发展自我认识，保证工作者不会混淆自己的感情和服务对象的感情。督导员的支持是被督导者提高自我警觉及把控自己感情的重要因素。此外，因为社会工作者的服务对象众多，日常接触这些痛苦的经验也会使社会工作者自己产生负面情绪，从而降低对服务对象的共情。督导员的支持与分享能够促使被督导者保持对服务对象的高度敏感与责任感。

三、督导员的素质与条件

督导员的核心角色是教育者。因此，实习督导员应是具有专业社会工作教育背景及丰富实践经验的人。理想的督导员应具备下述条件。

（一）具有丰富的专业知识与工作经验

因为督导员要协助学生综合运用专业知识、理论于实务工作中，将社会工作的态度与技巧在实际服务中表现出来，所以督导员本身应是一位既有理论素养又有丰富实务经验的资深工作者，而且具有乐于吸收新知识、不断自我更新的素质，以便提升学生的学习成效。如果仅凭经验来教导学生，只能就事论事，学生也不能在一般概念的指导下实践学习所得。因此，督导员善于思考、善于引导学生在实务工作中总结经验、发展知识，是至关重要的。实际上，现有社会工作服务机构以及政府相关部门中，有大量具有丰富工作经验，同时掌握一整套工作理论的人，他们中的一些人虽不具备专业社会工作训练背景，却都受过相关人文科学的训练，有丰富的实践经验和研究成果，对本领域的工作对象有深入研究，他们也是社会工作实习督导员的合适人选。

（二）具有教导学生的意愿

实习教学要花费很多时间、精力，除了固定的督导会谈，督导员还要根据学生的学习制订学习计划，批改学生的实习报告，准备学习资料，在学生有需要时及时给予支持。如果没有教导学生的意愿，督导员很容易在机构工作压力下感到不堪重负，放弃对学生的督导。而在应付了事的情形下，学生很难学到专业知识，积累实践经验，督导员与学生的关系也会出现问题。因此，督导工作需要一批对中国社会工作发展有责任感的人。

（三）具有教授他人的能力与态度

实习督导员是具有丰富专业实践经验的资深社会工作者。一般的社会工作者只需自己能将理论与实务整合起来，为服务对象提供有质量的服务，而实习督导员则要将所有这些传授给学生。所以，传授专业知识和技能的基本能力和技巧就是他必须具备的。一位好的实习督导员要能够启发引导学生的学习兴趣与动机，与学生建立良好的教学关系并有促进学生进步的意愿。这些督导技巧既是以实践中积累的丰富实践经验为基础的，也需要经过专门的培训。学校在实习开始前，可以为实习督导员提供督导训练以提高实习成效。

（四）具有学习与成长的意愿

想要有效督导学生的专业成长，实习督导员本身应是一位愿意改变、愿意接受和吸收新知识的工作者。同时督导员要能经常进行自我探索，评估自己的价值观、实务技巧与教学方法，促进自我的成长。这一方面能够引导学生的学习；另一方面可以作为学生的榜样。

（五）具有充足的督导时间

即使具有丰富理论与实践经验，又愿意教授帮助学生，但如果督导员不能在学生需要时给予指导，不能保证固定的督导时间，那么学生会感到不被重视，没有支持，督导的效果也不会好。所以，保证有充足的督导时间也是一个很重要的条件。

（六）熟知实习机构（社区）情况

熟知实习机构（社区）情况并能与机构（社区）人员保持沟通、协作是保证实习顺利进行的重要条件。无论是院校的社会工作实习督导老师，还是机构（社区）的督导员都应该与实习机构（社区）保持密切联系，了解实习机构（社区）的组织架构、运行情况、组织网络等相关信息，并能与机构（社区）的其他工作人员保持沟通和协作，只有这样，才能帮助学生在实习的初期更好地建立服务关系，才能在学生出现问题时提供合理的建议和有效的帮助。

四、社会工作督导的模式

伴随社会工作与社会工作教育的发展，社会工作的督导模式也在不断发展变化。每种不同的模式都有其背后的哲学理论，每一种模式都有其优点与不足。

督导根据不同理论而采取不同的模式，每种模式都有其所强调的重点。学生督导模式（student supervision）更多的是从治疗学理论发展而来的；实习教学模式（practice teaching）则更多的是从学习理论发展而来的，它强调课程的设计与渐进性；结构学习模式（structured learning）特别强调事先制订课程计划，学生一步步按计划学习，并采用"成人学习"理论进行督导。

需要指出的是，在采用一种督导模式时，不能抛弃其他模式中有价值的部分。如成长与发展模式中的重视个人特质、学徒模式中的手把手教授、结构化实习督导模式中的学习—督导过程、管理模式中的"问题—解决"取向等都可以结合到不同的模式中去。下面介绍几种常见的督导模式。

（一）成长与发展模式

1. 主要特点

成长与发展模式采用大量的个别化教学方式，重视与强调学生的感受、情绪及心理需要，帮助学生发展专业自我及自我知觉（self-awareness），启发学生的觉悟与思考。此模式强调督导的催化剂作用。

2. 指导思想

成长与发展模式的指导思想是治疗学的理论，它认为专业表现取决于个人的成长。因此，它强调在督导中运用心理学的理论，看重帮助学生实现个人专业素养的成长。

（二）学徒模式

1. 主要特点

学徒模式最显著的特点在于督导员与学生的关系是一种非常紧密的师徒关系。这种学徒式的实习是非结构化的，在实习中遇到问题时随时手把手讲解教授。这种模式的教学实习不一定强调某个重点，但它是一种全面的、综合的督导方式。督导主要运用讨论方式，采用过程记录评估学习的进度与学生的进步。

2. 指导思想

学徒模式的指导思想是"干中学"，它认为好的专业实务来自不断重复的学习，在实践中不断提高。这种理论基于行为理论，强调过程与结果并重。

（三）结构化实习督导模式

1. 主要特点

结构化学习督导模式是一个详细计划好的学习—督导的过程，它强调实习（学习）开始前制订一个课程学习计划，引导学生一步步进行学习。督导教学方法也是系统化的，强调运用多种不同方法及不同的教学手段，生动活泼地进行教学，尤其注重模拟教学法。

2. 指导思想

结构化实习督导模式基于教育模式，认为直接的观察对于学习的效果有重要影响。这种模式的设计基于成人学习理论，重视学生已有的经验，给学生以学习的主动权，学习结果与学习过程并重。

（四）管理模式

1. 主要特点

管理模式是按计划的工作任务进行督导，帮助学生完成工作任务是督导的重点，它是以工作任务为本的。因此督导是"问题—解决"（problem-solving）取向，着重帮助学生解决实习中的问题。此模式以机构的政策作为实习成效的评价标准。

2. 指导思想

管理模式的指导思想也认为学习是"干中学"，它还认为服务对象是至高无上的，一切服务都要以服务对象为中心，保护服务对象利益。所以，学习如何在机构政策规定下为服务对象提供服务是最重要的。在这种模式下，实习者的行动应是计划所规定的行为。这种模式看重工作的结果。

第四节　中国社会工作实习督导的发展

中国社会工作专业自恢复重建以来，在师资队伍、课程体系、专业教材建设等方面都取得了迅速发展，社会工作实习教学也取得了长足进步。但社会工作实习教学尚存在课程设置不规范、实习专业督导能力不够，以及教育行政部门对社会工作专业特性认识不足，因而实习教学经费支持不够等问题。不同院校社会工作实习教学在实习时间、实习教学内容和实习经费的制度化安排方面参差不齐，在专业督导培训和实习机构甄选等方面也存在一些问题。因此，完善社会工作实习教学的课程设置、探索社会工作实习和督导模式，建构符合社会工作专业发展需要的本土社会工作实习模式和督导理论，加强对社会工作实务经验的总结和交流，对于推进社会工作实习教学具有重要意义。

一、社会工作实习时间、教学内容、经费的制度化安排问题

社会工作实习时间、教学内容和经费是保证社会工作实习教学质量的基本条件。如前所述，为保证社会工作的专业训练水平，国际社会工作专业学术共同体以及各国和各地区都规定了实习的最低时间要求和标准。国际社会工作学界一般认为，本科层次的专业社会工作训练中要有 800 个小时的实习时间，硕士层次的专业实习时间要求更多。目前，国内各院校在实习时间上已有一致安排，各院校在实习教学内容与教学大纲上都遵从教育部对社会工作专业学生培养的规定，实习教学课程的设置和实习教学内容实现了规范化、专业化。各院校在实践中逐

步完善实习教学大纲，发展建立了社会工作实习教学标准，规范专业实习时间、实习教学内容和评估方法，社会工作实习教学水平和质量不断得到提高。

保证实习教学质量的另一个基本条件是实习教学和督导经费。使实习时间、教学内容和经费都得到制度化的保障是保证社会工作实习教学效果与质量的重要基础。

此外，由于对社会工作专业特性的认识不足，也部分受限于相关行政主管部门的政策，不少院校没有专职统筹实习教学的教职人员，影响了社会工作实习教学的质量。虽然在条件允许的情况下，一些院校聘任了专职教师，但由于缺乏制度化的安排，更多院校受限于资源制约没有能力聘任专职教师。在承认社会工作专业实习教学特性的基础上，进一步完善专职实习和督导教师的聘任制度，是提升社会工作实习教学水平和质量的一个重要措施。

二、发展和探索社会工作实习教学和督导模式

党的十六届六中全会以来，中国社会工作专业教育获得了快速发展，众多院校和机构在开展社会工作专业训练和实际提供服务中探索社会工作实习教学的模式，专业实习教学和督导积累了丰富经验。社会工作院校与实习机构之间的伙伴关系在开展社会工作实习教学过程中得到发展和强化。大部分院校在社会工作实习教学中采取了由学院导师和机构导师共同督导实习学生，发挥双方各自优势的做法。实习教学的过程也为机构与学院之间的相互了解提供了条件，很多院校在实习教学过程中发展了与机构的合作，机构和社会工作院校在社会工作研究、服务创新、建立和发展中国社会工作的理论与实践方面共同努力，拓展了社会工作的服务领域。

在实习教学中，各院校根据社会工作实习教学的独特功能，探索建立行动反思教学模式。教育者在教学中帮助学生对社会工作的实习过程进行反思，检视教育者和受教育者在社会工作实习教学中的身份和角色，注重受教育者的主体作用，强调社会工作教育过程中教与学双方的互动，并在互动沟通中理解受教育者的处境，将社会工作实习教学视为开放性的教育过程，最大限度激发和调动了学生学习的动机与热情，探索出本土社会工作实习教学和督导的模式和理论。

三、加强对社会工作实习教学与督导的研究，加强院校合作

经过多年发展，越来越多受过系统专业训练的教师充实到专业教学队伍中，社会工作实习教学质量有了大幅度提升。很多院校与机构合作，有目的、有计划

地对社会工作教师和机构督导员进行督导训练，极大地提高了社会工作实习教学的水平和质量。在社会工作实习教学方面，各院校与机构合作，探索出很多符合中国现阶段社会工作专业发展需要的实习教学模式，例如，建立产学研结合基地，充分发挥实习机构的积极性，将实习教学和督导与人才培养、人才使用相结合；跨院校督导，以发挥人才资源的潜力；等等。同时，社会工作教育界和实务界都十分重视社会工作实习与督导的研究工作，逐步总结和发展出适合地方特点的实习教学和督导的模式与理论，社会工作实习教学和督导的水平有了质的飞跃。

应当指出，中国进入新发展阶段对社会工作专业和社会工作教育提出了更高的要求，也对完善社会工作实习与督导这一社会工作专业训练中重要的一环提出了新的任务和要求。社会工作实习与督导的质量直接影响着社会工作教育的质量，从而影响着社会工作服务提供的质量。适应新发展阶段的要求，社会工作实习教学和督导也应得到进一步重视和加强。

【思考题】　　1. 社会工作实习在社会工作专业训练中的地位是怎样的？

2. 社会工作实习的目标是什么？

3. 比较不同社会工作实习督导模式的优劣。

【主要参考文献】　　曾华源：《社会工作实习教学：理论、实务与研究》，五南图书出版公司 1987 年版。

马良、叶少勤主编：《社会工作实习教育与发展——本土化视角》，社会科学文献出版社 2012 年版。

张洪英：《中国社会工作实习督导模式的发展》，山东人民出版社 2012 年版。

赵芳、[芬]尤哈·哈马莱宁：《社会工作实习与督导：理论与实务》，社会科学文献出版社 2021 年版。

Allan Brown and Iain Bourne, *The Social Work Supervisor*, Buckingham: Open University Press, 1995.

Mark Doel, *Teaching Social Work Practice*, London: Ashgate Publishing Limited, 1996.

第二十五章

社会工作研究

现代社会工作以科学研究为基础，社会工作研究也是间接的社会工作方法，它对社会工作的发展具有重要的推进作用。本章介绍社会工作研究的含义和功能、方法论与伦理，并简要介绍社会工作研究的程序与方法。

第一节　社会工作研究的含义与功能

一、什么是社会工作研究

（一）对社会工作研究的一般界定

社会工作研究是社会科学研究的一种。对社会工作研究可以有两种不同的理解，一是把它理解为关于社会工作的研究；二是把它理解为为了社会工作的研究。第一种理解实际上是把社会工作当作一种社会现象而对其进行的研究。这种研究可以是多角度的，如从社会学、政治学、经济学等角度对社会工作进行研究，这实际上是关于社会工作的社会学、政治学、经济学研究。第二种理解是为了发展社会工作的理论、方法和知识，从而更有效地推进社会工作的科学研究。我们把为了发展社会工作、促进社会工作实务而进行的科学研究称为社会工作研究。

实际上，就是在上述关于社会工作研究的一般界定之内，社会工作研究者们也有不同的关注点。比如芬克认为有系统地寻求未知答案，或有系统地验证某些假设，并将之用于社会工作领域的研究，即社会工作研究。这里显然强调了社会工作研究的科学的一面，即将社会科学研究方法用于社会工作的过程。波兰斯基把社会工作研究定义为将社会福利工作计划、组织或机构之功能与方法的效力加以精密探索与科学检定，寻求一般原理与法则以发展社会工作的知识、技能、观念与理论的活动。它是一种实用技术，能使社会工作知识和技术更为有效与科学化。

（二）社会工作研究的层次

社会科学研究可以分为两个层面，即理论研究与应用研究。理论研究的目的是发展人类行为与社会运行的理论；应用研究则以解决社会问题、改进社会服务为己任。应用研究又可分为一般性应用研究和对策研究，后者以制定或修订社会政策、解决社会问题为目的。社会工作研究属于应用研究，这是由社会工作的学科性质决定的。但是，这并不意味着社会工作研究不涉及理论问题，或不进行理论研究。社会工作理论包括解释理论、介入模式理论和实践理论等，对社会工作的指导思想、工作模式和方法进行的研究也属于理论研究之列，只不过它不是纯理论研究，而是应用性理论研究。

大部分社会工作研究并不一定要形成理论概括，它们的主要目的是推动和改善某项社会服务。比如，要在某贫困地区推展扶贫项目，就必须对该地区的贫困状况进行科学研究；要进一步推进城市社区服务，就要对社区居民需要、社区服务的已有进展和不足进行科学考察，并提出改善工作的建议。

社会工作研究从理论研究到技术分析可能构成一个连续统：在理论层面上是社会政策研究和社会行政研究以及对社会工作的制度分析；在社会服务提供过程层面上是对具体的社区结构、社会互动、服务过程、服务传递的研究；在技术层面上是对情境性的助人技巧和过程的研究。显而易见，上述研究不是互相分隔的，而是有机地联系在一起的。

二、社会工作研究的必要性

社会工作是否需要研究？有人认为，社会工作最重要的是价值观念，只要有爱心，助人总是会有成效的。也有人认为，社会工作坚持个别化原则，每一个社会工作过程的任务、背景都不同，难以通过研究总结出共同的规律。这些实际上都是误解。助人价值观对于社会工作者来讲非常重要，但助人毕竟是复杂的社会互动过程，不去认真分析影响互动效果的心理、文化及社会因素，助人活动就难以取得预期效果。实践经验对于社会工作者也是十分重要的，但经验如果可以上升为理论，并明确它的使用范围就会更加有效，就可以成为社会工作者的共同财富，推动社会工作的发展。缺乏科学研究，缺乏理论积累，就会使社会工作停留在经验水平上。另外，没有社会工作研究，也不利于社会工作确立其学科和专业地位。

三、社会工作研究的功能

社会工作是科学的助人活动，社会工作研究对于改进社会工作过程十分必要。社会工作研究的主要功能如下。

（一）了解社会需要，设计社会服务

社会服务的开展是以社会需要为基础的，要使社会服务具有科学性和针对性，就必须对社会需要做科学的调查研究，探讨提供服务的途径，并对服务方案进行科学的评估和选择。这些都必须以科学的社会调查和对调查资料的科学分析为基础。在社会服务项目较新，投入资源较大的情况下，社会工作研究尤为重要。

（二）了解服务对象，推进社会服务

社会服务是在复杂的社会、文化等环境条件下，社会工作者与服务对象的互动过程。这个传递服务的过程受到社会、文化、社会心理等多种因素的影响。鉴于此，认真研究服务对象所处的社会系统，研究他们的问题发生史、生活史和支持系统等，对实施社会服务十分重要。随着服务的开展，社会工作者与服务对象之间的互动将不断显现出新的情况。社会工作者只有及时地、客观地认识这些情况，才能有效地推进服务。

（三）了解服务进展，不断改进服务

随着服务的推进，服务对象的生活状态、心理状态和需要会发生相应的变化，相关的政治、经济、社会等因素也可能发生变化，社会服务本身也可能需要改进。为了改善和进一步推进社会服务，必须对已开展的服务进行评估，对新发生的情况进行研究。

（四）发现新的问题，倡导政策调整

社会服务是在一定的政策框架下进行的，社会工作不但具体地实施社会政策、满足政策对象需要，而且可能会在服务中发现新问题。这些问题可能是政策执行中的问题，或原来并未认识到的问题，也可能是新产生的问题。如果这些问题影响面较大，就必须通过完善政策来解决。社会工作研究在政策倡导方面发挥

着重要作用。

（五）总结实践经验，促进理论发展

社会工作实践需要理论指导，社会工作要发展就要对实践经验进行总结。要实现社会工作经验的积累，发展社会工作理论，就必须对社会工作实践经验进行科学提炼和分析，对之进行梳理和概括，这就需要科学的社会工作研究。

第二节　社会工作研究的方法论与伦理

一、社会工作研究的方法论

社会工作研究需要一定的理论来指导，这种指导社会工作研究的理论即社会工作研究的方法论。社会科学方法论在很大程度上适用于社会工作研究。

（一）实证主义方法论

实证主义方法论是以自然主义或科学主义为基础的研究方法论。实证主义方法论认为社会现象是客观的，它有自己内在的规律，是可以被认识的。社会科学研究中的实证主义派别认为社会现象与自然现象没有本质性差异，既然自然科学被认为是一种科学，那么，就应该借鉴自然科学研究的方法来研究社会现象，寻找其内在关系和发展规律。为此，需要采用实证的方法，以经验事实来证明某种假设。具体来说，实证主义方法论表现为用社会调查和实验方法、定量方法和统计分析技术、理论假设及其验证来发现新理论。实证主义注重事实经验，注重社会现象的外在表现，注重对社会现象的精细测量，并认为从精细测量得到的有关社会现象的信息中归纳出的理论认识是可靠的、科学的。按照实证主义的观点，社会工作研究应该通过广泛、深入地收集相关资料来研究问题，找出社会现象发展的规律。

（二）反实证主义方法论

反实证主义认为社会现象与自然现象有本质性的差异，社会是具有意识的人活动的领域，社会现象是社会行动者有意识的活动，它不同于自然界的活动。因此，研究社会现象就不能像研究自然现象那样把问题表面化、简单化，而应该理解社会现象、社会行动的真正意义。同时，反实证主义还注重历史、文化、意

识形态对人的行为的影响。因此，理解的方法、诠释的方法就成为反实证主义认识研究对象的主要方法，这种方法论强调要站在被研究者的立场上去理解，要深入了解行动者赋予自己行动的意义和价值，要了解行动者所在的文化环境和行为的具体情境，而这些是不能用反映表面现象的数字来解释的。

在反实证主义阵营中，建构主义扮演着重要角色。建构主义认为，社会生活是由相互关联的人们通过一系列的互动建构起来的。人们之间的互动是通过对对方的行动、行动的背景及互动情境意义的理解而作出的，连续不断的互动形成了社会过程。要认识这种社会过程就要参与其中，在过程中去体验，去感受。理解的方法、建构论的视角在社会工作研究中是重要的。

（三）马克思主义方法论

马克思主义方法论强调经验事实先于理论而存在，强调知识来源于实践，强调社会事件之间的联系。因此，在考察和研究社会现象时，马克思主义方法论注重经济因素的决定作用，同时也注重意识的影响；注重事物之间的普遍联系而反对孤立地看问题；注重对社会现象的历史考察而反对静止地看问题。在研究社会政策、社区治理等重大问题时，马克思主义方法论具有指导意义。

应该指出的是，实证主义和反实证主义的方法论的区分并不是绝对的。实证主义并非完全忽视社会现象的意义，反实证主义也并非不注意定量资料的收集。上述介绍只是想强调不同的方法论在看待社会现象时的明显差异。随着科学研究的发展，各种方法论之间也在相互影响和借鉴，以求更科学、有效地分析与研究社会现象。

二、社会工作研究中的价值与伦理问题

（一）社会工作研究中的价值中立

与其他社会科学研究一样，社会工作研究也追求科学性和对社会现象的客观认识。为了达到对社会现象的科学认识，就要排除研究者的价值偏好对研究过程的影响。社会学家韦伯将社会科学研究中应该遵循的客观性原则称为价值无涉或价值中立。他还认为，价值相关是研究者在研究过程中不可避免的一种倾向。韦伯的价值中立和价值相关的观点为避免实证主义和反实证主义的片面性提供了参考。这种观点对社会工作研究也具有重要的方法论意义。

社会工作是一种带有伦理性的社会活动，它以帮助困弱群体克服困难，维持社会公正为目标，因此社会工作有强烈的价值关怀。在社会工作过程中，社会

工作者以其强烈的价值观实践着助人活动。鉴于这一特点，社会工作研究如何保持研究的科学性，就是研究者必须认真对待的问题。毫无疑问，社会工作研究者在研究中应尽量减少由于自己的价值偏好而造成的对研究对象认识的偏离。因为由价值偏好形成的认识偏离会损伤认识的全面性，这不利于指导社会工作实践。科学的社会工作研究者不应该因价值偏好而影响科学方法的运用，不能因为价值偏好就片面地摘取某一类资料而有意抛弃另一类资料以证明自己的结论。社会工作者有自己的价值观与社会工作研究的价值中立并不矛盾。社会工作研究者在研究中应尽量保持客观态度，用科学的方法收集资料、说明问题，时时保持一种科学的自觉。

（二）社会工作研究中的伦理

社会工作研究要对社会工作服务对象的需要、社会工作过程及效果进行考察，其中会涉及许多与服务对象相关的问题，这时，伦理就成为社会工作研究者必须考虑的问题。社会工作研究中的伦理问题主要包括两个方面：一是服务对象的利益保护方面的问题，这与社会工作的价值观念相关；二是作为研究者应该遵守的学术道德问题。这里主要分析第一个方面。从研究者与作为研究对象的困弱群体之间的伦理关系来看，研究伦理主要包括如下几个方面：

第一，社会工作研究需要研究对象自愿参与并获得他的知情同意。自愿参与几乎是所有社会科学研究的共同伦理要求，它指的是研究对象要自愿地而不是被迫地向调查研究人员提供资料。在社会工作研究中，由于在很多情况下研究者也是社会工作者，研究对象则是服务对象或受助者，而他们之间可能存在着"不平等"的权力关系，所以可能出现作为服务对象的研究对象被迫参与研究的现象。社会工作研究应该尽量防止这种现象的发生。知情同意是指研究者应将本次调查研究的目的、调查资料的使用等问题向研究对象说明白，并且获得他们的同意。这实际上是表明该研究要向研究对象负责。

第二，社会工作研究应对研究参与者无伤害。社会工作研究不应伤害研究参与者，是指研究不应使研究对象因参与该项研究而遭受不必要的伤害，这也是社会科学研究的一般原则。社会工作研究常常要问及研究对象所遭遇的困境，而他们往往不愿回首这种困境，因此询问可能会对他们造成无意的伤害。如果向研究对象询问上述问题是必需的话，研究者应该在研究设计上使这种无意伤害降到最低程度，并在调查研究结束后对其进行心理辅导。

第三，社会工作研究应对研究参与者的信息保密。保密也是社会科学研究遵循的一般原则，它指的是不要在与研究无关的场合，或在展示研究资料的过程中向无关人员透漏研究对象不愿公开的个人资料，包括研究对象的个人情况、家庭情况、所遭遇的困境，也可能包括他们对当前政策、政策执行者的看法。这些资料对改进社会服务可能十分有用，但将这些资料公之于众则可能对研究对象带来负面影响。社会工作研究要通过匿名化、删除最敏感的个人信息等方法为研究对象保密，这不但是研究资料处理技术方面的要求，而且在接洽研究时就应该预先申明。

第三节　社会工作研究的程序

科学的社会工作研究需要科学的设计和程序，科学的、有逻辑的程序可以保障研究活动顺利进行，并使其达到预期成果。一般说来，社会工作研究由以下主要环节组成。

一、研究问题的选择

（一）社会工作实践提出的问题

研究问题指一项研究要集中研究和解决的问题，社会工作研究首先要选好研究题目。社会工作研究是围绕社会发展提出的问题进行的。社会变迁和社会进步向社会工作提出新的要求，社会工作研究也就有了新的课题。现阶段中国社会工作实践提出的研究问题是多层面的。中国社会工作在指导理论和实务模式、社会服务提供方法以及社会政策方面，有许多问题需要研究。社会工作研究者应该选择具有现实意义的研究问题，以使研究产生实际效果。

（二）考虑研究兴趣、客观条件及其对选题的影响

研究者的知识积累和学术兴趣对选题有明显的影响。在社会工作比较专门化的情况下，一些学者只熟悉某一领域的社会工作，并善于使用某一种方法去处理所遇到的问题，他的研究领域就是狭窄的和专门的。在社会工作方法走向综合化的时代，社会工作者应善于将多种工作方法结合起来去处理问题，这就能够研究较为复杂的社会问题。另外，客观条件对选题的限制也不可忽略，这些客观条件包括：社会环境是否容许研究者较顺利地获得研究资料，政府和社会是否愿意资助某项研究，研究者是否有足够的人力、物力、财力和时间去实施某项研究等。总之，社会工作研究选题要注意该研究的必要性和可行性。

二、文献回顾与初步探索

（一）文献回顾

选题确定之后，首先要进行文献回顾。文献回顾是指要查阅、分析已有的同类研究或相关研究，其目的是明确在该研究领域中已经取得的研究成果及其不足，使本研究更有针对性，更能出成果。文献回顾要尽量充分，尤其是不应遗漏重要资料。想要做到这一点，有三种方法：方法一是浏览专业期刊；方法二是通过已发表的专业文献的注释和参考书目搜集信息；方法三是到图书馆查阅资料。另外，从对所要研究的问题较为熟悉的专家那里了解信息也十分重要。

（二）初步探索

初步探索是指在选定研究问题后对所要研究的现象做初步了解，其做法一般是通过观察、访问等方式直接接触要研究的现象，以增加对研究对象的感性认识，使研究的方向更明确、研究的问题更符合实际。

三、提出研究假设

在对研究对象有初步了解之后，定量研究一般要提出研究假设。研究假设是对研究对象的状况、内部关系等问题所做的未经验证的理论判断。假设一般具有理论性，即能说明两个或几个变量之间的关系。比如，通过初步了解，可以提出"城市贫困与社会转型及家庭成员素质有关""老年人生活质量与其社会支持体系有关"等假设。提出研究假设后，研究工作就围绕着证明（证实或证伪）它展开。当然，并不是所有研究都要提出理论假设。比如，要开展一个新的服务项目，就要对服务对象的需求以及应如何提供服务做调查研究。这时的调查研究是工作导向的，只需要对情况有一个准确、客观的认识，并不一定在调查研究之前非要提出一个理论假设。另外，定性研究不一定需要提出明确的研究假设。

四、研究设计

研究设计是指在进行研究之前对研究进程、研究方法及相关事务的安排，既包括明确研究思路、开列研究的具体问题、选定研究方法，以及完善与研究相关的人力、物力、财力、时间、联络等方面的安排，也包括对资料整理、分析工作的规划等。

（一）编制调查提纲

编制调查提纲即开列调查研究问题的清单，它是有效地进行社会工作研究的重要一环。为了验证已提出的假设或搞清楚社会服务过程中的某个问题，要先围绕着假设或问题划定应该收集的资料的大致范围，开列具体的问题，把它们按照一定的逻辑编排起来，进而形成一份调查提纲。提纲所涉及的问题的范围不必太宽，也不能过于狭窄。范围太宽，可能会加大研究的成本，而且所得到的资料不一定有用；范围太窄，可能会遗漏一些最基本的问题，从而难以对所要验证的假设、要搞清楚的核心问题作出充分的说明。如果进行大规模的调查研究，可以在此调查提纲的基础上编制调查表（或调查问卷）。如果要研究社会服务的过程、服务效果产生的机制，可在此基础上形成一个思考周密的访谈提纲。

（二）确定具体的资料收集方法

一项研究应该采取恰当的研究方法，包括收集资料的方法和分析资料的方法。采取何种研究方法与研究对象的性质、研究目的有关，也与投入研究的人力、物力、财力、时间等因素有关。社会工作研究收集资料的主要方法有社会调查法、个案研究法、实验法和行动研究法等。一般说来，要了解普遍性的、表面上的资料宜使用问卷作为工具，要细致、深入地了解问题，深度访谈和参与观察更为有效。当然，这些方法可以结合起来使用。

（三）资源筹划与联络

社会工作研究是一个人力、物力、财力、时间等资源的投入过程。在进行实地研究之前，要筹集资源，并对人力、物力、财力、时间作出合适的安排。一般说来，对人力、物力、财力、时间等进行资源配置时要稍留余地。与研究相关人员和部门建立联系是进行研究的必要准备。如果研究只涉及很小范围，如个别家庭、少数个人，那么同这些人联络好即可。如果研究涉及范围较大，则要经过当地行政管理部门的同意。如城市贫困问题研究要先征得街道办事处、居民委员会的同意，然后才能同贫困家庭联系。在中国，由上而下的联系、接洽是较为常用的联系方式，在社会工作研究中更是如此。同相关人员及部门建立联系时，要向他们介绍研究的目的、要了解的问题、研究使用的方法等，并征得他们的同意与配合，同时也要商定研究的具体时间。如果上述工作已经办妥，那么就可以进行实地研究了。

五、资料的收集与整理

资料是研究的基础，收集尽可能丰富的、能反映问题的资料是社会工作研究的关键。收集资料是研究者直接与研究对象接触，通过问卷或调查表、谈话、观察等方法获得资料的过程。研究者与研究对象的互动过程将决定所获资料的丰富程度和真实程度，所以研究者一定要同资料提供者打好交道。根据研究设计，收集资料时可以采用问卷法、访谈法、座谈法、文献法、观察法、行动研究法等。收集资料结束后，还要对所获资料进行必要的整理，对数字资料要进一步核实、编码，对文字资料要辨别其可靠程度并根据研究目的进行专题归类，进行摘要和编整。

六、解释与报告

（一）资料的解释

对收集到的资料进行分析和解释，这是狭义的研究过程。对于数字资料，一般采用统计分析方法，发现各变量之间的内在联系，揭示数字所反映的社会意义。社会工作研究的统计分析一般使用 SPSS 软件进行。对于文字资料，则要使用比较、归纳、推理、语义分析等方法，以发现资料的真正内涵。对于定量研究而言，在资料分析过程中应该注意将所得资料与研究假设相对照，以说明该资料在多大程度上支持、证实或者反对、证伪了假设，并进一步说明假设被证明或被否定的原因，这就是对资料的深入分析和解释。当然，作为一项科学研究，绝不能任意剪裁资料以附和假设，而应该全面、客观地展示研究资料并作出理论分析。

（二）撰写研究报告

社会工作研究的最后一个环节是撰写研究报告或研究论文，以展示自己的研究成果。

撰写研究报告和研究论文要做的工作是：1. 确定题目。题目不应太宏大，而应该具体地反映本研究的内容，并具有学术性。2. 交代本研究的目的、问题提出的背景以及本研究的理论和实际意义。3. 文献综述，即对以往同类研究的成就进行回顾和评价，并指出本研究在以往研究的基础上所要探讨的理论或实际问题。4. 交代本研究所采用的方法，并对研究对象的特点、类型、代表性等做初步分析。5. 根据研究对象发展的逻辑展示资料，进行资料分析。6. 提炼观点和理论归纳。研究报告要从有说服力的资料中得出结论，研究论文要从理论与资料的结合中进行逻辑推理和理论概括。这是社会工作研究报告或论文最重要的部分之一。7. 提出结论。结论是全文的总概括，它要突出本研究的新发现，提出发展社会服务的新观点、新建议。结论也可以附带说明本研究的不足，提出有待研究的新问题。

撰写研究报告或论文应努力做到主题突出、概念明确、资料与观点统一、理论判断准确。另外，在社会工作研究报告和论文撰写的过程中，要注意遵守社会工作伦理，要严守职业和学术道德，规范注释和引用，避免抄袭及其他不规范行为。

第四节　社会工作研究方法

社会工作研究方法一般包括定量研究与定性研究、社会调查法、个案研究法、实验法、行动研究法等。

一、定量研究与定性研究

社会科学研究有定量研究和定性研究两类基本方法。定量研究（quantitative research）是遵循科学主义的研究思想而形成的研究方法。在社会科学中，最初被认为科学的研究方法的是类似于自然科学的研究方法，这些方法以自然科学研究为楷模，通过对大量可比较（在某种意义上被视为可重复）现象的数量分析来发现规律、验证假设和既有理论。定量研究方法追求客观性和科学性，被认为是科学的实证方法。它一般依赖标准化的工具来测量被研究的现象，运用演绎逻辑来发现事物之间的规律。在社会科学研究中，大规模的问卷调查、统计资料的处理属于此类。

定性研究也称质性研究（qualitative research），它是运用归纳、分类、比较等方法，对某个或某类现象的性质和特征作出说明的研究方法。定性研究并不像定量研究那样追求用量化手段来收集和分析资料，而是注重通过对研究对象的深入接触和理解去认识对象，并且认为这样更能够认识研究对象的本质。定性研究在某些方面是遵循实证主义的，如通过对某一复杂事物的全面了解去概括其特点；但是许多定性研究中也有反实证主义的色彩，如在与研究对象的接触和访谈中运用理解的方法，注重双方对互动意义的理解等。定性研究方法包括深度访谈法、观察法、行动研究法等。由于社会工作研究注重研究助人方法的有效性，注重社会工作的过程研究和受助人所感受到的效果，也由于社会工作实践的复杂性，所以，定性研究方法在社会工作研究中得到广泛的运用（表 25-1）。

表 25-1　定性研究与定量研究之比较

定性研究	定量研究
承认主观性	追求客观性
运用归纳逻辑	运用演绎逻辑
提出假设	检验假设
资料边收集边处理	资料先收集后处理
研究者是执行者	依赖标准化的工具来衡量

资料来源：[美] Bonnie L. Yegidis、Robert W. Weinbach：《社会工作研究方法》，黄晨熹、唐咏译，华东理工大学出版社 2004 年版，第 10 页。

定量研究是国际社会工作研究的主流，证据为本的研究（如循证研究、干预研究）在其科学性上被推崇。近些年来，定性研究（或称质性研究）也发展起来。实际上，定量研究方法与定性研究方法各有其长处，在社会工作研究中可以将二者结合起来使用。

二、社会调查法

社会调查法是运用科学方法，有计划、有步骤地考察社会现象，收集有关资料并分析各相关因素之间的关系，以掌握社会实际情况的方法。在社会工作研究中，要了解某一社区或社会群体的状况、需要和资源，运用社会调查法是适宜的。社会调查法常采用问卷调查、访问等方法收集资料。

（一）问卷调查

问卷是以一问一答的方式制订的调查表。它以预先设计好的由一系列问题（有时包括其答案）组成的问卷为媒介收集资料，具有标准化的特点，也适合进行定量分析，它是定量研究收集资料的主要方法。问卷调查适用于对大规模同类现象的调查，并期望通过大规模调查所得到的数据来检验已有假设、发现规律，因此问卷调查属于实证研究方法。问卷调查依赖于高质量的问卷，而高质量的问卷要求对问题进行精心设计。所提问题、采用语言都应易于调查对象的理解、便于其回答，这样才能提高所获资料的信度和效度。问卷设计是一项技术要求颇高的工作。在社会工作研究中，使用问卷调查要克服许多困难。因为社会工作研究对象常是社会中的困弱群体，他们在文化水平、理解能力上都可能不及一般民众。所以，社会工作研究要慎重地使用问卷收集资料。

问卷调查需要抽样，而抽样必须做到科学。抽样有简单随机抽样、系统抽样（等距抽样）、分层抽样和整群抽样等形式。研究者要根据调查任务和样本的分布特点，采用适当方式来抽取问卷调查的样本。

（二）访谈法

访谈法是通过有目的地谈话收集研究资料的方法，一般属于定性研究方法。访谈有结构式和非结构式之分。按照事先制订的较详细的提纲或调查表进行访谈的是结构式访谈。如果访谈只有一个粗略的提纲，调查只就某一主题提一些笼统的问题则为非结构式访谈。结构式访谈中研究者提出的问题比较贴合实际，可以在比较了解调查对象情况的条件下使用，其所获得的资料便于整理和分析。如果对调查对象了解较少，或所需了解的问题相当复杂，则宜采用非结构式访谈。在非结构式访谈中，调查者要时时提醒自己，控制谈话不要离题太远。在访谈中，调查者应采取中立态度提出问题，避免使用引导性提问。另外，要尽量运用调查对象易懂的语言。记录访谈资料要征得调查对象同意，若无法当场记录，则事后要尽快追记。

社会工作者在使用访谈法时可能需要就某一问题做深入了解，即通过与研究对象的持续互动进入其生活深处，了解其所遇问题、想法及作出反应的深层原因和细节，这就要求对研究对象进行深度访谈。深度访谈有时需要综合运用实证方法和理解方法。在社会工作实践和研究中，个案工作、家庭社会工作、个人辅导方面的研究常常使用深度访谈法。

如果访谈是针对某一特定问题，面对具有相近生活经历或知情的多人进行的，这种访谈就是专题小组法（focus groups）。专题小组或称焦点小组类似于座谈会，它是研究者同时访问多个人而采用的方法，一般由 2～3 人主持举行。运用专题小组法时，由于参加者多，他们之间可以互相启发、互相纠正，所以会获得丰富的资料。但如果调查的问题使参加者之间互有提防，他们的发言互相干扰，则用专题小组法收集资料可能会影响资料的可信度。这就是说，在运用专题小组法收集资料时，要认真分析调查问题、慎重选择参加者。

在社会调查中，将问卷法与访谈法结合起来是有益的。问卷可以获得表面上的资料，访谈可以获得某些调查对象的深入细致的资料，二者可以互补。在将二者结合起来使用时，科学地抽取调查单位（样本）是十分重要的。

（三）扎根理论

扎根理论（Grounded Theory）是定性研究的重要方法，它是借助富有技巧的访谈和独特的分析资料的方式来建立理论的研究方法。扎根理论主要研究重要而复杂的事件及其过程，它倾向于运用深度访谈的方法收集资料，通过访谈了解研究对象以往的生活及其对生活意义（内涵）的认识，提出某种初级命题，在接下来的访谈中则验证和确认已提出的命题，最后形成对研究现象的某种理论概括。在持续访谈的过程中，研究者既要对新资料进行了解，也要对先前形成的某种认识进行质疑或确认。在研究过程中，研究者要通过深度访谈、对资料的编码分析来去粗取精、去伪存真，在渐进过程中达到对所研究现象的更加本质的认识。在社会工作研究中，扎根理论比较适合用来发现和建立新理论。

三、个案研究法

个案研究（case studies）是选择某一社会现象为研究单位，收集与之有关的一切资料，详细描述它的发展过程，分析内、外因素的关系，并同其他同类现象相比较得出结论的研究过程。个案研究法属于定性研究，在一定程度上也属于社会调查法。

个案研究的对象可以是一个人、一个家庭、一个社区甚至是一件事情。个案研究追求的是对研究对象全面深入的了解，而不强调它的代表性。在强调独特性的社会工作中，个案研究占有重要地位。个案研究一般采用参与式观察和深度访谈法。参与式观察是研究者与研究对象一起生活，观察后者的活动，收集有关资料，并对之做深入理解，从而达到对被研究者全面深入认识的方法。个案研究也常采用访谈法（有时包括口述史方法）了解研究对象的生活史、他对生活的感受和态度、他的价值观念与期望、他人生中的快乐与痛苦等。同时个案研究还要充分收集、利用已有的文献资料（如日记、传记、照片及其他文献），从而达到对研究对象全面深入的认识。个案研究中的访谈对象不但包括研究对象，也包括与之相关的其他人。

个案研究可以采用结构式方法，也可以采用非结构式方法进行。后者不以事先设计好的问题和程序为约束，更具开放性，收集到的资料可能更丰富。但是，一项好的个案研究不会没有准备、信马由缰地收集资料，它同样需要科学的研究设计。个案研究在方法论上遇到的最大问题是如何处理参与（进入）和超脱的关系。如果研究者较深地进入研究对象的生活，那么他将更多地被研究对象接纳，但这也可能会影响研究者的价值中立。超脱（或保持距离）有利于价值中立，但有时会造成研究者与研究对象之间的沟通障碍。因此如何把握个案研究中的参与程度，在哪些问题上应该持超脱态度，都是研究者必须认真思考的问题。个案研究是一种定性研究方法。它以对个案资料的充分收集为基础。在分析资料的过程中，研究者需要运用比较、理解方法把握其实质，因此这一方法对研究者的人文素质、社会阅历、工作经验、理论素养等都有较高要求。

四、实验法

实验法也称实验设计法，是指在一定的人工设计条件下，按照一定的程序，改变某些因素或控制某些条件，对研究对象的活动进行观察、记录，发现其变化并分析引起变化的原因的研究方法。在社会工作研究中，实验法具有重要的地位，因为科学运用实验法可以比较清楚地辨别某种社会工作干预方法是否有效，从而总结社会工作的经验。实验可以分为标准实验和非标准实验。二者的区别是前者对实验条件控制严格，测量也比较精细。标准实验对社会工作研究更具科学性和价值，其基本做法是：第一步，根据相似性原理，将研究对象分为在研究问题特征上基本相同的两组，其中，准备人为向其施加条件（如专门服务）的一组为实验组（A），另一组为控制组（B）。第二步，分别测量和记录两个组在所要研究问题方面的状况，可分别记为 A_1 和 B_1，这称为前测。第三步，给实验组施加条件（如提供专门服务），对控制组不施加任何条件。第四步，再次测量两组在所要研究问题方面的状况，可记为 A_2 和 B_2，这称为后测。第五步，比较实验组和控制组在这一方面的差异，即 $(A_2—A_1)—(B_2—B_1)$。在排除了其他因素影响的情况下，这一差异应视为施加条件（如专门服务）带来的效果。

显而易见，社会工作中的实验法是自然科学实验在社会工作研究中的运用。科学运用实验法可以测定社会工作干预带来的影响，发现干预与效果之间的因果关系。但是做到这一点，必须以对实验组、控制组的严格控制为基础。

在社会工作研究中，非标准实验（或称单一主题设计）有时也被使用。例如，在行为修正治疗研究中，社会工作者对同一服务对象在不同时间里施加不同影响，即在 T_2 时间比 T_1 时间增加新的影响（服务），并观察新的服务给服务对象带来的变化。如果其他条件不变，那么可以说新的服务使服务对象的行为发生了改变。很明显，这里借用了标准实验的思想，但实验条件、实验过程不那么严密。因此，由此所引出的结论应该谨慎对待。

五、行动研究法

（一）什么是行动研究

行动研究（action research）是 20 世纪 70 年代以来逐步发展起来并在教育行动研究、社会工作研究中日益得到广泛运用的研究方法。这种研究方法的发展可以追溯到勒温（Kurt Lewin）的"行动研究"。这种研究方法反对以往把研究者同研究对象严格区分开来，将自己作为研究者，把对方当作研究对象，研究者借助机械的研究设计去研究丰富的实践生活的强加式的研究方法。行动研究主张在一定活动场域中的所有行动者（包括传统意义上的"研究者"）及他们之间的互动都是研究对象的组成部分，他们（包括传统意义上的"研究对象"）都可以成为研究者，研究是在他们的互动过程、共同实践活动中进行的。也就是说，行动研究是局内人以共同的实践活动为载体的自我反省式研究。或者说，行动研究是由实践者们共同进行的，通过实践（行动）来改变现状而进行的研究活动。与其他研究方法相比，行动研究有以下特点：第一，行动者们平等参与研究，即"研究者"并不以自己的理念和假设去支配"研究对象"，而是合作推进研究。第二，行动研究具有非束缚性，即它不受传统研究中那些"先定式"规则的束缚，而是从实践出发去推进研究。第三，行动研究是以解释为取向的，它注重的是参与行动者的感受和对共同活动的理解。第四，行动研究的目标取向是自我批判性和建设性的，它从发现以往实践中的问题出发，试图以新的实践对之进行改善，并且其实践具有反思性。第五，它具有系统性和开放性，是公开进行的系统调查和研究。

（二）行动研究的类型

行动研究可以从不同角度进行分类，按理念它可以分为参与式行动研究、赋权式行动研究、女性主义行动研究等。卡尔（Carr）和克米斯（Kemmis）指出有三类行动研究，即技术性的、实践性的和无束缚性的。它们在行动目标、推进者扮演的角色、推进者与参与者的关系方面有所不同。

技术性的行动研究以提高实践活动（如社会工作、教学活动等）的效率为目标，同时它也力图促进专业的发展。在这种行动研究中，"局外的"专家扮演着推进者角色，但作为研究者的推进者同作为研究对象的实践活动参与者也形成了合作关系。比如，二者会共同确定问题、制订改进实践的策略。但在此过程中，参与者在研究中带有明显的被动性。实践性的行动研究同样追求提高实践活动效率和发展专业的目标，同时主张将理解带入研究过程。在这种行动研究中，研究的推进者启发和鼓励共同行动者的参与并进行自我反省。参与者将共同操作、推进实践研究过程，而"局外的"专家常扮演着过程咨询者的角色。无束缚性的行动研究也以提高实践活动的效率和专业发展为目标，但出于方法论上的考虑，研究的推进者通常摒弃传统的、先定式的命令约束，而以与参与者共担责任和完全的合作作为改善实践的手段。在研究中，推进者除了对实践过程进行更细致的观察分析，在其他环节上同参与者是平等的。

（三）行动研究的程序

行动研究是实践活动与研究活动合一的过程，它是由计划、行动、观察和反省四个环节组成的螺旋式循环的连续过程。

第一，计划。行动参与者共同去发现前一实践活动中存在的有待进一步改善的问题，分析问题的成因，并共同设计解决问题的策略和计划。第二，行动。实施这一策略，并在共同活动中检验该策略。第三，观察。详细观察实践活动，特别是实施改善策略的细节，并采用适当的方法和技术对行动进行评估。第四，反省。对评估的结果、整个行动和研究过程进行反思，得出改善策略正确与否的初步结论，分析其原因，或发现新问题。在发现了新问题之后，就可以开始新一轮的计划、行动、观察和反省，直至对已改善的实践感到满意，并写出研究报告。应该指出的是，行动研究中的后一个循环同前一个循环不同，它是由对最新实践的具体体验、反省、概念化总结以及在新环境下检验这些概念等环节组成的。后一循环比前一循环更高级。

（四）行动研究的应用

行动研究在方法论上受舒茨的现象学、伽达默尔（Hans-Georg Gadamer）的诠释学和哈贝马斯（Jürgen Habermas）的沟通行动理论影响，带有明显的人文主义色彩。它对于许多包含持续互动、需要不断探索策略成效的研究来说具有广阔的应用前景，对社会工作研究尤其如此。如对更有效的助人过程的探究，对社区发展的研究，以赋权增能为基础的发展研究都可以引入行动研究。行动研究以持续的动态实践为对象，因此研究者需具备良好的合作素养和研究能力，需要不断地自我反省，并实际地推进社会工作实践。

六、社会工作实践研究

20 世纪 80 年代以来，社会工作实践研究作为一种新的研究取向已经引起国际社会工作学术界越来越多的关注。虽然至今，研究者们还没有对社会工作实践研究给出一致的定义，但是它的研究取向却获得广泛认可。为了推动社会工作研究，下面对社会工作实践研究做简要介绍。

社会工作实践研究是一种创造知识、特别是创造以改进和推进实践为目的的知识的研究。它以社会工作实践为基础，以促进对社会工作实践的研究为目的。社会工作实践研究首先是一种研究上的价值关怀，它不同于只关心数据和资料而不关心数据和资料所包含的社会意义、对研究对象的处境不想做任何干预的纯学术研究。另外，实践研究可以采用多种方法，它包括定量的证据为本的研究（或社会工作的循证研究）、对社会工作实践有关怀的其他定量研究，也包括定性的个案研究、扎根理论、行动研究等。可以说，社会工作实践研究是对关心社会工作实践的研究的总称，指研究者带着对实践的关怀，对自己或他人所进行的实践而开展的研究，其目标是通过研究，建构对实践有用的知识，并对实践有所改善。

就研究方式而言，社会工作实践研究有四种基本类型：第一种，隔墙观察的实践研究。这是研究者不与社会工作实践接触，而是作为旁观者"隔墙看花"式地获得资料，对他人的社会工作实践进行的研究。第二种，外来者的实践研究。这是研究者进入社会工作实践现场，通过非参与观察获得资料而进行的研究。第三种，协同实践研究。这是研究者与实践者共同参与的研究，也是共同实践、共同研究的活动。第四种，实践者的研究。这是指社会工作实践者对自己实践的研究。

在上述四类研究中，实践研究的倡导者比较青睐协同实践研究和实践者的研究。

【思考题】

1. 试述社会工作研究的含义及功能。
2. 试述社会工作研究的价值和伦理。
3. 试述社会工作研究的基本程序。
4. 试述社会工作研究的访谈法和个案研究法的内容。
5. 试述行动研究的内容及其理论基础。

【主要参考文献】

[德] 马克斯·韦伯：《社会科学方法论》，朱红文译，中国人民大学出版社 1992 年版。

侯钧生：《社会学研究方法论》，南开大学出版社 1995 年版。

[美] Bonnie L. Yegidis、Robert W. Weinbach 等：《社会工作研究方法》，黄晨熹，唐咏译，华东理工大学出版社 2004 年版。

陈树强：《以证据为本的实践及其在社会工作中的应用》，王思斌主编：《中国社会工作研究》（第三辑），社会科学文献出版社 2005 年版。

[美] 阿伦·鲁宾、艾尔·R.芭比：《社会工作研究方法》第 6 版，北京大学出版社 2008 年版。

古学斌：《行动研究与社会工作的介入》，王思斌主编：《中国社会工作研究》（第十辑），社会科学文献出版社 2013 年版。

杨静、夏林清主编：《行动研究与社会工作》，社会科学文献出版社 2013 年版。

赵一红主编，[芬] 艾拉－琳娜·马蒂斯等：《生态社会工作与社会工作实践》，迟红等译，社会科学文献出版社 2019 年版。

[德] 伍威·弗里克：《扎根理论》，项继发译，格致出版社 2021 年版。

王思斌：《中国社会工作实践研究刍议》，王思斌主编：《中国社会工作研究》（第 21 辑），社会科学文献出版社 2022 年版。

古学斌、何国良：《为何／何为社会工作实践研究？》，何国良等：《社会工作实践研究：案例与评论》，社会科学文献出版社 2022 年版。

郑重声明

高等教育出版社依法对本书享有专有出版权。任何未经许可的复制、销售行为均违反《中华人民共和国著作权法》，其行为人将承担相应的民事责任和行政责任；构成犯罪的，将被依法追究刑事责任。为了维护市场秩序，保护读者的合法权益，避免读者误用盗版书造成不良后果，我社将配合行政执法部门和司法机关对违法犯罪的单位和个人进行严厉打击。社会各界人士如发现上述侵权行为，希望及时举报，我社将奖励举报有功人员。

反盗版举报电话　(010) 58581999　58582371

反盗版举报邮箱　dd@hep.com.cn

通信地址　北京市西城区德外大街 4 号

　　　　　　高等教育出版社法律事务部

邮政编码　100120

读者意见反馈

为收集对教材的意见建议，进一步完善教材编写并做好服务工作，读者可将对本教材的意见建议通过如下渠道反馈至我社。

咨询电话　400-810-0598

反馈邮箱　gjdzfwb@pub.hep.cn

通信地址　北京市朝阳区惠新东街 4 号富盛大厦 1 座

　　　　　　高等教育出版社总编辑办公室

邮政编码　100029